早稲田の英語

［第11版］

武知千津子 編著

教学社

はじめに ── 本書の活用法

　本書は，早稲田大学の過去問を問題形式別に編集したものです。早稲田大学は言うまでもなく，10を超える学部を抱える名門校です。早稲田大学を目指すみなさんは志高く勉強に励んできたことでしょう。この問題集は，早稲田大学のすべての学部から特徴的な問題を厳選し，どの学部を受験する人にも役に立つように作りました。各学部の過去問は，毎年刊行される学部ごとの「赤本」に網羅されていますが，「もっと全体的に早稲田大学の傾向を知りたい」あるいは「まだどの学部を受験するか決めかねている」という人に，いわば「早稲田大学英語の入門問題集」として活用していただけるようになっています。もちろん受験学部の決まっている人にも，さまざまな角度からの実力養成・実力確認に利用してもらえるように考えました。

　各章とも，「演習編」と「実戦編」で構成されています。演習編では典型的な問題を取り上げ，詳しい解説をつけて基礎固めができるようにしてあります。実戦編では演習編で学んだことをもとに，さらに難度の高いものへとステップアップしていけるように編集しました。どの章から始めてもかまいませんが，演習編から実戦編へと順を追って進めて下さい。演習編の解説はかなり細かいことにまで及ぶ場合もありますが，大切なのは「なぜそれが正解なのか」，「どう考えれば応用力がつくか」です。細部にわたる解説はその源泉だという信念のもとにあえて加えました。ぜひ丁寧に読んでほしいと思います。そして，「なるほど」と納得がいくまでねばり強く取り組んで下さい。最終的に要となるのは，この「なるほど」という実感だと思います。「腑に落ちる」「身につく」という日本語は，知ったことが自分自身の一部になることを意味します。揺るぎない実力，柔軟な応用力はそこから生まれます。また，問題にはそれぞれ「**目標解答時間**」を示しているので，取り組む際の参考にして下さい。早稲田大学では，学部ごとに試験時間や問題数・読解の文章量などが異なるため，似た形式の問題でも解答時間に幅があります。自分が受験する学部の解答時間の目安をつかんでもらえればと思います。

　学部間の問題を比較した「**傾向分析**」には必ず目を通して下さい。それとともに各章のはじめに付した「**この章の進め方**」，および各問題の最初にある「**ポイント**」もよく読んで下さい。問題に取り組む際に，「何を目指しているのか」，「どうすれば目的を達成できるか」をあらかじめ意識できていることが，より高い到達点へと導いてくれます。みなさんが本書を十分に活用し，大願成就できることを期待しています。

編著者しるす

CONTENTS

学部名の略称について

法	法学部	**政経**	政治経済学部	**商**	商学部
社学	社会科学部	**文**	文学部	**文化構**	文化構想学部
教育	教育学部	**人科**	人間科学部	**スポ科**	スポーツ科学部
国際	国際教養学部	**理工**	基幹理工・創造理工・先進理工学部		

第3章　500語以上の長文

第4章　会話文

第5章　英作文・要約

＊注意：政治経済学部・スポーツ科学部について

　政治経済学部・スポーツ科学部では，2021 年度から一般入試の方式に大きな変更があった。政治経済学部は，大学入学共通テスト＋学部独自試験（「総合問題」として日英両言語による長文を読み解いたうえで解答する形式）で実施された。スポーツ科学部は，大学入学共通テストを必須とし，小論文や競技歴を選考基準に加える選抜群もあった。したがって，両学部ではこれまでの「英語」のような問題が課されなくなったが，これまでの問題はオーソドックスな良問であり，他学部の受験生にも参考になると判断して，本書では掲載している。

●掲載内容についてのお断り

　下記の問題に使用されている著作物は，2024 年 1 月 25 日に著作権法第 67 条の 2 第 1 項の規定に基づく申請を行い，同条同項の規定の適用を受けて掲載しているものです。
　　第 2 章　演習編 9　教育学部 2020 年度〔1〕

（編集部注）本書に掲載されている入試問題の解答・解説は，出題校が公表したものではありません。

早稲田の英語 傾向分析 (2009～2023年度)

　早稲田大学は学部により出題傾向がかなり多様である。以下，各学部の傾向を分析し，学部間の比較をしてみよう。これを早稲田大学受験に向けた勉強方法の指針としてほしい。

1 文法・語彙

　文法・語彙問題を大問として設けている学部は，2023年度では **法**・**社学**・**人科**・**理工** である。**商**・**文**・**教育**・**文化構**・**国際** には独立した大問はないが，長文読解の小問として類似したものが出題されている。いずれにせよ，文法・語彙の知識は英語を読み書きする上で当然欠かせないものであり，すべての学部の受験生がこの分野の充実を常に図るべきである。

　出題形式として主なものは，①空所補充，②空所不適切語選択，③誤り指摘，④語句整序である。以下，出題形式別に詳述する。

①空所補充

　空所補充で最も目立つのは，熟語表現を完成させるものである。ポイントとなるのは前置詞や副詞で，基本的な動詞と組み合わせたものが大半を占めるが，他にも形容詞や名詞と合わせた熟語も問われる。**人科** ではこれが中心になる（⇨第1章 実戦編2）。

　また，**文**・**文化構** では，上記の通り長文を読解しながら，ふさわしい動詞・名詞・形容詞・副詞などを選択させるもの（⇨第2章 演習編1～3）も出題されている。

　いずれの場合でも，基本語・基本表現と言えるものばかりで，難語やまれにしか使われない表現の出題はほとんどない。英文の中で頻繁に登場する語句・表現を正確に蓄えていくことが肝要だ。前置詞や副詞はまず熟語の一部として覚え，折に触れて辞書をひいて前置詞や副詞そのものの持つ意味合いを確認しておこう。

　一方，**理工** の空所補充は特異な形式をとっている。複数の空所に当てはまる共通語を選択する問題は以前から出題されていたが，近年は選択肢の語句の綴りが数字に変換されたものが見られる（⇨第1章 演習編8，実戦編8）。**理工** の受験生は，ひと手間かかる解答方法に慣れておく必要がある。

②空所不適切語選択

　他の大学ではあまり見られない独特な形式である。 **法** で毎年のように出題されている（⇨第1章 演習編3・4, 実戦編4）。単純に正しい文にする空所補充に比べて, 同じような選択肢から1つだけ不適切なものを選び出すこの形式は難度が高い。知識問題ではあるが, 表現力の豊かさ・正確さも問われるためである。語の正しい使い方を習得できていることが重要であり, 覚えた熟語表現などを使って自分で英文を作ってみるといった「使いこなし」対策が必要だ。

③誤り指摘

　2023年度は **法** ・ **社学** ・ **人科** で出題されている。 **法** では2003年度まで出題されたあと2010年度まで出題がなかったが, 2011年度に復活し, 2015年度を除いて毎年出題されている。 **理工** でも2007年度までほぼ毎年出題されていた形式である。 **社学** では2006年度に新しく取り入れられたあと定着しており（⇨第1章 実戦編6）, 今後も他学部で出題される可能性がある。

　与えられた英文の誤った表現などを指摘するものだが, 文法的におかしくても文の意味は読み取れるようになっている。内容は伝わるだけに, どこが誤っているのか, なかなか気づきにくい。また, **法** ・ **社学** ・ **人科** では「誤りのない場合」の選択肢が含まれることもあるので, 難度が増す。

　②と同様, ポイントは英語の知識の「使いこなし」ができるかである。たとえば, 主語に長い修飾語句がついた文で, 主語が3人称単数なのに動詞に3単現のsが抜けているといった問題が出題される。これは動詞の意味だけを取って「形」を軽視しがちな傾向を突いたものだ。自分で正確な文章を書くなどのアウトプットが普段からしっかりできていれば, その「不自然さ」に気づく。その意味で, 英作文の力につながるものがある。

④語句整序

　語句整序は, **教育** の長文や会話文, **理工** ・ **商** の長文読解の大問や小問として例年出題されている。2019年度には, **教育** で独立した大問として出題された（⇨第1章 実戦編7）。語句整序は一見英作文のようであり, 結果的には英作文力につながるものだが, ベースは文型や語法などの知識を問うものと考えられる。通常, 日本語は示されておらず, 日本語がついていてもできあがる英文の直訳ではない場合が多い。むしろ, 与えられている語句から考えられる構文・成句や, 必ず組み合わせなくてはならないもの（例：助動詞と動詞の原形）, 並び合うことはないもの（例：前置詞と形容詞）を見極めながら, 示された日本語や文脈に合う内容になるように整えていく必要がある。

② 長文読解

　長文読解は入試問題のメインである。各学部で出題されているので，文章の長さ（分量）と主題を中心に確認しておこう。

①文章の長さ

　まず文章の長さについて検討してみよう。表1は2017〜2023年度の7年間の，各学部の合計語数と出題数（主題数）をまとめたものである。

　大半の学部で合計語数が2000語を超えている。ただし，2023年度の出題を見ると，3つのタイプに分けられる。1つは1000語程度の超長文が2〜3題というもの。**法**・**国際**がこれに当たる。2つめは逆に200〜300語程度の短い文章を数多く出題するタイプである。**人科**はその典型で，**文**・**文化構**・**理工**では500〜800語程度の文章が含まれることもあるが，ほぼ数多く読ませるタイプに属すると考えてよいだろう。3つめは，350〜900語程度の，入試では標準的な長さの文章を3〜4題出題するもので，**商**・**社学**・**教育**がこのタイプである。

　いずれにしても，やはり早稲田大学を受験するとなれば，一定時間内に多くの量を読みこなしていく力が不可欠である。

　長いものを読み通すと短いものを次々に読みこなしていくのとではおのずと対策に違いが出るが，基本は短いものを丹念に読むことである。まず文単位の正確な構造

表1 ●読解問題の年度ごとの合計語数（概数）と出題数（2023 〜 2017年度）

学部＼年度	2023	2022	2021	2020	2019	2018	2017	出題数
法	1910	1960	2300	1920	2320	2520	2110	2
政経	1750	1400	2020	2750	3290	2980	3680	1〜3
商	2700	2620	2710	2460	2600	2310	1890	4
社学	3750	3620	3910	4350	3930	3180	2720	4
文	2250	2240	2270	2310	2370	2190	2430	3(6)
文化構	2280	2200	2330	2250	2280	2260	2140	3(6)
教育	3790	3750	2850	1630	2190	2610	2050	3〜4
人科	2190	1940	2010	1900	2010	1920	1830	1(8)
国際	3180	3450	3100	2200	2120	2380	2600	2〜3
理工	2570	2720	2420	2660	2960	3010	2530	4(7〜8)

（注）・出題数の（　）内は小問数を表す。

　　　・政治経済学部は2021年度より「総合問題」として出題されており，それに伴い読解問題も1題になったが，参考として掲載。

分析，次に段落ごとの要点把握の精度を上げ，徐々に長くしながら文脈からはずれずに読み通していく力を養う，という手順になる。

　設問内容について全体的に言えることは，短めの文章では文法・語彙の知識や部分の意味を問う設問が中心を占め，長いものでは内容真偽や内容一致文の完成など，内容の理解を問う設問が中心になるということである。

②文章の主題

　次に文章の主題としてどのようなものが出題されているかを見てみよう。**表2**はそれをまとめたものである。

　「社会論」はすべての学部で扱われている。主に現代社会が抱える問題点を論じる文章である。社会論をさらに細かく分類すれば，「経済・産業論」「都市問題」などが目立つ。いずれにしても，我々が生きている社会に関する考察が多方面からなされており，社会的な問題については常日頃から関心を払っておきたい。

　「科学論」は無論，自然科学の分野を扱ったものであるが，早稲田大学の傾向としては，純粋な「物理学」「化学」といったものよりも，「科学と人間の関わり」に関心をおいた文章が多い。特にこの主題は，短めの英文が多く出題される**人科**や**理工**でよく見受けられる。

　「文化・文化人類学論」は芸術・学術の発展やいろいろな国の文化や価値観について述べた文章であり，ほぼすべての学部で出題されている。文化の違いによる誤解や偏見を扱った文章も多く，大学入試では一般によく話題になる分野である。近年は

表2 ●読解英文の主題別出題数（2023 〜 2017 年度合計）

分野／学部	社会論	科学論	文化論人類学	歴史伝記	物語小説	随筆随想	教育心理	環境論	医科学健康	その他
法	9	1		2	1	1				
政経	10		4					1		
商	8	4	1			1			7	7
社学	21	3	3					1		
文	14	5	13	6			3			1
文化構	6	5	27	1					3	
教育	6	9	2	1			6	1		1
人科	16	22	4	3			2	4	5	
国際	2	5	3	5	1					1
理工	16	17	6					1	1	13
計	108	71	63	18	2	2	12	7	16	23

「言語論」もよく出題される。

　「歴史・伝記」は過去の事実を伝えるだけでなく，現代の問題や将来の展望についての論考でもある。「地理歴史」で世界史を選択していない人も，ある程度の世界史の知識は教養として蓄えておきたい。

　「物語・小説」の占める割合が比較的高いことがかつては早稲田大学の特徴の1つであったが，近年は出題が少なくなっている。これらの文章には，論理的な文章を読むのとは異なる想像力や感情移入など，独特な読みこなし方を要する。いつ出題されても戸惑わない準備はしておきたい。

　「随筆・随想」は「物語・小説」と「論説」の中間的分野と言える。現実の問題を扱いながら，論説よりも論じ方におおらかさがある。理詰め一点張りではない分，小説を読むときのような想像力を必要とする。

　「教育・心理」では子どもの学びなど教育学についての話題のほか，発達心理学や認知心理学に関する文章が出題されている。子どもの成長過程で，あるいは人が一般に，自分を取り巻く世界をどのようにとらえているのかに関する考察など，興味深い文章が多い。

　「環境論」は人類と地球生態系との関係や，環境問題などを扱った文章である。持続可能性が叫ばれる現代において，関連する情報を日々目にする分野である。具体的にどのような問題が生じているのか，どのような対策が考えられるのか，日頃から関心を払っておきたい。

　「医科学・健康」は医学論のほか，運動と病気の関係や食生活等の生活習慣をはじめ，人が健康に過ごすにはどうしたらよいかに着目した文章が多い。

　「その他」には仕事論や人生論，The New York Times の記事などが含まれ，理工では数学論や統計論が出題されている。

　学部別に見ると，文・文構では文化論や社会論，人科では社会論，科学論に加えて医学・医療や環境論，社学では社会論のなかでも経済論や国際・政治論が多いといったおおまかな出題傾向が読み取れる。とは言え，過去に扱われた文章の主題は実に多岐にわたっており，どの学部の受験生も様々な分野の英文に触れておきたい。どの分野であれ，読みこなしていくには英語そのものの力の充実が必要であることはもちろんだが，知的好奇心の旺盛さや物事について自分なりに考える習慣が底力となる。

③ 会話文

　以前から出題されているのは，商・文・文化構・教育の4学部（教育は2022・2023年度は出題なし）。2020年度以前の政経でも例年出題されていた。社学では2003年度から2014年度まで出題されていたが，2015年度以降は出題されていない。国際では2018～2020年度に出題されている。

　会話文の設問は空所補充が中心である。文・文化構のように語句レベルのみのものもある（⇨第4章 演習編1～4，実戦編3）が，やはりセリフの補充が最も多い。異なる傾向が見られるのは政経・商・教育である。これらの学部では語句整序によるセリフ補充を課したり（⇨第4章 演習編5，実戦編4・6・7），教育は文強勢や発言の真意，語句の言い換え，内容真偽，要約など，読解問題に近い多様な設問が見られる。

　空所補充で文脈に沿ったものを選ぶという意味では，会話文も長文読解と同じである。異なるのはやはり，セリフだけで成り立っている文章から，その状況を生き生きと具体的に思い描く力が必要だという点だろう。また，文・文化構は，会話特有の口語表現の知識が問われる。会話文の出題がある学部を受験する人は，多くの会話文を読んで想像力・知識を蓄えておきたい。

④ 英作文・要約

　英作文が大問として設けられているのは法・政経・文・文化構・国際の5学部。法では和文英訳と自由英作文という組み合わせが長く続いたが，2017～2019・2023年度は自由英作文2題，2020～2022年度は語句整序と自由英作文だった。政経では自由英作文，国際では自由英作文と日本語での要約，文・文化構では，200語程度の英文を読み，その要約文を英語（1文）で作成するものや，文章の内容について指定された書き出しに続けてまとめる形式の英作文が出題されている。また，商では長文読解や会話文の小問として部分英訳が出題されることがある。

①和文英訳

　法の和文英訳は，使用語句・語数指定のものが2002年度まで過去10年以上にわたって出題されたが，2003年度以降は出題されていない。2003年度から出題されるようになったのが短文の英訳である。会話文などの日本語の箇所を英訳して記述するもので，こなれた日本語を英語的な表現にするためには直訳ではすまない面がある。これに，2008～2016年度は2～4語の使用する語の指定がされるようになった（⇨第5章 演習編1，実戦編1）。上記のとおり，2017～2023年度の法の英作文は自由英作文・語句整序だったが，今後和文英訳が出題される可能性はあるので，基本表現を使いこなす練習として，過去の和文英訳の問題も活用しておきたい。

②自由英作文

　法の自由英作文は 1999 年度から毎年出題されており，ある事柄について賛否を明確にした上でその理由などを述べるもので，語数などは 1999 年度を除いて指定されていないが，解答欄の大きさからすると 60 〜 70 語程度であった。2014 年度は，示されたグラフから読み取れることを述べるという問題，2017 年度は，それに類するグラフの説明とそのグラフから推測できることを述べる新傾向の問題（⇨第 5 章 実戦編 5・6），2018 年度でもグラフから読み取れることを 1 文で述べる問題が出題されている。2019 年度は，示された絵が表す意味を述べるという新傾向の問題が出題され，2020 〜 2023 年度も同様だった（⇨第 5 章 演習編 5）。今後も同学部は同様の出題，新形式の登場の可能性があり得ると考えておきたい。

　2009 〜 2020 年度の**国際**の自由英作文は，質問や短い英文に対して自由に意見を述べる形式（⇨第 5 章 演習編 4，実戦編 3）。2021 〜 2023 年度は短い文章（英文）を読み，それについて意見を論じるものと，グラフから読み取れる傾向などを述べるものの 2 題が出題された。想定される記述語数はいずれも 80 〜 120 語程度。**政経**の自由英作文は 2003 年度では手紙文中で出題されており，各 6 語以上の 2 文で書くもの。2004 〜 2007 年度は会話文中のセリフの続きを 8 〜 10 語で書かせる形式であった。2008 〜 2023 年度は，短い発言に対する賛否や意見を複数の理由を挙げて述べるもの（⇨第 5 章 演習編 3，実戦編 2）。語数指定はないが，解答欄の行数で言えば**国際**よりやや多いため，100 〜 130 語程度の長さが必要である。いずれの学部も簡潔でミスのない英文を作れるように準備しておく必要があるだろう。

③要約

　文・**文化構**の要約（⇨第 5 章 演習編 6，実戦編 4）は，何よりもまず文章の主旨をしっかりおさえる力が必要である。1 文で，あるいは，指定された書き出しに続けて簡潔にまとめるというのは思いのほか難しい。また，「自分の言葉で」という条件がつくと，問題文の一部をそのまま使うことはできない。類義語のストックがある程度ほしいところである。**国際**では，日本語で書く要約問題が出題されている（⇨第 2 章 演習編 10，実戦編 10）。

　以上が全学部を通しての傾向である。なお，半数以上の学部ですべての大問において設問文，選択肢が英語である。それだけ英語を読む量は割り増しになる。

　出題形式別の対策は，各章はじめの「**この章の進め方**」で見ていくことにしよう。

文法・語彙

この章の進め方

　文法・語彙問題の形式としては，空所補充，空所不適切語選択，誤り指摘の3つが中心である。その他，語句整序や共通語による複数文の完成などが見られるが，いずれにしても文法・語法・語彙の正確な知識が正解の基礎となる。知識はどれだけ蓄えても蓄えすぎということはなく，その分いくらやっても常に知らないことに出会う可能性はある。しかし，今日の大学入試では，重箱の隅をつつくような些末でマニアックなものではなく，英語を読み書きする上で土台となる必要不可欠な語句や文法が十分身についているかどうかを問う傾向にあり，早稲田大学も例外ではない。

　最も基礎となるのが空所補充完成であり，演習編・実戦編のいずれでも満点が取れることを目標としたい。知らないものが出てきた場合はその都度すぐに覚えてしまうこと。新たに出会った表現ばかりを書き出しておく専用のノートを作成しておくとよい。単語レベルのものまで入れると膨大な量になる可能性があるので，熟語や動詞の語法（たとえば，prevent *A* from *doing* のような定番の使い方）にしぼって整理していこう。あるいは，市販の熟語集や単語帳を使っている人は，それに載っているかどうかチェックし，気づいたことを余白に書き込むなどしておくとよいだろう。大事なのは，「この1冊さえ持ち歩いていれば大丈夫」という形にしぼることだ。暗記用のノート類は数を増やすと収拾がつかなくなる。

　早稲田大学の文法・語彙問題の特徴は，単純に適切なものを選ぶのではなく，不適切になるもの，間違った表現になっている箇所を選ぶという形式があることである。誤りを指摘するには，幅広い知識と正確な理解がよりいっそう必要とされる。だいたいこんな感じだったという漠然とした印象だけではこなせない。常に正確さを心がけ，なぜそれではだめなのかをきちんと理解していくことがカギになる。わからないことは徹底的に辞書や参考書で調べるようにしよう。

　その際，念頭に置いておきたいのは「辞書を読む」ことである。単語の意味を調べるために辞書を開いた場合でも，訳語だけ見て終わりにせず，語法，注釈，例文に目を通すことを習慣にしたい。その積み重ねがゆるぎない知識と応用力の源泉となる。

1

目標解答時間 1分

ポイント

前置詞を補う問題。何も補わない可能性もある。選択肢は繰り返し使ってもよいので消去法は使えないが，いずれも基本的な表現である。

Choose the best option from the box to fill each of the blanks in the passage below. If no word is necessary, choose option G. You may use any option more than once.

A	against	B	at	C	in	D	on
E	out	F	to	G	NO WORD		

William Butler Yeats was born ⬚1⬚ Dublin ⬚2⬚ June 13, 1865. He studied to become a painter, like his father, but abandoned that profession ⬚3⬚ 1886 ⬚4⬚ favor of literature. He was heavily involved ⬚5⬚ the movement for the Irish literary revival and founded the Irish Literary Theatre.

解 説

問 「下記の文章の空所に入れるのに最も適切な語を枠内から選びなさい。何の語も必要なければ，Gを選びなさい。どの選択肢も2回以上使ってかまいません」

1 「ウィリアム＝バトラー＝イェイツはダブリン…生まれた」
　生まれた場所を表しており，「ダブリンで」の意にする。ダブリンは都市名なので，Cの in が正解。

2 「ウィリアム＝バトラー＝イェイツは1865年6月13日…生まれた」
　生年月日を表しており，「1865年6月13日に」の意にする。年月日が示されているときは，「日」に合わせるので，Dの on が正解。

3 「彼は1886年…その仕事をやめた」
　「1886年に」の意にする。「○○年に」の「に」には in を使う。Cが正解。
　NOTE 「いついつに」の「に」は「時刻」が at，「(曜) 日」が on，「週，月，季節，年，世紀」は in。

4 「彼は，父親と同じように，画家になるために勉強したが，文学…1886年にその仕事をやめた」
　in を補い，in favor of literature「文学のほうを選んで〔好んで〕」とすれば文意に合う。Cが正解。

5 「彼はアイルランド文芸復興運動に深く…アイルランド文芸協会を設立した」
　in を補えば was … involved in the movement「その運動にかかわった」となり，文意に合う。Cが正解。

1—C　2—D　3—C　4—C　5—C

2

目標解答時間 2分

> **ポイント**
>
> 前置詞・副詞・接続詞を補う問題。選択肢には複数の品詞が混在しているので，文中での役割から候補が絞れる。各語一度しか使えないので，わかりやすいところから埋めていけば解答時間が短縮できる。

Choose the best word from the box to fill the blanks in the passage below. You may use each word only ONCE.

A because	B by	C for	D in
E of	F on	G since	

Our understanding ⬚1⬚ the American past has been revolutionized ⬚2⬚ the middle of the twentieth century, ⬚3⬚ no small part ⬚4⬚ of our altered conceptions of the place of race in the nation's history. Moreover, that revolution has taken place largely because of a remarkable generation of historians, who were inspired ⬚5⬚ the changing meanings of freedom and justice in their own time.

From The Scholar Who Shaped History, *The New York Review of Books* on March 20, 2014 by Drew Gilpin Faust

解 説

問「下記の文章の空所に入れるのに最も適切な語を枠内から選びなさい。どの語も1回だけしか使えません」

1 「アメリカの過去…私たちの理解」

　of を補えば,「アメリカの過去についての私たちの理解」となり,意味が通る。Eの of が正解。

2 「(私たちの理解は) 20 世紀半ば…変革されてきた」

　動詞部分が現在完了になっており,since を補えば「20 世紀半ば以降」となり,意味をなす。Gの since が正解。

3 「…変革されてきた」

　in no small part で「少なからず,大いに」の意。Dの in が正解。

4 「この国の歴史において人種が占める地位の概念の変化…」

　because を補えば直後の of とあわせて,because of ～「～のせいで」の意になり文意に合う。Aの because が正解。

5 「自分たち自身の時代における,自由と正義の変化していく意味…刺激された (歴史家たち)」

　直前の動詞が受動態になっており,by を補えば「変化していく意味によって刺激された」となり,意味をなす。Bの by が正解。

1―E　2―G　3―D　4―A　5―B　解 答

3

> **ポイント**
>
> 　最適なものではなく，補うと誤りになるものを選ぶ問題。正しいものをひとつ選ぶよりも難度は高い。いずれも基本的な語句だが，意外に正確な意味や用法がつかめていないかもしれない。油断なくチェックをしておきたい。

　Choose the ONE way to complete each of these sentences that would make it grammatically INCORRECT.

(1) I am (　　　) to go to graduate school to take a degree in business studies.

A　about　　　　　　　B　hoping　　　　　　　C　intending

D　keen　　　　　　　E　wondering

(2) (　　　) my apartment there is an excellent Chinese restaurant.

A　Behind　　　　　　B　From　　　　　　　　C　Near

D　Next to　　　　　　E　Not far from

(3) She travels from Tokyo to Toronto several times (　　　) year.

A　a　　　　　　　　　B　each　　　　　　　　　C　every

D　per　　　　　　　　E　usual

(4) (　　　) students who live next door are very friendly.

A　All three　　　　　　　　　　B　The other three

C　The three　　　　　　　　　　D　Those three

E　Three of

(5) I happened to meet a childhood friend (　　　).

A　an hour ago　　　　　　　　　B　at lunchtime

C　on this morning　　　　　　　D　the other day

E　yesterday

解　説

圏「以下の各文を完成するのに，文法的に誤りになるものをひとつ選びなさい」

(1)「経済・経営学の学位を取るために，大学院に進学（　　）」

　　空所のあとが to 不定詞である点に注意。E の wonder(ing) は「あれこれ思いめ ぐらす」の意では，wonder about *doing* の形になるので，これが誤り。

　A「するところだ」　　　　　　　　B・D「したいと思っている」
　C「するつもりである」

(2)「私のアパート（　　）とても良い中華料理のレストランがある」

　　B の From では「私のアパートから」となり，文意が通らない。これが誤り。

　A「の裏に」　　　　　　　　　　C「の近くに」
　D「の隣に」　　　　　　　　　　E「からそれほど遠くないところに」

(3)「彼女は（　　）数回東京からトロントに行く」

　　E の usual を使うなら，in a usual year「通常の年は」などとしなくてはならない。

　A・D「1年に（つき）」　　　　　B・C「毎年」

(4)「隣に住んでいる（　　）学生たちは，とても愛想がよい」

　　E のように of を伴って「〜のうちの」の意にする場合，続く名詞は特定のもの (the, these, those や所有格がついているか，them) でなくてはならない。この問 題なら Three of the students とするのが正しい。このことは，many, most, some などにも当てはまる。

　A「3人みんな」　　　　　　　　B「その他の〔残りの〕3人の」
　C「その3人の」　　　　　　　　D「それらの〔あれらの〕3人の」

　[NOTE]「ほとんどの学生，学生のほとんど」は次のように表せる。
　◇ most students「（漠然と）学生というものの大半」
　◇ most of the students「（特定の学生を示して）その学生たちのほとんど」
　◇ almost all students「（漠然と）ほとんどすべての学生」
　◇ almost all the students（＝almost all of the students）「（特定の学生を示して）そ の学生たちのほとんどすべて」
　副詞 almost を使う場合は，一度形容詞 all をはさんで「ほとんどすべての」としてから 名詞を続けることになる。また of を使う場合，後には特定のもの（the や所有格， those / these などがつく名詞，または代名詞）が続くことにも注意。

(5)「（　　）偶然子供の頃の友だちに会った」

　　C の on this morning が誤り。時の副詞に this や these をおく場合，一般に前置 詞はつけない。したがって，this morning「今朝」とするのが正しい。一般的に 「午前中に」は in the morning とし，this 以外の形容詞がついて特定の日の朝を表

す場合には on a fine morning「ある晴れた朝に」のように on をつける。
A「1時間前に」　　B「昼食時に」　　　D「先日」　　　　E「昨日」

4

目標解答時間　2分

ポイント

　第1章演習編3と同様，補うと誤りになるものを選ぶ問題だが，選択肢にやや長めのフレーズが含まれているものもある。語法の正確な知識が求められる。不明なものがあれば，十分な見直し・覚え直しをしておくこと。

Choose the ONE way to make each of these sentences INCORRECT.

1　I (　　　　) hiking in the mountains.
　A　am not about to go 　　　　　　B　can't stand
　C　do not care for 　　　　　　　　D　prefer to not
　E　would rather not go

2　I am (　　　　) of repeating the same procedure every day.
　A　capable 　　　　　B　fond 　　　　　　C　keen
　D　sick 　　　　　　　E　tired

3　The teacher had to (　　　) the answer several times.
　A　check 　　　　　　B　explain 　　　　　C　repeat
　D　tell 　　　　　　　E　write

4　They (　　　) the development of the program.
　A　accelerated 　　　B　accepted 　　　　C　accommodated
　D　accomplished 　　E　accounted

5　Would you (　　　) me a letter of recommendation?
　A　be kind enough to write 　　B　be willing to write
　C　do me a favor for writing 　　D　please consider writing
　E　mind writing

解　説

圐 「以下の各文を誤りにするものをひとつ選びなさい」

1 「私は山でハイキング（　　　　）」

　Dの prefer to not が誤り。「〜しないほうを好む」なら prefer not to *do* となる。

A「（ハイキング）に行くつもりはない」

B「（ハイキングをすること）には耐えられない」

C「（ハイキングをすること）は好きではない」

E「どちらかというと（ハイキング）には行きたくない」

2 「私は毎日同じ手順を繰り返すこと（　　　　）」

　Cの keen が誤り。keen of 〜 では「〜に敏感な」となり，意味をなさない。keen on *doing* なら「〜することに熱中している」の意。

A「（〜すること）ができる」　　　　　　B「（〜すること）が好きだ」

D・E「（〜すること）にうんざりしている」

3 「その教師は答えを何度か（　　　）なければならなかった」

　Dの tell が誤り。tell を使うなら「誰に」を入れて第4文型にしなくてはならない。

A「〜を（調べて）確かめる」　　　B「〜を説明する」

C「〜を繰り返して言う」　　　　　E「〜を書く」

4 「彼らは計画の進展（　　　）」

　Eの accounted が誤り。account for 〜「〜を説明する」と，for がなければ意味をなさない。

A「〜を加速した」　　　　　　　　B「〜を受け入れた」

C「〜に対応した」　　　　　　　　D「〜を成し遂げた」

5 「私に推薦状を（　　　）していただけますか」

　Cの do me a favor for writing が誤り。Would you do me a favor? もしくは Would you do a favor for me? で「お願いがあるのですが」という決まり文句。お願いの内容を for で続ける語法はなく，Would you do me a favor and write 〜? としなくてはならない。

A・B・D・E「書いて（いただけますか）」

1—D　2—C　3—D　4—E　5—C　解答

5

目標解答時間　2分

ポイント

　短文中の誤り個所を指摘するもの。この形式は，意味がわからないほどの間違いを盛り込むと問題が成立しないため，読めば言いたいことはわかる。したがって，語法や文法事項の十分な消化が要求される。この形式で正解率が上がらないという人は，まず文法事項の見直しを手堅く行うこと。語法については覚える努力と，語法問題に数多く当たる努力とが求められる。

Identify the ONE underlined word or phrase that must be changed in order for the sentence to be correct.

1．Because of <u>the</u> variety and importance of topics we would <u>discuss about</u> in
　　(a)　　　　　　　　　　　　　　　　　　　　　　　　　　(b)
class, I came to know and understand a lot about the freshness and
<u>tenderness</u> of the faith <u>of</u> these young people.
　(c)　　　　　　　　　　(d)

2．She <u>has some specific requirements</u> <u>for</u> <u>any young man</u> who wants to
　　　(a)　　　　　　　　　　　　　　(b)　　(c)
<u>date with</u> her.
　(d)

3．It was <u>her</u> first time <u>away from home</u> without <u>another</u> family member, and
　　　　(a)　　　　　　(b)　　　　　　　　(c)
she intended to make the <u>much</u> of it.
　　　　　　　　　　　(d)

4．He knew that she valued <u>family history</u> <u>all more</u> <u>for</u> having lived <u>without it</u>.
　　　　　　　　　　　　(a)　　　　　(b)　　(c)　　　　　　　(d)

5．He <u>would rather</u> that his <u>16-year-old</u> son <u>continue</u> to work in a small factory
　　　(a)　　　　　　　　(b)　　　　　(c)
that makes plastic bottles in a suburb <u>on</u> Mexico City.
　　　　　　　　　　　　　　　　(d)

解 説

問 「正しい文になるために変えなくてはならない下線部の語句をひとつ指摘しなさい」

1 「私たちが授業で議論すると思われる話題の種類と重要性のおかげで，私はこれらの若者の信念の新鮮味と柔軟性について多くのことを知り，理解するようになった」

　(b)の discuss about が誤り。discuss は他動詞なので，じかに目的語を取る。about が不要。

2 「彼女は，自分とデートしたいと思う若者には誰であれ，いくつかの特定の要求をする」

　(d)の date with が誤り。date は他動詞なので，with が不要。

3 「彼女が一人の家族の付き添いもなく家を離れたのはそれが初めてであり，彼女はそれを最大限に利用するつもりだった」

　(d)の much が誤り。make the most of 〜で「〜を最大限に利用する」の意。make much of 〜「〜を重視する」と混同しないように注意。

4 「彼は，彼女が家系というものもなく生きてきたために，いっそう家系を重視していることを知っていた」

　(b)の all more が誤り。all the ＋比較級＋for 〜 で「〜のせいでいっそう…」の意。この the は，〈the ＋比較級〜，the ＋比較級…〉の構文のあとの方の the と同様，「それだけいっそう」の意の指示副詞。

5 「彼は 16 歳の息子にむしろメキシコシティ郊外のペットボトルを作っている小さな工場で働き続けてもらいたいと思っている」

　(d)の on が誤り。「〜の郊外で」は in a suburb of 〜／in the suburbs of 〜 と表現する。なお，(c)の continue は仮定法現在（形は原形と同じ）。would rather (that) S V の V には，通常は仮定法過去・過去完了が使われるが，仮定法現在になることもある。

1—(b)　2—(d)　3—(d)　4—(b)　5—(d)　解 答

6

目標解答時間　6分

ポイント

第1章演習編 5 と同様の形式だが，「誤りがない」場合があるのでその分難度は増す。どこかが間違っているのであれば消去法で正解できる可能性もあるが，今回はその方法は取れない。語法，文法事項の正確な理解がさらに要求される。

次の設問 1 ～ 10 の(A)～(D)のうち，誤った英語表現を含んだ部分がある場合には(A)～(D)の中の一つを，誤りがない場合には(E)を選びなさい。

1．My new computer's hard drive <u>is capable of</u> storing <u>millions of</u> <u>pieces of</u>
(A)　　　　　　　　　　　(B)　　　　(C)
<u>informations</u>.　NO ERROR
(D)　　　　　(E)

2．<u>I hope our team to win</u> the baseball game <u>on Saturday</u> against our rivals <u>of</u>
(A)　　　　　　　　　　　　　　(B)　　　　　　　　(C)
<u>many years</u>.　NO ERROR
(D)　　　　(E)

3．<u>To get along</u>, we must <u>listen each other</u> and <u>try to understand</u> <u>other points</u>
(A)　　　　　　　　(B)　　　　　　(C)　　　　　(D)
<u>of view</u>.　NO ERROR
(E)

4．People who are <u>concerned about</u> <u>their health</u> may <u>find it necessary</u> to
(A)　　　　　(B)　　　　　(C)
<u>change their lifestyles</u>.　NO ERROR
(D)　　　　　　(E)

5．<u>Along with</u> a great <u>loss of life</u>, many historic buildings <u>were destroyed</u> <u>with</u>
(A)　　　　　(B)　　　　　　　　　　(C)　　　(D)
the earthquake.　NO ERROR
(E)

6．<u>The place I visited</u> last week <u>is considered to be</u> one of <u>the top ten</u> <u>tourist</u>
(A)　　　　　　　(B)　　　　　　　(C)　　　(D)
spot in the world.　NO ERROR
(E)

7．This summer, I plan to <u>take time off</u> from work, <u>get on a train</u>, and go <u>as</u>
(A)　　　　　　　(B)　　　　(C)
<u>far north</u> <u>as possible</u>.　NO ERROR
(C)　　　(D)　　　　(E)

8．<u>The same man</u> <u>who is used to be</u> <u>a member of a street gang</u> is now a good
(A)　　　　(B)　　　　　　(C)
father <u>to three children</u>.　NO ERROR
(D)　　　　　(E)

9．<u>Soaring gas prices</u> are <u>thought to be</u> responsible for <u>the rise</u> <u>to the cost of</u>
(A)　　　　　(B)　　　　　　　(C)　　(D)
fresh fish.　NO ERROR
(E)

10．<u>Each winter</u>, a snow festival <u>is taken place</u> in Sapporo, <u>to the delight of</u>
(A)　　　　　　　　(B)　　　　　　　(C)
<u>residents and tourists</u>.　NO ERROR
(D)　　　　　　(E)

解 説

1　「私の新しいコンピュータのハードドライブは何百万もの情報を記憶できる」

(D)の informations が誤り。information は不可算名詞である。

> NOTE　名詞を辞書で引いたときには［C］や［U］の記号に注意を払おう。［C］は countable「可算名詞」，［U］は uncountable「不可算名詞」の意。information のように可算と勘違いしやすい他の名詞には，advice, news, furniture, luggage, baggage などがある。いずれも，数えるときには a piece of ～ が使える。また，「仕事，任務」の意味での work も不可算。「作品」の意味では可算である。

2　「長年のライバルとの土曜日の野球の試合で私たちのチームが勝つことを願っている」

(A)の I hope our team to win が誤り。I hope that our team will win … とするのが正しい。

> NOTE　意味が似ていると語法も似ているということはよくあるが，いつもそうだとは限らないので注意が必要。hope, want, wish で比べると以下のようになる。
> ◇ hope to *do*, want to *do*, wish to *do* はいずれも正しい。
> ◇ want *A* to *do*, wish *A* to *do* は正しいが，hope *A* to *do* は不可。
> ◇ hope that S V, wish that S V は正しいが，want that S V は不可。

3　「うまくやっていくために，私たちはお互いの話を聞き，別の見方を理解しようと努めなければならない」

(B)の listen each other が誤り。listen to each other とするのが正しい。each other「お互い」は，日本語では副詞のような印象を与えるが，代名詞である。help each other「互いに助け合う」は help him「彼を助ける」と同じく，each other が目的語になっている。one another も同様。one another は 3 者以上，each other が 2 者間というのが本来の区別だが，3 者以上に each other を使っているケースもある。

4　「自分の健康を気にかけている人は自らのライフスタイルを変えることが必要だと思うかもしれない」

この文に誤りはない。(E)の NO ERROR が正解。(A)の（be) concerned about ～ は「～を気にかける，心配する」の意味。(be) concerned with ～「～に関係している，関心がある」と区別しておきたい。(C)は it が形式目的語の第 5 文型をとり，(D)の不定詞が真目的語になっている。

5　「多くの歴史的建造物が，多くの人命の犠牲とともにその地震で崩壊した」

(D)の with が誤り。by か in が正しい。with は write with a pen「鉛筆で書く」，cut with a knife「ナイフで切る」のように「手に持つ道具」や shiver with cold「寒さで震える」，be in bed with a fever「熱で寝込んでいる」など「体調不良の

原因」などに使う。「地震で」は同文なら単純に受動態の「動作主」を表す by か，状況を表す in がふさわしい。この in は be killed in the accident 〔war〕「事故〔戦争〕で死ぬ」などと同じ。

6　「先週私が訪れた場所は世界で上位10位の観光スポットの1つだとみなされている」

　　Ⓓの **tourist spot** が誤り。tourist spots と複数形にするのが正しい。one of ～「～のうちの1つ」は of 以下に複数名詞がこなければ意味をなさない。英作文でもここを単数形にしている誤りをよく見受ける。要注意である。

7　「今年の夏，私は仕事を休み，電車に乗り，そしてできる限り遠く北へ行く計画だ」

　　この文に誤りはない。Ⓔの **NO ERROR** が正解。take *A* off「*A*（期間）の間休暇をとる」の意。off だけでも意味をなすが，「何から離れる（off）」のかを示すなら，問題文のように from ～ を添える。as far north as possible「できるだけ遠く北へ」は far がなければ誤り。north は副詞ではあるが，比較変化しない語である。as … as の間には，比較変化する形容詞か副詞がなければならないので，far をはさんで正しい表現になっている。

8　「かつては街のチンピラの一員だったその同じ男が今では3人の子供のよい父親だ」

　　Ⓑの **who is used to be** が誤り。who used to be が正しい。be used to ～ は「～に慣れている」である。to は前置詞なので名詞・代名詞・動名詞が続く。不定詞と間違えないようにしたい。used to *do* は「かつては～だった，～があった・いた，～したものだ」と現在とは異なる過去の状態や習慣を表す。なお，先行詞に「同一の」の意味の the same がつくときは，関係代名詞は that や as が基本だが，このとおりではないこともある。特に「人」の場合は who が使われている場合も多い。

9　「急騰するガソリン価格が鮮魚の値段の上昇の原因だと考えられている」

　　Ⓓの **to the cost of** が誤り。the rise in〔of〕the cost が正しい。the rise to ～ は「～への上昇，増加」といった「上昇して行き着いた数値や場，状況」を表す。一方，「～の上昇，増加」といった「何が上昇，増加したのか」を表すには in や of を使う。この2つの区別は微妙だが，in が使えることが盲点になりやすいので辞書の例文を研究しておきたい。

　　NOTE　「～の」が in になるものは，「変化」を表す語によくみられる。rise 同様，of をとることもあるが，in「～における」のニュアンスをつかんでおきたい。
　　◇ a change in temperature「温度の変化」
　　◇ an increase in number「数の増加」
　　◇ a decrease in production「生産の減少」
　　◇ a fall in the value of the dollar「ドル価の下落」

10　「住民や観光客には嬉しいことに，札幌では毎年冬に雪祭りが開かれる」

　(B)の is taken place が誤り。takes place が正しい。S takes place は能動の形で「S が行われる，開かれる」の意。日本語につられて受動態にしないように気をつけたい。文字通りの訳をしてみれば，「S が場所をとる」と SVO の第 3 文型になっており，催し物が「ある場所を占める」ということ。もともとは何か催し物を行うには場所が必要だということである。

1―(D)　2―(A)　3―(B)　4―(E)　5―(D)
6―(D)　7―(E)　8―(B)　9―(D)　10―(B)

解　答

7

目標解答時間　8分

> **ポイント**
> 第1章演習編6と同様の形式だが，問題文が長めなので，語句レベルの意味・語法
> だけでなく，文構造への目配りも必要になる。その点で難度は高い。

　次の1～10について，誤った英語表現を含んだ部分がある場合にはa～dから誤りを一つ選び，誤りがない場合にはeを選んでマーク解答用紙にマークせよ。

1．In classical Islamic history there could be no clash between pope and emperor,
　　　　a
since the caliph, the titular head of the Islamic state and community, combined
　　　　　　　　　　　　　　　　　　　　　　　　　　　　　　　　　　　b
in himself both political or religious — though not spiritual — authority.
　　　　　　　　　　　c　　　　　　　　　　　　　d
NO ERROR
　e

2．The years immediately following the end of the Cold War offered
　　　　　　　　a
a tantalizing glimpse of a new kind of international order, with nation-states
　　b
growing together or disappearing, ideological conflicts melting away, cultures
　　　　　　　　　　　　　　　　　　　　　　　　　　　　c
intermingling, and free commerce and communications increasing. NO ERROR
　　　　　　　　　　　　　　　　　　　　　　　　　　d　　　　　　　e

3．Despite the growth of the economy, or perhaps in part because of it, and
　　　　　　　　　　　　　　　　　　　　　　　　a
because, as well, the vast rural exodus owing to both population growth and
　　　　　　　　　b　　　　　　　　　　　　　　　c
increasing agricultural productivity, workers crowded into urban slums.
　　　　　　　　　　　　　　　　　　　　　　　d
NO ERROR
　e

4．Malthus, Ricardo, Marx, and many others had been talking about inequalities
　　　　　　　　　　　　　　a
for decades without citing any sources whatsoever or any methods for
　　　　　　　　　　　　　　　　　b
comparison one era with another. NO ERROR
　c　　　　　　d　　　　　e

5．The religious differences between Europe and the United States are
typically described in terms of beliefs and practices: Europeans are far less
　a　　　　　　　　　　　　b　　　　　　　　　　　　c
likely than Americans join and attend houses of worship or to believe in
　　　　　　　　　d
heaven and hell. NO ERROR
　　　　　　　e

6．Tolstoy's interest in history seems to have arisen not from interest in the
past as such, but from the desire to penetrate to first causes, to understand
　a
how and why things happen as they do and otherwise not. NO ERROR
　b　　　　　　　　c　　　　　d　　　　　e

7. Mr. Snowden, a former National Security Agency contractor who <u>disclosed</u> <u>journalists</u> secret documents <u>detailing</u> the United States' mass surveillance
a b
programs, <u>faces</u> potential espionage charges, even though the president has
c
acknowledged the important public debate his revelations <u>provoked</u>.
d
NO ERROR
e

8. Militant attacks in Pakistan have declined over the past two years, as a result of the <u>military's</u> counterterrorism operations, which <u>focused on</u> the tribal
a b
areas, previously <u>a haven</u> for <u>local</u>, Afghan, and international jihadists.
c d
NO ERROR
e

9. I <u>owe to</u> my family and friends that I was able to <u>overcome</u> my grief and
a b
recover <u>more or less completely</u> from the shock of my mother's <u>sudden and</u>
c d
<u>unexpected</u> death several months ago.　NO ERROR
e

10. In high school I had come to see the subject of history <u>as nothing more</u>
a
<u>than</u> the mindless accumulation of names and dates, and I vowed <u>upon</u>
b
entering college <u>in the late 1970</u> that I would study every subject I could
c
manage <u>except</u> history.　NO ERROR
d e

解　説

1 「古代イスラム史においては，イスラム国家や共同体の名前だけの長であるカリフ自身が，政治的権威と宗教的権威とを――精神的権威ではないけれども――結びつけていたので，法王と皇帝間に対立はなかっただろう」

　　a の classical は「古典的，古代の」という意味で，正しい。b の combined は both 以下を目的語にしており，正しい。c は直前の both に注目すれば，both *A* and *B*「*A* と *B* の両方」にならなければならないので，c の political or religious が誤り。or を and にする。d は though not ～「～ではないが」で，c の political, religious と d の spiritual が並列関係にあり，authority を修飾する形容詞で，正しい。

2 「冷戦終結直後の数年間に，国民国家が共に成長し，あるいは消滅し，イデオロギーの対立が消失し，文化が混じり合い，自由な商業と通信が増加して，興味をそそる新たな種類の国際秩序が垣間見えた」

　　a は「すぐさま～に続く」で正しい。b は「興味をかき立てる一瞥」で正しい。文構造を簡単にすれば，The years offered a tantalizing glimpse of a new…order.「その年月は，新しい秩序の興味をかき立てる一瞥を与えた」で，もっと見慣れた表現にすれば，The years saw a new…order. となる。order の直後は with＋名詞＋*doing* の付帯状況表現が続いている。c の melting away「溶けてなくなる」も能動の意味なので，現在分詞形 *doing* で正しい。d も c と同じ理由で正しい。正解は e の NO ERROR となる。

3 「経済の成長にもかかわらず，あるいはおそらく 1 つにはそれが理由となり，そしてまた，人口増加と上昇しつつある農業生産性の両者による膨大な農民離村が理由で，労働者は都市スラム街に押し寄せた」

　　a は「1 つには」という意味で，正しい。b の the vast rural exodus が誤り。「膨大な農民離村」という意味なのだが，直前に because があるのに注目。接続詞 because なら S V が続くが，b には V が見当たらない。b は of the vast rural exodus とすると正しい。c は「人口増加」の意味で，正しい。d の crowd into ～は「～に押し寄せる」の意味で，正しい。

4 「マルサス，リカード，マルクスおよびその他大勢が数十年間不平等について，何ら資料源や各時代を比較する方法に言及しないで語ってきた」

　　a は「その他多数」の意味で正しい。b の whatsoever は whatever の強意形で，no＋名詞（本文の場合は，without があるので any＋名詞となっている）の後に置かれる強調表現で，正しい。c の comparison が誤り。名詞になっているが，直後に目的語の one era があるので，comparing と動名詞形にしなければならない。d は one との呼応で，正しい。

5 「ヨーロッパとアメリカの宗教の違いは，信仰と儀式の面で典型的に表される。つまり，ヨーロッパ人はアメリカ人よりも，礼拝所に参加・出席したり，天国と地獄の存在を信じたりする傾向がはるかに少ないのだ」

　a は are typically described で，副詞の位置，受動態も正しい。b の belief の複数形は beliefs で，正しい。c は「はるかに少なく」で，比較級 less の強調 far も正しい。d の join and attend が誤り。直前の than Americans を（　）でくくれば，are far less likely join and attend となっていることがわかる。be likely to *do* と，to 不定詞でなければならないので，d は to を前に付けるのが正しい。

6 「トルストイの歴史への関心は，過去それ自体への関心から生じたのではなく，第一原因にまで到達したい，事態が，どのようにして，なぜそのように起こり，違ったふうに起こらないのかを理解したいという願いから生じたようだ」

　a の as such は「そのようなものとして，それ自体は」の意味で，正しい。b は疑問詞で，直後に S V が続くので，正しい。c の as they do は as things happen で，正しい。d は things don't happen otherwise「ものごとが違ったふうに起こらない」ということなので，not otherwise の語順が正しい。よって，d の otherwise not が誤り。

7 「アメリカの大衆監視プログラムを詳述する機密書類をジャーナリストに開示した元国家安全保障局請負人のスノーデン氏は，たとえ暴露が招いた重要な国民的議論を大統領が認めていたとしても，スパイ罪に直面する可能性がある」

　a の disclosed journalists が誤り。disclose は 2 つの目的語（journalists，secret documents）を取れないので，disclose *A* to *B*「*A* を *B* に開示する」というパターンになる。disclosed to journalists となるのが正しい。b の detailing は直前の名詞 documents を後ろから修飾する現在分詞で，正しい。c の主語は Mr. Snowden で，正しい。d の provoked は「引き起こした」という意味で，正しい。debate（which）his revelations provoked と目的格の関係代名詞が省略されている。

8 「パキスタンでの過激派の攻撃は，以前は地元やアフガニスタンの，また世界のイスラム聖戦士にとっての避難所であった部族地帯に集中した軍部の反テロ作戦の結果として，この 2 年間にわたって減少してきた」

　a の military's「軍の」は，無生物名詞には原則としてアポストロフィ s（'s）を付けないが，ここでは擬人化されたと考えられ，間違っているとは言えない。新聞・雑誌などの記事中ではよく目にする。b の focus on ～「～に集中する」は正しい。c の a haven「避難所，安全地」は，いくつかある havens の 1 つということで，正しい。d は形容詞で，Afghan，international と並列関係で，jihadists を修飾していて，正しい。正解は e の **NO ERROR** となる。

9 「私が悲しみを克服し，数カ月前の突然の，思いも寄らない母の死のショックからほぼ完全に回復できたのは，家族と友人たちのおかげであった」

　a の **owe to** が誤り。owe *A* to *B*「*A* は *B* のおかげだ」となるはずだが，*A* に当たるものが見当たらない。後ろを見ると，that S V があることから，it 〜 that … の形式目的語構文が考えられる。owe it to my family and friends that … とするのが正しい。b の overcome「〜を克服する」は正しい。c の more or less は「おおよそ」という意味で，completely を修飾して，正しい。d は「突然の，思いも寄らない」の意味で，直後の名詞 death を修飾する形容詞で，正しい。

10　「高校で私は歴史という科目を知性の必要がなく大量の名前や日付でしかないものと見なすようになり，1970 年代末期に大学に入るとすぐに，歴史以外の，何とかできるあらゆる科目を勉強しようと誓った」

　a の as は see *A* as *B*「*A* を *B* と見なす」の as で，正しい。また，nothing more than 〜「〜でしかない」も正しい。b については vowed upon を熟語と考えるのではなく，upon entering college を（　）でくくれば，as soon as I entered college のことだとわかる。upon は on でも可。c の **in the late 1970** が誤り。the があることから，「1970 年代」という意味で使われていることがわかる。in the late 1970's〔1970s〕が正しい表現。「1970 年後期に」は late in 1970, in late 1970 となる。d は「〜を除いては，〜以外には」を意味し，every subject と関連していて，正しい。

1─c　2─e　3─b　4─c　5─d
6─d　7─a　8─e　9─a　10─c

解答

基幹・創造・先進理工学部　2022 年度　〔5〕A 4・6

目標解答時間　3 分

> **ポイント**
>
>　解答方法がたいへん特殊な問題を出題しているのが理系学部。手続きが煩雑なので，理系学部受験生はこの方法に慣れておく必要がある。他学部の受験生は，答えになる単語が何か考えて，語彙力の確認に使ってみよう。

For questions 1・2, two definitions of a word are given, along with one sample sentence for each.　Think of a word that matches both definitions and also fits in the blanks of both sentences.　Convert each letter of the word into a number 1 to 4 according to the table below: number 1 represents letters *a–g*, 2 represents *h–m*, 3 represents *n–s*, and 4 represents *t–z*.　Then choose the matching sequence of numbers from options a–d.　For example, if the word you think of is *wise*, for which the first letter *w* is given, the remaining letters would be converted into 2 for *i*, 3 for *s*, and 1 for *e*.　Hence, the correct answer would be *w*231.

Number	Letters
1	a, b, c, d, e, f, g
2	h, i, j, k, l, m
3	n, o, p, q, r, s
4	t, u, v, w, x, y, z

1. (i)　a calculation of the value of something made using the information that you have: We just need a rough (*e*　　　) of the number of students who will take this course.

　(ii)　to try to judge the value of something without calculating it exactly: Scientists (*e*　　　) that smoking reduces life expectancy by about 12 years on average.

　　a．*e*4124141　　　　　　　　b．*e*1212341

　　c．*e*23124141　　　　　　　d．*e*3422141

2. (i)　to make something visible or bright by shining a light on it: The street was (*i*　　　)*d* by the full moon.

　(ii)　to help clarify or explain something: My physics textbook (*i*　　　)*d* how carbon is formed in stars.

a．*i*224223141   b．*i*24322111

c．*i*334413221   d．*i*2322443

解 説

　問題文は最初に語の定義があり，続いて例文という形をとっている。選択肢の文字数が均一ではないので，まず当てはまる字数にしぼり込むこと。同じ字数の選択肢も数字への変換表と照らし合わせて，最初の2～3字で選べるので，落ち着いて取り組もう。

圏　「問題1・2には，ある語の定義が2つ与えられており，それぞれに例文が1つ添えられている。両方の定義に合い，両方の例文の空所に当てはまる語を考えなさい。その単語のそれぞれの文字を下の表にしたがって，1から4の数字に変換しなさい。1が表すのはa～g，2はh～m，3はn～s，4はt～zである。適切な数字の配列をa～dから選びなさい。たとえば，頭文字のwが与えられていて，わかった単語がwiseなら，残りの文字はiが2，sが3，eが1に変換される。したがって，正しい答えはw231になる」

1　(i)「手持ちの情報を使って，行われた事柄の価値を計算すること：私たちは，この講座をとる学生の数のおおまかな（　　　）が必要だ」
　(ii)「正確に計算することなく，ある物の価値を判断しようとすること：科学者たちは，喫煙が寿命を平均して12年ほど縮めると（　　　）」
　　　2つの定義に合致し，eで始まる語はestimate，(i)「見積り，概算」，(ii)「～と推定する」である。よって*e*3422141となり，dが正解。

2　(i)「光を当てることでものを見えるようにしたり明るくしたりすること：その通りは満月に（　　　）れていた」
　(ii)「あることを明らかにしたり説明したりするのに役立つこと：私の物理の教科書は，星の中で炭素が形成される様子を（　　　）していた」
　　　2つの定義に合致し，iで始まる語はilluminate，(i)「～を照らす」，(ii)「～を明らかにする」である。よって*i*224223141となり，aが正解。

1—d　2—a

1

目標解答時間　2分

ポイント

　第1章演習編1・2と同様の形式。「熟語」として決まった表現ばかりとは限らない。文脈から意味を推測して，ふさわしいものが選べるよう，日ごろから前置詞自体のニュアンスも研究しておきたい。

Choose the best item from the box with which to fill the blanks in the passage below. You may use each item only ONCE.

A　at	B　by	C　down	D　for
E　from	F　into	G　of	H　on
I　to	J　under		

President Franklin D. Roosevelt died as a result ⬚1⬚ hypertension. The official cause of death was a stroke; the underlying cause was high blood pressure. Roosevelt was significantly impaired ⬚2⬚ the disease in the last year of his life. At a time when a world war was being fought and the postwar balance of power negotiated, Roosevelt fatigued easily, had difficulty concentrating, became weak, lost weight, and suffered from headaches. Winston Churchill's personal doctor remarked ⬚3⬚ observing Roosevelt ⬚4⬚ the Yalta conference in 1945: "I doubt, from what I have seen, whether he is fit ⬚5⬚ his job here."

解 説

問「下記の文章の空所に入れるのに最も適切な語を枠内から選びなさい。どの語も1回だけしか使えません」

1 「フランクリン = D. ローズベルト大統領は高血圧症の結果亡くなった」
　　as a result of ～で「～の結果として」の意。Gの of を補う。

2 「ローズベルトは晩年，この病気のせいでひどく体が弱っていた」
　　impair は「～（人の健康など）を損なう」という他動詞。受動態で特別な前置詞を使う必要はなく，動作主を表すBの by でよい。

3 「ローズベルトを見て，ウィンストン = チャーチルの主治医は言った」
　　Hの on を補うと，on *doing*「～すると（すぐに）」の意になり，文意に合う。この表現は as soon as S V の意だけでなく，when S V にも対応する。in *doing* は while S V「S が V している最中に」というように，ある行為が継続している意味での「～するときに」なので，その点で区別すること。

4 「1945 年のヤルタ会談で」
　　conference「会議」と合わせて意味をなすのは，Aの at のみ。at the party「パーティーで」などから類推したい。

5 「彼がここでの仕事ができるほど健康かどうか疑わしい」
　　be fit for ～で「～に適している，～に対して体の調子がよい」の意。Dの for を補う。

1—G　2—B　3—H　4—A　5—D

解 答

2

目標解答時間　6分

> **ポイント**
>
> 前置詞・副詞の総仕上げ。選択肢には使われない語もあれば，繰り返し使う語もある。さらに，空所に何も補う必要がない文もあるので，語句の広い知識が求められる。

次の設問 1 〜 15 の空所を補うものとして最も適当な語を，(A)〜(K)の中から選びなさい。ただし，使われない語が含まれていることもあります。また，同じ語を繰り返して使うこともできます。空所に何も補う必要のない場合には(L)を選びなさい。

(A)	at	(B)	by	(C)	for	(D)	in
(E)	of	(F)	on	(G)	out	(H)	over
(I)	to	(J)	up	(K)	with	(L)	NO WORD

1．The analyst points out that the slow housing market resembles _____ Japan's lost decade.

2．Having helped his father build many things, he is skillful _____ almost any kind of hand tool.

3．The irritating passenger carried _____ a long phone conversation on the train.

4．People are dying _____ hunger by the tens of thousands in some parts of Africa.

5．If I want to get my day's chores done, I have to be _____ and around by 7:00 am at the latest.

6．Everyone was saying that Michael fell victim _____ his desire for money.

7．You must be quite accustomed to using the new model of cellphone _____ now.

8．I could easily pick _____ my friend's face on the crowded train platform.

9．Everyone in the company thinks that Marian is _____ far the best president that they have ever had.

10．While we're _____ it, let's set the schedule for our next project.

11．The new school curriculum emphasizes hands- _____ laboratory work over rote memorization of facts.

12．We have come _____ take the freedom to travel for granted but it was previously exceptional.

13. He is so careful _____ his money that you might call him stingy.

14. Jane thought she saw someone standing in the shadows, but it was a figment _____ her imagination.

15. The professor wound _____ his lecture with an explanation of the upcoming exam.

解 説

1　「分析者は不景気な住宅市場は日本の失われた10年に似ていると指摘する」

　　(L)の **NO WORD** が正解。resemble「～に似ている」は他動詞なので前置詞は必要ない。

2　「彼は父親が多くのものを作るのを手伝ってきているので，ほとんどどんな種類の手工具にも熟練している」

　　(K)の **with** が正解。be skillful in〔at / with〕～ で「～に熟練している」の意となるが，in や at は目的語が行為，with は道具である傾向がある。目的語が hand tool なので with を正解とするのがいいだろう。

3　「その迷惑な乗客は電車の中で携帯電話で長話を続けた」

　　(F)の **on** が正解。carry on ～ で「～を続ける」の意の重要熟語。

4　「アフリカのいくつかの地域で何万もの人々が飢えで命を落としている」

　　(E)の **of** が正解。die of〔from〕～「～で死ぬ」がポイント。of の後ろは飢えや病気など，from の後ろはけがなどが続くと言われてきたが，最近はどちらも of を使うことが多いようである。

5　「一日の雑事を終わらせたいなら，私は遅くとも午前7時までには起きて動き回っていなければならない」

　　(J)の **up** が正解。be up and about〔around〕で「起きて動き回っている」の意の熟語。

6　「みなマイケルは金銭欲の犠牲者だと言っていた」

　　(I)の **to** が正解。fall victim to ～「～の犠牲となる」

7　「君は携帯電話の新モデルを使うのに今ではもうすっかり慣れているにちがいない」

　　(B)の **by** が正解。by now「今ごろはもう」

8　「私は混雑した電車のプラットフォームで友達の顔を簡単に見分けることができるだろう」

　　(G)の **out** が正解。pick out ～ は「～を選び出す」の意だが，たくさんある顔の中から友達の顔を選び出す，つまり，「～を見分ける，～を見つけ出す」の意味で使っている。

9　「会社のすべての人はマリアンが今までの中でずば抜けて最高の社長だと考えている」

　　(B)の **by** が正解。by far は最上級を強調して「断然，ずば抜けて」の意になる。

10　「ついでに次のプロジェクトの予定を立てましょう」

　　(A)の **at** が正解。be at it は while S be at it の形で「ついでに」の意。

11　「新しい学校のカリキュラムは事実の丸暗記より実地的な実験室での作業を重視

している」

　(F)の on が正解。hands-on で「実地的な」の意の形容詞。難問題。

12　「私たちは旅の自由を当然のことと見なすようになったが，以前は例外的なことであった」

　(I)の to が正解。come to *do*「～するようになる」は基本表現。空所のあとが原形の動詞であることから正解に至ることもできる。

13　「彼はお金にとても気をつけているので，彼のことをけちと呼んでもいいだろう」

　(K)の with が正解。be careful with ～ で「～（の扱い）に気をつけている，～（お金）にけちだ」の意。

14　「ジェーンは誰かが陰に隠れて立っているのを見たと思ったが，それは空想の産物であった」

　(E)の of が正解。a figment of *one's* imagination で「空想の産物」の意。figment「作りごと」がなじみの薄い語であり，難問。

15　「教授は講義を今度の試験の説明でしめくくった」

　(J)の up が正解。wound は wind「～を巻く」の過去形で，wind up *A* with *B* は「*A* を *B* でしめくくる〔終わらせる〕」の意の難熟語。wind の発音［wáind］にも注意。

3

目標解答時間　3分

ポイント

　見た目は第1章演習編1・2や実戦編1と似ているが，語句の知識というより，文法事項が問われている。選択肢は，同じ語の異なる形や派生語ばかりであり，正確な文法の運用が試される。文法の理解は正しい読解のために必要なことなので，解答に迷った項目については，十分な復習と理解をしておきたい。

Choose the best word or phrase to fill each of the blanks in the passage below.

Beate Sirota Gordon was the daughter of Russian Jewish parents who, at the age of 22, almost single-handedly ⌐1¬ women's rights into the Constitution of modern Japan. She then kept ⌐2¬ about it for decades, only to become a feminist heroine there in recent years. Ms. Gordon died on December 30, 2012 at the age of 89.

A civilian attached to General Douglas MacArthur's army of occupation after World War II, Ms. Gordon was the last ⌐3¬ member of the American team that wrote Japan's postwar Constitution.

She wrote the sections of the Constitution that gave women legal rights pertaining to marriage, divorce, property, and inheritance that they ⌐4¬ without before the war. Her work had an effect on women's status that ⌐5¬ to this day.

© The New York Times

1．A．having written　　　　B．write
　　C．writing　　　　　　　D．wrote

2．A．silence　　　　　　　B．silencing
　　C．silent　　　　　　　D．silently

3．A．alive　　　　　　　　B．live
　　C．lives　　　　　　　　D．living

4．A．had been　　　　　　B．had not
　　C．were not　　　　　　D．were to be

5．A．can endure　　　　　B．endured
　　C．endures　　　　　　D．is endurable

全訳 ≪ベアテ＝シロタ＝ゴードンの功績≫

　ベアテ＝シロタ＝ゴードンはロシア系ユダヤ人の両親を持つ娘だった。彼女は，22歳のとき，現代日本の憲法に女性の権利をほとんど独力で書き込んだ。彼女は，それから何十年間もそれについて沈黙を守っていたが，近年日本のフェミニスト運動のヒロインになった。ゴードンさんは，2012年12月30日に89歳で亡くなった。

　第二次世界大戦後，ダグラス＝マッカーサー元帥の占領軍に配属された文民で，ゴードンさんは，日本の戦後の憲法を起草したアメリカチームの最後の生存するメンバーだった。

　彼女は，女性が戦前には持てなかった結婚，離婚，資産および遺産に関する法的権利を女性に与える憲法の規定を起草した。彼女の仕事は，女性の地位に今日まで続く影響を及ぼした。

解　説

圏「下記の文章の各空所に入れるのに最も適切な語句を選びなさい」

1　関係代名詞 who を主語とし，women's rights を目的語とする構造なので述語動詞が必要になる。該当するのはBの write かDの wrote だが，過去の出来事なので過去形のDの **wrote** が正しい。

2　kept に対する補語が必要である。該当するのは形容詞のCの **silent** である。

3　名詞の member を前置修飾する形容詞が必要である。ここで，動詞のCの lives は除かれる。Aの alive は叙述用法しかないので，前置修飾はできない。Bの live もDの living も「生きている」の意の形容詞として使えるが，live は動植物に対して使い，人間の場合にはDの **living** を用いる。

4　be without ～ で「～を持っていない，～がない」の意。第二次世界大戦後の新憲法起草という過去の出来事を述べた文で，文末には before the war「戦前には」とある。過去のある時点よりもさらに前を表す過去完了形のAの **had been** が適する。

5　Dの endurable は「耐えられる，我慢できる」の意なので適さない。自動詞 endure は「持ちこたえる，長続きする（＝last）」の意。to this day「今日まで」は通例，現在完了形とともに用いるが，時に現在形でも使われるのでCの **endures** が正しい。

1—D　2—C　3—D　4—A　5—C

4

ポイント

　第1章演習編3・4と似た形式で，補うと誤りになるものを選ぶ問題。ただし，すべて正しい可能性もあるので難度はより高い。語句の「訳」だけではなく，品詞や用法の正しい知識の消化が求められる。間違えたり迷ったりした問題があれば，十分な復習を。

Choose the ONE way to make each of the following sentences INCORRECT grammatically. If none of the choices make the sentence incorrect, choose F.

1 Can you (　　　) a suspect from those user profiles ?

A choose   B identify   C isolate

D name   E recognize   F ALL CORRECT

2 Disorders of the central nervous system can (　　　) various mental and physical abnormalities.

A bring about   B cause   C give rise to

D lead on   E result in   F ALL CORRECT

3 It is (　　　) that he will go bankrupt.

A certain   B doubtful   C likely

D regrettable   E unfortunate   F ALL CORRECT

4 This is the last (　　　) option.

A approved   B available   C existing

D left   E possible   F ALL CORRECT

5 We (　　　) our grandfather to use a smartphone.

A convinced   B encouraged   C persuaded

D suggested   E urged   F ALL CORRECT

解 説

問「以下の各文を文法的に誤りにするものをひとつ選びなさい。選択肢のどれも誤りになるものがなければ、Fを選びなさい」

1 「そのユーザーのプロフィールから、容疑者…ことができますか」
　選択肢はいずれも他動詞で、直に目的語をとることができる。意味はそれぞれ、A「(容疑者)を選ぶ」、B「(容疑者)を特定する」、C「(容疑者)を抜き出す」、D「(容疑者)の名前を挙げる」、E「(容疑者)を識別する」となり、内容上問題ない。すべて正しいのでFが正解。

2 「中枢神経系の異常は、心身のさまざまな不調…ことがある」
　Dの lead on が誤り。これは「～を誘う、だます」の意であり、内容上不適切。lead（on）to ～「～につながる」なら正しい。
　A「～を引き起こす」　　　　　　B「～の原因となる」
　C「～を起こす」　　　　　　　　E「～という結果になる」

3 「彼が破産するということは…」
　すべて形容詞で、形式主語の構文 It is ～ that …の is の補語に使える。意味はそれぞれ、A「確かである」、B「疑わしい」、C「起こりそうだ」、D「残念だ」、E「残念だ」となり、内容上問題ない。すべて正しいのでFが正解。

4 「これは最後の…選択肢だ」
　すべて形容詞か分詞で名詞（option）を修飾することはできる。しかし、Dの left が誤り。「残された」の意で名詞を修飾する場合、習慣的に the last option left と後置される。位置の問題だけでなく、last 自体が「最後に残った」の意であり、意味が重複する left をつける必要はない。
　A「承認された」　B「利用できる」　C「今ある」　　E「可能な」

5 「私たちは祖父にスマートフォンを使うことを…」
　すべて他動詞で目的語をとることはできるが、そのあとに to 不定詞を続ける語法があるかどうかがポイント。Dの suggested が誤り。suggest A to do という語法はなく、suggest（to A）that A（should）do で「A は～するべきだと（A に）提案する、勧める」となる。
　A「納得させた」　B「促した」　　　C「説得した」　　E「催促した」

1―F　2―D　3―F　4―D　5―D

解 答

5

人間科学部　2020 年度　〔3〕

目標解答時間　6分

> **ポイント**
>
> 　演習編6・7と同様，すべて正しい可能性もある誤り箇所指摘。類義語，前置詞，動詞の語法など，細部が問われる。「なんとなくこんな感じ」というあいまいさを残さない，正確な知識を地道に蓄積しよう。

　次の設問1〜10のA〜Dのうち，誤った英語表現を含んだ部分がある場合にはA〜Dの中の一つを，誤りがない場合にはEを選びなさい。

1．There wasn't <u>much time</u> before we <u>had to leave</u> so I took <u>a fast shower</u>
　A　　　　　　　　　　　　B　　　　　　　　　　　C
　and <u>left the house</u>.　NO ERROR
　　　D　　　　　　　　E

2．<u>At the zoo</u>, my friends <u>laughed at me</u> when I <u>was startled by</u> the
　A　　　　　　　　　　B　　　　　　　　　　C
　<u>lion's shout</u>.　NO ERROR
　　D　　　　　　E

3．No matter <u>how hard</u> <u>I tried</u>, I simply <u>could not make</u> myself <u>understand to</u>
　　　　　A　　　　B　　　　　　　　C　　　　　　　　D
　the local people.　NO ERROR
　　　　　　　　　　E

4．<u>After an investigation</u>, the manager <u>was accused</u> <u>for taking</u> the diamonds
　A　　　　　　　　　　　　　　　　B　　　　　C
　<u>from the store</u>.　NO ERROR
　　D　　　　　　　E

5．Mary has <u>always been careful</u> <u>about her health</u>, but she was <u>the only one</u>
　　　　　A　　　　　　　　B　　　　　　　　　　　　C
　of our friends <u>to catch the flu</u>.　NO ERROR
　　　　　　　D　　　　　　　　E

6．The organization <u>is composed with</u> <u>former teachers</u>, <u>concerned parents</u>, and
　　　　　　　　A　　　　　　　　B　　　　　　　　C
　<u>others interested in</u> education.　NO ERROR
　　D　　　　　　　　　　　　　E

7．It was cold <u>at the lake house</u> so I <u>spent the afternoon</u> <u>cutting woods for the</u>
　　　　　　A　　　　　　　　　B　　　　　　　C
　fire <u>to keep us warm</u>.　NO ERROR
　　　D　　　　　　　E

8．<u>If I were you</u>, I <u>would be</u> careful <u>not to leave</u> any money <u>lying around the</u>
　A　　　　　　　B　　　　　　C　　　　　　　D
　office.　NO ERROR
　　　　E

9．The seven o'clock news <u>this morning</u> <u>tells it</u> <u>is going to be</u> unseasonably
　　　　　　　　　　　　A　　　　B　　　C
　cold <u>all day long</u>.　NO ERROR
　　　D　　　　　　E

10．Barbara <u>has never had</u> such <u>a frightened experience</u> <u>as she did</u> driving
　　　　A　　　　　　　　B　　　　　　　　C
　home <u>the other day</u>.　NO ERROR
　　　D　　　　　　E

解　説

1　「私たちが出発しなければならないときまであまり時間がなかったので，私はさっとシャワーを浴びて家を出た」

　　C の a fast shower が誤り。手早さや時間をかけずにする行為には quick を使う。確かに fast food という使い方はあるが，基本的に fast は速度の速さ，高速であることを表す。

2　「動物園で私がライオンの吠える声にびっくりしたとき，友人たちは私のことを笑った」

　　D の lion's shout が誤り。shout は「人の大声，叫び声」を表す。ライオンなど獣の吠え声には roar を使う。ただし，roar はとどろき，轟音を表す語であり，大勢の人から湧く怒号や叫び声，大きな笑い声にも使える。

3　「どんなにがんばっても，私は地元の人に私の言うことを理解してもらうことがどうしてもできなかった」

　　D の understand to が誤り。make *oneself* understood (to ~) で「(~に) 自分の言っていることを理解してもらう」の意。「自分自身を (~に) 理解されるようにする」が直訳。

4　「取り調べのあと，店長は店からダイヤモンドを盗んだ容疑で告発された」

　　C の for taking が誤り。accuse *A* of *B* で「*A* を *B* のかどで非難する，告発する」の意。blame *A* for *B*「*A* を *B* のことで責める」，praise *A* for *B*「*A* を *B* のことでほめる」のように，一般に非難，叱責，称賛，感謝の理由は for を使うことが多いが，accuse は of で例外的なので，しっかり覚えておきたい。

5　「メアリーはいつも自分の健康に気をつけているが，私たちの友達の中でインフルエンザにかかった唯一の人だった」

　　誤りはないので，正解は E。A は下線部の前にある has と合わせて has always been careful で現在完了になり，今でも健康に気をつけていることを表す。B の about her health は直前の careful と合わせて「自分の健康に気をつけて (いる)」となり正しい。C の the only one は「唯一の人」の意。あとの of our friends は「私たちの友人の (ただ) 一人 (の人)」となり，問題ない。D の to catch the flu という不定詞は the only *A* to *do* で「~した〔する〕唯一の *A*」の意になる。catch は「(感染症) にかかる」の意があり，正しい。

6　「その組織は，元教師，心配を抱える親たち，そして教育に関心のある他の人たちから構成されている」

　　A の is composed with が誤り。be composed of ~ で「~から成っている，~で構成されている」の意。この of は構成要素を表し，be made of ~「~から作られている，~でできている」，consist of ~「~で構成されている」にも見られる。

7　「湖畔の家は寒かったので，私は私たちを暖めてくれる火のためのまきを切って午後を過ごした」

　　C の cutting woods for the fire が誤り。文意から woods は「まき，たき木」の意味のはず。この意味では不可算なので wood が正しい。woods は「森，林」の意。

8　「私があなたなら，オフィスのいたるところにお金など一切放置したりしないように注意するだろうに」

　　誤りはないので，正解は **E**。A の If I were you は「もし私があなたなら」の意で仮定法過去を使った定番表現。B の would be は過去形の助動詞＋原形で仮定法過去の帰結節として適切。C の not to leave は前の be careful と合わせて「放置しないように注意する」の意を成し，正しい。D の lying around the office は leave O C「O を C の状態に（放置）しておく」の C（補語）にあたる。leave の第 5 文型の C には形容詞・分詞が使えるので lying は問題ない。around は「〜の周囲に」以外にも travel around the world「世界をあちこち旅して回る」に見られるように，「〜のあちこちに，〜中に」の意にもなるので正しい。

9　「今朝の 7 時のニュースは，一日中季節外れの寒さになると言っている」

　　B の tells it が誤り。it の前の接続詞 that が省略されているが，tell は伝達内容を表す that 節を導くときは，tell *A* that 〜「*A*（人）に〜と（いうことを）言う，伝える」と第 4 文型をとる。says にするのが正しい。

10　「バーバラは先日車で帰宅する途中でしたような恐ろしい体験をこれまで一度もしたことがない」

　　B の a frightened experience が誤り。もとになる動詞 frighten は「（人）をぞっとさせる，おびえさせる」の意の他動詞。experience「経験」は「人をおびえさせる」性質を持っているものであり，能動の意を持つ現在分詞 frightening とするのが正しい。過去分詞 frightened は「おびえさせられる」ことを表し，怖い思いをした人の様子を表す。感情に関わる動詞はほとんどがこの使い分けになる。

1—C　2—D　3—D　4—C　5—E
6—A　7—C　8—E　9—B　10—B

6

社会科学部　2021年度　〔1〕

目標解答時間　3分

ポイント

誤り指摘はこれで最後。細部に向ける目はかなり鋭くなってきたのではないだろうか。第1章演習編7と同様，問題文がやや長く，文構造の正しい分析も解答には欠かせない。誤っている箇所をどのように直せば正しい文になるかも考えてみよう。

次の1～10について，誤った英語表現を含んだ部分がある場合にはa～dから誤りを1つ選び，誤りがない場合にはeを選んで，マーク解答用紙にマークせよ。

1．A <u>dead</u> triangle of factors is responsible for the killing <u>off</u> of about forty
   　　a　　　　　　　　　　　　　　　　　　　　　　　　　　　　b
<u>percent</u> of all the honeybee <u>colonies</u> in the US last year.　NO ERROR
c　　　　　　　　　　　　　　d

2．Rats will <u>enthusiastically</u> work to <u>free</u> a rat caught in a trap — and they are
   　　　　　a　　　　　　　　　　b
especially eager to be good Samaritans <u>who</u> they're in the company of other
   　　　　　　　　　　　　　　　　　　　c
<u>willing</u> helpers.　NO ERROR
d　　　　　　　　　e

3．The same process that causes dew <u>drops</u> to form on a blade of grass
   　　　　　　　　　　　　　　　　　　　a
<u>appear</u> to play an important role in Alzheimer's <u>disease</u> and other brain
b　　　　　　　　　　　　　　　　　　　　　　　　　c
<u>diseases</u>.　NO ERROR
d　　　　　　　e

4．While true that sea otters <u>devour</u> huge quantities of shellfish <u>that</u> people
   　　　　　　　　　　　　　　a　　　　　　　　　　　　　　　　　b
like to eat, any commercial losses to fisheries are far <u>outweighing</u> by economic
   　　　　　　　　　　　　　　　　　　　　　　　　　　c
benefits <u>associated with</u> the otters, according to a new study.　NO ERROR
   　　　　d　　　　　　　　　　　　　　　　　　　　　　　　　　　　e

5．Ecologist Suzanne Simard shares how she discovered that <u>trees</u> use
   　　　　　　　　　　　　　　　　　　　　　　　　　　　　a
underground fungal networks <u>to communicate</u> and share resources, <u>uproot</u> the
   　　　　　　　　　　　　　　b　　　　　　　　　　　　　　　　　　　c
idea that <u>nature</u> constantly competes for survival.　NO ERROR
   　　　　　d　　　　　　　　　　　　　　　　　　　　　　　e

6．<u>During</u> an in-person conversation, the brain focuses partly on the words
   a
<u>being spoken</u>, but it also <u>derives</u> meaning from non-verbal cues, such as
b　　　　　　　　　　　　　c
whether someone is facing you or slightly <u>turned away</u>.　NO ERROR
   　　　　　　　　　　　　　　　　　　　d　　　　　　　　e

7．<u>One</u> in doubt about taking action, a piece of useful advice <u>is to</u> think first,
   a　　　　　　　　　　　　　　　　　　　　　　　　　　　b
and to act only <u>if certain</u> that the outcome <u>will be</u> favorable.　NO ERROR
   　　　　　　　c　　　　　　　　　　　　　d　　　　　　　　　　e

8．If he <u>could swim</u>, he <u>might have</u> been able to save <u>others</u> from drowning
   　　　a　　　　　　　b　　　　　　　　　　　　c
when the canoe capsized near the shore and <u>sink</u> so quickly down to the
   　　　　　　　　　　　　　　　　　　　　　d
bottom.　NO ERROR
   　　　　e

9. <u>At</u> the National Museum of Natural History, Julia Clark <u>was shown</u> a
   _a　　　　　　　　　　　　　　　　　　　　　　　　　　　　_b
   mysterious fossil that <u>had been</u> collected years earlier in Antarctica, which <u>it</u>
   　　　　　　　　　　　　_c　　　　　　　　　　　　　　　　　　　　　　　_d
   called "The Thing."　NO ERROR
   　　　　　　　　　　　　_e

10. People may be <u>surprised at</u> how difficult they are finding video calls <u>giving</u>
    　　　　　　　　_a　　　　　　　　　　　　　　　　　　　　　　　　_b
    that the medium seems neatly <u>confined to</u> a small screen and presents <u>few</u>
    　　　　　　　　　　　　　　　_c　　　　　　　　　　　　　　　　　　　_d
    obvious distractions.　NO ERROR
    　　　　　　　　　　　　_e

解 説

1　「致命的な3つの要因が，昨年アメリカのミツバチ群全体の約40パーセントを全滅させた原因である」

　aのdeadが誤り。deadは「死んでいる，命のない」の意。a dead triangle of factors「死んでいる3つの要因」では意味を成さない。この要因がミツバチ群の40パーセントを全滅させた原因だという文意から，deadly「致命的な」とするのが正しい。

2　「ネズミは，わなにかかったネズミを懸命に救出しようとするものであり，協力的な他のネズミと一緒にいる場合はとりわけ熱心に善きサマリア人であろうとする」

　cのwhoが誤り。直後のthey're in the company of other willing helpersが完全文で，関係代名詞が果たす役割がない（名詞は主語か目的語か補語の役割になる）。接続詞whenにすれば「他のネズミと一緒にいるとき，いる場合」となり，内容上適切。なお，good Samaritans「善きサマリア人（びと）」は，聖書に由来する表現で，「困っている人に親切な人」を表す。

3　「草の葉の上に露のしずくがつくのと同じ作用が，アルツハイマー病やその他の脳疾患においても重要な影響を及ぼしているようである」

　bのappearが誤り。主語はThe same processと3人称単数なので，appearsと3単現のsが必要。

4　「確かに，人間が好んで食べる貝類をラッコは大量にむさぼり食っているが，ある新しい研究によると，ラッコ関連の経済的恩恵のほうが，漁業へのいかなる商業的損失をもはるかに上回るそうだ」

　cのoutweighingが誤り。S outweigh Oで「SはOを上回る」の意。直前にare (far) が，直後にby economic benefitsがあり，受動態と考えられる。(any) commercial losses … are far outweighed by economic benefits「商業的損失は，経済的恩恵によって上回られる」，つまり「経済的恩恵のほうが商業的損失をはるかに上回る」となり，内容上も適切。文頭のWhile true thatは，While it is true that ～「確かに～だが」の意。

5　「生態学者のスザンヌ＝シマールは，木が地下にある菌類のネットワークを使って情報をやりとりし，資源を共有しているということをいかにして発見したかを語っており，自然が絶えず生存競争をしているという考えを根絶しようとしている」

　cのuprootが誤り。Ecologist Suzanne Simard shares how she discovered that trees use … and share resourcesで文構造がひとまず完結している。uprootはsharesとともにEcologist Suzanne Simardを主語とする述語動詞と考えるのが適切。したがってand uprootsとするのが正しい。もしくは，この意味の付帯状況

の分詞構文 uprooting とする。

6　「対面での会話中，脳は交わされる言葉にある程度は焦点を当てているが，相手が自分のほうを向いているか，それともわずかに顔を背けているかといった，言葉以外の手がかりからも意味を読み取る」

　　誤りはないので，正解は e。a の During「～の間」は前置詞で，直後に an in-person conversation と名詞が続いており正しい。b の being spoken は直前の words を修飾する分詞。過去分詞 spoken だけでも文法的には正しいが，「話されている最中の」と進行中であることを明確にするために being が添えられている。c の derives は主語 it に対して3単現の s のある正しい形になっており，derive *A* from *B*「*B* から *A* を引き出す，見出す」の語法も適切に使われている。d の turned away は facing you と並んで someone is に続く部分。形は受動態だが，be gone「去ってしまった，どこかへ行ってしまった」などと同様に完了・結果を表し，「顔を背けてしまっている」の意で正しい。

7　「行動を起こすことに疑問がある場合に役立つアドバイスは，まず考え，その結果が好ましいものになるという確信がある場合にのみ，行動を起こすということである」

　　a の One が誤り。このままだと action までが「行動を起こすことに疑問がある人」と名詞のまとまりになるが，直後が a piece of useful advice is to ～「役に立つアドバイスは～することだ」とSVCの文になっており，one … action が何の役目も持たない。副詞句か副詞節にすることが考えられる。アドバイスの内容から考えて，If〔When〕(you are) とすれば上記のような訳になる。また，For one とすれば「行動を起こすことに疑問のある人にとって」となり，意味を成す。

8　「もし彼が泳げれば，近海でカヌーが転覆し，たちまち海の底に沈んでいったとき，溺れかけている人たちを助けることができたかもしれない」

　　d の sink が誤り。ここは capsized と並んで，主語 the canoe に対する述語動詞であり，過去形の sank が正しい。冒頭の If he could swim, he might have been …は，仮定法の形が不ぞろいで誤りに見えるかもしれないが，彼が泳げないのは，カヌーが転覆した過去の時点だけのことではなく現在にもあてはまるので，if 節が仮定法過去，帰結節が仮定法過去完了の組み合わせで正しい。

9　「国立自然史博物館で，ジュリア＝クラークは数年前に南極で収集された謎の化石を見せられたが，それは "The Thing" と呼ばれていた」

　　d の it が誤り。which it called "The Thing"「それが "The Thing" と呼んでいた…」だと，it が何を指すのか不明。「謎めいた化石」が，何の化石かわからないために "The Thing" と呼ばれていたと考えられる。it を was にするのが正しい。

10　「ビデオ通話は，その媒体が小さな画面の中にきっちりおさまっているように見え，明らかに気を散らすものがほとんどないということを考慮すれば，それがたい

へん難しいものだとわかってきて，人々は驚くかもしれない」

　b の giving が誤り。given にすれば given that S V「S が V することを考慮すると」の意になり，People may be surprised … と the medium seems の 2 つの節をつなぐことができる。

7

目標解答時間　7分

ポイント

　語句整序である。英文を完成するという面だけ見ると英作文のようだが，日本文はない。したがって，整序する部分の前や後に示されている部分，または完全文から文意を推測し，並べ替える語の用法，推測される構文など，文法・語法面の知識を総動員する必要がある。必ず並ぶ語，並ぶことがありえない語などをしっかり見極めたい。

　以下の英文(1)〜(10)において，各文に続く（　　　）内に与えられた単語を全て用いて空所 [　1　]〜[　8　] を補充し文を完成させた時，各問で問われている空所に入る単語はどれか，a 〜 d から一つ選んで答えよ。ただし，空所一箇所につき一単語を補充するものとする。

(1)　Please [　1　] [　2　] [　3　] [　4　] [　5　] [　6　] [　7　] [　8　]. These fermented beans taste really good.

（what / don't / like / by / fooled / they / be / look）

空所 [　8　] に入る単語はどれか？

a．like　　　　　b．by　　　　　c．fooled　　　　d．look

(2)　Do you think that he [　1　] [　2　] [　3　] [　4　] [　5　] [　6　] [　7　] [　8　]? I have my doubts.

（become / it / has / a / what / politician / to / takes）

空所 [　2　] に入る単語はどれか？

a．it　　　　　b．a　　　　　c．what　　　　d．to

(3)　I can't open this file. To open it, [　1　] [　2　] [　3　] [　4　] [　5　] [　6　] [　7　] [　8　].

（software / I / install / may / some / to / have / special）

空所 [　3　] に入る単語はどれか？

a．install　　　　b．may　　　　c．some　　　　d．have

(4)　I don't think she has a lot of talent. If [　1　] [　2　] [　3　] [　4　] [　5　] [　6　] [　7　] [　8　] promote her, she probably wouldn't have sold that many albums.

（it / her / endeavor / for / been / to / hadn't / manager's）

空所 [　4　] に入る単語はどれか？

a．it　　　　　b．her　　　　　c．for　　　　d．hadn't

(5) My parents don't mind me going to the movies every weekend. I told them that watching movies is as [1] [2] [3] [4] [5] [6] [7] [8] reading novels.

(way / to / effective / as / English / a / your / improve)

空所 [3] に入る単語はどれか？

a．way　　　　　　b．to　　　　　　c．as　　　　　　d．a

(6) The bus company has started [1] [2] [3] [4] [5] [6] [7] [8]. Maybe that's why there are more older drivers now.

(its / more / hire / implementing / to / drivers / policy / experienced)

空所 [2] に入る単語はどれか？

a．its　　　　　　b．more　　　　　c．hire　　　　　d．to

(7) Here are [1] [2] [3] [4] [5] [6] [7] [8]. Please let me know if there is anything else I can do for you.

(asked / bring / you / me / documents / to / which / the)

空所 [6] に入る単語はどれか？

a．bring　　　　　b．you　　　　　c．me　　　　　　d．asked

(8) When I ordered the children's menu, my friend [1] [2] [3] [4] [5] [6] [7] [8]. But I'm just not a big eater.

(insane / though / at / as / was / looked / I / me)

空所 [5] に入る単語はどれか？

a．though　　　　b．at　　　　　　c．as　　　　　　d．was

(9) We have already sent out the invitations, [1] [2] [3] [4] [5] [6] [7] [8]. There is no way back.

(it / we / through / better / go / had / so / with)

空所 [5] に入る単語はどれか？

a．through　　　　b．go　　　　　　c．had　　　　　d．with

(10) Teaching English grammar is difficult [1] [2] [3] [4] [5] [6] [7] [8] single standard variety of English.

(the / that / to / fact / no / there / due / is)

空所 [5] に入る単語はどれか？

a．the　　　　　　b．that　　　　　c．to　　　　　　d．due

解　説

(1) 「どうか…。この発酵した豆〔納豆〕はとてもおいしいんです」

　　おそらく外国人に納豆を勧めている状況だろう。Please が冒頭にあるので命令文だとわかる。「～しないでください」と否定の命令にしなければ don't は他に使いようがない。直後には原形の動詞がくる。候補は like, be, look だが、間違いなく原形なのは be である（like は現在形の動詞、前置詞、形容詞、look は現在形の動詞の可能性がある）。be に続けられるのは fooled のみで、「騙される」と受動態ができ、by は「～によって」の意と考えられる。前置詞 by の目的語として名詞（句・節）を続ける必要がある。残る what, like, they, look で what they look like「それらがどのように見えるか〔それらの見た目〕」と名詞節が作れる。全体で（Please）don't be fooled by what they look like.「どうか、見た目に騙されないでください」となる。[8]に入るのはaの like。

(2) 「あなたは彼が…だと思いますか。私は疑わしいと思っています」

　　he に続く述語動詞（時制を表している動詞）は has と takes と2つあるが、takes を使うと、目的語としてふさわしい名詞〔句・節〕が作れない。he has とする。takes の主語として it を使えば、it takes *A* to *do*「～するのには *A* が必要だ」のパターンが見えてくる。不定詞は to become、その補語として a politician が使える。*A* に当たるのが残る what で、これで間接疑問文、つまり has の目的語になる名詞節が作れる。全体で（he）has what it takes to become a politician「（彼が）政治家になるのに必要なものをもっている」となる。[2]に入るのはcの what。

(3) 「このファイルが開けません。開くには…」

　　内容面では、ファイルを開くためにしなければならないことが続くと考えられる。I は主語にしか使えない。have to が作れるが、助動詞 may をその前に置く必要がある。have to に続ける原形の動詞は install のみ。この目的語として残る語で some special software が作れる。全体で I may have to install some special software「私は何か特別なソフトをインストールしなければならないかもしれません」となる。[3]に入るのはdの have。

(4) 「彼女にはあまり才能はないと思います。もし彼女を売り込む…おそらくあれほど多くのアルバムは売れなかったでしょう」

　　主節が wouldn't have sold と仮定法過去完了の帰結節になっており、If 節内の動詞は過去完了になる。与えられている語から、(If) it hadn't been for ～「もし～がなかったら」が作れる。残る語句で her manager's endeavor to (promote her)「彼女を売り込もうという彼女のマネージャーの努力」とできる。全体で(If) it hadn't been for her manager's endeavor to (promote her) となる。

　　　[4] に入るのは c の for。

⑸ 「私の両親は私が毎週末映画を見に行くのを気にしていません。私は両親に映画を見ることは，小説を読むこと…と言ったのです」

　　直前が watching movies is as で，与えられた語にも as があり，as … as の同等比較になると考えられる。as … as の間には形容詞か副詞の原形が必要であり，effective が使えるが，is の補語がこれだけでは残りの語句が続かない。名詞を修飾する使い方をしていると考えられ，effective way となる。an になるはずの不定冠詞が a なのは，as … as の間に a(n) ＋形容詞＋名詞のまとまりを置く場合，形容詞＋ a(n) ＋名詞の語順になるためである。残る語で to improve your English というまとまりが作れる。全体で (watching movies is as) effective a way to improve your English as (reading novels)「映画を見ることは小説を読むことと同じくらい英語を向上させる効果的な方法である」となる。[3] に入るのは a の way。

> [NOTE]　as effective a way のように a(n) ＋形容詞＋名詞が形容詞＋ a(n) ＋名詞の順になるのは，他に too, so, how, however のあとである。
>
> 例　This is too good a story to believe.「これは話がうますぎて信じられない」
> 　　He talked in so small a voice that we couldn't hear him.
> 　＝He talked in such a small voice that we couldn't hear him.
> 　　「彼はとても小さな声で話したので，私たちは彼の声が聞こえなかった」

⑹ 「そのバス会社は…を始めた。たぶんそのせいで今，年配のドライバーが多いのだろう」

　　「年配のドライバーが多い」とあるので，hire more experienced drivers「より多くの熟練ドライバーを雇う」とできそうである。ただし，これを to 不定詞にして started に続けたのでは，他の語が使えない。started の目的語には implementing「実施すること」を使う。この目的語に its policy「その（会社の）方針」を置き，to hire …で修飾すれば，全体で (The bus company has started) implementing its policy to hire more experienced drivers.「(そのバス会社は) 熟練ドライバーをもっと雇うという方針を実施すること (を始めた)」となる。[2] に入るのは a の its。

⑺ 「はい…です。他に私に何かできることがあればおっしゃってください」

　　Here are A は，相手に何かを手渡すときの「はい，どうぞ」といった決まり文句 (A が単数名詞なら，当然だが Here is A. となる)。A に入る複数名詞は documents のみで，the もこれにつけるしかない。「他に何かあれば」と言っているので，その文書が頼まれたものだとわかる。関係代名詞 which を使い，you asked me to bring を続ければ，全体で (Here are) the documents which you asked me to bring.「あなたが私にもってくるようにおっしゃった文書です」となる。[6] に入るのは c の me。

⑻　「私が子ども向けのメニューを注文したとき，友達は…。でも私は大食漢ではないだけです」

　　my friend に続く可能性のある動詞は was と looked だが，was では補語が insane「正気ではない」しかなく，内容上続かない。looked at me として，was insane は，大人なのに子ども向けメニューを頼んだ「私」のほうに使う。残る語で as though ～「あたかも～かのように」が作れるので，全体で（my friend）looked at me as though I was insane「（友達は）あたかも私が正気ではないかのように私を見た」となる。[5] に入るのは a の though。

⑼　「もう招待状は発送してしまいました…。後戻りはできません」

　　並べ替え箇所の前はカンマなので，接続詞 so「だから」を最初に置く。主語は we，与えられた語で had better *do*「～するのがよい，～すべきである」が作れる。原形の動詞は go のみ。go through with ～で「～をやり通す」の意になる。全体で（…,）so we had better go through with it「だから，私たちはそれをやり通すべきです」となる。[5] に入るのは b の go。

⑽　「英文法を教えるのは，単一の標準英語…難しい」

　　並べ替え箇所は「英文法を教えるのは難しい」理由になると考えられる。与えられた語で due to ～「～のせいで」が作れる。これに続く名詞は the fact しかない。残る語で同格の that 節，that there is no を作れば，並べ替え箇所のあととともつながる。全体で due to the fact that there is no (single standard variety of English)「（単一の標準英語）がないという事実のせいで」となる。[5] に入るのは b の that。

---

(1)―a　(2)―c　(3)―d　(4)―c　(5)―a

(6)―a　(7)―c　(8)―a　(9)―b　(10)―b

8

基幹・創造・先進理工学部　2017 年度　〔5〕B

目標解答時間　5分

ポイント

　第1章演習編8と手続きは同じだが、問われているのが単語ではなく熟語であるため、いっそうの知識が求められる。他学部の受験生は、演習編と同様に、解答となる熟語がわかるかどうか試してもらいたい。

For questions 1-5, think of words that best fit in the two blanks in sentences (i)-(iii), convert the words into a series of numbers according to the table below: number 1 represents letters *a–g*, 2 represents *h–m*, 3 represents *n–s*, and 4 represents *t–z*. Then choose the matching pair of series of numbers from a–d.

Number	Letters
1	a, b, c, d, e, f, g
2	h, i, j, k, l, m
3	n, o, p, q, r, s
4	t, u, v, w, x, y, z

1. (i) The teacher (g　) (　　　) the tests at the beginning of class.

　(ii) After three hours of my effort to solve the problem, my patience (g　) (　　　).

　(iii) He was a marathon runner until his knees (g　　) (　　　).

　　a. (g34) (1343)　　　　　　b. (g141) (43)

　　c. (g141) (344)　　　　　　d. (g34) (1414)

2. (i) Tell me why you reached this conclusion. What (l　) you (　　　) this conclusion?

　(ii) This result has (l　) many scientists (　　) speculate on the existence of life on Mars.

　(iii) Upon my arrival, the receptionist (l　) the way (　　　) the waiting room.

　　a. (l14) (2343)　　　　　　b. (l11) (43)

　　c. (l13111) (4242)　　　　d. (l121) (14)

3. (i) I don't know why, but I hadn't been asked to the party. I was feeling

very (*l*　) (　　　　).

(ii)　I misspelled the word *accommodation* in the spelling bee last month.　I (*l*　) (　　　) a 'c' and an 'm'.

(iii)　I think I gave everyone a text to read by tomorrow.　Have I (*l*　) anyone (　　　) ?

 a．(*l*212411) (43)   b．(*l*14) (1343)

 c．(*l*121) (311)   d．(*l*114) (344)

4．(i)　Could you (*p*　) the curtains (　　　) before turning on the light ?

(ii)　If we (*p*　) (　　　), we will be able to finish the project on time.

(iii)　After a disaster, whole communities often (*p*　) (　　　), and become closer.

 a．(*p*422) (43114213)   b．(*p*432) (43)

 c．(*p*3133) (12111)   d．(*p*44) (311)

5．(i)　After all the household chores, I (*s*　) (　　　) with my favorite book.　This is my daily ritual.

(ii)　After dating for many years, Jan and John have finally decided to (*s*　) (　　　) and get married.

(iii)　Much to the disappointment of their teacher, the children often take several minutes to (*s*　) (　　) at the beginning of the class.　Some days, they are still running around playing ten minutes after class starts.

 a．(*s*14421) (1343)   b．(*s*14) (1343)

 c．(*s*244) (43)   d．(*s*4131) (1112)

解 説

問「問題 1 〜 5 について，(i)〜(iii)の文の 2 つの空所に最も合う成句を考え，下の表にしたがって単語を一連の数字に変換しなさい。1 は a 〜 g，2 は h 〜 m，3 は n 〜 s，4 は t 〜 z の文字を表している。数字の配列に合うものを a 〜 d から選びなさい」

3 つの空所のうち 1 つでも当てはまらないものを素早く除外しながら選びたい。

1　それぞれの文の意味は以下のようになると考えられる。

(i)「先生は授業の初めにテストを配った」

(ii)「その問題を解こうと 3 時間努力した後，私の我慢は尽きた」

(iii)「彼はひざを故障するまではマラソンランナーだった」

　　「〜を配る」や「尽きる」「故障する」などの意味を持つ g で始まる成句なので，give out が最も適切である。すべて過去形の gave が入るので（g141）（344）となり，**c** が正解。

2　それぞれの文の意味は以下のようになると考えられる。

(i)「あなたがこの結論に至った訳を教えてください。何があなたをこの結論に導いたのですか」

(ii)「この結果は，多くの科学者に火星には生命が存在すると推測させた」

(iii)「私が到着するとすぐに，受付係が待合室までの行き方を案内してくれた」

　　「〜を…に導く」や「〜を…するよう仕向ける」「〜を案内する」などの意味を持つ l で始まる成句なので，lead O to が最も適切である。過去形または過去分詞の led が入るので，(l11)（43）となり，**b** が正解。

3　それぞれの文の意味は以下のようになると考えられる。

(i)「なぜかはわからないが，私はそのパーティーに招待されていなかった。仲間外れにされているような気がした」

(ii)「先月私はつづり字競技会で accommodation のつづりを間違えた。c と m を 1 つずつ落としてしまったのだ」

(iii)「明日までに読むべきテキストを全員に渡したと思います。だれか渡し忘れているでしょうか」

　　「〜を仲間外れにする」や「〜（文字）を落とす」「〜を忘れる」などの意味を持つ l で始まる成句なので，leave out が最も適切である。過去形または過去分詞の left が入るので，(l114)（344）となり，**d** が正解。

4　それぞれの文の意味は以下のようになると考えられる。

(i)「明りを灯す前にカーテンをきちんと引いてくれませんか」

(ii)「協力すれば，私たちはその事業を予定通りに完成できるだろう」

(iii)「災害の後は，共同体全体がしばしばまとまって，より親密になる」

「引く」「協力する」「まとまる」などの意味を持つ p で始まる成句なので，pull together が最も適切である。よって，(*p*422) (43114213) となり，a が正解。

5 それぞれの文の意味は以下のようになると考えられる。

(i)「家庭の雑用がすべて終わった後，私はお気に入りの本でくつろぐ。これが私の日常の習慣だ」

(ii)「何年もデートを重ねたあと，ジャンとジョンはついに新居を構えて結婚する決心をした」

(iii)「先生がとても失望したことに，子どもたちが授業の初めに落ち着くまでには数分かかることが多い。授業が始まって10分たってもまだ走り回って遊んでいる日もある」

「くつろぐ」や「新居を構える」「落ち着く」などの意味を持つ s で始まる成句なので，settle down が最も適切である。よって，(*s*14421) (1343) となり，a が正解。

1—c 2—b 3—d 4—a 5—a 解答

500 語未満の長文

この章の進め方

第 2 章　500 語未満の長文

　この章では 500 語未満の長文を扱う。この長さの長文読解では，空所補充や同意表現といった文法・語彙に属する設問が多い。短文でこの種の知識を問うこととの違いは，文章の流れを把握して意味を考えなければならないという点だ。それでも最終的には知識そのものが充実していなければ正解できないので，引き続き語句の知識の拡充は怠りなく進めておこう。

　長文独特の設問としては，内容一致文の選択（または完成），内容真偽，内容説明などがある。文章そのものは比較的短いので，精読を基礎において正解率を上げていきたい。つまり，文型の確認，修飾語句や節の正しい理解（たとえば，分詞がどのように使われているか，形容詞用法か分詞構文か，どんな日本語に相当するのか，など）を丁寧に行うことである。訳文を作ったら，その内容を納得できるかどうか自問してみよう。日本語にはなったが，「それはどういうことか」と問われて「さあ？」ではわかったことにならない。全訳する必要はないが，一読ですっと意味が取れない箇所，設問になっている箇所，内容真偽などの選択肢は油断せず慎重に解釈しておこう。

　確かに，目立つ単語の意味からおおよその内容を推測する力も必要だが，この段階では細部にこだわっておくことの方が重要である。もっと長い文章を読む場合には精読という方法が難しくなるからだ。文法・語法に注意して短めの文章を正確に読めるようにしておくことで，長いものも一気に読み通せる基礎体力がつく。たとえば，have treated と have been treated, have been treating の違いが見ただけで正しく理解できるようにしておきたい。あるいは，The girl, left alone, began to cry. と The girl left alone began to cry. の表記の仕方とそれに伴う内容の微妙な差をわかっておきたい。違いがわかった上で「まあ，だいたい起きたことはこんなことだ」と言えるのと，違いがわからずに「だいたいこんなことかな」と思っているのでは，実力の差は大きい。明快な理解のもとに正解したのと，なんとなく正解できてしまったのでは「安定感」も異なる。つまり，前者では常に一定以上の正解ができ，難問にぶつかった場合でも応用が期待できるが，後者では結果にむらができ，手も足もでない事態に陥る可能性がある。最終的に，文法・語法の知識は意識せずに活用できるようになることが目標だ。

演 習 編

1

ポイント

選択肢の語句には類義語はなく，まったく異なる意味のものが並んでいる。まず語彙力が必要だが，文脈が正確に把握できていなければその語彙力も生かせない。話の流れをしっかりと理解したい。

Read the following passage and choose the most appropriate word or phrase for each gap. Mark your answers ((a)〜(d)) on the separate answer sheet.

Haruki Murakami, the best-selling Japanese writer, was born in Japan after World War II. Since childhood, Murakami has been (　1　) Western culture, music, and literature, such as works by the American writers Kurt Vonnegut and Richard Brautigan. The influence of these writers (　2　) Haruki Murakami from other Japanese writers.

Murakami studied drama at Waseda University in Tokyo. Before finishing his studies, Murakami opened a jazz bar, the Peter Cat, in Tokyo, and he ran it with his wife from 1974 to 1981. At the age of 29, he started his writing (　3　). Many of the themes and titles of his works, such as "The Thieving Magpie", invoke classical music. Murakami is a marathon runner and triathlon (　4　), though he did not start running until he was 33 years old.

Murakami was criticized for receiving the controversial Jerusalem Prize, a biennial literary award given to the writers who deal with themes of human freedom, society, politics, and government. In spite of the strong (　5　) in Japan, Murakami chose to attend the ceremony and gave a speech that criticized Israeli politics. He said that everyone possesses a tangible, living soul and that we must not allow ourselves to be (　6　) by the system. In 2011, Murakami donated his £80,000 winnings from the International Catalunya Prize to the victims of the March 11th earthquake and tsunami, and to those affected by the Fukushima nuclear disaster. He said Japanese should have (　7　) nuclear power after experiencing their second major nuclear disaster in Japanese history, though this time it was not a bomb but the result of human error.

1. (a) aggrieved at   (b) enamored of
   (c) manipulated by   (d) qualified in
2. (a) distinguished   (b) encouraged
   (c) indicated   (d) valued
3. (a) career   (b) project
   (c) status   (d) workshop
4. (a) coach   (b) enthusiast
   (c) player   (d) supporter
5. (a) application   (b) endorsement
   (c) protest   (d) recognition
6. (a) denied   (b) exploited
   (c) prevented   (d) suspected
7. (a) abandoned   (b) abused
   (c) corrupted   (d) dominated

≪作家村上春樹≫

全訳

　日本人のベストセラー作家である村上春樹は第二次世界大戦後に日本で生まれた。子供の頃から，村上は西洋文化，音楽，そしてアメリカ人作家であるカート＝ヴォネガットやリチャード＝ブローティガンの作品のような文学に魅了されていた。これらの作家の影響により村上春樹は他の日本人作家とは一線を画している。

　村上は東京の早稲田大学で演劇を学んだ。在学中に村上は東京でジャズ喫茶「ピーター・キャット」を開店し，妻とともに1974年から1981年までその喫茶店を経営した。29歳のときに彼の作家としての経歴が始まった。『泥棒かささぎ』のような彼の作品のテーマや題名の多くがクラシック音楽を想起させる。村上はマラソンもするし，トライアスロンにも熱中しているが，彼が走るようになったのは33歳になってからのことである。

　村上は物議を醸したエルサレム賞（人間の自由，社会，政治，政府といったテーマを扱った著者に与えられる2年に1度の文学賞）を受けたことで批判された。日本国内での強い抗議にもかかわらず，村上は授賞式に出席することを選び，イスラエルの政治を批判する演説を行った。彼は，誰もが現実の生きた魂をもっており，我々はシステムによって自分自身が食い物にされることを許してはならないと語った。2011年に，村上はカタルーニャ国際賞で得た8万ポンドの賞金を3月11日の地震と津波の犠牲者，そして福島の原発事故で被害にあった人々に寄付した。彼は，今回の災害は爆弾ではなく人為的ミスによるものであるが，日本史上2度目の甚大な核災害を経験した後，日本人は原子力を廃絶するべきだったと語った。

解説

圕「次の文章を読み，各空所に最も適切な語句を選びなさい。自分の答え（(a)～(d)）を別の解答用紙にマークしなさい」

1　空所直前の「子供の頃から，村上は…」と，直後の「西洋の文化・音楽・文学」との関係を考える。次に続く文で「これらの作家の影響によって…」とあるため，村上春樹が西洋文学（文化）の影響を受けていたとわかる。(b)の enamored of ～は「～に夢中になって」という意味であり，これを空所に補えば「西洋の文化・音楽・文学に夢中になっていた」となり，その影響を受けることにつながるため，(b)が正解。

　(a)「～に悩んだ」　　　(c)「～によって操作された」　　(d)「～に資格がある」

2　空所の後ろが *A* from *B* の形になっており，この形と結びつく語法の動詞は(a)だけで，distinguish *A* from *B* で「*A* を *B* と区別する」という意味。

　(b)「奨励した」　　　(c)「指し示した」　　　(d)「評価した」

3　第1段冒頭文に村上春樹は作家とあるので，空所直前の writing「書くこと」と

空所の部分をあわせて「作家としての仕事」を始めたという意味にするのが適切。(a)の career は「(一生の) 仕事」という意味なので，これが正解。

(b)「企画」　　　　　　(c)「地位」　　　　　　(d)「研修」

4　空所直前の a marathon runner「マラソンをする人」と and で並列の関係になっているので，「トライアスロンをする人」という意味になるように空所を補うのが妥当。(c)の player は「選手」の意味があるが，球技など対戦形式の試合などの選手に使用するため，ここでは(b)の enthusiast「熱中している人」が適切。

(a)「指導者」　　　　　　　　(d)「支持者」

5　空所直前の In spite of ～「～にもかかわらず」は逆接の関係をつくる。この文の主節には「村上は授賞式に出席することを選び…」とあるので，その逆接的内容である「村上が授賞式に出席しない」方向性に至る要素を空所に補う必要がある。したがって，(c)の protest「抗議」を補って，「日本での強い抗議」とするのが正しい。

(a)「応募」　　　　　　(b)「支持」　　　　　　(d)「認識」

6　空所のある文は，その1つ前の文の中で述べられている「イスラエルの政治を批判する演説」で，村上春樹が言及した内容である。空所直後の the system は「政治体制」のことで，「その体制によって」私たちがされるのを「許してはならない」ことが何かを考える。(b)の exploited「(人が) 搾取される，食い物にされる」が正しい。(a)の deny は人を主語として受け身で使う場合，*A* is denied *B*「*A* は *B* を与えられない」という形で使用されるが，*B* の要素が存在しないので不適切。

(c)「妨害される」　　　　　　　　(d)「疑われる」

7　空所の後ろの方にあるように「2度目の核による惨事を経験した後」なので，その反省を踏まえて，空所直後の nuclear power「原子力」に対してとるべきだった行動が空所に入る。(a)の abandon「～を放棄する，～を廃止する」が正解。他の選択肢は反省を踏まえたものとしては不適切。

(b)「～を乱用する」　　　(c)「～を腐敗させる」　　　(d)「～を支配する」

1—(b)　2—(a)　3—(a)　4—(b)　5—(c)　6—(b)　7—(a)　解答

2

文学部　2010 年度　〔1〕A

文化論（260 語）　**目標解答時間**　6 分

ポイント
　空所ごとに選択肢が与えられており，品詞はすべて同じ。訳語が似ていたり，日本語には訳が反映されなかったりするものが含まれている。熟語や各語の用法を熟知しているかどうかがカギになる。

Read the following passage and choose the most appropriate word for each gap. Mark your answers ((a)–(d)) on the separate answer sheet.

In helping students to understand the significance of an academic subject, the important thing is not so much teaching them a lot of related skills as getting them to appreciate the kind of activity in which they are engaged, and what (1) it plays in human life. To perceive the most technical aspects of the subject, it is essential to have some idea of its place within our culture, which in (2) is a matter of knowledge and appreciation, not technique.

What has been achieved in the fields of science, art, and philosophy throughout history is not to be regarded as the expression of individual skill springing up out of (3). Achievement is what is achieved within a particular tradition, and it is deeply affected by that tradition even when it heads (4) a new direction. As one critic says, only a Christian culture could have produced anti-Christian thinkers like Voltaire or Nietzsche.

It is not for his skill but for his vision that we honour Einstein; the (5) could not have been obtained if he had not grasped firmly the very traditions of thought he challenged. And the same is fundamentally (6) of Mozart, Wittgenstein, or Picasso. The genius of these great men arose from the soil of their cultural inheritance.

The study of any academic subject, therefore, can be (7) neither to skill development nor to self-satisfaction. It should involve one in an interaction not merely between those who are living, but between those who are living, those who are dead, and those who are yet to be born.

1. (a) part   (b) rank
   (c) step   (d) trick
2. (a) advance   (b) detail
   (c) sight   (d) turn
3. (a) anywhere   (b) everywhere
   (c) nowhere   (d) somewhere
4. (a) for   (b) in
   (c) to   (d) under
5. (a) former   (b) latter
   (c) one   (d) others
6. (a) applicable   (b) conscious
   (c) proud   (d) true
7. (a) extended   (b) opposed
   (c) reduced   (d) served

≪学問の本質とは≫

全訳

　学生に学問の重要性を理解させようとする際に大切なことは，多くの関連技術を彼らに教えるというよりは，むしろ，彼らが取り組むような活動，そしてそれが人生で果たす役割の価値を彼らに認識させることである。その学問の最も技術的な側面を把握するためには，それが我々の文化の中で占める位置について考えることが不可欠であり，それはまたやはり，技術ではなく知識や真価の認識の問題ということになる。

　歴史を通して科学や芸術，哲学の分野において成し遂げられたことは，何もないところから突然生まれた個人の技術の発現とみなされるべきものではない。偉業は何かしらの伝統の中で達成されるものであり，そしてそれが新たな方向に向かう時も，それはその伝統から深く影響を受ける。ある評論家も言っているように，ヴォルテールやニーチェのような反キリスト教の思想家を生み出す可能性があったのはキリスト教文明だけであったのである。

　我々はアインシュタインを称えるが，それは彼の技術ではなく洞察力ゆえのことである。もし彼が挑んだ思想のまさにその伝統をしっかりと理解していなければ，後者を手にすることはできなかったはずなのだ。そして同じことが基本的にはモーツァルト，ヴィトゲンシュタイン，そしてピカソにもいえる。これらの巨匠の才能は文化遺産という土壌から生まれたものである。

　したがって，いかなる学問の研究も単なる技能開発や自己満足となってしまってはならない。それは，現在生きている人々だけでなく，現在生きている人々や過去の人々，そしてまだ生まれていない人々の間の交流に人を参加させるものであるべきなのである。

解説

問　「次の文章を読み，各空所に最も適切な語を選びなさい。自分の答え（(a)〜(d)）を別の解答用紙にマークしなさい」

1　空所のある個所は，the kind of activity と and で並列されている appreciate の目的語にあたる名詞節。選択肢はすべて名詞なので，what＋名詞「何の〔どんな〕〜」というまとまりを作り，it（＝the activity）plays の目的語に相当する。つまり，もとの文は it plays（　　）in human life である。play と結びついて意味をなすのは，(a)part である。play a part in 〜「〜においてある役割を果たす」の意。本文では what part it plays in human life「それが人生でどんな役割を果たすか」となる。

　(d)trick も play a trick という熟語があるが，「いたずらをする」の意であり，文脈上不適切。(b)rank「地位」，(c)step「段階」はいずれも play とともに使っても意味をなさない。

2　当該個所は非制限用法の関係代名詞 which が前述の「学問の技術的側面が私た

ちの文化の中で占める位置について考えることが不可欠である」ことを受けており，which … is a matter of knowledge and appreciation, not technique「それは技術ではなく知識と真価の認識の問題である」となっている。同段第1文にある「学問の重要性を知るには技術より真価の認識が重要だ」という陳述を繰り返していることになる。in (　) を「同様に」の意味にするのが妥当。(d)turn は in turn で「順番に，今度は」の意味が思い浮かびやすいが，as well「同様に」の意味も持つ。これが適切。

　他の選択肢は in と合わせるとそれぞれ，(a)(in) advance「前もって」，(b)(in) detail「詳細に」，(c)(in) sight「見えて（いる），見えるところに（ある）」の意であり，文意に合わない。

3　当該個所の springing up out of (　) は「(　) からひょっこり出てくる」の意で，the expression of individual skill「個人の技術の発現」を修飾している。これは What has been achieved in … is not to be regarded as the expression of individual skill「…において成し遂げられてきたことは個人の技術の発現とみなすべきではない」という主旨が述べられている点と，直後の同段第2文（Achievement is what …）で「偉業は何かしらの伝統の中で達成されるものである」と述べられている点から，regarded as のあとは第2文と相反する内容にする必要がある。「伝統の中で達成される」ということは，以前から受け継がれてきたものを前提にしている，土台となるものが何かある，ということであるので，(c) nowhere を補えば「何もないところからひょっこり現れる」となり，文意に合う。

　他の選択肢は out of と合わせるとそれぞれ，(a)anywhere「どこからでも」，(b)everywhere「いたるところから」，(d)somewhere「どこからか」となる。

4　動詞 head の直後にあるため，head for ～「～に向かう」が思い浮かぶが，空所の後に続く名詞が direction であることに注意。これは「～の方向に」という場合，必ず(b)in をとる。

5　同文前半で「私たちがアインシュタインを称えるのは，彼の技術のためではなく洞察力のためである」と，「彼の技術」と「彼の洞察力」の2つが対照されていることに注意。空所を含む当該文は仮定法過去完了で「もし彼が挑んだ思想のまさにその伝統をしっかりと理解していなければ，(　) は得られなかっただろう」となっている。第1・2段で，「技術ではなく，真価の認識と理解が重要である」と繰り返し述べ，3で見たように「偉業は何もないところからひょっこり現れる個人の技術とみなすべきではない，伝統の中で成し遂げられるものだ」と主張していることから，「アインシュタインが得たもの」は「（伝統の理解から生まれた）洞察力」であるはず。「技術」と「洞察力」が文中に出てきた順序から，(b)(the) latter「後者」が適切。

(a)(the) former「前者」　　　　　　　　(c)(the) one「前者」

(d)(the) others「残りのものすべて」 ちなみに the one, the other で「前者, 後者」を表すこともある。

6 同文は「同じことは基本的にモーツァルト, ヴィトゲンシュタイン, ピカソに…」となっている。第 2 段第 1・2 文で「科学や芸術, 哲学の分野において成し遂げられたことは, 伝統の中で達成されたものだ」と述べられていた。アインシュタインは科学者, モーツァルト, ピカソは芸術家, ヴィトゲンシュタインは哲学者である。「アインシュタインと同じことが彼らにも当てはまる」という文意であろう。直後に of があるので, (d)true を補う。be true of ~「~に当てはまる」の意。

(a)applicable「適用できる, 当てはまる」は前置詞が to になる。

(b)(be) conscious (of ~)「~を意識している」

(c)(be) proud (of ~)「~を誇りに思っている」

7 空所の後には neither *A* nor *B*「*A* でも *B* でもない」が続いている。これまでの文脈から「いかなる学問の研究も, それが技術開発や自己満足であると考えてはならない」といった文意になるはず。neither の直後に to があることに注意。これと結びついて意味が正しくなるのは, (c)reduced である。be reduced to ~「~ (好ましくない状態・程度や価値の低い状態) に変えられる, ~におとしめられる」の意。

(a)(be) extended (to ~)「~にまで拡大される」

(b)(be) opposed (to ~)「~に反対である」

(d)(be) served (to ~)「(飲食物が) ~に出される, 供される」

1—(a) 2—(d) 3—(c) 4—(b) 5—(b) 6—(d) 7—(c) 解 答

3

社会論（270語）　**目標解答時間** 6分

ポイント

第2章演習編2と同形式の問題。まず文脈を十分に把握すること。選択肢には，訳すと同じような意味に思える語が複数含まれているものもあるため，各語の正確な知識が問われる。

Read the following passage and choose the most appropriate word or phrase for each item（1 ～ 7）．Mark your choices（(a)～(d)）on the separate answer sheet.

Newspapers have a long history. They can be traced back to Ancient Rome, when the public used to gather around the government bulletin called *Acta Diurna*, attached to notice boards. Although all 'news' in this period must have drawn people's attention, both the literate population and the actual amount of information were severely（ 1 ）. Later, as literacy rates grew, so did the number and issue-frequency of newspapers. In this way, newspapers, the record of government and of citizens' daily lives, have played an important role in（ 2 ）people's knowledge and vision of the world.

Up until the late twentieth century, one of the salient features of newspapers was their capacity to provide an（ 3 ）of events, so people could roughly grasp the day's news at a glance. However, with the advent of the so-called 'internet era', the newspaper has been transformed（ 4 ）again and many are now published in electronic format, and back copies have been digitalized. People are no longer carrying bulky, inconvenient newspapers on packed rush-hour trains. Instead, they can carry around the contents of hundreds of newspapers on their much smaller tablets. Pages are now layered and（ 5 ）so deep on the virtual screen monitor that you never sense how much actual information is there. What is more, highly accessed topics are already presented to you to read on the front page, based on the reading（ 6 ）of others — a sort of self-propelling selection process. Under such conditions, readers are in a sense deprived of their（ 7 ）to select what they want to read. This packaging of news stories might indicate one of the problems of excessive development of technology.

1. (a) covered　　(b) damaged
　 (c) limited　　 (d) undermined
2. (a) expanding　(b) expecting
　 (c) exploring　 (d) extracting
3. (a) aspect　　 (b) inspection
　 (c) overview　 (d) undertaking
4. (a) ever　　　(b) much
　 (c) only　　　(d) yet
5. (a) buried　　(b) dug
　 (c) pulled　　(d) sunken
6. (a) cycles　　(b) habits
　 (c) speeds　　(d) transitions
7. (a) duty　　　(b) intention
　 (c) right　　 (d) temptation

≪インターネット時代の新聞≫

全訳

　新聞には長い歴史がある。新聞の起源は，大衆が掲示板に貼られた『アクタ・ディウルナ』という政府広報の周りに集まっていた古代ローマ時代にまで遡ることができる。この時代の「ニュース」はすべて人々の注目を集めるものであったにちがいないが，読み書きのできる人口も実際の情報量もきわめて限られていた。のちに，識字率が上がるにつれて，新聞が発行される部数も頻度も増えていった。このようにして，政治と市民の日々の生活の記録である新聞が，人々の知識と世界に対する見方を広げる上で重要な役割を果たしてきたのである。

　20世紀後半まで，新聞の顕著な特徴のひとつは，出来事の概要を提供できることであり，そのため人々は一見するだけでその日のニュースを大まかに把握することができた。しかし，いわゆる「インターネット時代」の到来とともに，新聞はさらに変化し，今ではその多くが電子版で発行され，以前発行された分も電子化されている。かさばる，不便な新聞を満員のラッシュアワー時の電車に持ち込む人はもういない。その代わりに，ずっと小さいタブレットで何百もの新聞の内容を持ち歩けるのである。新聞のページは何層にも重なって，バーチャルの表示画面の奥深くに埋もれているので，どれほど多くの実際の情報がそこにあるかということには気づかない。さらに，アクセス件数の多い話題は他人の閲覧傾向をもとにして1面で読めるようになっていて，これはある種の自動選択プロセスとなっている。このような状況の下では，読者はある意味自分が読みたいものを選ぶ権利を奪われている。ニュース記事をこのようにひとまとめにすることは，技術の過剰な発展による問題のひとつなのかもしれない。

解説

圕「次の文章を読み，各項目（1〜7）に最も適切な語句を選びなさい。選んだ選択肢（(a)〜(d)）を別の解答用紙にマークしなさい」

1　Although によって「この時代の『ニュース』は人々の注目を引きつけていたにもかかわらず」と譲歩で関連づけられていることと，空所の直後に「のちに，識字率が上がるにつれて，新聞が発行される部数も頻度も増えていった」とあることから，読み書きのできる人口も実際の情報量もきわめて限られていた，という内容になるように(c)の limited を補うのが適切である。

2　時代が進むにつれて新聞が発行される部数も頻度も増えたという内容から，新聞が人々の知識や見聞の範囲を広げたと考えるのが妥当。よって，「〜を広げる」の意を表す(a)の expanding が正解。

3　so 以下の roughly grasp the day's news at a glance「一目でその日のニュースを大まかに把握する」との関連から考えて，「概要」の意を表す(c)の overview を入れるのが適切である。

4　第1段第4文に新聞の第一の変化の内容が述べられている。したがって，空所を

含む文で述べられているのは第二の変化の内容であると考えられるので，again と結びついて「またしても」の意を表す(d)の yet が適切である。

5 新聞のページが何層にも重なっている，という前半の内容との関連から，「埋もれている」の意を表す(a)の buried が正解。

6 空所を含む部分では，他人がどんな記事を読んでいるかによって1面に表示される記事が変化する，ということが述べられているので，「他人の閲覧傾向」となるように(b)の habits を入れるのがよい。

7 紙媒体の新聞ではどの記事を読むかは読み手の主体的な選択であるのに対して，ここで述べられているような，読むべき記事が他人が読んでいる傾向から決められる電子媒体の記事では，読者が読む記事を選ぶ「権利」が奪われることになるので，(c)の right が適切である。

1—(c)　2—(a)　3—(c)　4—(d)　5—(a)　6—(b)　7—(c)　解答

4

ポイント

　語句整序をやってみよう。文の途中を作る形になっているので，文全体の構造・内容をしっかり考えたい。文法や語法の正確な知識と文脈の把握の両方が求められる。

Read the passage and rearrange the seven words in 1-5 in the correct order. Then choose from a-d the option that contains the third and fifth words.

　The occurrence of the simplest genuine arithmetical activities known from recent nonliterate cultures date back to the Late Neolithic and the Early Bronze Age. These activities $_1$(aiming / and / at / control / identification / of / the) quantities are based on structured and standardized systems of symbols representing objects. Their emergence as counting and $_2$(a / been / consequence / have / may / tallying / techniques) of sedentariness. Symbols are the most simple tools for the construction of one-to-one correspondences in counting and tallying that can be transmitted from generation to generation. The organization of agricultural cultivation, animal domestication, and household administration apparently $_3$(conditions / led / made / social / symbolic / that / to) techniques useful and their systematic transmission and development possible. Such techniques are 'proto-arithmetical' insofar as the symbols represent objects and not 'numbers', and consequently are not used for symbolic transformations which correspond to such arithmetical operations as addition and multiplication.

　Early explorers and $_4$(cultures / encountering / indigenous / techniques / these / travelers / using) often interpreted their activities from a modern numerical perspective and believed the limitations of proto-arithmetic results from deficient mental abilities of such peoples. It was only in the first half of the twentieth century that anthropologists and psychologists challenged these beliefs and $_5$(began / connected / constructions / mental / specific / study / to) with proto-arithmetical activities seriously.

[Adapted from Damerow, P. (2001). Number systems, evolution of. In *International Encyclopedia of the Social and Behavioral Sciences*. Vol. 16, Pergamon Press, pp. 10753-10756.]

出典追記：International Encyclopedia of the Social & Behavioral Sciences, Vol.16 by James D. Wright, Elsevier Ltd.

1．a．3rd：at
　　　5th：control

b．3rd：identification
　　5th：at

　　c．3rd：the
　　　5th：and

d．3rd：identification
　　5th：aiming

2．a．3rd：techniques
　　　5th：consequence

b．3rd：may
　　5th：been

　　c．3rd：have
　　　5th：a

d．3rd：techniques
　　5th：tallying

3．a．3rd：led
　　　5th：conditions

b．3rd：made
　　5th：symbolic

　　c．3rd：social
　　　5th：that

d．3rd：to
　　5th：conditions

4．a．3rd：indigenous
　　　5th：using

b．3rd：these
　　5th：techniques

　　c．3rd：encountering
　　　5th：cultures

d．3rd：travelers
　　5th：these

5．a．3rd：study
　　　5th：mental

b．3rd：specific
　　5th：study

　　c．3rd：to
　　　5th：connected

d．3rd：constructions
　　5th：specific

全訳

≪計算活動の始まり≫

　近代の，文字を持たない文化から伝わっている最も単純な真の計算活動が発生した時期は，新石器時代末期および青銅器時代初期までさかのぼる。数量を確認して管理することを目的としたこれらの活動は，対象を表す記号の体系を構造化し規格化することに基づいている。数えて計算する技術として計算活動が発生したのは，定住生活の結果だったのかもしれない。記号は，数えたり計算したりするときに1対1の対応を作るための，世代から世代へと伝えていくことのできる最も単純な道具である。農耕，動物の飼育，家庭管理の組織化は，明らかに，記号による技術を有益にし，さらにその体系的な伝承と発達を可能にする社会状況へとつながっていった。記号が「数字」ではなく物質を表している限りにおいては，そういった技術は「原始計算的な」ものであり，したがって加法や乗法のような計算活動に相当する記号変換のために使用されることはない。

　これらの技術を用いる土着文化と遭遇した初期の探検家や旅行者たちは，彼らの活動を近代的な数の見方で解釈し，そういう民族の知的能力が不十分なために原始計算術の限界が生じると考えた。人類学者や心理学者がこれらの思い込みを疑い，原始計算の活動に関わる特定の知的構造物を真剣に研究し始めたのは，ようやく20世紀前半になってからのことだった。

解説

圄 「次の文章を読み，1〜5の7つの語を正しい順に並べ換えなさい。そして，3番目と5番目の語を含む選択肢をa〜dから選びなさい」

1　与えられた語の中で述語動詞になりうるのは control であるが，その場合目的語が the identification ということになり，残った選択肢では quantities are … につながる表現を作ることができない。したがって空所部分は，（　　）直後の quantities も含めて主語 These activities を修飾する部分を作ると考えられる。aiming は語法上 at をとり，このまとまりを現在分詞の句とすれば activities を修飾できる。at の目的語となりうる名詞 control と identification は and でつなぎ，これらのあとに of を続ければ（　　）のあとの quantities がつながる。control「管理」と identification「確認」は，内容上「確認して管理する」という順が妥当なので，and の前後にそのように配置し，残る the はこれらの名詞の前に置くことになる。全体で aiming at the identification and control of となり，**3番目は the，5番目は and** なのでcが正解。

2　（　　）の直前に counting and とある。当該文の直後の文に counting and tallying とあることから，並べ換えの先頭は tallying と考えられる。助動詞 may があり，述語動詞は may have been とするのが妥当。残る a, consequence, techniques は名詞の数から a consequence となり，これを been の補語とすれば（　　）のあ

との of sedentariness ともうまくつながる。名詞 techniques は，（counting and) tallying を形容詞的に考えてこのあとに置く以外にない。全体で tallying techniques may have been a consequence となり，**3番目は may，5番目は been** なので b が正解。

3　（　）の前に The organization … administration apparently と，主語と考えられる一連の名詞と副詞があるので，並べ換えの先頭は述語動詞で，led と made に可能性がある。（　）のあとに techniques useful and their … transmission and development possible と名詞・形容詞の並びがあり，make O C「O を C にする」の第5文型と考えられる。that が関係代名詞で made は関係詞節内の述語動詞とすると，led が主節の述語動詞，語法上 led to とできる。これに続く名詞は conditions のみであり，関係代名詞の先行詞もこれになる。残る social「社会的な」，symbolic「記号による，符号の」の2つの形容詞は，それぞれ内容上 social conditions「社会状況」，symbolic (techniques)「記号による（技術）」とするのが妥当。全体で led to social conditions that made symbolic となり，**3番目は social，5番目は that** なので c が正解。

4　（　）の前に Early explorers and とあり，explorers と and で並ぶのは travelers である。（　）内には述語動詞になるものがなく，（　）直後が often interpreted と述語動詞と考えられるものが続くので，並べ換え部分は Early explorers and travelers を修飾するものである。encountering と using が現在分詞として名詞を飾る働きがあるが，「探検家や旅行者」を飾ると考えると encountering「～と遭遇する」が適切。この目的語としては cultures が考えられる。using でこれを飾り，その目的語を techniques とできる。残る indigenous「土着の」，these「これらの」は，それぞれ indigenous cultures「土着文化」，these techniques「これらの技術」とすれば内容上適切。全体で travelers encountering indigenous cultures using these techniques となり，**3番目は indigenous，5番目は using** なので a が正解。

5　同文全体は強調構文になっており，副詞句 only in the first half of the twentieth century「ようやく20世紀前半に」が強調されている。したがって that 以下は文型上完全な文になる。（　）の直前は anthropologists and psychologists challenged these beliefs「人類学者や心理学者がこれらの思い込みを疑い」と，SVO の構造は完成しているが，このあと and があり，与えられている語の中に過去形の動詞 began があることから，これを述語動詞とする節が続くと考えられる（主語は共有）。begin の語法上，不定詞 to study が続き，study の目的語となりうるのは constructions のみ。形容詞 mental, specific はこの名詞を修飾し，specific mental constructions「特定の知的構造（物）」とできる。残る connected をこのあとに置けば，（　）の直後の with と合わせて「～に関わる」となり，構造上，内容上ともうまくつながる。全体で began to study specific mental constructions connected

となり，3番目は study，5番目は mental なので a が正解。

5

ポイント

文整序と段落整序をやってみよう。論説文なので，論理的展開を考えること。指示語や接続語句に注意を払うことで手がかりが得られる。選択肢と照らし合わせると容易に判断できる。

The five paragraphs [A]-[E] given below make up a passage, excerpted from a larger text, but are not properly ordered. Moreover, the four sentences (1)-(4) in paragraph [A] are not properly ordered, either. Read the passage and choose the best option from a-d for questions 1 and 2. The meaning of the phrase marked with an asterisk (*) is given below the passage.

[A]

(1) In his active learning and remembering, the subject is applying a schema since the schema contains what he already knows of the world.

(2) Bartlett regarded the processes of learning and remembering as essentially active, with the subject showing a constant *effort after meaning*.

(3) However, when material is presented that is not readily incorporated into a schema, distortions will occur.

(4) Bartlett explored these by presenting his subjects with unfamiliar but structured material, for example a North American Indian folk tale.

[B] Bartlett generalized this notion far beyond Head's original concept. To Bartlett, a schema referred to an organized structure that captures our knowledge and expectations of some aspect of the world. It is, in other words, a model of some part of our environment and experience.

[C] During the 1970s, it became increasingly obvious that semantic memory must contain structures that were considerably larger than the simple concepts involved in the semantic systems implied by Collins and Loftus and Smith et al. This was not of course a new conclusion. In his classical book *Remembering*, published in 1932, Sir Frederic Bartlett proposed an interpretation of memory that assumed that subjects remember new material in terms of existing structures which he termed *schemas* or *schemata*.

[D] The concept of schema was borrowed from a neurologist, Henry Head, who used it to represent a person's concept of the location of the limbs and the body.　He described it as analogous to having a diagram inside one's head, keeping track of the position of one's limbs; interpreted more broadly, a person's schema could extend beyond the body to the limits of a car being driven, or as Head points out, to the feather on one's hat.

[E]　When subjects recalled the story, they typically distorted it by omitting features that did not fit in with their prior expectations or schemas, and by distorting other features.　Hence, an incident where something black came out of the mouth of one of the Indians was often remembered in terms more consistent with the culture of Bartlett's Cambridge subjects, such as the man *frothing at the mouth, or his soul leaving his body through his mouth.

[Adapted from Baddeley, Alan D. (1990) *Human Memory : Theory and Practice.* Needham Heights, MA: Allyn and Bacon.]

Reproduced by permission of Taylor & Francis Group.

*frothing at the mouth=saliva foaming at the mouth; being very angry

1. Which of the following shows the best (most coherent) sentence order for paragraph [A]?

a. (4)-(1)-(3)-(2)　　　　　　b. (3)-(2)-(1)-(4)

c. (2)-(1)-(3)-(4)　　　　　　d. (1)-(3)-(2)-(4)

2. Which of the following shows the best (most coherent) paragraph order for the passage?

a. A-E-C-D-B　　　　　b. C-D-B-A-E

c. D-B-C-A-E　　　　　d. E-C-B-D-A

≪学びと記憶についての理論≫

全訳

［C］　1970年代に，意味記憶は，コリンズ，ロフタス，スミスらによって暗示された意味体系に関する単純な概念よりもかなり大きな構造をもっているに違いないということがますます明らかになった。もちろんこれは新たに生まれた結論ではなかった。1932年に出版された自らの古典的著作『記憶』の中で，フレデリック＝バートレット卿は，被験者たちは彼が「スキーマ（図式）」と称する既存の構造によって新しい題材を記憶するのだと仮定する，記憶についての解釈を提唱していた。

［D］　スキーマという概念は，神経学者のヘンリー＝ヘッドから取り入れたものである。彼はその概念を使って，手足や胴体の位置についてのある人間の観念を表した。彼はそれを，人が自分の頭の中に図表をもっていて，自分の手足の場所をたどっていくことと似ていると説明した。もっと広義に解釈すれば，人間のスキーマは体を超えて，運転している自動車の端々まで，あるいはヘッドが指摘しているように，自分の帽子についている羽飾りにまで延びていくことが可能なのだ。

［B］　バートレットはこの考えをヘッドの本来の概念をはるかに超えて一般化した。バートレットにとって，スキーマとは，世界のある側面についての私たちの知識や予想を取り込む組織化された構造を表す。言い換えれば，それは私たちの環境や経験のうちのある部分の模型なのである。

［A］　(2)被験者が絶えず「意味を知ったあとの努力」を示したため，バートレットは学習と記憶の過程を本質的に自発的なものと考えた。(1)自発的な学習や記憶において，被験者は1つのスキーマを利用している。そのスキーマは世界について被験者がすでに知っていることを含んでいるからだ。(3)しかし，あるスキーマにすぐには組み込まれないような題材が提供されると，ねじれが生じる。(4)バートレットは，たとえば北米インディアンの民話などの，なじみは薄いがしっかりと出来上がっている題材を被験者に提示することでこれらのねじれを調査した。

［E］　被験者たちがその物語を思い出すとき，彼らは概して，自分が前からもっていた予想すなわちスキーマに一致しない特徴を省略したり，他の特徴を曲解したりすることで物語を誤って伝えた。このようにして，インディアンのうちの1人の口から何か黒いものが出てきたという挿話が，男が口から泡を吹いていたとか，魂が口を通って体から出て行ったというような，バートレットのケンブリッジ大学の被験者たちの文化により調和する言葉で記憶されることが多かったのである。

解　説

問「下の［A］～［E］の5つの段落は，より長い文章から引用された一節を構成していますが，正しい順序になっていません。さらに，段落［A］の(1)～(4)の4文も正しい順序ではありません。本文を読み，設問1・2に対する最適な選択肢をa～dから選びなさい。アステリスク（*）がついている語句の意味は文章のあとに与えられています」

1　問「以下のうち，段落［A］に対して最適な（最も筋の通る）文の順序を示して

いるのはどれですか」

(1)「自発的な学習や記憶において，被験者は1つのスキーマを利用している。その
スキーマは世界について被験者がすでに知っていることを含んでいるからだ」

　　この文だけでは判断材料がないので他の文を検討する。

(2)「被験者が絶えず『意味を知ったあとの努力』を示したため，バートレットは学
習と記憶の過程を本質的に自発的なものと考えた」

　　「学習と記憶の過程を本質的に自発的なものと考えた」という判断ののちに，(1)
の「自発的な学習や記憶において」と展開できる。(2)→(1)となる。

(3)「しかし，あるスキーマにすぐには組み込まれないような題材が提供されると，
ねじれが生じる」

　　「しかし」があり，この前に対照的な内容があることがわかる。(1)の「スキーマ
がすでに知っていることを含んでいる」と「スキーマにすぐには組み込まれないよ
うな題材」が対照的であり，(1)→(3)と考えられる。

(4)「バートレットは，たとえば北米インディアンの民話などの，なじみは薄いがし
っかりと出来上がっている題材を被験者に提示することでこれらを調査した」

　　「北米インディアンの民話」が「なじみは薄い題材」の例として挙がっており，
これが(3)の「スキーマにすぐには組み込まれないような題材」を受けていると考え
られ，また，these「これら」が(3)の distortions「ねじれ」を指していると考えれ
ば，内容上も語句レベルでも適切。(3)→(4)となる。

　　全体で(2)→(1)→(3)→(4)の順となり，cが正解。

2　問「以下のうち，本文に対して最適な（最も筋の通る）段落の順序を示している
ものはどれですか」

　　冒頭に前段からの展開を示す接続詞のある段落がないので，カギになる言葉を手
がかりにする。段落A，B，EにあるBartlettの名が，段落Cの最終文でSir
Frederic Bartlettとフルネームになっていることから，Cはこれら3つの段落よ
り前だと考えられる。選択肢中この条件に合うのはbだけだが，念のためこの選択
肢の順序（C—D—B—A—E）に沿って各段の内容を確認する。まず段落Cで
「1970年代に意味記憶が従来の考え方よりもかなり大きな構造をもっていることが
明らかになっていき，バートレット卿が『スキーマ』という概念を使って記憶に関
する解釈を提唱した」と，文章のテーマが示されている。段落Dでは，スキーマと
いう概念がヘンリー＝ヘッドから借用したものであること，スキーマとはどのよう
なものかということが説明されている。段落Bの第1文のthis notion「この概念」
がスキーマを指していることになり，バートレットがスキーマという概念を一般化
して知識や予想の模型としたことが述べられている。段落Aで，冒頭にあたる段落
Cでおおまかに紹介した「記憶とスキーマの関係に関するバートレットの解釈」の
詳細とその実験が説明されており，段落Eで実験結果が示されている。選択肢bの

順序で一貫性のある文章になる。

1—c　2—b　　　　　　　　　　　　　　　　　解　答

6

ポイント

　整序中心の問題が2題続いたところで，今度は一気に読み通す問題をやってみよう。設問は内容理解のみ。問題数が少ないので，先に設問文を読んでから本文に取りかかるのが効率がよいだろう。一読してから問題に当たるにしても，できるだけ読み返しを少なくして解答したい。

Read the following passage and answer the questions. Mark your answers ((a)〜(d)) on the separate answer sheet.

Deep ecology is a term invented by a Norwegian philosopher, Arne Naess, in 1973. Naess complained that a "shallow", mainstream environmentalism presupposed that nature was a resource to be utilized by human beings and that conservation of non-human nature was most important because of concern for the health and welfare of human beings. Deep ecology, by contrast, is grounded on a completely different view of nature: that all living things, either human or non-human, exist within a complicated network of interdependence and have intrinsic equal values that are independent of their availability for human purposes. The life quality of humans, therefore, "depends in part upon the deep pleasure and satisfaction we receive from close partnership with other forms of life".

Deep ecologists, therefore, protect nature in the interest of all species. Water in rivers and lakes should be kept clean not just because humans need unpolluted water for drinking or swimming, but also because fish need it. One of Naess's arguments that "the flourishing of non-human life requires a smaller human population" might sound very drastic and radical, though it is quite a logical conclusion if you see the world from the standpoint of deep ecology.

1．Naess called mainstream environmentalism "shallow" because it didn't

(a)　go beyond the limits of a human-centered view of nature.

(b)　have a basis in detailed scientific research on nature.

(c)　look far enough into the nature of human beings.

(d)　take the aesthetic value of nature into consideration.

2. According to the passage, deep ecologists argue that humans
- (a) could enjoy their life more when they are surrounded by nature.
- (b) need to be diminished in number to allow other creatures to live and grow.
- (c) should change their worldview and give up pursuing economic expansion.
- (d) should stop exploiting natural resources and preserve nature as it is.

全訳

≪ディープエコロジー≫

　ディープエコロジーは，1973年にノルウェーの哲学者，アルネ゠ネスによって造られた言葉である。ネスはこう不平を漏らした。主流となっている「浅い」環境保護主義は，自然は人間によって利用される資源であり，人間以外の自然の保護は人間の健康と幸福という観点からたいへん重要だ，ということを前提としている，と。これとは対照的に，ディープエコロジーは完全に異なった自然観に基づいている。つまり，すべての生き物は，人間であろうがなかろうが，相互依存の複雑なネットワークの中に存在し，人間の目的のために役立つかどうかということにかかわらず，等しい固有の価値をもっている，と考えるのである。したがって，人間の生活の質は，「他の生命体との密接な協力関係から我々が得る，深い喜びと充足感に，部分的に依存している」のである。

　したがって，ディープエコロジストは，すべての種のために自然を保護するのである。川や湖の水をきれいにしておくべき理由は，人間が飲み水あるいは水泳のために汚染されていない水を必要とするからだけではなく，魚もそれを必要としているからである。ネスの主張のうちの一つである「人類以外の生命の繁栄には，人間の人口が少なくなる必要がある」という考えは，非常に極端で急進的に思えるかもしれない。とはいえ，ディープエコロジーの見地から世界をみれば，それはまったく論理的な結論なのである。

解説

圖「次の文章を読み，問いに答えなさい。自分の答え（(a)～(d)）を別の解答用紙にマークしなさい」

1　圖「ネスが，主流の環境保護主義を『浅い』と呼んだのは，それが…なかったからである」

　第1段第2文（Naess complained that …）で，ネスは「主流となっている『浅い』環境保護主義」が「自然は人間によって利用される資源であり，人間以外の自然の保護は人間の健康と幸福という観点からたいへん重要だ」と考えることに対して批判している。すなわち，主流の環境保護主義は「人間にとって大事だから自然を保護する」という観点だと述べており，(a)の「人間中心の自然観の範囲を超え（なかった）」が正解。

(b)「自然に関する詳細な科学的研究調査に基礎をおいて（いなかった）」

(c)「人間の本質を十分深く調査して（いなかった）」

(d)「自然の美的価値を考慮に入れて（いなかった）」

2　圖「本文によれば，ディープエコロジストたちは，人間は…と主張する」

　第2段最終文（One of Naess's arguments that …）に述べられているネスの主張の前半に「人類以外の生命の繁栄には，人間の人口が少なくなる必要がある」とある。(b)の「他の生き物が生存し，成長するためには，人口を減少させる必要があ

る」が同様の内容であり，これが正解。

(a)「自然に囲まれているとき，人生をもっと楽しむことができる」

(c)「自分の世界観を変更し，経済の発展を追求することを諦めるべきだ」

(d)「天然資源を開発することをやめて，自然を現状のまま保存すべきだ」

1―(a)　2―(b)

解　答

7

文化論 (290 語)　**目標解答時間**　8分

ポイント

第2章演習編6と同じ形式の問題であるが，分量がやや多く，設問もひとつ多い。やはり，設問文を先にチェックしておこう。本文を読みながら解答し，読み終わったときには解答も終わっているのが理想である。

Read the following passage and answer the questions. Mark your answers ((a)〜(d)) on the separate answer sheet.

An important issue in the discourse on language rights is the degree to which they influence the development and implementation of language policies or perpetuate inequalities in many language situations. Tove Skutnabb-Kangas, for example, is one of the most influential scholars working within a language-rights framework. To her the most important linguistic human right which is needed to maintain the world's linguistic diversity is unconditional mother tongue medium (MTM) education. In Skutnabb-Kangas's opinion, the schools, the media, and the world's economic, military, and political systems are the main agents of linguistic genocide.

According to her, most minority-language children need to learn the dominant language along with their own language. Additional languages enrich people's lives and give people more choices and more freedom, but these additional languages should be learned additively, not subtractively. They should not replace mother tongues. Skutnabb-Kangas believes that everyone who resides in a country where a mother tongue is not an official language has the right to become bilingual in the mother tongue and the official language. English can be one of the possibilities as it has an official status in 70 countries of the world.

Proponents of monolingual instruction, such as English-only, often advance economic arguments to show that MTM education is impossible. They often describe MTM instruction as a naïve and romantic dream which misleads linguists and educationists. They argue that poor Asian and African countries cannot afford to teach many languages. Thus, it is better to teach students one language only, preferably English. According to Skutnabb-Kangas, the economic rationale for not organizing MTM is actually a fraud. Irrational policies are adopted which fail to support multilingualism or ensure school achievement for indigenous people, internal migrants, and refugee minorities. These educational policies may cause linguistic and cultural genocide.

1. According to Tove Skutnabb-Kangas, the crucial right that people have with regard to language is
   (a) being able to study in their mother tongue.
   (b) implementing language policies fairly.
   (c) maintaining global linguistic diversity.
   (d) promoting linguistic genocide.
2. Skutnabb-Kangas holds that the dominant language
   (a) in most cases means the minority language of the country.
   (b) should be learnt along with minority children's own language.
   (c) should be taught with the additional language by experts.
   (d) should replace the mother tongue in education where possible.
3. Proponents of monolingual education say that mother tongue medium education
   (a) is a concept based on a fraud.
   (b) is not feasible for economic reasons.
   (c) is possible for all minority children.
   (d) will enrich linguistic diversity.

全訳

≪言語的人権の抹殺≫

　　言語権に関する論議の中で重要となるのは，言語権が言語政策の発展と実施に及ぼす影響の度合い，あるいは，様々な言語事情における不平等を持続させる度合いである。たとえば，トーヴェ・スクトナブ＝カンガスは，言語権の枠組みの中で研究している学者の中でも最も影響力のある1人である。彼女にとって，世界の言語多様性を維持するために必要な言語的人権のうち最も重要なのは，無条件の母語媒体（MTM）教育である。スクトナブ＝カンガスの見解では，学校，メディア，そして世界の経済・軍事・政治体制が言語虐殺の主な遂行者である。

　　彼女によると，少数派言語の子供たちの多くは，自分たち自身の言語に加えて，多数派言語を学ぶ必要がある。母語以外の言語を習得することは人々の生活を豊かにし，より多くの選択や自由を与えてくれるが，それら追加の言語は数を減らすのではなく付加して習得するべきものだ。それらが母語に取って代わるべきではない。スクトナブ＝カンガスは，母語が公用語になっていない国に住む人には皆，母語と公用語のバイリンガルになる権利があると信じている。英語は，世界70カ国で公用語の地位を占めているため，その可能性の1つたり得る。

　　英語だけといったような単一言語教育を擁護する人々は，MTM教育は不可能だということを示すために，経済的議論を展開することがよくある。彼らはよくMTM教育を，言語学者や教育者を誤った方向へと導く，認識の甘い，非現実的な夢であると表現する。彼らは，貧しいアジアやアフリカの国々では，たくさんの言語を教える経済的余裕がないと主張する。だから，生徒たちに1つの言語，できれば英語だけを教える方が良いのだ，と。スクトナブ＝カンガスによると，MTM教育を行わない経済的な根拠は実際には誤りである。多言語主義を支援できない，あるいは先住民や国内移住者や難民の少数民族たちへの教育を確保できない，不条理な政策が採用されている。このような教育政策が，言語的，文化的抹殺を引き起こしているのかもしれない。

解説

問「次の文章を読み，問いに答えなさい。自分の答え（(a)～(d)）を別の解答用紙にマークしなさい」

1　問「トーヴェ・スクトナブ＝カンガスによると，言語に関して人間が持っている重要な権利は…である」

　　第1段第3文に「彼女（＝スクトナブ＝カンガス）にとって…言語的人権のうち最も重要なのは，無条件の母語媒体（MTM）教育である」とある。(a)「自分の母語で学ぶことができること」が適切。

(b)「言語政策を公平に実施すること」

(c)「地球の言語的多様性を維持すること」

(d)「言語虐殺を促進すること」

2　問「スクトナブ＝カンガスは，支配的言語は…と考えている」

　　第2段第1文に「彼女（＝スクトナブ＝カンガス）によると，少数派言語の子供たちの多くは，自分たち自身の言語に加えて，多数派言語を学ぶ必要がある」とある。(b)「少数民族の子供自身の言語とともに学習されるべきである」が適切。

　　(a)「ほとんどの場合，その国における少数民族の言語のことである」

　　(c)「専門家によって付加的な言語とともに教えられるべきだ」　the additional language「付加的な言語」とは，母語に「加えて」教えられる言語であり，第2段第4文にあるように，「公用語」つまり「支配的言語」のことなので，この選択肢は意味をなしていない。また by experts については本文に言及がない。

　　(d)「可能なところでは，教育において母語に取って代わるべきだ」

3　問「単一言語教育を擁護する人々は，母語を媒体とした教育は…と主張する」

　　第3段第1文に「単一言語教育を擁護する人々は，MTM 教育は不可能だということを示すために，経済的議論を展開することがよくある」とある。その内容として，同段第3文に「貧しい国々では，たくさんの言語を教える経済的余裕がない」ことが挙げられている。(b)「経済的理由から実行可能なものではない」が適切。

　　(a)「欺瞞に基づいた概念である」

　　(c)「すべての少数民族の子供たちにとって可能である」

　　(d)「言語の多様性を豊かにするであろう」

1—(a)　**2**—(b)　**3**—(b)　解答

8

ポイント

　この問題も内容理解だが，グラフを伴う読解で，本文の分量に比して設問文の分量が多い。また解答に簡単な計算を必要とするという，理系ならではの資料読解である。理系学部の受験生は，こうした出題形式に慣れておく必要がある。他学部の受験生も，普段とは異なる内容でもしっかり読みきれるかどうか，力試しをしてもらいたい。

Choose the best answer from a-d for questions 1-5.

The daily minimum and maximum temperatures in Acapulco, a beach resort in Mexico, are almost constant throughout the year, with averages around 22℃ for the minimum and 31℃ for the maximum.　The whole year is thus warm, but we can still divide the year into four seasons, with the first quarter corresponding to winter and the subsequent quarters to spring, summer, and autumn.　However, when we observe the variation of Acapulco's monthly *precipitation* (amount of rain) in 2010, it reached the yearly maximum in the end of summer and decreased continuously in autumn, each month showing precipitations that were less than half of the value observed in the previous month.

〈Bibliography〉

　"Temperature and Precipitation Graphs," NASA: Earth Observatory.

　http://earthobservatory.nasa.gov/Experiments/Biome/graphs.php

1. Which of the following graphs best matches the variation in the precipitation p in Acapulco over the year, described above?

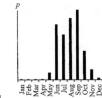

a.

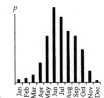

b.

c.

d.

2. We know that the maximum monthly precipitation in Acapulco in 2010 was 340 mm. Which of the following is necessarily true about the value of the precipitation p_a observed in the month immediately after the month of maximum precipitation?

a. $p_a > 200$ mm   b. $p_a < 170$ mm

c. $p_a > 160$ mm   d. $p_a < 50$ mm

In Middelburgh, South Africa, the monthly precipitation in 2010 was as shown in the graph to the right. Because Middelburgh is located in the Southern Hemisphere, the year begins with summer, and then the other seasons come in sequence. The value of the maximum monthly precipitation is 64 mm (the graphs for Middelburgh and for Acapulco are not in the same scale so that bars in different graphs represent different values of p even if they have the same length; in the same graph the lengths of the bars are proportional to the value of p).

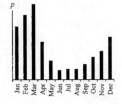

3. The seasons in Acapulco and Middelburgh lie in different months of the year. In addition, the temperature varies more in Middelburgh: its average goes above 20°C in the beginning and the end of the year, while in the middle of the year it is below 10°C. According to the monthly meteorological data observed in the seasons of Acapulco and Middelburgh, how can the climate types in these places be classified respectively?

a. winter-warm and spring-warm

b. summer-humid and summer-dry

c. autumn-warm and spring-cold

d. winter-dry in both

4. We know that after it reached its maximum value, the monthly precipitation in Middelburgh decreased continuously to half of the previous month until it reached its minimum. We also know that when we divide the year into two halves, the total precipitation p_1 in Middelburgh during the first 6 months is twice as large as the total precipitation p_2 during the second 6 months. If the precipitation in January and February are 45 and 55 mm, respectively, what is the value of p_2?

a. $p_2 = 220$ mm   b. $p_2 = 110$ mm

c. $p_2 = 100$ mm   d. $p_2 = 50$ mm

5. In 2010 the maximum monthly precipitation in Acapulco, p_m, was 340 mm. Which of the following is true about the relation between p_m and the total precipitation in the whole year 2010 in Middelburgh, p_Y?

a. $p_m = p_Y$ b. $p_m < \dfrac{p_Y}{2}$

c. $p_m > p_Y$ d. $p_m > 2p_Y$

全 訳

≪アカプルコとミドルバーグの年間降水量≫

　メキシコの海浜リゾート，アカプルコの毎日の最低・最高気温は，年間を通してほぼ一定で，平均して最低がおよそ 22 度，最高がおよそ 31 度である。1 年中このように暖かいが，それでも 1 年を 4 つの季節に分け，最初の 4 分の 1 を冬，続く 4 分の 1 ずつを春，夏，秋とすることも可能である。しかしながら，2010 年のアカプルコの月別降水量（雨量）の変化を見ると，夏の終わりに 1 年の最大降水量に達し，秋には継続的に減ってゆき，どの月も前の月に観測された値の半分以下の降水量を示す。

　南アフリカのミドルバーグの，2010 年における月別降水量は，右のグラフに示されているとおりであった。ミドルバーグは南半球に位置するので，1 年は夏から始まり，その後に他の季節が順次やってくる。最大の月別降水量の値は 64 ミリである（ミドルバーグとアカプルコのグラフは同じ目盛りで表示されていない。同じ長さになっていてもグラフが変わると棒は違った p の値を示す。同じグラフでは，棒の長さは p の値に比例する）。

解 説

圊「問 1 〜 5 に対する最もよい答えを a 〜 d から選びなさい」

1　圊「上で述べられた 1 年を通じてのアカプルコの平均降水量 p の変化に最も合うグラフは次のどれか」

　　第 1 段第 2 文に「1 年を 4 つの季節に分け，最初の 4 分の 1 を冬，それに続く 4 分の 1 ずつを春，夏，秋とできる」，第 3 文には「夏の終わりに 1 年の最大降水量に達し，秋にはどの月も前の月の半分以下になる」とある。7 〜 9 月が「夏」に相当するので，9 月に最大降水量，その後前月から半分以上の減少が続くグラフは a である。

2　圊「2010 年，アカプルコの最大の月別降水量は 340 ミリであったことがわかっている。最大降水量を記録したすぐ後の月の降水量 p_a の値について必然的に正しいのはどれか」

　　問 1 でも見たように，第 1 段第 3 文から，最大降水量を記録した翌月の降水量は「前月の半分より少ない」と述べられている。340 ミリの半分以下なので，「p_a は 170 ミリより少ない」ことを表す b が正解。

3　圊「アカプルコとミドルバーグの季節は，1 年の中ではそれぞれに相当する月が異なる。加えて，気温はミドルバーグのほうが大きく変化する。1 年の初めと終わりは平均で 20 度を超え，1 年の中ごろには 10 度以下になる。アカプルコとミドルバーグの季節に見られる月ごとの気象データによると，これらの場所の気候のタイプはそれぞれどのように分類できるか」

a 「『冬に暖かい』と『春に暖かい』」

b 「『夏に雨が多い』と『夏に乾燥している』」

c 「『秋に暖かい』と『春に寒い』」

d 「どちらも冬に乾燥している」

　選択肢a・b・cは前半がアカプルコ，後半がミドルバーグについての記述である。アカプルコは第1段第2文に「年間を通じて暖かい」とあるので，aの「冬に暖かい」，cの「秋に暖かい」は除外できる。ミドルバーグは第2段第2文にあるように「1年の始まりは夏」であり，グラフを見ると1年の始まり＝夏に降水量が多く，冬に当たる7～9月に降水量が少ないことがわかる。bの後半の「夏に乾燥している」はこの点と矛盾する。したがって，残るdの「どちらも冬に乾燥している」が正解。

4　**問**「ミドルバーグの月別降水量は，最大値に達した後，最小値に至るまで，継続的に前月の半分に減っていたことがわかっている。1年を半分ずつに分けると，ミドルバーグの最初の6カ月間の総降水量 p_1 は，次の6カ月間の総降水量 p_2 の2倍である。1月と2月の降水量がそれぞれ45ミリ，55ミリとするならば，p_2 の値はどうなるか」

　第2段第3文に「最大の月別降水量は64ミリである」と述べられており，グラフから，これが3月だとわかる。このあと継続的に前月の半分になるので，4月32ミリ，5月16ミリ，6月8ミリとなる。1月45ミリ，2月55ミリとされているので，p_1：$45+55+64+32+16+8=220$ ミリとなる。これが p_2 の2倍なので，$p_2=110$ となり，bが正解。

5　**問**「2010年，アカプルコの最大の月別降水量 p_m は340ミリだった。p_m とミドルバーグの2010年全体の降水量 p_Y の関係について正しいものはどれか」

　問4から $p_Y=p_1+p_2=220+110=330$ である。p_m は340であり，p_Y より10多いので，cが正解。

1—a　2—b　3—d　4—b　5—c

解　答

9

心理学（340 語）　**目標解答時間**　18 分

ポイント

　第 2 章演習編ではやや長めの文章。設問は同意表現，内容説明，語句意，語句整序，空所補充，内容真偽と多様。語句の単純な知識だけでなく，文章内容の理解も問われる。文章中にも述べられているとおり有名な実験の報告なので，内容も楽しんでもらいたい。

次の英文を読み，設問 1 ～ 11 に答えよ。

　The link between success at school and being able to wait for something was discovered by accident in the late Sixties when American psychology professor Walter Mischel carried out the now-famous Marshmallow Test on four-year-olds. His goal was simply to discover the age at which children develop self-control. The study involved a simple proposition: every child was given a marshmallow on a plate and told that they could eat it now if they wanted, but if they resisted temptation until the researcher came back, they would get two marshmallows as a reward. The researcher then left the room and returned 15 minutes later. The results broke down neatly into three groups: around a third of the children gobbled the treat straight away; one group resisted for several minutes, but eventually gave in; and some held out for the full 15 minutes. This final set wrestled with temptation, employing all sorts of tactics to delay gratification just a little longer — one kicked the table, another tugged at his hair, some turned their backs on the treat. One girl even "shushed"[注1] herself as she gazed longingly at her marshmallow, but she still resisted. All the children desperately wanted the treat, but only some could outsmart their desire.

　The children in the study attended the same school as Professor Mischel's daughters. A few years later, just out of interest, he happened to ask his daughters how this {getting / at / or / that / child / was / on / school}, and this was when he noticed a pattern developing. The children who had waited for the second marshmallow were [10] their classmates, hands down. He dug deeper and unearthed some startling results. The children who had grabbed the marshmallow quickly were more likely to have low self-esteem and struggle to make friends, as well as have trouble keeping up with schoolwork. But the

most astonishing thing was the children's SAT [注2] scores: at age 14, the child
who had waited 15 minutes for her marshmallow treat had an average 210-point
advantage over her sweetie-grabbing friend.

注1　shush　静かにさせる　　注2　SAT　米国の進学適性テスト

1．下線部(1)の意味として最もふさわしいものを1～4から一つ選べ。

　1．as a result of a disaster

　2．at someone's sacrifice

　3．on purpose

　4．by chance

2．下線部(2)の意味として最もふさわしいものを1～4から一つ選べ。

　1．easily　　　　　　　　　2．efficiently

　3．only　　　　　　　　　　4．justly

3．下線部(3)の意味として最もふさわしいものを1～4から一つ選べ。

　1．結果ははっきり3通りに分かれた。

　2．結果は3組の研究グループでほぼ共通だった。

　3．結果は3番目のグループでは何も得られなかった。

　4．結果は予想に反して3通りに分かれた。

4．下線部(4)が指していることとして最もふさわしいものを1～4から一つ選べ。

　1．ate the marshmallow

　2．handed a marshmallow to another child

　3．refused to eat the marshmallow

　4．waited

5．下線部(5)が指していることとして最もふさわしいものを1～4から一つ選べ。

　1．ate the marshmallow

　2．kept the marshmallow in their hands

　3．showed impatience

　4．waited

6．下線部(6)が指していることとして最もふさわしいものを1～4から一つ選べ。

　1．3番目の被験者グループ　　　2．3番目の実験

　3．最後のひとり　　　　　　　4．残ったマシュマロ

7．下線部(7)の意味として最もふさわしいものを1～4から一つ選べ。

　1．がまんする　　　　　　　　2．感謝せずにいる

　3．損をする　　　　　　　　　4．得をする

8．下線部(8)の意味として最もふさわしいものを1～4から一つ選べ。

　1．欲求に従う　　　　　　　　2．誘惑に勝つ

　3．見栄を張る　　　　　　　　　4．誘惑に負ける

9．(9)｜　　　｜内の語を意味が通るように並べ替えた場合，6番目に来る語はどれ
　か。答として最もふさわしいものを1〜4から一つ選べ。

　1．at　　　　　　　　　　　　　2．child
　3．on　　　　　　　　　　　　　4．that

10．空所［　10　］に入れるのに最もふさわしいものを1〜4から一つ選べ。

　1．being loved by　　　　　　　2．outperforming
　3．reassessing　　　　　　　　　4．struggling against

11．本文の内容と合致するものとして最もふさわしいものを1〜4から一つ選べ。

　1．The research aim was to find out what tempting powers marshmallows
　　had over children.
　2．All the children were given two marshmallows to begin with.
　3．Only a third of the children found marshmallows tempting.
　4．Some children had tricks to help them overcome temptation.

全訳

≪マシュマロ実験≫

　学業成績と何かを待つ能力との結びつきが偶然発見されたのは，60年代末，アメリカの心理学教授ウォルター＝ミシェルが今では有名なマシュマロ実験を4歳児に実施したときだった。彼の目的はただ，子どもたちが自制を身につけるのは何歳なのかを発見することであった。調査には単純な課題が含まれていた。子どもたちは，ひとりひとり，皿にのったマシュマロが与えられ，そうしたかったら今食べてもいいが，誘惑に抗って先生が帰ってくるまで待てたらご褒美にマシュマロを2個もらえると告げられた。研究者は部屋を出て行き，15分後に戻った。結果はきっちり3集団に分かれた。子どもたちのほぼ3分の1は，すぐにおやつに飛びついた。ある集団は数分抵抗したが，最終的に屈してしまった。そして，丸15分間持ちこたえた子どもたちもいた。この最後の集団は，誘惑と戦い，ありとあらゆる戦略を用いて，ほんの少しだけ喜びを先に延ばそうとした。あるものはテーブルを蹴っ飛ばし，またあるものは髪の毛を引っ張り，あるものはおやつに背を向けた。一人の女児は，マシュマロを切なげに見つめながら，自分を「黙らせ」さえした。だが，女児はなお抗った。子どもたちは皆，おやつがほしくてたまらなかったのだが，自分の欲望に打ち勝つことができたのは，ほんの一部にすぎなかった。

　調査された子どもたちは，ミシェル教授の娘たちと同じ学校に通っていた。数年後，たまたまほんの好奇心から彼は娘たちに，あの子やこの子が学校で成績がどうなのかと尋ねたが，そのとき彼は，一定の傾向が生じていることに気づいた。2つ目のマシュマロを待った子どもたちは，級友よりも，文句なしに成績がよかった。彼はさらに掘り下げ，いくつか驚くべき成果を発掘した。すぐにマシュマロに手を出した子どもたちは学校の勉強についていくのに苦労するだけでなく，自尊感情が低く友だちを作るのに苦しむことも多かった。しかし，最も驚くべきことは子どもたちの進学適性テストの点数だった。おやつのマシュマロを15分待った子どもたちは，甘いお菓子に手を出した子どもより14歳の時点で，平均で210点上回ったのである。

解説

1　当該箇所は「学業成績と何かを待つ能力との結びつきが by accident 発見された」となっている。続く同段第2文（His goal was …）に「彼の目的は，子どもたちが自制を身につけるのは何歳なのかを発見することだった」とある。つまり，上記の結びつきが発見されたのは，「偶然」だったことがわかる。4．by chance が正解。by accident も「偶然に」の意。

　1．「惨事の結果として」　　　　　　　2．「誰かを犠牲にして」
　3．「故意に」

2　当該文は「彼の目的は simply 子どもたちが自制を身につけるのは何歳なのかを発見することだった」となっている。設問1で検討したように，彼が行った実験で

思わぬことがわかったことから，「ただ，単に（…を発見することだった）」の意と考えられる。3．only「ただ，単に」が正解。simply「ただ，単に，単純に」の意。1．「簡単に，容易に」　　　　　　　　2．「効果的に」4．「正当に」　just「ただ」との違いに注意。

3　break down into ~は「~に分解される，分かれる」の意。break が「ばらばらになる」ことを表し，down は系統樹のように上位集団から下に向かって枝分かれするイメージ。into はあるカテゴリーの中に納まることや変化の結果を表すのによく使われる。neatly は「きちんと，きれいに」の意。下線部は「その結果は，きれいに3つのグループに分かれた」となる。1．「結果ははっきり3通りに分かれた」が正解。

4　当該箇所は「ある集団は数分抵抗したが，最終的に gave in」となっている。「抵抗した」とは，「マシュマロを食べたいという誘惑に抵抗した」ということ。「しかし，最終的に」とあることから，結局は食べてしまったと判断できる。1．ate the marshmallow「マシュマロを食べた」が正解。give in は「屈する」の意。誘惑に負けたことを表している。
2．「別の子どもにマシュマロを渡した」
3．「マシュマロを食べるのを拒否した」
4．「待った」

5　当該箇所は「何人かは丸15分間 held out」となっている。同文冒頭に「3つのグループに分かれた」とあり，この箇所の前に「すぐマシュマロを食べた」，「数分がんばったが，結局食べた」子どもたちのことが述べられている。「丸15分間」ともあり，最後まで食べずに我慢できたことを表しているとわかる。4．waited「待った」が正解。hold out は「持ちこたえる，耐える，我慢して待つ」の意。
1．「マシュマロを食べた」
2．「マシュマロを手に持ち続けた」
3．「いら立ち〔我慢のなさ〕を見せた」

6　当該箇所は「This final set は…あらゆる手段を使って誘惑と戦った」となっている。「この最後の set」が指すものとしては，3つに分かれたグループの最後に挙げられた，「丸15分間待った子どもたち」であると判断できる。1．「3番目の被験者グループ」が正解。set は「集合，（同類の）仲間」の意。

7　当該箇所は「少し長く delay gratification するために，あらゆる手段を使って誘惑と戦った」となっており，設問6で検討した，最後までマシュマロを食べずに持ちこたえた子どもたちが主語。当てはまるのは1の「がまんする」である。delay gratification は「喜びを遅らせる」が文字どおりの意味。マシュマロを食べるのを先延ばしすることを表している。

8　当該文は「子どもたちは皆，おやつがほしくてたまらなかったのだが，ほんの一

部の子どもたちしか outsmart their desire ことができなかった」となっている。文脈から「マシュマロを食べずに我慢できた子どもはほんの一部だけだった」という内容であると判断できる。当てはまるのは2の「誘惑に勝つ」である。outsmart は「〜に（知恵を使って）勝つ」の意。

9　同段第1文（The children …）に，マシュマロ実験に参加した子どもたちが，ミシェル教授の娘たちと同じ学校に通っていたことが述べられており，当該箇所は「数年後，たまたまほんの好奇心から，彼は娘たちにこの…はどのようかと尋ねた」となっている。マシュマロ実験に参加した子どもたちの様子を尋ねたと考えられる。参加した子どもはひとりではなかったのに，与えられている語が child と単数形であることに注意。設問箇所の直前の this と与えられた語の中にある that で，this or that child あるいは this child or that「この子やあの子」を主語にすれば，ひとりひとりの様子を尋ねたことになり，形の問題も解決する。続く動詞は時制の一致で過去形のはずであり，was しかない。get on at school で「学校でやっていく」の意になるので，was と getting で進行形を作り，全体としては（how this）or that child〔child or that〕was getting on at school「この子やあの子は学校でどうやっていっているか，成績はどうか」とできる。6番目は3の on である。

10　当該文は「2つ目のマシュマロを待った子どもたちは，文句なしに級友（　　　）だった」となっている。第2段最終文（But the most …）に「おやつのマシュマロを15分待った子どもたちは，すぐに食べた子どもより，適性テストで平均210点上回った」とある。空所は「（級友より）成績がよかった」の意にするのが適切。
2．outperforming を補うと「級友をしのいでいた，級友より勝っていた」となる。なお，当該文の最後にある hands down は「文句なしに，明白に」の意。
1．「〜に愛されていた」　　　　　3．「〜を再評価していた」
4．「〜と争っていた」

11　1．「研究目的は，マシュマロが子どもたちにどのような魅惑的な作用を及ぼすかを見出すことだった」　第1段第2文（His goal was …）と一致しない。
2．「子どもたちは皆，はじめに2つのマシュマロをもらった」　第1段第3文（The study involved …）の内容と一致しない。
3．「子どもたちの3分の1だけしかマシュマロに魅力を感じなかった」　第1段最終文（All the children …）の内容と一致しない。
4．「一部の子どもたちには誘惑に打ち勝つ手助けとなる小技があった」　第1段第6文（This final set wrestled …）の内容と一致する。これが正解。

1—4　2—3　3—1　4—1　5—4　6—1
7—1　8—2　9—3　10—2　11—4

10

> **ポイント**
>
> 　ここでは日本語による要約を取り上げる。これは 2021 年度以降は国際教養学部の Writing の分野だけで出題されている問題だが，文章の内容が理解できているということは，頭の中に要約ができているということであると考えると，他学部の受験生もチャレンジしてみる価値はあるだろう。なお，文学部・文化構想学部では英語での要約があるので，同学部の受験生は大いに活用してほしい。
>
> 　この出題年度の解答欄の大きさは 15 cm×8 行。200 字程度書くことができる。

Read the following passage and briefly summarize the main points in JAPANESE.

Marx claimed that "the vitality of primitive communities was incomparably greater than that of … modern capitalist societies." This claim has since been vindicated by numerous studies which are neatly summarized in this entry from the prestigious *Cambridge Encyclopedia of Hunters and Gatherers*. As the Encyclopedia says: "Hunting and gathering was humanity's first and most successful adaptation, occupying at least 90 percent of human history. Until 12,000 years ago, all humans lived this way." An irony of modern life is that, in spite of spectacular increases in material abundance and centuries of technological progress, hunter-gatherers, people who lived with almost no material possessions, enjoyed lives in many ways as satisfying and rewarding as lives led in the industrial North. Many hunter-gatherer societies were affluent in the sense of having everything they needed. Ethnographic accounts of the Juhoansi of Southern Africa, for example, show that members of that society had adequate diets, access to means of making a living, and abundant leisure time. They spent their leisure time eating, drinking, playing, and socializing — in short, doing the very things associated with affluence. Many hunter-gatherer societies have also enjoyed a great amount of personal freedom. Among the Kung, and the Hadza of Tanzania, for example, there were either no leaders at all, or temporary leaders whose authority was severely constrained. These societies had no social classes and arguably no discrimination based on gender. Their ways of living and ways of collective decision-making allowed them to survive and thrive for tens of thousands of years in equilibrium with their environment, without destroying the resources upon which their economies were based.

[Adapted from John Gowdy, *Hunter-gatherers and the Mythology of the Market* (2011)]

出典追記：Hunter-gatherers and the mythology of the market, libcom.org by John Gowdy

全訳

≪狩猟採集社会の豊かさ≫

　マルクスは「原始的な社会の活力は…現代の資本主義社会よりも比較にならない
ほど大きかった」と主張した。この主張はそれ以来，有名な『ケンブリッジ狩猟採
集民事典』のこの項目にきちんとまとめられた数多くの研究によって，正しいと立
証されてきた。同事典は「狩猟採集は，人類の最初にして最も成功した適応だった
のであり，人類史の少なくとも 90 パーセントを占めている。1 万 2000 年前まで，
人類はみなこのように暮らしていた」と述べている。現代生活の皮肉な事態は，物
質的な豊かさが目を見張るほど増し，何世紀にもわたって技術が進歩してきたにも
かかわらず，物質的な所有物はほぼ何も持たずに暮らしていた狩猟採集民が，産業
化の進んだ北半球で営まれている生活と多くの点で同じくらい満ち足りた価値のあ
る暮らしを享受していたということである。多くの狩猟採集社会は，自分に必要な
ものをすべて持っているという意味で豊かだった。たとえば，アフリカ南部のジュ
ホアンシ族の民族誌学の記述は，その社会の人々は十分な食事をし，生計を立てる
手段があり，余暇も十分あったことを示している。彼らは余暇を，食べたり，飲ん
だり，遊んだり，人と交流したり，つまり，まさに豊かさに関わることをして過ご
していた。多くの狩猟採集社会は，個人の自由も大いに享受してきた。たとえば，
クン族やタンザニアのハヅァ族には，リーダーはまったくいないか，権限が厳しく
制限された一時的なリーダーがいただけだった。これらの社会には社会階級はなく，
ジェンダーに基づいた差別はおそらくなかった。その暮らし方や集団での意思決定
の方法のおかげで，こうした社会はその経済を支えている資源を破壊することなく
環境と均衡を保ち，何万年にもわたって生き延び繁栄することができたのである。

解 説

問　「以下の文章を読み，要点を日本語で簡潔に要約しなさい」

　まず，各文の内容を整理してみよう。

[第 1 文] テーマの提示
　マルクスの主張「原始的な社会の活力は，現代資本主義社会よりはるかに大きかった」
[第 2 文] マルクスの主張の支持
　この主張は多くの研究で正しさが立証されてきた
[第 3 文] 立証①
　「狩猟採集は人類の最も成功した適応であり，人類史の 90 パーセントを占める」
[第 4 文] 立証②
　「1 万 2000 年前まで，人類はみな狩猟採集で暮らしていた」
[第 5 文] 狩猟採集社会の様子
　物質的にはほぼ何も持たずに暮らしていた狩猟採集民は，物質的に豊かで技術の進歩し
　た現代の富裕国と同じくらい満ち足りていた
[第 6 文] 狩猟採集社会の豊かさとは

狩猟採集社会が豊かだというのは，必要なものをすべて持っているという意味において
である

［第7文］具体例①

一例はアフリカ南部の部族で，彼らには十分な食事，生計の手段，余暇があった

［第8文］具体例詳細

彼らは余暇を豊かに過ごしていた

［第9文］具体例②

多くの狩猟採集社会には個人の自由もあった

［第10文］具体例詳細

一部の部族ではリーダーがおらず，いても権限が著しく制限されていた

［第11文］具体例詳細

こうした社会には社会階級や性差別もなかった

［第12文］まとめ

その暮らし方や集団での意思決定の方法が，こうした社会が環境との均衡を保ち，長く
繁栄できた理由である

①第1～5文では，狩猟採集社会が現代的な意味での物質的な豊かさとは違った意
味で満ち足りていたことを述べ，②第6～8文では，その豊かさとは食料，生計の手
段，余暇など必要なものがすべてあったという意味であることが示されている。③第
9～11文では社会階級や性差別もなく，個人の自由があったことが述べられ，④第
12文はこうした社会の在り方，人々の暮らし方が，その社会が資源を破壊せず環境
とのバランスを保って何万年も続くことができた理由だとまとめている。文章の主旨
は①「狩猟採集社会は豊かだった」ことであり，それがどのような点においてなのか
を②，③を使って示し，④で締めくくるというまとめ方をするとよいだろう。

〈解答例1〉　狩猟採集社会は，現代的な意味での物質的な豊かさや技術はなかったが，生活に必要なもの，つまり十分な食事，生計の手段，余暇があるという点で，現代の産業社会に劣らず満ち足りていた。また，社会階級や性差別もなく，個人の自由を享受していた。こうした暮らし方や集団での意思決定の方法のおかげで，狩猟採集民は資源を破壊することなく環境との均衡を取ることができ，何万年も繁栄することができたのである。

〈解答例2〉　狩猟採集は人類最古にして最も成功した適応だった。現代生活の物質的な豊かさや技術は持っていなかったが，狩猟採集社会には十分な食事，生計の手段，余暇という生活に必要なものがあり，人々は満ち足りた価値ある暮らしを享受していた。また，こうした社会には社会階級や性差別もなく，個人の自由があった。狩猟採集社会が何万年も生き延び繁栄することができたのは，その暮らし方や集団での意思決定が，社会を支える資源を破壊することなく環境との均衡を保ったからである。

1

ポイント

第2章演習編 **6・7** とほぼ同じ形式。設問は内容一致文の完成ではなく，内容に関する問いに答えるものだが，文から得られる情報を前から順につかみ，できるだけ目を戻さない読み方を心がけるという要領は同じである。素早く解答することを目指そう。

次の英文を読んで，設問1～3の解答として最も適当なものを，(A)～(D)の中から選びなさい。

Researchers at Stanford University recently set out to explore the neural basis of creativity and came up with surprising findings. Their study, published in *Scientific Reports,* suggests the cerebellum, the brain region typically associated with movement, is involved in creativity. If so, the discovery could change our understanding of the neurological mechanisms behind some thought processes.

Three and a half years ago, Grace Hawthorne, an associate professor of design at Stanford University Institute of Design, known as the "d. school," approached Allan Reiss, a behavioral scientist at Stanford's School of Medicine. Hawthorne wanted to find a way to objectively measure whether or not her design class enhanced students' creativity and Reiss, inspired by the game Pictionary, developed an experiment.

Participants in the study were placed into a functional magnetic resonance imaging machine (fMRI) with a nonmagnetic tablet and asked to draw a series of pictures based on action words (for example, vote, exhaust, salute) with 30 seconds for each word. The participants later ranked each word picture based on its difficulty to draw. The tablet transmitted the drawings to researchers at the d.school who scored them on a 5-point scale of creativity, and researchers at the School of Medicine analyzed the fMRI scans for brain activity patterns.

The results were surprising: The prefrontal cortex, traditionally associated with thinking, was most active for the drawings the participants ranked as most difficult; the cerebellum was most active for the drawings the participants scored highest on for creativity.

出典追記：Don't Overthink It, Less Is More When It Comes to Creativity, Scientific American on May 28, 2015 by Jessica Schmerler

1. What was the goal of the study?

(A) Develop creativity and movement.

(B) Enhance students' creativity.

(C) Evaluate design class effectiveness.

(D) Map brain activity when being creative.

2. Why were the study's results important?

(A) Data yielded unexpected results.

(B) Established a neural basis for creativity.

(C) First use of fMRI to measure creativity.

(D) Linked the cerebellum to creativity.

3. What is the main idea of this passage?

(A) Creativity is something that people are born with and it can't be taught.

(B) Drawings done in an fMRI machine can be ranked and linked to brain activity.

(C) Drawings seen as creative showed activity in an unexpected part of the brain.

(D) Medical tests can help improve college classes that develop creativity.

全訳

≪創造性を司る脳の部位は？≫

　スタンフォード大学の研究者たちは最近，創造性の神経基盤を探究しようと試み，驚くべき研究結果を出した。彼らの研究は，『サイエンティフィック・リポート』に発表されたが，一般的に運動に関連している脳の部位である小脳が創造性にかかわっていると示唆している。もしそうなら，その発見は思考プロセスの背後にある神経学的メカニズムについての私たちの理解を変えるかもしれない。

　3年半前に，スタンフォード大学デザインスクール（"d. school" として知られている）の准教授であるグレイス＝ホーソンは，スタンフォード大学医科大学院の行動科学者であるアラン＝リースに話を持ちかけた。ホーソンは自分のデザインのクラスが学生の創造性を高めたかどうかを客観的に測る方法を見つけたかったのだ。そして，リースはピクショナリーというゲームに触発され，ある実験を開発した。

　研究に参加した人たちは，非磁性のタブレットを持って機能的磁気共鳴画像化装置（fMRI）の中に入れられ，行動を示す単語（たとえば，投票する，使い果たす，挨拶する）に基づく一連の絵をそれぞれの単語につき 30 秒で描くよう求められた。のちに参加者たちは，描く難しさに基づいてそれぞれの単語を表す絵をランク付けした。タブレットは描いたものを d.school の研究者たちに送り，彼らは創造性に関して 5 点の尺度で絵に点数をつけた。そして，医科大学院の研究者たちが脳の活動パターンを割り出すため fMRI スキャンを分析したのだ。

　その結果は驚くべきものであった。伝統的に思考と関連づけられる前頭葉前皮質は，参加者が最も難しいと位置づけた絵に対して最も活動的であった。小脳は参加者が創造性に関して最も高い点を取った絵に対して最も活動的であった。

解　説

1　問「研究の目的は何であったか」

　(D)「創造的になっているときの脳の活動を調査する」が正解。第1段，特に第1文が該当個所。第1文に「スタンフォード大学の研究者たちは創造性の神経基盤を探究しようと試み，驚くべき研究結果を出した」とあり，前半が目的，後半がその結果と考えられる。また，第2文（Their study, …）では創造性にかかわる脳の部位について具体的に述べられている。

　(A)「創造性と運動を育む」は「創造性を育む」ことに関する言及がなく，movementについては，第1段第2文（There study, …）の「運動に関連している脳の部位」で出てくるだけである。

　(B)「学生の創造性を高める」は第2段第2文（Hawthorne wanted …）に記載があるが，これに対する主語は「デザインのクラス」なので，研究の目的ではない。

　(C)「デザインのクラスの効果を評価する」も第2段第2文（Hawthorne wanted …）が該当個所。これは，ホーソンがリースに話を持ちかけた理由である。

2　問「なぜ研究結果は重要だったのか」

(D)「小脳を創造性と結びつけた」が正解。第1段第1・2文と第4段 (The results …) が該当個所。それぞれ驚くべき研究結果だと言及し，小脳と創造性の関連について述べている。「驚くべき」＝「重要な」と解釈できるので，これが正解。

(A)「データは思いがけない結果を生んだ」は研究結果が重要であることの具体的理由になっていないので，答えとしては不十分。

(B)「創造性の神経基盤を確立した」は第1段第1文より，「確立した」とは述べられていない。

(C)「創造性を測るために fMRI を最初に使った」は第3段第1文 (Participants in …) が該当個所だが，「最初に使った」とは述べられていない。

3　問「この文章の要旨は何か」

(C)「創造的だと見なされた絵が脳の思いがけない部位の活動を示した」が正解。

本文は一貫してある研究について述べており，第1・4段で二度にわたって「驚くべき」研究結果に言及している。よって，この文章の筆者が最も伝えたいのは，この実験でわかった驚くべき事柄ということになる。

(A)「創造性は人々が生まれ持つもので教えられることはできない」は該当個所なし。

(B)「fMRI の中で描かれた絵はランク付けされ，脳の活動と結びつけられうる」は第3段 (Participants in …) が該当個所だが，これはあくまで実験のプロセスについての言及であり，要旨ではない。

(D)「医療検査は創造性を育む大学の授業を改善するのに役立ちうる」は第2段 (Three and …) に Medicine や class という語が登場するだけで，両者の関係については記述がないので不可。

1—(D)　2—(D)　3—(C)

解　答

2

ポイント

第2章実戦編1と同じ形式。文章はやや長い。設問にあらかじめ目を通し，文章を読み進めながらその都度解答し，文章を読み終わったときには解答も終わっていることを目指したい。

次の英文を読んで，設問1〜3の解答として最も適当なものを，(A)〜(D)の中から選びなさい。

Humans couldn't always easily produce "f" and "v" sounds, according to a surprising new study. The reason we can now enjoy words like "flavor" and "effervescent," say the researchers, has to do with changes to the ancestral human diet and the introduction of soft foods — a development that altered the way we bite, and by consequence, the way we talk.

Human speech involves all sorts of wacky noises, from the ubiquitous "m" and "a" sounds found in virtually all languages to the rare click consonants expressed in some South African dialects. Anthropologists and linguists have traditionally assumed that the inventory of all possible speech sounds used by humans has remained unchanged since our species emerged some 300,000 years ago, but new research published today in Science is challenging this long-held assumption.

An interdisciplinary research team led by Damian Blasi from the University of Zurich is claiming that "f" and "v" sounds were only recently introduced into the human lexicon, emerging as a side effect of the agricultural revolution. These sounds, which are now present in the vast majority of all human languages, are what linguists call labiodental consonants — sounds produced by pressing our upper teeth to our lower lip.

Here's the story, as presented in the new study: Around 8,000 years ago, as humans transitioned from predominantly meat-eating lifestyles to agriculture, the foods our ancestors ate became softer, which had a pronounced effect on the human bite. Instead of the edge-on-edge bite exhibited by hunter-gatherers, who had to tear into tough meat, agricultural humans retained the juvenile overbite that usually disappears by adulthood. With the upper teeth slightly in front of the lower teeth, it became much easier to make labiodental sounds. Gradually, and quite by accident, these sounds were integrated into words, which eventually spread across time and space, most notably within the last 2,500 years.

From We Can Thank Agriculture and Soft Food for the 'F' Word, Claims Provocative New Study, Gizmodo on March 14, 2019 by George Dvorsky

1. What influenced human pronunciation?

(A) Change in eating habits

(B) Meeting people who spoke other languages

(C) Using words with "f" and "v" sounds

(D) All of the above

2. How does the new study characterize the history of human speech sounds?

(A) Evolving   (B) Revolutionary

(C) Traditional   (D) Unchanged

3. What change led to new human speech sounds?

(A) Agricultural lifestyle   (B) Edge-on-edge biting

(C) End of the ice age   (D) Increased communication

≪発音と食べ物の関係≫

全訳

　驚くべき新しい研究によると，人間は必ずしも「f」や「v」の音を簡単に作り出すことができたわけではなかった。私たちが「flavor」や「effervescent」のような語を今享受できる理由は，人間の先祖の食事に対する変更と柔らかい食べ物の導入——私たちの嚙み方を変え，その結果，私たちの話し方を変えた発展——と関係があると研究者たちは言う。

　人間の言語にはあらゆる種類の変わった音が含まれている。それはほぼすべての言語に見出される，どこにでもある「m」や「a」の音から，南アフリカのいくつかの方言で発される珍しい舌打ちの子音にまで至るものだ。人類学者や言語学者は，人間が使っている可能な限りのすべての言語音の一覧は人類がおよそ30万年前に出現して以来変わらないままだと伝統的に考えてきたが，今日『サイエンス』で発表された新たな研究は長い間保たれてきたこの想定に異議を唱えている。

　チューリッヒ大学のダミアン＝ブラージが率いる学際的な研究チームは，「f」や「v」の音は農業革命の副作用として現れたのであって，最近になって初めて人間の語彙に取り入れられたと主張している。これらの音は，現在すべての人間言語の大半に存在しているのだが，言語学者が唇歯音——上の歯を下の唇に押し付けることにより作られる音——と呼ぶ子音なのである。

　新たな研究によって示された物語は以下の通りである。およそ8,000年前に，人間が主に肉を食べる生活様式から農業へ移行するにつれて，先祖が食べた食べ物はより柔らかくなり，そのことにより人間の嚙む行為に顕著な影響がもたらされたのだ。農耕民族は，固い肉を嚙み切らなくてはならない狩猟採集民族が示す切端咬合ではなく，普通大人になるまでには消える幼いころの過蓋咬合を持ち続けていた。上の歯がわずかに下の歯の前に出た状態であると，唇歯音を作るのがはるかに容易だったのだ。徐々に，そしてまったく偶然に，これらの音は語彙に組み入れられ，最終的に時間や空間を超えて，特にこの2,500年以内に広がっていったのだ。

解説

1　問「何が人間の発音に影響を及ぼしたか」

　第1段第2文（The reason …）に「私たちが『flavor』や『effervescent』のような語を今享受できる理由は，人間の先祖の食事に対する変更と柔らかい食べ物の導入と関係がある」とある。(A)の「食習慣の変化」が正解。(B)の「他の言語を話す人々に会うこと」は本文中に該当する記述がない。(C)の「『f』と『v』の音が含まれた単語を使うこと」は，人間の発音に影響を及ぼした理由ではなく，受けた影響の結果である。したがって，(D)の「上記のすべて」も正解に該当しない。

2　問「新たな研究は人間の言語音の歴史をどのように特徴づけているか」

　第1段第2文のダッシュ（—）以下（a development that …）に「（今『f』や『v』の発音があるのは）私たちの嚙み方を変え，その結果，私たちの話し方を変

えた発展」とある。development「発展」という語に最も近い意味合いを持つのは
(A)の Evolving「進化している」である。

(B) Revolutionary「革命的な」

(C) Traditional「伝統的な」

(D) Unchanged「変わらない」

3 圏「どんな変化が人間の新たな言語音につながったか」

第3段第1文（An interdisciplinary research …）の後半に「『f』や『v』の音は農業革命の副作用として現れた」とある。(A)の Agricultural lifestyle「農業の生活様式」が正解。その詳細は第4段に述べられている。固い肉を噛み切らなくてはならない狩猟採集民族は，歯と歯の先端が噛み合う（the edge-on-edge bite）必要があるが，農耕民族は食べ物が柔らかく，大人になるまでには消える過蓋〔被蓋〕咬合（overbite）がそのまま残り，上の歯が下の歯よりわずかに前に出ているため「f」や「v」といういわゆる唇歯音をはるかに出しやすかったという。

(B) Edge-on-edge biting「切端咬合」

(C) End of the ice age「氷河期の終わり」

(D) Increased communication「増加したコミュニケーション」

1 —(A)　2 —(A)　3 —(A)

解答

3

ポイント

　第 2 章実戦編 1・2 とほぼ同じ形式。文章はそれらよりかなり短いが，設問が文章の細部の理解を問うものではなく，全体を読み通して答える必要のあるものになっている。また，やや抽象的な議論であるため，文章が短いからといって，易しいわけではない。筆者の訴えている事柄を十分把握する深い読み取りが求められる。

Read the following passage and mark the most appropriate choice （ **a ~ d** ） for each item （ **1 ~ 2** ） on the separate answer sheet.

　　Seeing comes before words. The child looks and recognizes before it can speak.

　　But there is also another sense in which seeing comes before words. It is seeing which establishes our place in the surrounding world; we explain that world with words, but words can never undo the fact that we are surrounded by it. The relation between what we see and what we know is never settled. Each evening we *see* the sun set. We *know* that the earth is turning away from it. Yet the knowledge, the explanation, never quite fits the sight.

　　Yet this seeing which comes before words, and can never be quite covered by them, is not a question of mechanically reacting to stimuli. We only see what we look at. To look is an act of choice. As a result of this act, what we see is brought within our reach. To touch something is to situate oneself in relation to it. We never look at just one thing; we are always looking at the relation between things and ourselves.

（Adapted from John Berger, *Ways of Seeing*）

1．According to the text,
（ **a** ） our knowledge of the world is not always equivalent to our perception of it.
（ **b** ） seeing happens prior to language and therefore we cannot speak well if we cannot see.
（ **c** ） understanding the relation of the earth to the sun matches our experience of a sunset.
（ **d** ） we cannot explain what we see until we have full knowledge of what we are looking at.

2．According to the text,
（ **a** ） how our eyes react to light helps explain the relationship between vision and language.
（ **b** ） perception involves the process of coordinating our connection to what is around us.
（ **c** ） the difference between seeing and looking is related to the words we choose.
（ **d** ） touching an object helps us find the right words to describe and better understand it.

全訳 ≪視覚情報による位置づけ≫

　言葉よりも見る行為が先にくる。赤ん坊は話すようになる前から，ものを見て認識している。

　しかし，これとはまた違う意味で，言葉よりも見る行為が先にくることがある。私たちを取り巻く世界の内にある自分の立場を確定するのは見る行為の方なのだ。私たちが言葉で世界を説明することはあっても，言葉は私たちが世界に取り囲まれているという事実を決して覆せない。目に映っているものと知っていることとの関係は決して定まっているものではない。毎晩，太陽が沈むのを私たちは「見ている」。地球のほうが回転して太陽から顔を背けていることを私たちは「知っている」。しかし，その知識や説明は，実際に目にする景色とはどこか一致しないものがある。

　けれども，このように言葉に優先した，そして言葉では完全に表現しつくされない見る行為は，単なる刺激に対する機械的な反応という問題ではない。私たちは見ようとしているものしか見えていない。見ることは選択するという行為である。この行為の結果，私たちが見るものは私たちの手の届く範囲内にもたらされる。何かに触れることは，自分自身をそれに関連付ける行為である。私たちは，ただ1つのものだけを見ているのではなく，常に物事と自分自身との関係性を見ているのだ。

解説

　問いがいずれもおおまかなものなので，各選択肢の内容を確認した上で，本文の記述と照らし合わせることになる。

1　問「本文によると…」
　(a)「世界についての私たちの知識は，世界に関する私たちの知覚と必ずしも同じではない」
　(b)「見ることは言語に先立って起こるので，見ることができなければうまく話すことはできない」
　(c)「地球と太陽の関係についての理解は，日没に関する私たちの体験と一致する」
　(d)「私たちは，自分が見ているものについて完全な知識を得るまでは，目に映っているものを説明することができない」

　第2段第3文（The relation between …）に「目に映っているものと知っていることとの関係は決して定まっているものではない」とある。この例として，続く第4〜最終文（Each evening we …）で「毎晩，太陽が沈むのを私たちは『見ている』。地球のほうが回転して太陽から顔を背けていることを私たちは『知っている』。しかし，その知識や説明は，実際に目にする景色とはどこか一致しないものがある」と述べられており，こうした内容と一致するのは(a)である。

2　問「本文によると…」
　(a)「私たちの目が光にどのように反応するかは，視覚と言語との関係を説明するの

　に役立つ」

(b)「知覚は，私たちと周囲のものとのつながりを調整する過程を伴う」

(c)「目に映ることと見ることの違いは，私たちが選ぶ言葉に関係している」

(d)「対象物に触れることで，それを説明したり，それをよりよく理解したりするための適切な言葉を見つけやすくなる」

　第3段第3〜5文（To look is …）に「見ることは選択することであり，それが目に映るものを手元にもたらし，それに触れることで自分とそれを関連付ける」とあり，続く最終文（We never look …）で「私たちは，ただ1つのものを見ているのではなく，物事と自分自身との関係性を見ているのである」とまとめている。こうした内容と一致するのは(b)である。

1—(a)　2—(b)

4

ポイント

　第 2 章実戦編 1 ～ 3 と同様の形式だが，文章量がやや多めであり，内容は 3 と同様抽象的なので，述べられている事柄の十分な理解がいっそう必要である。文章の細部が問われているので，先に設問に目を通し，読み取るべき要点を把握してから臨もう。

Read the following passage and answer the questions. Mark your answers ((a)～(d)) on the separate answer sheet.

Until recently literacy was considered in a very simple way: the ability to read and write, mostly in the standard national language. But current practices are divided into two dimensions, the individual dimension and the social dimension. Literacy is treated as a personal and mental attribute that is used for individual purposes and an individual's benefit. The accomplishment of literacy is considered a skill that is acquired by an individual, especially in an educational context in which oral language provides a basis for cognitive development. From this perspective, it basically focuses on individual aspects rather than the social context that is created by individuals. Brian Street calls this the autonomous model of literacy.

In contrast, the sociocultural perspective primarily focuses on literacy as a social and cultural phenomenon that exists among humans and connects individuals with different points of time. Street promotes such a view and calls it the ideological model of literacy. This model emphasizes literacy practices and how meaning is related to specific cultural contexts. He contrasts this model with the autonomous model of literacy.

Sociocultural approaches to literacy take some concepts from Lev Vygotsky's approach to development that emphasizes the social world where learning and literacy emerge. The central belief of Vygotsky's theory is that more knowledgeable members of a group bring other members into cultural practice. According to Vygotsky, human thought is always governed by cultural tools and also has its own social histories. James Wertsch extends this notion and suggests that how one comes to know something cannot be separated from cultural tools.

According to James Gee, sociocultural approaches to literacy explain that thinking and speaking are functions of the social group and also some of its specific discourses. These discourses can be acquired through interaction with those people who have already mastered them. Literacy is a kind of social skill that allows people to take part in one or more of a given social group's discourses. It is learned by guided participation and built on trust. A good part of knowledge does not belong to the mind of the people. On the contrary, it depends on the practices of the social group to which they belong. Overall in the sociocultural approach to literacy, learning to read and learning to write are viewed as acts of knowing, or multiple literacies, which are situated within a given cultural and social context as well as discourse.

　　From Literacy as Sociocultural Practice by Hossain Tania, Educational Studies Vol. 51 (2009)

1. The autonomous model of literacy deals with
   (a) cognitive aspects of literacy.
   (b) community aspects of literacy.
   (c) individual aspects of literacy.
   (d) social aspects of literacy.
2. The ideological model of literacy concerns
   (a) affective contexts.
   (b) cognitive situations.
   (c) cultural circumstances.
   (d) social individualism.
3. According to the passage, which idea is covered by Vygotsky's theory of literacy?
   (a) cultural histories
   (b) mastering of skills
   (c) specific discourses
   (d) ways of thinking
4. According to the passage, the major claim about literacy is to understand the
   (a) discourse analysis approaches.
   (b) individuals' reading and writing ability.
   (c) social groups' contributions.
   (d) sociocultural context of discourse.

5. A good title for the passage would be:
- (a) Discourse Analysis of Illiteracy
- (b) Sociocultural Approaches to Illiteracy
- (c) Sociocultural Aspects of Literacy
- (d) Socio-structural Approaches to Literacy

全訳

＜読み書き能力の社会文化的側面＞

　最近までは，読み書き能力は非常に単純に考えられていた。つまり，おおむね国の標準言語における読み書きの能力と考えられていたのだ。しかし，現在の慣例では，2つの側面，つまり個人的側面と社会的側面に分けられる。読み書き能力は，個人の目的と個人の利益のために使われる，個人的で精神的な特質とみなされている。特に口頭言語によって認知能力発達の基礎が与えられる教育の状況では，読み書き能力の習得は，個人によって獲得される技能だと考えられている。この見地では，それは基本的に個人が作り出す社会的状況よりもむしろ個人的側面を中心に捉えている。ブライアン＝ストリートはこれを，読み書き能力の自律的モデルと呼んでいる。

　これとは対照的に，社会文化的見地では，読み書き能力は人間同士の間に存在し，個人を様々な時点とつなぐ社会的で文化的な現象として捉えられている。ストリートはそのような見解を進めて，それを読み書き能力の観念的モデルと呼んでいる。このモデルは，読み書き能力を実際に行うこと，および意味がどのようにして特定の文化的状況に関連するかということを強調している。彼は，このモデルを読み書き能力の自律的モデルと対比させている。

　読み書き能力への社会文化的アプローチは，学習と読み書き能力が表出してくる社会的世界を強調するレフ＝ヴィゴツキーの発達へのアプローチからいくらかの概念を取り入れている。ヴィゴツキーの理論の中心にあるのは，あるグループのより知識のあるメンバーが他のメンバーを文化的な実践へと引き入れるという考えである。ヴィゴツキーによると，人間の思考はつねに文化的なツールに支配され，さらにそれ自身の社会的履歴を有している。ジェームズ＝ワーチはこの概念を広げて，人が何かを知るようになる方法は文化的なツールから切り離すことができないと示唆している。

　ジェームズ＝ジーによると，読み書き能力への社会文化的アプローチによって，考えることと話すことは社会的グループの機能であり，さらにはそのグループの特定の言説の一部であるということが説明される。これらの言説は，それをすでに習得した人々との対話を通して得られる。読み書き能力は，人々が1つないし複数の所定の社会的グループの言説に参加できるようになるための一種の社会的技術である。それは指導を受けながらの参加によって学ばれ，信頼の上に築かれる。知識の大部分は，人々の心に属していない。それどころか，それは，人々が属する社会的グループでの実践に依存している。全体として，読み書き能力への社会文化的アプローチでは，読めるようになることと書けるようになることは，知る行為，あるいは，言説だけでなく特定の文化的および社会的な状況の範囲内にある複合的な読み書き能力とみなされている。

解 説

問「次の文章を読み，問いに答えなさい。自分の答え（(a)～(d)）を別の解答用紙にマークしなさい」

1 問「読み書き能力の自律的モデルは…を扱っている」
(a)「読み書き能力の認知的側面」
(b)「読み書き能力の共同体的側面」
(c)「読み書き能力の個人的側面」
(d)「読み書き能力の社会的側面」
　　第1段第5文に「個人が作り出す社会的状況よりもむしろ個人的側面を中心に捉えている」とあるので，正解は(c)。

2 問「読み書き能力の観念的モデルは…に関係している」
(a)「感情面での状況」
(b)「認知的な状況」
(c)「文化的な状況」
(d)「社会的個人主義」
　　第2段第3文に「このモデル（＝観念的モデル）は，読み書き能力を実際に行うこと，および意味がどのようにして特定の文化的状況に関連するかということを強調している」とある。したがって，正解は(c)。

3 問「本文によれば，ヴィゴツキーの読み書き能力理論で取り扱われるのは次のどの考えか」
(a)「文化的な履歴」
(b)「技術の習得」
(c)「特定の言説」
(d)「思考方法」
　　第3段第3文に「ヴィゴツキーによると，人間の思考はつねに文化的なツールに支配される」とあるので，(d)が正解。同段同文末に histories という言葉があるが，これは social histories となっているので(a)とは異なる。(c)の discourses が話題になっているのは第4段である。

4 問「本文によれば，読み書き能力についての主要な主張は…を理解することである」
(a)「言説分析のアプローチ」
(b)「個人の読み書き能力」
(c)「社会的グループの寄与」
(d)「言説の社会文化的状況」
　　第4段第3文に「読み書き能力は，人々が1つないし複数の所定の社会的グルー

プの言説に参加できるようになるための一種の社会的技術である」とある。したが
って，(d)が正解。

5　問「本文のタイトルとしてふさわしいのは…だろう」

(a)「読み書きできないことの言説分析」

(b)「読み書きできないことへの社会文化的アプローチ」

(c)「読み書き能力の社会文化的側面」

(d)「読み書き能力への社会構造的アプローチ」

　　Illiteracy「読み書きできないこと」については本文では扱われていないので，
(a)・(b)は間違い。また，本文では Socio-structural という語は用いられていないの
で，(d)も不適切。このような消去法で解いてもよいが，本文中に繰り返し登場する
Sociocultural という読み書き能力を捉える際のキーワードに着目すれば(c)が正解
だとわかる。

1—(c)　2—(c)　3—(d)　4—(d)　5—(c)　　　解答

5

ポイント

第 2 章演習編 5 と同様の文整序と段落整序である。理系学部に特徴的な問題だが，文脈をたどり論理的に考えることは，文章を読むときに必ず求められることである。各文，各段落の要点を把握し，冠詞や代名詞，その他の指示語に意識的に注意を向けて読む練習として，他学部の受験生もぜひ取り組んでほしい。

The five paragraphs [A]-[E] below make up a passage but are not properly ordered. Moreover, the six sentences (1)-(6) in paragraph [A] are not properly ordered, either. Read the entire passage and choose the best option from a-d for questions 1 and 2.

[A]

(1)　The study of these materials in ancient chronologies provides information about hominin subsistence strategies, while additionally offering palaeobiological and palaeoecological data that can shed light on the behaviors of ancient humans and the environments in which they lived.

(2)　Bone materials constitute an important part of archaeological heritage, especially in prehistoric contexts.

(3)　These modifications may include cut marks and percussion marks, created in prey carcass processing, which are clear indicators of human activity.

(4)　All of this microscopic evidence plays an important role in the study of archaeological sites.

(5)　Other marks include tooth marks made by a wide variety of carnivores, or even modifications from postdepositional damage such as trampling or certain types of biochemical alterations.

(6)　One method to study archaeological bones is through taphonomic analyses focusing on microscopic bone surface modifications.

[B]　During the manual cleaning process, the surface of the material can be accidentally damaged. Accidents in the cleaning process can destroy or modify valuable information for studies, such as bone surface modifications. Previous studies have evaluated the types of modifications that cleaning treatments can cause on archaeological or palaeontological bones, and a few studies have examined the abrasive processes in different fossil preparation techniques.

Wiest et al. described modifications made by automatic tools and the possible equifinality that may exist between these alterations and marks typically produced by carnivores. Fernández-Jalvo and Marin-Monfort noted the possible erosive effects of some solvents combined with tools on cortical bone surface. Similarly, Marin-Monfort et al. attempted to characterise the modifications produced by excavation and cleaning tools on archaeological bone surfaces, which generate new types of taphonomic traces.

[C] In order to study the surface of bones and bone surface modifications, the materials under study must first be cleaned. In the case of archaeological bone material, cleaning consists of eliminating deposits or crusts of diagenetic origin. In most cases, the composition of the bones is also modified by diagenetic processes, which also influences their state of preservation and mechanical characteristics. Each of these variables affect the cleaning, study and subsequent analysis of these remains.

[D] One of the most common methods used for this purpose is mechanical cleaning, which consists of removing materials by applying physical force with a tool. Mechanical cleaning breaks the bonds that fuse the materials to the object so they can be removed. The tools used are primarily handheld instruments such as brushes, swabs, scalpels, punches and a variety of dental instruments. The cleaning process involves three primary cleaning methods according to the type of force to be applied: impact, cutting or friction.

[E] Nevertheless, assessing the modifications caused by cleaning has two major drawbacks. Firstly, applying the tools directly on material surfaces does not simulate a true analogy with typical cleaning processes. Secondly, if the initial state of the material is unknown, objectively identifying a modification caused by cleaning is a difficult task.

[Adapted from Valtierra, N. *et al.* (2022). Microscopic modifications produced by mechanical cleaning interventions on archaeological bone. *Journal of Cultural Heritage*, 55, 107-116.]

1. Which of the following shows the best (most coherent) sentence order for paragraph [A]?
   a. 6-3-5-2-1-4   b. 2-1-6-3-5-4
   c. 2-6-3-5-1-4   d. 6-2-1-5-3-4

2. Which of the following shows the best (most coherent) paragraph order for the passage?

a．A-C-D-B-E　　　　　b．C-A-B-D-E
c．B-E-D-C-A　　　　　d．C-A-E-B-D

≪骨の資料の洗浄作業≫

全訳

　　［A］　骨の資料は，特に先史時代という背景においては，考古学的遺産の重要な部分であると見なされている。古代年表でこれらの資料を研究することによって，人間が最低限の生活を営むために立てていた戦略についての情報が手に入る。一方，古代の人間の行動や彼らが暮らしていた環境に光を当ててくれる古生物学や古生態学のデータも，それに加えて提供される。考古学に関する骨を研究する1つの方法は，顕微鏡でしか見えないような骨の表面の変化に焦点を当てる化石学的分析によるものである。これらの変化には，獲物の死体を処理するときにできる切り跡や叩いた跡が含まれる。それらは人間の活動の明確な指標となる。他の痕跡には，非常にさまざまな肉食動物がつけた歯形や，たとえば踏みつけや特定の種類の生化学的置換のような，地層堆積後の損傷による変化さえも含まれる。この非常に微細な証拠のすべてが，考古学現場の研究において重要な役割を果たすのである。

　　［C］　骨の表面とその変化を研究するためには，研究中の資料はまず，きれいにしなければならない。考古学の骨の資料の場合，掃除は堆積物や続成作用由来の表面の除去から成る。ほとんどの場合，骨の組成も続成作用の過程で変化する。続成作用の過程は，骨の保存状態や力学的特徴にも影響を与える。これらの変性の1つ1つが，この遺物の掃除や研究やその後の分析に影響するのである。

　　［D］　この目的のための最も一般的な方法の1つは機械的掃除で，道具で物理的力を用いることによって物質を除去することである。機械的掃除は物質を対象物に一体化させている結合を破壊し，それによって除去可能になる。使用される道具は主として，ブラシ，綿棒，メス，パンチ，さまざまな歯科器具といった手のひらサイズの器具である。掃除の手順には，用いられる力の種類に応じて3つの主要な掃除法──叩く，切る，擦る──が含まれる。

　　［B］　手による掃除の手順の間に，資料の表面が誤って損なわれることがある。掃除中の事故は，骨の表面変化のような，研究のための貴重な情報を壊したり変えてしまったりすることがある。以前の研究では，掃除の処理が，考古学および古生物学の骨に引き起こす可能性がある変化の種類を評価した。また，いくつかの研究では，さまざまな化石の準備法における研磨手順を検証した。ヴィエストらは，自動器具によって生まれる変化を記述し，こうした変化と，典型的には肉食動物によって残される跡が，同じ結果になる可能性があると述べた。フェルナンデス＝ハルボとマリン＝モンフォートは，道具と組み合わせたときにある種の溶剤が起こす，骨の表面の皮質への浸食効果の可能性を記した。同様に，マリン＝モンフォートらは，発掘や掃除の道具が考古学の骨の表面に作る変化を特徴づけようとした。それらは新しい種類の化石学上の痕跡を生み出すからである。

　　［E］　それにもかかわらず，掃除によって生じる変化を査定することには2つの大きな障害がある。まず，資料の表面に直接道具を用いても，一般的な掃除の手順と真の相似形になるわけではない。次に，資料の初めの状態がわからなければ，掃除で生じた変化を客観的に見極めることは難しい仕事である。

解 説

問 「下の［A］〜［E］の 5 つの段落は，正しい順序になっていません。さらに，段落［A］の(1)〜(6)の 6 文も正しい順序ではありません。本文を読み，設問 1・2 に対する最適な選択肢を a 〜 d から選びなさい」

1 　問「以下のうち，段落［A］に対して最適な（最も筋の通る）文の順序を示しているのはどれですか」

(1)「古代年表でこれらの資料を研究することによって，人間が最低限の生活を営むために立てていた戦略についての情報が手に入る。一方，古代の人間の行動や彼らが暮らしていた環境に光を当ててくれる古生物学や古生態学のデータも，それに加えて提供される」

　「これらの資料」が指すものを含む文がこの文の前になくてはならないので，(1)は最初にはならない。「これらの資料」にあたるものが何か考えながら以下の選択肢を検討する。

(2)「骨の資料は，特に先史時代という背景においては，考古学的遺産の重要な部分であると見なされている」

　「骨の資料」が，「これらの資料」が指すものと考えられる。「考古学的遺産の重要な部分」が(1)で「情報やデータ」として詳しく述べられていると考えられるので，(2)→(1)となる。

(3)「これらの変化には，獲物の死体を処理するときにできる切り跡や叩いた跡が含まれる。それらは人間の活動の明確な指標となる」

　「これらの変化」が指すものがまだ出ていないので，それにあたるものが何か考えながら以下の選択肢を検討する。

(4)「この非常に微細な証拠のすべてが，考古学現場の研究において重要な役割を果たすのである」

　「この非常に微細な証拠のすべて」という表現から，そうした証拠が複数挙げられたのちにこの文がくると考えられるので，残る選択肢をさらに検討しよう。

(5)「他の痕跡には，非常にさまざまな肉食動物がつけた歯形や，たとえば踏みつけや特定の種類の生化学的置換のような，地層堆積後の損傷による変化さえも含まれる」

　「他の痕跡」とあることから，この前に「痕跡」のことを述べた文が来ることがわかる。(3)の「切り跡」や「叩いた跡」がそれに相当し，(3)→(5)となる。

(6)「考古学に関する骨を研究する 1 つの方法は，顕微鏡でしか見えないような骨の表面の変化に焦点を当てる化石学的分析によるものである」

　ここで述べられている「骨の表面の変化」を(3)の「これらの変化」が受けていると考えられるので，(6)→(3)→(5)となる。そして，これらの文で述べられたものを(4)

の「この非常に微細な証拠のすべて」という表現が受けていると考えれば，(6)→(3)→(5)→(4)とできる。(2)→(1)という並びは，(2)で述べられている「骨の資料」が段落の大きな話題であり，これらを文章の最初に置くのが流れとして自然である。

　全体で(2)→(1)→(6)→(3)→(5)→(4)の順となり，bが正解。

2　問「以下のうち，本文に対して最適な（最も筋の通る）段落の順序を示しているものはどれですか」

　選択肢から，最初は［A］，［B］，［C］のいずれかである。［A］は問題1より，最初にくる文が(2)で，その冒頭に Bone materials とある。［B］の第1文には the surface of the material とあり，［A］の Bone materials を受けて the material となっていると考えられるため，［B］は文章冒頭にはならない。［A］は問題1で検討したように，骨の資料が考古学的に重要なもので，それを研究することで何がわかるかということが述べられている。［C］の冒頭は「骨の表面とその変化を研究するためには」となっており，骨の資料をどのように扱っていくか具体的な説明がなされている。文章のテーマを示した［A］が最初であるのが適切である。したがって，［A］が最初になっているaが正解。

　念のため，aの順序で各段落の要点を整理してみよう。

　［段落A］骨の資料は，特に先史時代に関して考古学的に重要であり，骨の表面
　　　　　やその変化を調べることで，当時の人間の行動や生活環境がわかる。

　［段落C］骨の表面とその変化を研究するためには，資料をきれいにする必要が
　　　　　あり，堆積物や続成作用由来の表面の除去が行われる。

　［段落D］除去の最も一般的な方法の1つは機械的掃除である。

　［段落B］掃除の際には，資料の表面が誤って損なわれることがあり，研究上の
　　　　　判断に影響を及ぼすことがあるため，掃除による変化を特徴づけよう
　　　　　とする試みも行われた。

　［段落E］それでも，掃除によって生じる変化を査定するのは困難である。

　［A］で文章の大きな話題が骨の資料であることを述べ，［C］で研究のために資料をきれいにする必要があることを挙げてから，［D］で具体的な除去法，［B］でその際の問題点，［E］で問題点の解決の困難に言及するというように，話の筋が通っている。

1－b　2－a

解　答

6

環境論（400 語）　**目標解答時間**　22 分

> **ポイント**
>
> 　第 2 章実戦編 5 とは一転，設問が多様な問題。語句レベルの問題から内容に関する問い，記述の和文英訳もある。文章は約 400 語。比較的短い。どの学部の受験生も長文総合読解問題の基本として取り組んで欲しい。この倍の長さの文章が出題される学部も多々ある。一気に読み通せるかどうかチャレンジしよう。

次の英文を読み，下記の設問に答えよ。

On a manmade island in Tokyo Bay, garbage is getting a new life. Tons of waste are brought here daily to a large industrial building. What can't be recycled is burned and filtered for poisonous chemicals. The ash is turned into building (　1　), and the heat is converted into electricity—enough to power 55,000 homes.

The process saves landfill space. Air pollution is minimal. The four-year-old firm, Tokyo Waterfront Recycle Power Co., will turn its first profit this year, said President Ikuo Onaka. But, he contends, the rewards aren't purely (　2　).

"We're making a social contribution," said Onaka, whose business is one of nine firms operating on Tokyo's waterfront to reuse the city's garbage instead of burying it.

These private-sector companies are part of a very public push by Tokyo's metropolitan government to turn this dense urban area, home to 13 million people, into the world's most eco-friendly mega-city.

In addition to reducing waste, Tokyo over the last few years has introduced a range of environmentally conscious initiatives. Those include toughened environmental building standards, cash (　3　) for residents to install solar panels, and a plan for greening the city, including planting half a million trees and converting a 217-acre landfill in Tokyo Bay into a green area.

The most ambitious effort yet kicked off in April, when Tokyo launched a required program for 1,400 of the area's factories and office buildings to cut their carbon emissions 25% from 2000 levels by the end of 2020. The plan includes a carbon cap-and-trade system, the first ever attempted by a metropolitan area. The mechanism sets limits on emissions and requires those who exceed them to buy pollution rights from those who are under their limits.

Tokyo's strategy is not (4) that of California. The state's important regulation known as AB 32 requires polluters to reduce their emissions significantly over the next decade. But while opponents, including large oil companies, are funding a campaign to halt that effort in California, Tokyo is moving forward.

More than half the world's population now resides in cities. Metropolitan Tokyo and its surrounding prefectures have about as many people as the entire state of California. The way such crowded places respond to climate change will largely determine whether global warming can be slowed.

"We recognize our responsibility as a big city to serve as an environmental leader," said Teruyuki Ohno, director general for climate strategy for Tokyo's Bureau of the Environment. 私たちが最善をつくしているのは，私たちが東京を住むのにより良い場所にする責任を持っているからだ。
(A)

(Adapted from *Los Angeles Times*)

From Tokyo's goal: Be the greenest, Los Angeles Times, April 23, 2010,

by Marla Dickerson Copyright © 2010. Los Angeles Times

注 landfill space 埋立地

設問1. 下線部(イ)〜(ニ)の意味にもっとも近いものを(a)〜(d)からそれぞれ一つ選び，マーク解答用紙の所定欄にマークせよ。

(イ) (a) change 　　　　　　(b) make

　　 (c) recover 　　　　　(d) undertake

(ロ) (a) approach 　　　　　(b) drive

　　 (c) need 　　　　　　 (d) order

(ハ) (a) industries 　　　　 (b) leaders

　　 (c) models 　　　　　 (d) plans

(ニ) (a) knocked out 　　　 (b) played on

　　 (c) rebounded 　　　　(d) started

設問2. 空所1〜4を埋めるのにもっとも適当なものを(a)〜(d)からそれぞれ一つ選び，マーク解答用紙の所定欄にマークせよ。

1 (a) bridges 　　　　　　(b) companies

　 (c) material 　　　　　 (d) waste

2 (a) beneficial 　　　　　(b) demanding

　 (c) financial 　　　　　(d) stable

3 (a) incentives   (b) shortfalls
   (c) surpluses   (d) withdrawals
4 (a) related to   (b) subject to
   (c) unlike   (d) worth

設問3. 次の1～4について，本文の内容にもっとも合うものを(a)～(d)からそれぞれ一つ選び，マーク解答用紙の所定欄にマークせよ。

1. Why did President Ikuo Onaka say that his company is making a social contribution?
(a) Because it is burying the city's garbage.
(b) Because it is buying the city's garbage.
(c) Because it is constructing the city's buildings.
(d) Because it is reusing the city's garbage.

2. What is Tokyo's metropolitan government trying to achieve?
(a) Making Tokyo the world's most ecologically minded metropolis.
(b) Promoting large-scale eco-friendly activities that do not lead to profit.
(c) Setting up as many eco-friendly private-sector companies as possible.
(d) Spreading the eco-movement of Tokyo across the country.

3. What is a "carbon cap-and-trade system"?
(a) A system in which a cap is set on emissions and any company exceeding the limit is penalized.
(b) A system in which pollution is reduced through technical exchange with other countries.
(c) A system that regulates emissions by restricting trading of carbon among companies.
(d) A system that restricts emissions but allows companies to make adjustments through trade.

4. What are opponents of the emissions regulation doing in California?
(a) They are constructing large oil-drilling facilities.
(b) They are making a profit by sustaining the state's effort.
(c) They are providing money for a campaign to stop the state's effort.
(d) They are reducing their emissions significantly.

設問4. 下線部(A)を英語に直し，記述解答用紙の所定欄に書け。ただし，最初の3語は与えられている。

〔解答欄〕 It is because

≪東京都の環境政策≫

全訳

　東京湾に浮かぶ人工島で，ゴミが新たな生命を得ている。何トンもの廃棄物が毎日，この島の大きな工業用の建物に運び込まれている。リサイクルできないものは燃やした後，フィルターで有害な化学物質を除去する。灰は建築資材に生まれ変わり，熱は電気になる。5万5千世帯に供給できるだけの電力である。

　この処理方法は埋立地を少なくすることができ，大気汚染は最小限ですむ。設立4年目の東京臨海リサイクルパワー株式会社は，今年初めて黒字となる見込みである，と社長の尾中郁夫氏は述べている。しかし彼はこうも言う。我々が手にするのは経済的なものだけではない，と。

　「私たちは社会貢献をしているのです」と尾中氏は言う。彼が手がけているのは，東京の臨海地域で都市のゴミを埋めるのではなく再利用している9社のうちの1つである。

　これらの民間企業は，この1300万もの人が暮らす人口密集都市地区を世界で最も環境にやさしい大都市に変えようという東京都庁による極めて公共性の高い努力の一環である。

　廃棄物を減らすだけでなく，東京都はここ数年，環境を意識した幅広い新規構想を導入してきた。たとえば，対環境条件をより厳しくした建築基準や，太陽光発電パネルを設置する住民に対する報奨金，50万本の木を植え，東京湾の217エーカーの埋立地を緑地に変えるといった街の緑化計画などである。

　中でも最も野心的な計画が始まったのは4月のことである。東京都は，域内の1400の工場とオフィスビルに，2020年の終わりまでに2000年の水準から二酸化炭素排出を25%削減することを義務付けるプログラムを開始した。この計画には，大都市部で実施されるのは初めてとなる二酸化炭素のキャップ・アンド・トレード制度が含まれている。この制度は排出量に制限を定め，それを超過する業者には制限を下回る業者から排出権を購入することを要求するものである。

　東京のやり方はカリフォルニアと似ていないこともない。AB32の名で知られるカリフォルニア州の重要な規制は，汚染者に10年で排出量を大幅に減らすよう要求するものである。しかし，カリフォルニアでは大手の石油会社などの抵抗勢力がそういった取り組みを止めようというキャンペーンに出資しているのに対し，東京は前に進んでいる。

　今や世界中の人口の半分以上が都市部に住んでおり，東京都と周辺の県はカリフォルニア州全体と同じぐらいの人口を抱えている。そのように人口が多い場所が気候変動にどのように対応するかによって，地球温暖化を遅らせることができるか否かがほぼ決まってしまうであろう。

　「私たちは大都市として環境問題の先頭に立つ責任を自覚しています」そう語るのは東京都環境局で気候変動戦略を担当する局長の大野輝之氏である。「私たちが最善をつくしているのは，私たちが東京を住むのにより良い場所にする責任を持っているからです」

解　説

設問1　(イ)ここでの turn の意味は，あまりなじみがないかもしれない。直後に its first profit this year「今年初めて利益を」と続く。「利益を上げる」といった意味になると推測したい。選択肢中で「かせぐ」の意で使えるのは(b)make だということも，make money「お金をかせぐ」などから推測できるはず。本文の turn は「(利益を) 得る」の意。turn a profit「利益を得る」という決まり文句。

(a)change「変える」　　　(c)recover「回復する」　　(d)undertake「引き受ける」

(ロ)当該文は「これらの民間企業は…東京都庁による極めて公共性の高い push の一部である」となっている。「これらの民間企業」は前段にあるように，ゴミ処理による大気汚染を抑え，再利用も積極的に行っている企業であり，東京都庁が目指すのは，東京を世界で最も環境にやさしい都市に変えることである。push は動詞なら「押す」の意味であり，東京都庁は上記のような民間企業の取り組みを「推し進めている」はずであることを考えると，(b)drive「推進力」が適切。本文の push は「努力，後援」の意。

(a)approach「取り組み」　(c)need「必要 (性)」　　(d)order「命令」

(ハ)当該文は「東京都は環境を意識した幅広い initiatives を導入してきた」の意。続く文はその具体例で，「より厳しい建築基準」「太陽光発電パネル設置の (　　) 金」「50 万本の植樹」「街の緑化計画」が上がっている。環境をよりよくするためのさまざまな企画，計画と言える。(d)plans「計画」が最も近い。initiative には「新規構想，戦略」の意がある。

(a)industries「産業」　　(b)leaders「先導者」　　　(c)models「模範」

(ニ)当該文は「中でも最も野心的な計画は4月に kick off したのだが，このとき東京都は…プログラムを開始した」となっている。同文で使われている launched「開始した」から推測できる。また，サッカーで「キック＝オフ」は試合開始を表すことを知っている人も多いだろう。(d)started「始めた」が正解。

(a)knocked out「破壊した」　　　　(b)played on「利用した」

(c)rebounded「縛りなおした」

設問2　1．同段第1文で「ゴミが新たな生命を得ている」とある。当該文はその一例。「灰は建築 (　　) になり，熱は電気になる」と，文後半から有用なものになることがわかる。(c)material「素材，材料」を補えば building material「建築資材」となり適切。

(a)bridges「橋」　　　(b)companies「会社」　　(d)waste「廃棄物」

2．当該文は「彼 (＝環境にやさしいリサイクル会社社長) は，得ているものは単に (　　) なものだけではないと言っている」の意。直前の文で，この会社が「今年初めて利益を上げる見込み」と述べられており，空所を含む文の冒頭には But と

ある。第3段冒頭で「私たちは社会的貢献ができている」とあることもふまえると，(c)financial「財務上の，金銭的な」が適切。

(a)beneficial「有益な」　　(b)demanding「骨の折れる」　　(d)stable「安定的な」

3．当該文は東京都の環境対策の具体例を列挙した個所。「居住者がソーラーパネルを設置するための cash（　　）」となっている。太陽光発電を普及させるのが狙いの cash「現金」なので，「報奨金」の意味にしたい。(a)incentives「励みとなるもの」が適切。この語だけでも「報奨金」の意味になる。

(b)shortfalls「不足」　　　　　　(c)surpluses「余剰」

(d)withdrawals「（預金の）引き出し，（出資金の）回収，撤回」

4．当該文は「東京の戦略はカリフォルニアの戦略（　　）ない」となっている。直後にカリフォルニア州が企業に排出削減を要求していることが述べられている。東京都も環境対策を進めているのだから，2者が「同じ」であるといった意味にしたい。否定語 not があるので，(c)unlike「似ていない」を補い，「似ていなくもない」とすれば文意が通る。

(a)related to ～「～に関連がある」　　(b)subject to ～「～の支配下にある」

(d)worth「～に値する」

設問3　1．問「尾中郁夫社長はなぜ，自分の会社が社会貢献をしていると言ったのか」

　　第3段に彼の事業は「都市部のゴミを埋めるのではなく再利用している」とある。(d)「彼の会社は都市のゴミを再利用しているから」が正解。

(a)「彼の会社は都市のゴミを埋めているから」

(b)「彼の会社は都市のゴミを買っているから」

(c)「彼の会社は都市の建物を建設しているから」

2．問「東京都庁は何を成し遂げようとしているのか」

　　第4段後半に「この人口密集地を世界で最も環境にやさしい大都市に変える」とある。(a)「東京を最も環境を意識した大都市にすること」が正解。

(b)「利益につながらない，環境にやさしい大規模な活動を推進すること」

(c)「環境にやさしい民間企業をできるだけたくさん立ち上げること」

(d)「東京の環境推進運動を国中に広げること」

3．問「『二酸化炭素のキャップ・アンド・トレード制度』とは何か」

　　第6段最終文に「排出量に制限を定め，それを超過する業者には，制限を下回る業者から排出権を購入することを要求する」とある。(d)「排出量を規制するが，企業間の取引を通じて調整を行うことを容認する制度」が適切。

(a)「排出量に上限を設け，この制限を超過するいかなる企業も罰せられる制度」

(b)「他国との技術交換によって汚染を減らす制度」

(c)「企業間の二酸化炭素取引を制限することによって，排出量を規制する制度」

4. 問「カリフォルニアで排出規制に反対する人々は何をしているか」

　　第7段第3文に「その取り組みを止めようというキャンペーンに資金を出す」とある。(c)「州の取り組みを止めるキャンペーンに資金を提供している」が正解。

　(a)「大規模な石油掘削施設を建設している」

　(b)「州の取り組みを支えることによって利益をあげている」

　(d)「自分たちの排出量を大幅に減らしている」

設問4　最初の3語が It is because であり、「…のは〜からだ」という問題文の表現から、It is 〜 that … の強調構文と考えられる。つまり、もとになる文は「東京を、住むのにより良い場所にする責任を私たちが持っているから、私たちは最善をつくしている」である。because に続く節の骨組みは「私たちは〜に責任を持っている」we are responsible for 〜 である。「東京をより良い場所にする（こと）」は make の第5文型で書ける。for に続くので動名詞にすること。making Tokyo a better place となり、「住むのに」は「住むための（場所）」という形容詞用法の不定詞で表現できる。live in a place「ある場所に住む」がもとになっているので、to live ではなく to live in とするのが本来正しいが、不定詞が修飾する名詞が place の場合はこの in は省略することができる。主節にあたる「私たちは最善をつくしている」は do *one's* best「最善をつくす」を使い、今現に行動している最中であることから、現在進行形にするのがよい。

　　全体で、It is because we are responsible for making Tokyo a better place to live in that we are doing our best. となる。

設問1　(イ)―(b)　(ロ)―(b)　(ハ)―(d)　(ニ)―(d)

設問2　1―(c)　2―(c)　3―(a)　4―(c)

設問3　1―(d)　2―(a)　3―(d)　4―(c)

設問4　(It is because) we are responsible for making Tokyo a better place to live in that we are doing our best.

7

環境論 (420語) **目標解答時間** 20分

ポイント

　第2章実戦編6と同様，設問が多様な問題。やはり，語句の知識から内容把握まで さまざまなレベルの力が試されるが，内容はよく論じられる事柄である。知見が広いと 文章をより速く読む手助けとなる。英語そのものの勉強に加えて，日頃から世間で話題 となっている事項に関しても知識を深めておきたい。

次の英文を読み，設問1～10に答えよ。

(1)Long isolated island nations such as New Zealand, Japan, Indonesia and Madagascar support tremendous biodiversity with extraordinary degrees of endemism.　Endemic species are the truly unique ones found only on those isolated islands and nowhere else, and include species in every group of organisms you can possibly imagine, from non-flowering and flowering plants to fish, fungi, birds, insects and mammals.　Just last month on Mount Chibusa, Haha-jima, in the Ogasawara Island group, I was introduced to a tiny, jewel-like creature: an almost entirely transparent snail.　That species is just one of approximately 100 species of snail endemic to the subtropical forest on that mountain alone—and the peak is only 462.6 meters high!

　Alas, that same isolation, over the eons* of the evolutionary time scale, has [　2　] island species—whether endemic or not, such as the Oriental stork, crested ibis, red-crowned crane and short-tailed albatross, and that extraordinary see-through snail—uniquely (3)vulnerable to environmental perturbations*.　They are especially susceptible to those conditions thrust upon them by unruly humanity: climate change, habitat destruction, habitat degradation and fragmentation, and the [　4　] of alien competitors and predators such as rats, cats, goats, acacia trees, cane toads, mosquitoes, longhorn beetles, fungi and fish, [　5　] a mere handful of the species that we humans have transported to out-of-the-way places.

(6)The list of the top 100 invasive species and their impacts makes for depressing reading, but can be found here in all its gory* detail: www.issg.org/database/species/search. asp?st=100ss. That shortlist of 100 species is just a selection of the worst offenders on the very much longer invasive species roster.

Isolated oceanic islands, such as the Ogasawara (or Bonin) Islands, are so far removed from the nearest mainland that few species are capable of reaching them naturally. The species [8] such places typically spread and diversify, but may only represent certain lifestyles—there may be no mammals or no woodpeckers, for example, on such isolated snippets* of land, and no snakes or amphibians* either. When we humans provide assisted passage, [9] or accidentally, to species that have not previously reached such islands, we frequently unleash an apocalypse* on the unsuspecting indigenous inhabitants.

Witness the small Asian mongoose introduced to Okinawa in 1910, which now threatens all of the native birds and mammals already there. Likewise the brown tree snake that has similarly devastated the native fauna of Guam since it was introduced there in 1950, and the green anole lizard introduced to the Ogasawara Islands in the 1970s and now wreaking havoc there.

By Mark Brazil, The Japan Times, June 7, 2014

*eon　非常に長い時間　　*perturbation　微妙な変化
*gory　血だらけの，不愉快な　　*snippet　断片，小片
*amphibian　両生動物　　*unleash an apocalypse　終末をもたらす

1．下線部(1)の内容と一致するものをa～eから一つ選べ。
　　a．On long isolated islands, there are a great many species and very high degrees of endemism.
　　b．Degrees of endemism in long isolated island nations are so high that there are too many species to be supported there.
　　c．In long isolated island nations, degrees of endemism are too high to support biodiversity.
　　d．Many species can not live with high degrees of endemism in long isolated island nations.
　　e．Degrees of endemism in long isolated island nations are so extraordinary that it is hard for many species to live in them.

2．空所［ 2 ］に入れるのに最もふさわしいものをa～eから一つ選べ。
　　a．given　　　　　　b．changed　　　　　　c．rendered
　　d．created　　　　　e．protected

3．下線部(3)の最も強く発音される部分と同じ音を持つものをa～eから一つ選べ。
　　a．juice　　　　　　b．let　　　　　　　c．meet
　　d．cut　　　　　　e．make

4．空所［ 4 ］に入れるのに最もふさわしいものをa～eから一つ選べ。

　　a．realization　　　　　b．creation　　　　　c．motivation

　　d．introduction　　　　e．repetition

5．空所 ［　5　］ に入れるのに最もふさわしいものをa〜eから一つ選べ。

　　a．to mention　　　　　　　　b．in the face of

　　c．to conclude　　　　　　　　d．other than

　　e．in addition to

6．下線部(6)の意味として最もふさわしいものをa〜eから一つ選べ。

　　a．The list is interesting to read.

　　b．The list gives us a grim picture of the situation.

　　c．The list shows how many species have been brought to out-of-the-way places.

　　d．The list tells us how many impacts invasive species have on others.

　　e．The list is merely a dull reading selection about the top 100 invasive species.

7．文脈から判断して下線部(7)に最も近い意味を持つものをa〜eから一つ選べ。

　　a．generally　　　　　　　　　b．on their own

　　c．unconsciously　　　　　　　d．on their behalf

　　e．by nature

8．空所 ［　8　］ に，以下の単語すべてをふさわしい順に並べ替えて入れる場合，4番目に来る語はどれか，a〜eから一つ選べ。

　　a．do　　　　　　　b．to　　　　　　　c．make

　　d．that　　　　　　e．it

9．空所 ［　9　］ に入れるのに最もふさわしいものをa〜eから一つ選べ。

　　a．incidentally　　　　b．carefully　　　　c．deliberately

　　d．elaborately　　　　e．understandably

10．本文の内容と合致しないものをa〜eから一つ選べ。

　　a．There are about one hundred species of snail that are peculiar to Mount Chibusa.

　　b．Island species have become vulnerable even to small environmental changes due to long periods of isolation.

　　c．As isolated islands are located very far from the nearest mainland, it is not easy for many species to get to them.

　　d．The green anole lizard has been inflicting enormous damage on the Ogasawara Islands for more than thirty years.

　　e．Non-endemic species on isolated islands are not as susceptible as endemic species to changes caused by humans.

≪離島の希少な生態系に人間が及ぼす影響≫

全訳

　ニュージーランド，日本，インドネシア，マダガスカルのように長い間外部と隔絶されてきた島国には，非常に高い固有性を備えた驚くべき生物多様性が育まれている。固有種とは，他の地域では見られない，それらの離島にのみ見られるまさにたぐいまれな種のことであり，隠花植物，顕花植物から魚類，菌類，鳥類，昆虫，哺乳類にいたるまで，思いつく限りのありとあらゆる生物群の種が含まれる。つい先月も私は小笠原諸島の母島の乳房山で，小さな宝石のような生き物に出会った。それは，ほぼ全体が透き通ったカタツムリであった。その種は，高さわずか462.6mのその山の亜熱帯雨林だけに固有の約100種類いるカタツムリの一種にすぎない。

　そして悲しいことには，その同じ隔絶が，進化のタイムスケールの非常に長い時間の中で，固有種であるなしにかかわらず，東洋コウノトリ，トキ，タンチョウヅル，アホウドリ，そしてあの珍しい透き通ったカタツムリなどの，島に生息する種を環境の微妙な変化に対して非常に脆弱なものにしてきた。これらの種は，気候変動，生息地の破壊，生息地の悪化や分断，そしてネズミ，ネコ，ヤギ，アカシア，オオヒキガエル，蚊，カミキリムシ，菌類，魚など（これらは我々人間が人里離れたそのような場所まで持ちこんだ種のほんの一部にすぎないが）のような外来の競争相手や捕食動物の移入といった，勝手な人間から押しつけられた周囲の環境の影響を特に受けやすい。

　上位100種の侵入生物種とその影響のリストは読んでいて気がめいるが，その不愉快なまでの全詳細は http://www.issg.org/database/species/search.asp?st=100ss で見ることができる。代表的な100種をあげたこのリストは，さらにずっと長い侵入生物種の表のうち影響が最も深刻なものを選んだものにすぎない。

　小笠原（ボニン）諸島のような孤立した大洋島は最も近い本土からも非常に離れているので，自分の力でそこに到達することができる種はほとんどない。このような場所に実際に到達する種は広まり多様化するということがよくあるが，それらは単に特定の生活様式を示すだけかもしれない——たとえばこのように孤立した小さな島には哺乳類やキツツキはいないであろうし，ヘビや両生動物もいないであろう。我々人間が，意図的にせよ偶然にせよ，このような島にこれまでは到達していなかった種が渡るのを助けると，無防備な在来の動物に終末をもたらすことになることが多い。

　1910年に沖縄に移入され，今やすでに在来の鳥や哺乳動物すべての脅威となっているジャワマングースがその証拠である。1950年に移入されてからグアムの在来の動物相に壊滅的な打撃を与えたミナミオオガシラ（ヘビ），1970年代に小笠原諸島に移入され，今や大損害を与えているグリーンアノール（トカゲ）も同様である。

解 説

1　下線部(1)は Long isolated island nations…Madagascar が主部，support が述語
動詞，tremendous biodiversity が目的語という構造で，「ニュージーランド，日本，
インドネシア，マダガスカルのように長い間外部と隔絶されてきた島国は，驚くべ
き生物多様性を支えて〔維持して〕いる」という意味。文末の endemism はなじ
みの薄い語だが，直後の Endemic species are the truly unique ones…nowhere
else の部分から，endemic が「独特な，他に類を見ない」といった意味だと推測で
きる。したがって with…endemism の部分は「非常に高い固有性を備えた」の意
であり，生物種が多様なだけでなく，固有性も高いことを表していると考えられる。
　a 「長い間外部と隔絶されてきた島には，数多くの種と非常に高い固有性が存在す
る」　下線部の内容に一致する。isolated island「離島」　a great many ～「非常に
多くの～」　species「(動植物分類上の) 種」　high degree of ～「高度の～」
　b 「長い間外部と隔絶されてきた島国の固有性は非常に高いので，そこには維持さ
れねばならない種があまりに多く存在する」　Degrees of…island nations が主部，
述部は so ～ that …「あまりに～なので…だ」の構文。too は「あまりにも～すぎ
る」という否定的な意味合いをもつので，that 節は「そこには維持されねばならな
い種があまりに多く存在する」という意味になり，このような内容は下線部(1)に
はないので一致しない。
　c 「長い間外部と隔絶されてきた島国では，固有性があまりに高く生物多様性を維
持することができない」　下線部(1)では，固有性が高いことが生物多様性を維持す
ることの困難さの理由と述べているわけではないので不一致。
　d 「長い間外部と隔絶されてきた島国では，高い固有性を保ったまま生息すること
ができない種が多い」　下線部(1)にはこのような内容はないので不一致。
　e 「長い間外部と隔絶されてきた島国の固有性は並外れており，そこで生息するの
は多くの種にとって困難である」　述部中の so ～ that … の that 節の内容は下線部
(1)にはないので不一致。

2　空所 2 を含む文は that same isolation が主語，has [　2　] が動詞，island
species が目的語，ダッシュ (―) に挟まれた whether endemic or not, such as
…see-through snail「固有種であるなしにかかわらず，…透き通ったカタツムリ
など」は，直前の island species に説明を加える挿入句であり，このあとに
uniquely vulnerable to …「…に対して非常に脆弱な」という形容詞 (句) が続く。
形容詞は，じかに名詞を修飾するのでなければ，補語になる。したがって，SVOC
の文型をとるものを選ぶ。c の rendered には，render O C「O を C (の状態) に
する」の語法がある。選択肢にある他の動詞は SVOC 構文には用いられない。
isolation「隔絶」　Oriental stork「東洋コウノトリ」　crested ibis「トキ」　red-

crowned crane「タンチョウヅル」　short-tailed albatross「アホウドリ」

3　vulnerable [vʌ́lnərəbl] の [ʌ] と同じ音をもつ d の cut [kʌ́t] が正解。

a．juice [dʒúːs]　　　　　　　　b．let [lét]

c．meet [míːt]　　　　　　　　e．make [méik]

4　They are especially susceptible to those conditions thrust upon them by unruly humanity「これらの種は勝手な人間によって押しつけられた環境の影響を特に受けやすい」に続くコロン（：）以下にその具体例があげられているのがこの文の構造。その具体例が climate change「気候変動」，habitat destruction「生息地の破壊」，habitat degradation and fragmentation「生息地の悪化や分断」，そして空所を含む the [　4　] of alien competitors and predators such as …「…のような外来の競争相手や捕食動物の [　4　]」である。この前後関係，特に「外来の競争相手や捕食動物の」とのつながりから判断して，最もふさわしいのは d の **introduction**「移入」。他の選択肢に of … を続けると，a の realization は「（…の）認識，実現」，b の creation は「（…の）作成」，c の motivation は「（…における）動機」，e の repetition は「（…の）繰り返し」となり，この文脈では意味をなさない。

susceptible to ～「～の影響を受けやすい」　thrust upon them by … は過去分詞で，those conditions を修飾。thrust A upon B「A を B に押しつける」　unruly「規則に従わない，手に負えない」　humanity「人類，人間」　habitat「生息地」　destruction「破壊」　degradation「悪化，退廃」　fragmentation「分断」　alien「外来の」　competitor「競争相手」　predator「捕食動物」

5　直前に列挙された rats, … and fish が空所5に続く a mere handful of the species that we humans have transported to out-of-the-way places「我々人間が遠く離れたそのような場所まで持ちこんだ種のほんの一部」の具体例であることから判断し，a の **to mention**「（例など）をあげれば」を補う。他の選択肢についてみると，b は in the face of ～「～に直面して，～にもかかわらず」，c は to conclude「結論として」，d は other than ～「～以外の」，e は in addition to ～「～に加えて」で，意味をなさない。

a (mere) handful of ～「（ほんの）ひと握りの～，少数の～」　that 以下は関係代名詞節で the species を修飾。transport「～を運ぶ」　out-of-the-way「人里離れた」

6　下線部(6)を含む文の主部 The list of … and their impacts「上位100種の侵入生物種とその影響のリスト」に，述部 makes for depressing reading が続いている。make (for) ～ reading は直訳すると「～な読み物だ，読んで～である」の意。なじみがない表現かもしれないが depressing「気がめいる」と reading から「読むと気がめいる」というような意味であることは推測できる。ちなみにこの reading

は「読み物」の意の集合名詞。invasive species「侵入生物種」 これに合致するの
は，b の「そのリストは状況の厳しい描写を私たちに提供する」である。grim
「厳しい」 picture「（状況を説明する）描写」

a「そのリストは読んで興味深い」

c「そのリストは，どれだけの種が人里離れた場所に運ばれてきたかを示してい
る」

d「そのリストは，侵入生物種がどれだけの影響を他の種に与えるかを私たちに教
える」

e「そのリストは，上位 100 種の侵入生物種に関する退屈な読み物選集にすぎない」

　　下線部の depressing という語，下線部の後に続く but can be found …「しかし
…で見ることができる」との逆接関係より，肯定的な意味をもつ a・c・d は不適，
e は dull「退屈な」という語が重要な問題を扱ったリストに関する表現としては不
適という消去法からも正解を導ける。

7　「小笠原諸島は本土から非常に離れているので自然にそこに到達することができ
る種はほとんどない」という前後関係，人間による外来種の移入を深刻な問題とし
て扱っている文章全体の主旨より判断し，naturally が「人間の手によらず」，つま
りは「自分（の力）で」の意であることが推測でき，それに合致する b の on their
own「独力で」が正解（on *one's* own「独力で」）。

a．generally「通常」

c．unconsciously「知らずに，無意識に」

d．on their behalf「それらを代表して，それらの（利益の）ために」（on *one's*
behalf「〜を代表して，〜の（利益の）ために」） この文脈にはふさわしくない。

e．by nature「生まれつき」

　下線部を含む文は so that 構文。oceanic island「大洋島」 removed「離れた」
mainland「本土」 capable of *doing*「〜する能力がある」 reaching them の them
は Isolated oceanic islands を指す。

8　The species ［　8　］ such places が主部，typically spread and diversify が述
部であることから判断し，［　8　］ such places の部分が先行詞 The species を修
飾する関係代名詞節であることがわかる。a 〜 e の中で，まず慣用表現 make it
to 〜「〜までたどり着く」を見抜くと，残った do が強調の助動詞であることがわ
かる。並べ替えると，(The species) that do make it to (such places)「このよ
うな場所に実際に到達する種」となり，4 番目にくる語は e の it である。typically
「一般的に」 spread「広まる，蔓延する」 diversify「多様化する」

9　When we humans provide assisted passage, ［　9　］ or accidentally, to
species that … は直訳すると「人間が ［　9　］ もしくは偶然に…種に援助された
通路を提供するとき」，つまり「人間が ［　9　］ であるにせよ偶然であるにせよ

…種が移動するのを助けると」の意。この前後関係，特に accidentally「偶然に」
との対照から判断して，c の deliberately「意図的に」を選ぶ。他の選択肢，a の
incidentally「偶然に」，b の carefully「慎重に」，d の elaborately「念入りに」，
e の understandably「当然のことだが」では意味をなさない。

provide A to B「A を B に提供する」の A に相当するのが assisted passage，B
に相当するのが species that…such islands である。that 以下は先行詞 species を
修飾する関係代名詞節。assisted「助けられた」　previously「以前は」

10　a「乳房山に特有のカタツムリが約 100 種類ある」　peculiar to ～「～に特有
な」　第 1 段最終文に合致する。

b「長期にわたる隔絶のため，島の種は小さな環境の変化にも脆弱になっている」
due to ～「～が原因で」　第 2 段第 1 文に合致する。

c「離島は最も近い本土からも大変離れているので，多くの種にとってそこに到達
するのは容易でない」　get to ～「～に到達する」　第 4 段第 1 文に合致する。

d「グリーンアノール（トカゲ）は，30 年以上にわたり小笠原諸島に莫大な損害
を与え続けている」　inflict damage on ～「～に損害を与える」　enormous「莫大
な」　最終段第 2 文に合致する。過去分詞 introduced to…in the 1970s と現在分
詞 wreaking havoc there が，the green anole lizard「グリーンアノール（トカ
ゲ）」を修飾。wreak havoc「大損害を与える」

e「離島の非固有種は，固有種ほどは人間によって引き起こされる変化の影響を受
けやすくない」　not as ～ as A と susceptible to ～ が組み合わされたのが，not
as susceptible as A to ～「A ほどは～の影響を受けやすくない」。caused by
humans「人間によって引き起こされる」は changes を修飾する過去分詞。第 2 段
第 1 文に合致しない。

1—a　2—c　3—d　4—d　5—a
6—b　7—b　8—e　9—c　10—e

解答

8

社会科学部　2011年度〔4〕

社会論（420語）　**目標解答時間**　23分

ポイント

　文章の流れに目配りする余裕が，そろそろ生まれてきたのではないだろうか。設問は段落の要旨という大きな視点を試すものと，同意語句の選択という小さな部分を問うものとの組み合わせ。段落の要旨は選択肢が日本語なので比較的見やすい。日本語や英語での要約問題が出題される学部の受験生は，選択肢を見ずに自分で段落の要点を箇条書きしてみてはどうだろうか。その後選択肢とつき合わせてみれば，理解度や要点のまとめ方がうまくいっているかどうか試せる。必ずしも受験学部・受験大学の問題でなくとも，利用方法はいろいろとあるものだ。

次の英文を読んで下の問いに答えよ。解答はマーク解答用紙にマークせよ。

① Over the last several decades, it has become accepted wisdom that improving the status of women is one of the most critical factors in international development. When women are educated and can earn and control income, a number of good results follow: infant mortality declines, child health and nutrition improve, agricultural productivity rises, population growth slows, economies expand, and cycles of poverty are broken.

② But the challenges remain dauntingly large. In the Middle East, South Asia, and sub-Saharan Africa, in particular, large and persistent gender gaps in access to education, health care, technology, and income—plus a lack of basic rights and pervasive violence against women—keep women from being fully productive members of society. Entrenched gender discrimination remains a defining characteristic of life for the majority of the world's bottom two billion people, helping sustain the gulf between the poorest and everyone else who shares this planet.

③ Narrowing that gulf demands more than the interest of the foreign aid and human rights communities, which, to date, have carried out the heavy lifting of women's empowerment in developing countries, funding projects such as schools for girls and microfinance for female entrepreneurs. It requires the involvement of the world's largest companies. Not only does the global private sector have vastly more money than governments and nongovernmental organizations, but it can exert strong influence with its powerful brands and by extending promises of investment and employment. Some companies already promote initiatives

focused on women as part of their corporate social-responsibility activities—in other words, to polish their images as good corporate citizens. But the truly transformative shift—both for global corporations and for women worldwide— will occur when companies understand that empowering women in developing economies affects their bottom lines.
(3)

④　The majority of global population growth in the coming decades will occur in those countries where gender inequality is the greatest and where conservative religious traditions and tribal customs work against women's rights. As multinational corporations search for growth in the developing world, they are beginning to realize that women's disempowerment causes staggering and deeply damaging losses in productivity, economic activity, and human capital. Just as many corporations have found that adopting environmentally sensitive business practices is not only good public relations but also good business, companies that embrace female empowerment will see their labor forces become more productive, the quality of their global supply chains improve, and their customer bases expand. They will also help drive what could be the greatest cultural shift of the twenty-first century.

(Adapted from *Foreign Affairs*)

From The Global Glass Ceiling by Isobel Coleman, *Foreign Affairs* (*2010／May, June*)

1.
(1)　パラグラフ①の要点として最も適切なものを下のa～lの中から1つ選べ。
(2)　パラグラフ②の要点として最も適切なものを下のa～lの中から1つ選べ。
(3)　パラグラフ③の要点として最も適切なものを下のa～lの中から1つ選べ。
(4)　パラグラフ④の要点として最も適切なものを下のa～lの中から1つ選べ。

　　a．女性の地位向上を阻む文化的かつ宗教的な要因
　　b．女性の地位向上を推進する企業の将来性と可能性
　　c．発展途上国で生じつつある企業文化の変化
　　d．企業における男女社員の比率と生産性との関係
　　e．女性の地位向上の実現が困難な世界の現状
　　f．多国籍企業に顕著な女性の地位向上
　　g．女性の地位向上がもたらす利点の数々
　　h．男女の性差別が社会にもたらす様々な不利益
　　i．女性の地位向上がもたらした企業文化の変化
　　j．貧富の格差がもたらす地球上の様々な問題
　　k．貧富の格差及び性差別の解消に向けた企業の役割

　　１．貧富の格差をなくすための産学協同による取り組み

２．下線(1)の意味として最も適切なものを下のa〜eの中から１つ選べ。

　　a．as a result　　　　　　　　b．up to now

　　c．from time to time　　　　　d．on that day

　　e．all together

３．下線(2)の意味として最も適切なものを下のa〜eの中から１つ選べ。

　　a．programs　　　　b．leaders　　　　　　c．incentive

　　d．beginnings　　　e．creativity

４．下線(3)の意味として最も適切なものを下のa〜eの中から１つ選べ。

　　a．their costs　　　　　　　　b．their supplies

　　c．their earnings　　　　　　　d．their demands

　　e．their products

≪女性の地位向上と国際的発展≫

全 訳

①この数十年にわたって，女性の地位向上が国際的な発展において最も重大な要素であるという考えが，広く認められてきた。女性が教育を受け，所得を得て，やりくりすることができると，良好な結果が多数そのあとに生じる。つまり，乳幼児死亡率が低下し，子供の健康と栄養が改善され，農業生産性が上昇し，人口増加が減速し，経済は拡大し，貧困の連鎖が断ち切られるという具合である。

②しかし，その課題は依然として圧倒的に大きいままである。中東，南アジア，そして特にサハラ砂漠以南のアフリカでは，教育，健康管理，科学技術，所得を獲得する上での大きく持続的な男女差，そしてさらには基本的人権の欠如や女性に対する蔓延する暴力によって，女性が社会の完全な生産的要員になれずにいる。固定した男女差別は依然，世界の底辺にいる20億人という大多数の人の人生を決める特徴なのであって，最貧民と，地球を共有するその他全員との間にある格差の維持を助長している。

③その格差を縮めるためには，海外援助や人権社会へ関心を向けるよりも多くのことが要求され，発展途上国で女性の権利拡大という力業が今まで実行され，女学校や，女性起業家への小規模融資といったような計画に資金が供給されてきた。それには世界最大規模の各企業の関与が必要とされる。世界の民間部門のほうが政府や非政府組織よりも莫大な資金を持っているばかりではなく，強力な商標で，また，投資や雇用を約束することで，強い影響力を行使することもできる。企業の中には，すでに法人の社会的責任活動の一部として――言い換えれば，よき法人市民としてのイメージに磨きをかけるために――女性に焦点を合わせた計画を促進している企業もある。だが，経済発展途上国の女性の権利を拡大することが最終収益に影響を与えるということを企業が理解するとき，真に変化を起こす転換――世界企業や世界中の女性のための転換――が起こるだろう。

④来るべき数十年における世界人口増加の大部分は，男女不平等が最も大きく，保守的な宗教伝統や部族習慣が女性の権利に不利に働くような国々で起きるだろう。多国籍企業が発展途上世界で成長を求めるにつれ，女性の力を奪うようなことをすれば，生産性，経済活動，人的資本の点で驚くべき大変不利な損失が生じるということを多国籍企業は理解し始めているのである。ちょうど多数の企業が，環境を意識した商慣習を採用することがいい広報活動になるばかりでなくいいビジネスにもなることを知ったように，女性の権利拡大を喜んで受け入れる企業は，自分たちの労働力人口がますます生産的になり，世界供給網の質が向上し，顧客基盤が拡大することを知ることになるだろう。それらはまた，21世紀最大の文化的転換となるような転換を促進する手助けとなるだろう。

解　説

1　(1)第1段第1文で「女性の地位向上」がテーマであることがわかる。第2文で，女性の地位が向上すると「良好な結果が多数そのあとに生じる」とあるので，gが適切。

(2)第2段第1文には「その（＝女性の地位向上の）課題は依然として圧倒的に大きいままである」と述べられており，第2文以降はその具体例になっているので，eが適切。

(3)第3段第2文で It（＝Narrowing that gulf「格差を縮めること」）requires the involvement of the world's largest companies.「それには世界最大規模の各企業の関与が必要とされている」と述べ，以下，現に民間企業の貢献が大きいことやその強みが挙げられている。kが適切。

(4)第4段第3文には「女性の権利拡大を受け入れる企業は，自らも恩恵を得ることができる」こと，最終文には「そうしたことが21世紀最大の文化的転換のきっかけになる」ことが述べられている。bが最もふさわしい。

2　to date は通例現在完了形と共に使い，「現在まで，今まで（のところ）」の意。
b．up to now「今まで」が同義。熟語の知識がなかったとしても，to「〜まで」，date「日付」という個々の単語から，できるだけ推測してみることも必要だろう。
a．as a result「結果として」　　　c．from time to time「時々」
d．on that day「その日に」　　　e．all together「一緒に，全部まとめて」

3　当該個所を含めた第3段第4文は「企業の中には，すでに法人の社会的責任活動の一部として，女性に焦点を合わせた initiatives を促進している企業もある」となっている。「活動の一部」であること，「促進する」の目的語であることを考えると，
a．programs「計画」が適切。
b．leaders「指導者」　　　c．incentive「刺激，励み（となるもの）」
d．beginnings「始まり」　　　e．creativity「創造性」

4　当該個所を含めた第3段最終文 that 以下「経済発展途上国の女性の権利を拡大することは，their bottom lines に影響を与えること」を企業が理解したとき，真に変化を起こす転換が起きる，という文意をよく吟味したい。their は women ではなく companies を受けると考えるべき。1でも見たように，この段落で述べられているのは，女性の地位向上を進めることは，企業にとっても恩恵があるということである。企業は営利を目的とした組織体である以上，その「恩恵」とは「収益，利益」が上がること。c．their earnings「彼らの収益」が適切。bottom line は「最終収益額」の意。
a．their costs「彼らの費用」　　　b．their supplies「彼らの供給物」
d．their demands「彼らの要求」　　　e．their products「彼らの製品」

1　(1)—g　(2)—e　(3)—k　(4)—b
2—b
3—a
4—c

解　答

9

ポイント

　第2章実戦編はここまで主に内容理解を直接問う設問が中心だった。改めて語句レベルの設問を見直してみよう。一見語句の知識を試すだけの問題のようだが，実際には文脈の把握があってこそだということがわかるのではないだろうか。第2章演習編1に取り組んだときより，スムーズに解答できるようになっていたい。

次の英文の空所1～10に入るべきもっとも適切なものをa～eの中から1つ選び，マーク解答用紙にマークせよ。

"Slowly but surely, English is losing importance," humorously remarked Jean-Claude Juncker, the president of the European Commission, before ___1___ to French to deliver a speech on May 5th. Is this true? Not really, and it seems not to have been intended as seriously as easily-offended British headline-writers took it. ___2___, Mr. Juncker, who is known for going off-script in his speeches, delivered his witty comment in English, and the audience laughed.

In any case, speakers of the language of Shakespeare have little to worry about. The European Union has 24 official languages, three of them considered ___3___: French, German and English. Eurocrats are polyglots, often able to speak these three languages plus another of their own. Mr. Juncker may be right that in the halls of the EU's institutions, English will be heard somewhat less after Brexit, ___4___ to the exodus of a big group of Anglophones. But English is not just British; it is also an official language in Ireland and Malta. More importantly, the three enlargements of the EU since 2004 have decisively shifted the balance in Brussels from French towards English. There is no consensus for going back, ___5___ changing to German.

___6___, English is putting down deep roots among ordinary people on the continent. For all of France's famous linguistic nationalism, ___7___ that François Hollande, France's outgoing president, was mocked on *Le Petit Journal*, a French news and entertainment show, for his poor English. Emmanuel Macron, a generation younger, is perfectly fluent. Fully 66% of EU citizens speak another language, a number that is growing steadily. Eurostat, the EU's statistics agency, does not ___8___ those figures down by language spoken, but it is easy to infer from languages studied at school.　Among students in lower secondary school outside Britain, 97% are studying English.　Only 34% are learning French, and 23% German.　In primary school 79% of students are already learning English, against just 4% for French.　Some countries, like Denmark, begin English in the very first year of school.

　A language increases ___9___ with the number of people able to speak it, so languages that are valuable tend to become more so over time.　And language knowledge takes a long time to acquire; societies do not quickly change the languages they speak.　The trend of English in Europe began well before the vote for Brexit, and is unlikely to weaken, even gradually.　Mr. Juncker might better have said that while Britain, unfortunately, is exiting the EU, ___10___.

(Adapted from The Economist)

　From Britain is leaving the EU, but its language will stay, The Economist on May 13, 2017 © The Economist Group Limited, London

1 . a . translating　　　　　　b . substituting
　　c . turning　　　　　　　 d . switching
　　e . converting

2 . a . After all　　　　　　　b . In contrast
　　c . For example　　　　　 d . Before that
　　e . In sum

3 . a . "fluent languages"　　 b . "strange languages"
　　c . "traditional languages"　d . "dead languages"
　　e . "working languages"

4 . a . finally connected　　　 b . probably because
　　c . simply due　　　　　　 d . closely related
　　e . strangely thanks

5 . a . in spite of　　　　　　 b . still less for
　　c . in relation to　　　　　d . regardless of
　　e . in addition to

6 . a . Relatively　　　　　　 b . However
　　c . Besides　　　　　　　 d . Otherwise
　　e . Normally

7 . a . it is telling　　　　　　b . it is definite
　　c . it is unclear　　　　　 d . it is strange
　　e . it is unique

8. a. analyze   b. add
    c. include   d. break
    e. categorize

9. a. in step   b. in difficulty
    c. in total   d. in proportion
    e. in value

10. a. Europe will forever blame Britain for the increasing importance of English

    b. Europe will always remember the linguistic gift Britain is leaving behind

    c. Europe will someday criticize Britain for its efforts in English education

    d. Europe will surely modify the linguistic tools Britain gave to the EU

    e. Europe will certainly refuse to ask Britain for linguistic help in English matters

≪ヨーロッパで高まる英語の重要性≫

全訳

　「ゆっくりとだが，確実に，英語は重要性を失いつつある」と欧州委員会会長の
ジャン＝クロード＝ユンケルは5月5日にスピーチをするため，フランス語に切り
替える前に，ユーモアをこめて述べた。このことは本当なのだろうか？　本当とい
うわけではないが，すぐ腹を立てる英国の見出し記者たちが受け取ったのと同じく
らい真面目に言ったつもりではなかったようだ。何といっても，スピーチは原稿な
しですることで知られているユンケル氏は，英語で機知に富んだ所感を述べて，聴
衆が笑ったのだから。

　いかなる場合であれ，シェイクスピアの言語を話す人たちは心配する必要はほと
んどない。欧州連合には24の公用語があり，そのうちの3言語が「実用的な言語」
と見なされている。つまり，フランス語，ドイツ語と英語だ。欧州官僚は多言語に
通じた人たちで，自国語に加えて，これら3カ国語を話せることが多い。英語を話
す人たちの大集団が離脱するだけで，EUの諸機関という場では，英国のEUから
の離脱後には英語が聞かれることは多少減るだろうから，ユンケル氏はなるほど正
しいのかもしれないが，英語は英国のものだけではない。アイルランドやマルタの
公用語でもあるのだ。もっと重要なことに，2004年以降のEUの3カ国拡大によ
って，ブリュッセルにおける均衡がフランス語から英語へと決定的に変わった。後
戻りする合意はまったくなく，まして，ドイツ語に変わる合意はない。

　さらに，英語は大陸の庶民に深い根を下ろしつつある。フランスの有名な言語国
粋主義に関しては，フランスの社交的な大統領であるフランソワ＝オランドが，英
語が下手だとフランスのニュース娯楽番組『ル・プチ・ジャーナル』であざ笑われ
たということが表している。彼より一世代若いエマニュエル＝マクロンは申し分な
く流暢だ。EU市民の優に66％が母語以外の言語も話すが，その数字は着実に増え
ている。ユーロスタット，すなわちEU統計局はそれらの数字を話される言語によ
って分析してはいないが，学校で学ばれる言語から推測するのは容易だ。英国外の
中学校の生徒の中の，97％が英語を学んでいる。フランス語を学んでいるのはたっ
た34％で，ドイツ語は23％だ。小学校では，生徒の79％がすでに英語を学んでい
て，それに対して，フランス語はたった4％だ。まさに入学初年度から英語を始め
るデンマークのような国々もある。

　言語はそれを話せる人の数とともに価値が増すので，価値のある言語は時間とと
もにますます価値が高まる傾向にある。そして，言語の知識は習得するのに長い時
間がかかる。社会は話される言語を急には変えられないのだ。ヨーロッパにおける
英語の趨勢は英国のEU離脱投票のかなり以前に始まっていて，徐々にしろ，弱ま
りそうにない。不幸なことに英国はEUを離脱するけれども，英国が置いていって
くれている言語の贈り物をヨーロッパは常に思い出すことだろうと，ユンケル氏は
言ったほうがよかったかもしれない。

解説

1　before … to French と，空所直後に前置詞 to があることに注意。また空所に入

る動名詞の意味上の主語は，文の主語 Jean-Claude Juncker であることも考慮すること。各選択肢と前置詞 to を組み合わせられるか，組み合わせられる場合の意味内容が適切か検討する。 a ．translate to ～は「～に変わる」の意。「(フランス語) に変わる前に」と，ユンケル会長自身がフランス語に変換されることになり不適。 b ．substitute は for と合わせて substitute for ～「～の代用〔代理〕になる」の意。to はとらないので不適。 c ．turn to ～は多義だが「～のほうに向かう」は物理的な方向を表し，「～に変わる」は translate と同様の理由で不適。「～に頼る，あてにする」の意でも内容上合わない。 d ．switch to ～は「～に切り換える」で「(フランス語) に切り換える前に」となり，同段最終文に「ユンケル会長がスピーチの冒頭で英語に関する冗談を英語で述べた」とあることとも整合性がある。 **d** が正解。 e ．convert to ～は「～に転換する」の意はあるが，「～に転向〔改心〕する」の意もあることからわかるように，重視しているものの「方向転換」を表すため，内容上不適。

2　選択肢はいずれも文章の展開を示す接続表現。空所前後の内容を検討する。空所の前には「(英語は重要性を失いつつあると，ユンケル会長は) 真面目に言ったつもりではなかったようだ」，あとには「ユンケル氏は，英語で機知に富んだ所感を述べて，聴衆が笑った」とある。空所のあとの文は「真面目に言ったつもりではなかったようだ」という推測の根拠にあたる内容と考えられる。 a の **After all**「だって…だから」が適切。

　　b ．In contrast「対照的に」　　　　c ．For example「たとえば」
　　d ．Before that「その前に」　　　　e ．In sum「要するに」

3　当該文は「欧州連合には 24 の公用語があり，そのうちの 3 言語，つまりフランス語，ドイツ語，英語が（　　）と見なされている」となっている。直前の文に「シェイクスピアの言語（＝英語）を話す人たちは，心配する必要はほとんどない」とあり，当該文は「心配ない」理由にあたると考えられる。「心配」の内容は，第1段でユンケル会長が冗談で述べた「英語は重要性を失いつつある」ということである。 e の "working languages"「実用的な言語」を補えば，内容上適切。空所のある文の直後に「欧州官僚は…これら 3 カ国語を話せることが多い」とあることも判断材料になる。

　　a ．"fluent languages"「流暢な言語」
　　b ．"strange languages"「奇妙な言語」
　　c ．"traditional languages"「伝統的な言語」
　　d ．"dead languages"「死語」

4　当該箇所は「英語を話す人たちの大集団が離脱する（　　），EU の諸機関という場では，英国の EU からの離脱後には英語が聞かれることは多少減るだろう」となっている。「大集団が離脱する『ので』英語が聞かれることが減る」と理由を表

す内容にするのが妥当。 c の **simply due**「(離脱する) だけで」が適切。 b の probably because なら直後の前置詞が of でなければならない。 e の strangely thanks (to ～)「奇妙にも～のおかげで」は「奇妙にも」が不適。

a．finally connected (to ～)「最終的には～と結びついて」

d．closely related (to ～)「～と密接に関係して」

5　直前の文は「2004 年以降の EU の 3 カ国拡大によって，ブリュッセル (＝ベルギーの首都で EU 本部がある) における均衡がフランス語から英語へと決定的に変わった」とある。この段落が「英語が重要性を失う心配はない」理由を説明している段落であることを思い出そう。当該文は「後戻りする合意はまったくなく，ドイツ語に変わる…」となっている。フランス語，英語，ドイツ語は，同段第 2 文にあるように，EU の公用語の中で最もよく使われているものである。この 3 カ国語のうち，英語がさらに重要度を増し，「(EU での最重要言語のフランス語への) 逆戻りはなく，ドイツ語に変わることもない」という内容にするのが妥当。 b の **still less for** が適切。否定文のあとに still less を続けると「…ない，まして～はもっと…ない」の意。for は consensus for の for であり，当該文は「(フランス語への) 逆戻りの合意はまったくなく，ましてやドイツ語への変更の合意はない」となる。

a．in spite of ～「～にもかかわらず」　　c．in relation to ～「～に関係して」

d．regardless of ～「～にもかかわらず」　e．in addition to ～「～に加えて」

6　当該文は「(　　)，英語は (ヨーロッパ) 大陸の庶民に深い根を下ろしつつある」となっている。前段で EU 内での英語の重要度が高まったことが述べられているので，付加を表す c の **Besides**「さらに」を補うのが適切。

a．Relatively「比較的」　　　　　　　b．However「しかしながら」

d．Otherwise「さもなければ」　　　　e．Normally「ふつうは」

　　なお，当該文の the continent「大陸」とは「大陸ヨーロッパ」のことで，イギリス，アイルランド，アイスランドなどの島国を除いたヨーロッパ諸国を表す。伝統的にイギリスは大陸ヨーロッパ諸国とはやや距離をおいて独自性を保ってきた。

7　選択肢がすべて it is …となっていることから，空所直後の that 節は形式主語 it に対する真主語だとわかる。当該文は「フランスの有名な言語国粋主義に関しては…フランソワ＝オランド (大統領) が…英語が下手だとフランスのニュース娯楽番組…であざ笑われたということが (　　)」となる。同段が「(ヨーロッパ) 大陸で英語が定着しつつあること」を述べていることから，「フランスの言語国粋主義はどうかというと，英語が下手だとあざ笑われたことで，現状がどうなのかわかる」という内容にするのが妥当。 a の **it is telling** を補えば「…あざ笑われたことが物語っている，おのずと表す」となり，適切。なお「フランスの有名な言語国粋主義」とは，フランスではフランス語だけが唯一の公用語で，何事においてもフランス語が優位になるように整備されてきたことを表す。

　ｂ．it is definite「～が明確だ」　　　ｃ．it is unclear「～が不明確だ」

　ｄ．it is strange「～が奇妙だ」　　　ｅ．it is unique「～が独特だ」

8　当該文は「ユーロスタット，すなわち EU 統計局はそれらの数字（＝外国語を話せる EU 市民の割合）を話される言語によって（　　）ないが，学校で学ばれる言語から推測するのは容易だ」となっている。直後の文で「英国外の中学校の生徒の 97％が英語，34％がフランス語，23％がドイツ語を学んでいる」ことが述べられており，「ユーロスタットが，EU 市民がどの外国語を話しているのかは分析していない」という文意であることがわかる。does not … those figures down の down に注意。ａ の analyze「分析する」，ｅ の categorize「分類する」は down が不要。ｄ の break なら break down「分析〔分類〕する」の意になる。なお，目的語は break と down の間に置いてもよいので語順に問題はない。ｂ の add「加える」とｃ の include「含む」は意味上も down との組み合わせも不適。

9　当該文は「言語はそれを話せる人の数とともに（　　）増すので，価値のある言語は時間とともにますます価値が高まる傾向にある」となっている。「ある言語を話す人が増えると有用性が高まり，有用性が高まるからより多くの人が話すようになる」という事態を述べている。ｅ の in value を補えば「価値が増す」の意になり，文意と合う。increase「増す」は「何が」なのかをこのように in ～で表す必要がある場合が多いことも覚えておきたい。

　ａ．in step「歩調を合わせて」　　　　ｂ．in difficulty「困って」

　ｃ．in total「合計で，全体で」　　　　ｄ．in proportion「比例して」

10　当該文は「不幸なことに英国は EU を離脱するけれども，（　　）とユンケル氏は言ったほうがよかったかもしれない」となっている。直前の文で「ヨーロッパにおける英語の趨勢は…弱まりそうにない」とある。ｂ の「ヨーロッパは英国があとに残してくれる言語の贈り物を常に思い出すことだろう」が適切。

　ａ．「ヨーロッパは英語の重要性が高まったとして英国を永遠に非難するだろう」

　ｃ．「ヨーロッパは英語教育における英国の努力のせいで英国をいつか非難するだろう」

　ｄ．「ヨーロッパは英国が EU に与えた言語ツールを必ず修正するだろう」

　ｅ．「ヨーロッパは英国に英語問題において言語支援を求めることを必ず拒否することだろう」

1―d　2―a　3―e　4―c　5―b

6―c　7―a　8―d　9―e　10―b

解答

10

文化論（210 語）　**目標解答時間**　20 分

ポイント

　第 2 章演習編 10 でも取り上げた日本語による要約。この出題年度の解答欄の大きさは 14.5cm×10 行で，300 字程度まで書ける。分量は比較的多めである。前に述べたとおり，国際教養学部の受験生だけでなく，他学部の受験生にも違った角度からの力試しとなる。1 段落分の文章の要点をつかむという点では，段落要旨が問われる学部の受験生にも，こうした力は必要である。要約文を書くまでに至らなくても，各文の内容をしっかり検討し，筆者が伝えたいことは何なのかを考える練習に活用してもらいたい。

Read the following English passage and briefly summarize the main points in Japanese. Write your answer within the box provided on the ANSWER SHEET.

Ever since the early nineteenth century, when modern ideas of nationality first developed, there have been two quite different rules for deciding the nationality of a person. The first of these is known as *jus soli* (Latin for 'the law of the soil'). According to this, one's nationality depends upon where one is born. France, for example, traditionally followed this principle and so anyone born on French soil had the right to French nationality. The other rule is known as *jus sanguinis* ('law of blood') and was followed by Germany. According to this, your nationality was determined by who your ancestors were; if your parents were German, then wherever you were born, you were German too. As long as most people were born and lived in the same country as their parents, the difference between these two principles was not so important. But with the growth of migration, it has become more significant. Indeed, some countries, such as Britain, which used to follow the first principle, have now modified their laws to require one parent to be either British or closely connected to Britain. Germany, on the other hand, has changed its laws to allow people whose ancestors were not German to become German citizens.

全 訳

＜国籍の決定方法＞

　　国籍という近代的概念が最初に発達した19世紀の初頭から今日まで，人の国籍を決めるのに，2つの全く異なった原理が存在している。第1のものは，「*jus soli*」（ラテン語で「土地の法」の意），つまり出生地主義である。これによると，人の国籍はどこで生まれるかによって決まる。たとえば，フランスでは従来はこの原則に従っており，フランスの国土で生まれた人はだれでも，フランス国籍の権利があった。もうひとつの原理は，「*jus sanguinis*」（「血の法」），つまり血統主義と呼ばれており，ドイツはこれにならっていた。これに従えば，国籍は先祖がだれかによって決定した。もし親がドイツ人なら，どこで生まれようと自分もドイツ人だということだ。ほとんどの人が親と同じ国で生まれ暮らす限りでは，この2つの原理の違いは重要ではない。しかし，移住の増加に伴い，その違いがより重要になっている。実際，英国のように，かつては第1の原理に従っていたが，今では親のうちのひとりが英国人である，あるいは英国に密接なつながりがあることを必要とするように法を変えた国もある。一方ドイツでは，先祖がドイツ人でない人がドイツ国民になることを許可するように法律を変えている。

解 説

問「以下の英語の文章を読み，要点を日本語で簡潔に要約しなさい。答えは解答用紙に与えられている解答欄に収まるように書きなさい」

　まず，各文を読んで内容が関連するまとまりに整理してみよう。

［第1文］テーマの提示
- 19世紀初頭以来，国籍法には2種類ある

［第2〜4文］第1の国籍法
- 「出生地主義」
- どこで生まれたかで国籍を決定
- 「出生地主義」の例：かつてのフランス

［第5・6文］第2の国籍法
- 「血統主義」：かつてのドイツ
- 先祖はだれか（＝親の国籍は何か）で国籍を決定

［第7・8文］事情の変化
- 以前：国外に出る人が少なく，2つの国籍法に大差はなかった
- 現在：移住が増え，どのように国籍を決定するかが重要になっている

［第9・10文］現代の実情
- 「出生地主義」から「血統主義」への改正：英国など
- 「血統主義」の緩和：ドイツ

　要約は，話の流れに沿ってまとめるのが基本。19世紀以来の2つの国籍法の考え方をまとめ，事情の変化に伴って法は変化を続ける，と述べる形をとるとよい。具体

例は，中途半端に入れると要約の統一感を損なう。基本的には具体的な国名を出す必要はない。もし，分量不足を補うために取り入れるなら，2つの国籍法の一方だけ挙げるようなアンバランスを起こさないように気をつけよう。

〈解答例1〉　19世紀以来，国籍法は，出生地で決める考え方と，血筋，つまり親の国籍で決める考え方の2通りがある。大半の人が親と同じ国で生まれ暮らしていた時代なら，この2つの国籍法のいずれであっても大きな違いはなかったが，人の移動が増加するのに伴って，どちらの考え方であるかが重要性を増してきている。このため，出生地で決めていた国が，親の国籍を必要条件に加えたり，逆に，親の国籍が異なっていても，自国の国籍を与えるように変更した国が現れたりするという変化が生じている。

〈解答例2〉　国籍という概念は，19世紀初頭に生まれた近代的概念だが，それ以来，どのようにして国籍が決まるかについては，2つの考え方がある。ひとつは出生地で決まる「出生地主義」であり，もうひとつは親の国籍による「血統主義」である。昔は，人が国境を越えて移動することが少なく，いずれの原理でも大差はなかったが，人口の移動が増えてきたため，国籍法が重要な意味を持つようになっている。実際，従来は国内で生まれた者には自国の国籍を与えていた国が，親の国籍を考慮に入れるようになったり，親の国籍で決めていた国がそれによらず国籍を与えるようになったりするという変化が見られるのが現状である。

500 語以上の長文

この章の進め方

　この章では500語以上の長文を扱う。空所補充や同意語句なども小問として設けられているが，やはりこの長さになると「文脈把握」が重要になってくる。

　演習編では，600語までの長文で「文脈把握」の方法の基礎を身につける。話がどのように流れているか，大きな視点を持って読み進めてもらいたい。その具体的な手段として，「要点メモ」をとってみよう。論説文では各段落の初めに，その段落で何を論じるかを述べてあることが多い。まず，それに注目すること。続いて根拠や事例が詳述される。その流れを段落ごとにとらえ，さらに段落間がどのような関係になっているかをメモしていくのである。このとき大切なのは「訳文を作るのではない」という点だ。あくまで簡潔なメモ，あるいは箇条書きにする。小説の場合はこれに類するものとして，「起承転結」を意識してメモをとっていく。

　ある程度長さのある文章を読み通して理解するということは，述べられていることに納得し，話の流れに乗って議論についていけるということだ。したがって，文章で何が大切なのかをメモできるということは，どれだけ納得できているかの目安になる。逆に言うと，書かれている内容をメモできないということは，まだ話の要点が見えていないということでもある。メモにしようという心構えで取り組むことで，内容理解の手だてにしようという目論見である。ぜひ「書いて」確認してほしい。頭の中でわかったつもりになっていても，それを文字で表現できないということは，「わかった」ことがまだはっきりした形になっていないということだ。あいまいさを抱えて長い文章を読んでいくとあいまいさが積み重なって，途中で何を言っているのかわからなくなってしまう。長文問題では試験場で最初から読み返す時間の余裕はない。一読で話の道筋からはずれないように読み切れる技術をぜひ培っておく必要がある。練習段階では慌てることはない。じっくり考えて着実にその技術を身につけていこう。演習編では解説の前に「要点メモ」の例を示してあるので，参考にしてほしい。

　実戦編では「要点メモ」は付さないが，必ず自分で試みること。徐々に長い文章になるように編集してあるので，長距離ランナーがだんだん距離を伸ばして練習するようなつもりでがんばってほしい。一度にたくさん進むよりも，「要点メモ」の技術が確かに使えているかを確かめながら，少しずつ進もう。

1

ポイント

　まず約 500 語の文章から取り組んでみよう。全体の流れは比較的把握しやすい。設問は、段落単位の内容を問うものである。設問がどの段落に関わるものか照らし合わせながら、段落の要点をつかむように読み進めよう。

Read the following passage and mark the most appropriate choice（**a** 〜 **d**）for each item（**1** 〜 **5**）on the separate answer sheet.

The less you know about a subject, the less you believe there is to know in total. Only once you have some experience do you start to recognize the breadth and depth you have yet to plunder. This is the Dunning-Kruger effect, and it's a basic element of human nature.

The actual research that coined the term was performed by Justin Kruger and David Dunning in experiments at Cornell around 1999. They had students take humor and logic tests and then report how well they thought they had scored. Some people accurately predicted their own skill levels, but overall the study showed you are not very good at estimating your own competence.

More recent studies have attempted to refute the absolute black-and-white predictions of Dunning-Kruger — that the unskilled are the least aware of it. Our current understanding is closer to this: The more skilled you are, the more practice you've put in, the more experience you have, the better you can compare yourself to others. As you strive to improve, you begin to better understand where you need work. You start to see the complexity and nuance; you discover masters of your craft and compare yourself to them and see where you are lacking. On the other hand, the less skilled you are, the less practice you've put in, and the fewer experiences you have, the worse you are at comparing yourself to others on certain tasks. Your peers don't call you out because they know as little as you do, or they don't want to hurt your feelings. Your narrow advantage over novices leads you to think you are the best. Whether it's playing guitar or writing short stories or telling jokes or taking photos — whatever — amateurs are far more likely to think they are experts than actual experts are. Education is as much about learning what you don't know as it is about adding to what you do.

As someone moves from novice to amateur to expert to master, the lines between each stage are difficult to recognize. The farther ahead you get, the longer it takes to progress. Yet the time it takes to go from novice to amateur feels rapid, and that's where the

Dunning-Kruger effect strikes. You think the same amount of practice will move you from amateur to expert, but it won't.

Everyone experiences the Dunning-Kruger effect from time to time. Being honest with yourself and recognizing all your faults and weaknesses is not a pleasant way to live. Feeling inadequate or incompetent is paralyzing — you have to plow through those emotions to get out of bed. Seen along a spectrum, Dunning-Kruger is on the opposite end from depression with its crippling insecurity.

Don't let the Dunning-Kruger effect cast its shadow over you. If you want to be great at something, you have to practice, and then you have to sample the work of people who have been doing it for their whole lives. Compare and contrast and eat some humble pie.

(Adapted from David McRaney, *You Are Not So Smart*)

1. What is the most accurate description of the Dunning-Kruger effect, according to the text?
(a) Having deep and broad knowledge of a subject does not necessarily make you the best person to teach it to those who don't.
(b) If you know little about a subject, you will feel easily overwhelmed by all the things you don't understand.
(c) Those who are less knowledgeable about something also think there isn't much to learn about it.
(d) When you believe you know less than others about a subject, it is basic human nature to seek others' advice and guidance.

2. What did the test subjects have to do in the experiment that originated the term "Dunning-Kruger effect"?
(a) They were asked to provide accurate and logical definitions of the concept of "humor" according to their own thought.
(b) They were required to differentiate accurately between humorous and logical statements in a report.
(c) They were shown a performance from a TV show, and had to explain logically how humorous it was.
(d) They were tested on humor and logic, and then had to guess how good their results were.

3. According to the text, which of the following phenomena does NOT occur in the early stages of learning a skill?
(a) By comparing yourself only to other beginners like you, you may develop a false sense of mastery.
(b) It is difficult to get appropriate feedback, because your peers usually know as little as you do.
(c) You are more likely to be laughed at by others because of your incompetence or funny mistakes.
(d) Your lack of experience makes it difficult for you to accurately assess your skill in relation to others.

4．According to the text, what happens as you develop your expertise in a particular task?

(a) You can rapidly improve from novice to amateur by following the Dunning-Kruger effect.

(b) You need more and more time to reach the next recognizable stage of development.

(c) You practice less but can learn more than others who are not as skilled as you.

(d) You stop comparing yourself to others, and become more confident in your abilities.

5．Why does the author recommend us to "eat some humble pie" at the end of the passage?

(a) Because a balanced diet is key to our ability to develop skills and learn new concepts.

(b) Because even if you are the best, boasting about it will make others resent you.

(c) Because not being sufficiently ambitious may limit your potential for greatness.

(d) Because to improve, we must always be aware of our limitations, even if that is painful.

全訳

≪ダニング・クルーガー効果≫

　あるテーマについて知識が浅い人ほど，全体として知るべきことも少ないと考えてしまう。人はある程度の経験を積んだところでようやく，まだ獲得していないことの広さと深さを認識し始める。これが「ダニング・クルーガー効果」であり，人間の基本的な性質である。

　この言葉を生み出した実際の研究は，1999年頃，コーネル大学の実験として，ジャスティン゠クルーガーとデビッド゠ダニングによって行われた。学生にユーモアや論理のテストを受けさせ，その後，自分がどれだけ得点できたと思うかを報告させたのである。中には正確に自分の実力を予測した人もいたが，全体としては，人は自分の能力を推定するのはあまり得意ではないという研究結果となった。

　より新しい研究では，「未熟な者は最も自覚がない」というダニング・クルーガーの極端に断定的な予測に反論する試みがなされている。現在の私たちの理解は，次のものに近い。すなわち，熟練すればするほど，練習を重ねれば重ねるほど，経験を積めば積むほど，人は他人と自分を正確に比較することができるようになる。上達しようと努力すればするほど，自分がどこに注力するべきなのかがよくわかり始める。複雑さや微妙な差異が見えてくるようになり，その道の達人を見つけて，彼らと自分を比較することで，自分に足りないものが見えてくる。一方，未熟で，練習量が少なく，経験が少ない人ほど，ある課題について他人と自分を比較することが不得意である。そうした人の仲間は，同程度の知識しかない，あるいはその人を傷つけたくないという理由から，非難してこない。初心者に対してはわずかながらも優位性があるせいで，自分が一番だと思い込んでしまうのだ。ギターを弾くにしても，短編小説を書くにしても，ジョークを言うにしても，写真を撮るにしても，何であれ，実際の専門家よりもアマチュアの方が圧倒的に，自分は専門家であると思い込んでしまいがちだ。教育とは，自分が知っていることをさらに増やすことであり，同様に自分が何を知らないのかを学ぶことでもある。

　初心者から，アマチュア，専門家，達人へと向かう際，各段階の境目はわかりづらい。先へ進んでいくほど，進歩するのに時間がかかるようになる。しかし，初心者からアマチュアになるまでの時間は早く感じられるもので，これこそがダニング・クルーガー効果が影響してくる段階である。同じ練習量を積めば，アマチュアから専門家へ進めると思ってしまうが，そうではないのだ。

　誰しも時にはダニング・クルーガー効果を経験する。自分に正直になって，自分の欠点や弱点をすべて認めることは，楽しい生き方ではない。適性がないとか無能であるなどと感じることは，身のすくむようなことであり，塞ぎ込まないためにはこれらの感情を乗り越える努力が必要である。スペクトルに沿って捉えたとき，ダニング・クルーガー効果は，深刻な自信喪失を伴う鬱状態とは対極に位置するものだ。

　ダニング・クルーガー効果の持つ暗い側面に惑わされないようにする必要がある。何かを極めたいのなら，練習して，その分野で生涯続けている人々の仕事を参考にするべきだ。比較対照し，謙虚になって間違いを認めることが必要なのである。

▶要点メモ……………………………………………………………………………………

[第1段]
- ●「ダニング・クルーガー効果」とは
  あるテーマについて知識が浅いほど，全体として知るべきことも少ないと考えてしまう
  人間の本質的な性質

[第2段]
- ●この言葉のもととなった研究
  コーネル大学のジャスティン＝クルーガーとデビッド＝ダニングが実施
  学生にユーモアや論理のテスト→出来映えを自己評価
- ●結果：人は自分の能力を推定するのはあまり得意ではない

[第3段]
- ●より新しい研究＝ダニング・クルーガー効果への反論
  　　　　　　　「未熟な者は最も自覚がない」は極端に断定的
- ●「熟練，練習，経験が進むほど他人と自分を正確に比較できるようになる」と言うべき

[第4段]
- ●上達していく各段階の境目はわかりづらく，先に進むほど進歩に時間がかかる
- ●しかし初心者からアマチュアになる時間は早く感じられる
  ＝ダニング・クルーガー効果が影響する段階

[第5段]
- ●ダニング・クルーガー効果はだれでも経験する→欠点や弱点の自覚はつらい
- ●ダニング・クルーガー効果はこうした落ち込みとは対極

[第6段]
- ●ダニング・クルーガー効果の暗い面に惑わされないためには…
  練習する
  その分野を続けている人の仕事を参考にする
  比較対照して間違いを認める

……………………………………………………………………………………

解 説

1　問「本文によると，ダニング・クルーガー効果に関する記述として最も正確なものはどれか」

第1段第1文（The less you know …）に「あるテーマについて知識が浅い人ほど，全体として知るべきことも少ないと考えてしまう」，同段最終文（This is the …）に「これが『ダニング・クルーガー効果』である」とある。(C)の「何かについてあまり知識がない人は，それについて学ぶべきこともあまりないと思っている」が内容と合致する。

(a)「ある分野について深く広い知識を持つ人が，あなたをそうでない人にそれを教える最適な人物にするとは限らない」

(b)「ある分野についての知識がほとんどない場合，自分が理解できないあらゆることに容易に圧倒されてしまう」

(d)「ある分野について自分が他人よりも知識が少ないと思うとき，他人の助言や指導を求めるのは人間の基本的な性質である」

2　問「『ダニング・クルーガー効果』という用語の由来となった実験では，被験者は何をしなければならなかったか」

　「ダニング・クルーガー効果」という言葉を生み出した実験については，第2段で述べられている。同段第2文（They had students take …）に「学生にユーモアや論理のテストを受けさせ，その後，自分がどれだけ得点できたと思うか報告させた」とある。(d)の「ユーモアと論理のテストを受け，自分の結果がどれほど良かったか推測しなければならなかった」が適切。

(a)「『ユーモア』の概念について，自分の考えで正確かつ論理的に定義することを求められた」

(b)「レポートの形で，ユーモアのある文章と論理的な文章を正確に区別するように求められた」

(c)「テレビ番組のパフォーマンスを見せられ，それがいかにユーモラスであるかを論理的に説明させられた」

3　問「本文によると，技能習得の初期段階で起こらない現象は次のうちどれか」

　第3段第5文（On the other hand, …）の「未熟で，練習量が少なく，経験が少ない人ほど」から，「技術習得の初期段階」の人の話が始まっている。同文に「他人と自分を比較することが不得意で」，同段第7文（Your narrow advantage …）に「初心者に対してはわずかながらも優位性があるせいで，自分が一番だと思い込んでしまう」とあることと，(a)「自分と同じような初心者ばかりと比較することで，誤った習得感を抱いてしまうことがある」，(d)「経験不足のため，他者との比較で自分の技量を正確に評価するのが困難になる」が一致する。同段第6文（Your peers don't call …）「（未熟な）人の仲間は，同程度のことしか知らないので，その人を非難してこない」とあることと，(b)「仲間もたいてい自分と同程度のことしか知らないので，適切なフィードバックを得ることは難しい」が一致する。(c)「自分の無能さやおかしな間違いのせいで，人から笑われる可能性がより高い」に相当することは述べられていない。(c)が正解。

4　問「本文によると，ある作業について専門性を高めるとどうなるか」

　第4段第2文（The farther ahead you get, …）に「先へ進んでいくほど，進歩するのに時間がかかるようになる」とあることと，(b)の「次の認識できる発達段階に到達するには，ますます多くの時間が必要になる」が一致する。

(a)「ダニング・クルーガー効果にしたがって，初心者からアマチュアまで急速に上達することができる」

(c)「練習量は少なくても，自分ほど熟練していない他の人より多くを学ぶことができ
きる」

(d)「人と自分を比較しなくなり，自分の能力に自信を持つようになる」

5　圏「この文章の最後で，筆者が私たちに『謙虚なパイを食べる』ことを勧めてい
るのはなぜか」

　　eat（some）humble pie は「甘んじて屈辱を受け入れる，素直に謝る」の意の慣
用表現で，当該文は「比較対照し，謙虚に自分の非を受け入れよ」という意味であ
る。直前の文（If you want to be …）で「何かを極めたいのなら，練習して，そ
の分野で生涯続けている人々の仕事を参考にするべきだ」とあり，「比較対照し，
自分の非を受け入れる」とは，すでにある分野で長じている人と比べて，自分の足
りないところを認めるという意味だと考えられる。それが「何かを極める」ために
必要だと述べているとわかる。(d)の「向上するためには，たとえそれが苦痛であっ
ても，常に自分の限界を意識しなければならないから」が適切。

(a)「バランスの取れた食事は，技能を高め，新しい概念を学ぶ能力のカギになるか
ら」

(b)「たとえ自分が一番であっても，それを自慢すると他の人から不快に思われるか
ら」

(c)「十分な野心を持たないと，偉大になる可能性を制限してしまうかもしれないか
ら」

1 ―(c)　2 ―(d)　3 ―(c)　4 ―(b)　5 ―(d)　　　　解　答

2

ポイント

　第3章演習編1と同じ形式である。英文の長さもほぼ同じ。設問はここでも各段落
で述べられている事柄に関するものなので，先に問いに目を通し，読み取らなくてはな
らないポイントを押さえてから本文に取りかかるとよいだろう。本文全体から該当個所
を探さねばならない内容真偽の設問や，表題を選ぶ設問があるので，全体の流れも意識
したい。

Read the following passage and mark the most appropriate choice ((a)～(d))
for each item (1～5) on the separate answer sheet.

"We don't see things as they are—we see them as we are" (Anaïs Nin).
This is true not only of individuals, but also of human groups, especially groups
defined by people's native language.　As individuals, we often see things
differently because we are different persons.　As speakers of different languages
we see them differently because every language gives its speakers a particular
set of tools for seeing and interpreting the world.　This applies both to the
visible world of colors and light, and the "invisible" world of emotions,
relationships, social structures, and mental life.

Oliver Sacks writes revealingly about the ways of seeing the world
characteristic of the people on a Micronesian island, where most people are
color-blind, and thus cannot distinguish between some colors.　The vegetation on
the island, which for Sacks and his "color-normal" companions "was at first a
confusion of greens," to the color-blind people on the island "was a polyphony of
brightnesses, shapes, and textures, easily identified and distinguished from each
other."　When asked how they can distinguish, for example, yellow bananas from
green ones, an islander replied: "We don't just go by color.　We look, we feel,
we smell, we know—we take everything into consideration, and you just take
color!"

Speakers of languages that have no color words as such, and have instead a
rich visual vocabulary focusing on brightness and visual patterns, such as the
Warlpiri people in Central Australia, are not necessarily color-blind, but they,
too, "take everything into consideration," not just color—not because their

physical perception is different but because, for cultural reasons (including their way of life), their interest in the visual world is different.

Like any other language, English, too, has its own in-built culture-specific forms of perception, or rather *attention*—and native speakers of English are often blind to them because of their familiarity. This blindness to what is familiar applies also to Anglophone scholars and leads to various forms of Anglocentrism in English-based human sciences, not only in description but also in theory formation. In *Philosophical Investigations*, Ludwig Wittgenstein wrote: "The aspects of things that are most important for us are hidden because of their simplicity and familiarity."

I used this quotation in an earlier attempt to challenge one of the most influential theories in human sciences in recent times, Berlin and Kay's theory of "color universals". My purpose was to draw attention to how our native languages can blind us to the world as it presents itself to other people. The glow of the "B&K color theory" has since dimmed considerably (though it still has many adherents); but the blinding power of English as the global language of science and the unquestioned tool for interpreting the world has only grown. My goal is to try to convince speakers of English, including Anglophone scholars in the humanities and social sciences, that while English is a language of global significance, it is not a neutral instrument, and that if this is not recognized, English can at times become a conceptual prison.

1．According to the author of the passage, Anaïs Nin's statement implies that
　(a)　humans are not necessarily confined within their own world.
　(b)　no individual has a neutral point of view.
　(c)　we ought to interpret our experiences in objective terms.
　(d)　what counts is a subjective frame of reference.
2．According to Oliver Sacks, the color-blind people on the Micronesian island
　(a)　had difficulty in distinguishing colored things around them.
　(b)　learned to perceive without relying upon any colors at all.
　(c)　regarded color as just one of the many tools of recognition.
　(d)　were able to tell colors apart as easily as "color-normal" people do.

3. By quoting Ludwig Wittgenstein, the author intends to show
   (a) how familiarity can be an obstacle to learning.
   (b) how keen the philosopher's insight is.
   (c) that scholars should do research on the basis of their mother tongue.
   (d) that simplicity is probably the best way to inquire into the invisible reality.

4. According to the passage, which of the following is NOT true?
   (a) Color blindness caused Australia's Warlpiri people to acquire particular modes of attention.
   (b) Native languages can distort an objective view of the world.
   (c) The author's efforts have helped weaken the influence of a certain color theory.
   (d) When we describe what we see, we in effect describe ourselves.

5. Which title best expresses the author's conclusion?
   (a) Accepting Cultural Diversity for a Better Future
   (b) How Linguistic Relativity Affects Our Worldview
   (c) The Hazards of English as a Default Language
   (d) The Unique Role Color Blindness Plays in Human Perception

≪学問における英語帝国主義の問題点≫

全訳

「人間はものごとをありのままに見ることはなく，自分があるように見るものなのである」（アナイス゠ニン）　これは個人についてだけ当てはまるというものではなく，特に母語によって定義される人間の集団についても当てはまるのである。個人として，私たちは違う人間なのだから，ものの見かたが違うのである。異なる言語を話す人間として，どの言語も話し手に世界を見たり解釈したりするための特定の道具を与えるので，私たちのものの見かたが違ってくるのだ。これは色や光のような目に見える世界にも，感情，人間関係，社会構造や精神生活のような「目に見えない」世界にも当てはまる。

オリバー゠サックスは，ほとんどの人が色覚障害でそれゆえ区別できない色があるミクロネシアのとある島に特徴的な人々の世界の見かたについて示唆に富む文章を書いている。サックスや彼に同行した「色覚の正常な」人にとっては「一見したところいろいろな緑が混ざりあっている」ように見える島の植生が，島に住む色覚障害の人々には「さまざまな明度，形，質感があわさった簡単に区別したり見分けたりすることのできるものであった」のである。たとえば黄色のバナナと緑色のバナナをどのように区別するのかと尋ねると，島民は「色だけを使うわけではないんですよ。見て，触って，匂いを嗅いで，わかるのです。私たちはあらゆることを考慮するわけですが，あなたたちは色だけに頼っているのです！」と答えた。

たとえばオーストラリア中央部のワルピリ族のように色そのものを表す語をもたないかわりに，明度や模様を表す視覚語彙を豊富にもつ言語を話す人は，必ずしも色覚障害というわけではないが，彼らも色だけではなく「あらゆることを考慮する」。これは彼らの現実世界の知覚が異なるからではなく，（生活習慣を含めた）文化的な理由によって目に見える世界に対して抱く関心が異なるからなのである。

ほかのどの言語とも同じで英語にも文化に特有の言語に組み込まれた知覚の，言いかたを変えれば注目の形式があり，英語の母語話者は当たり前であるがゆえにそれらに気づかないのである。このように，当たり前のことに気がつかないのは英語話者の学者も同じで，その結果，英語にもとづいた人間科学では記述においてだけではなく理論を作るうえでもさまざまな英語中心主義が生じるのである。ルートヴィヒ゠ヴィトゲンシュタインは『哲学探究』において「ものごとのわれわれにとって最も大切な側面は，単純で当たり前であるがゆえに見えにくいのである」と書いている。

私は以前，近年の人間科学で最も影響力の強い理論の1つであるバーリンとケイの「基本色名」の理論に異議を唱えようとしてこの引用を使った。私が目的としていたのは，どのようにして母語のせいでほかの人に見えている世界がわからなくなってしまうのかということに注目してもらうことであった。「バーリンとケイの色彩理論」の影響力はその後かなり弱まった（まだ信奉者もたくさんいるけれども）。しかし，科学研究の世界共通語と世界を解釈する揺るぎない道具としての，英語の盲目的にする力は強まる一方である。私の目標は人文科学や社会科

学を専門とする英語を母語とする研究者を含む英語話者に，英語は世界的に重要な言語ではあるが，中立な道具ではなく，このことが理解できなければ英語は場合によっては知的な牢獄ともなりうるということを理解してもらうことなのである。

▶要点メモ……………………………………………………………………………

[第1段]
- ●人間のものの見かたの違い
  - 個人だけの話でなく，言語集団にも当てはまる
  - 言語＝話し手が世界を見たり解釈したりするための道具
    →話す言語が異なるとものの見かたが異なる

[第2段]
- ●具体例1：ミクロネシアのある島の住民
  - ほとんどが色覚障害→黄色のバナナと緑色のバナナの区別には，明度，形，質感，匂いなど，あらゆることを考慮する

[第3段]
- ●具体例2：オーストラリアのワルピリ族
  - 色を表す語をもたない→明度や模様を表す視覚語彙が豊富
    - やはり色だけでなく，あらゆることを考慮する
    - ＝文化的な理由によって目に見える世界に対して抱く関心が異なる

[第4段]
- ●英語も同様：文化に特有の，言語に組み込まれた知覚の形式（注目の形式）がある
  - →英語の母語話者には当たり前＝気づかない
  - →英語による人間科学＝記述も理論構築も英語中心主義

[第5段]
- ●「基本色名」理論に対する筆者の異議
  - →母語のせいでほかの人に見えている世界がわからなくなる
  - 英語＝科学研究の世界共通語・世界を解釈する道具として強力
    - しかし，中立な道具ではない
      - →その理解がなければ，知的牢獄になりかねない

…………………………………………………………………………………………

解　説

問「次の文章を読み，各項目（1～5）に最も適切な選択肢（(a)～(d)）を別の解答用紙にマークしなさい」

1　問「本文の筆者によれば，アナイス＝ニンの発言の含意は…ということである」
　　第1段第3文（As individuals, we …）に「個人として，私たちは違う人間なの

出典追記：Imprisoned in English: The Hazards of English as a Default Language by Anna Wierzbicka, Oxford University Press

だから，ものの見かたが違うのである」とある。これと同意なのは，(b)「だれも中立な視点をもってはいない」である。

(a)「人間は必ずしも自分の世界に閉じ込められているとはかぎらない」

(c)「私たちは自分の経験を客観的に解釈すべきである」

(d)「重要なのは主観的なものの見かたの枠組みだ」

2 問「オリバー＝サックスによると，ミクロネシアの島に住む色覚障害の人々は…」

第2段第3・4文（When asked how …）に「色だけを使うわけではない。見て，触って，匂いを嗅いで…あらゆることを考慮する」とある。これと一致するのは，(c)「色を認識の道具の1つにすぎないと考えていた」である。

(a)「身の回りにある色のついたものを区別するのに苦労していた」

(b)「色にまったく頼らずに知覚できるようになっていた」

(d)「『色覚の正常な』人と同じくらい簡単に色を区別することができた」

3 問「ルートヴィヒ＝ヴィトゲンシュタインを引用することで，筆者は…を示そうとしている」

第4段第3文（In *Philosophical Investigations,* …）に「ものごとのわれわれにとって最も大切な側面は，単純で当たり前であるがゆえに見えにくい」とある。このことが表すと考えられるのは，(a)「当たり前であることがどのように学習の妨げとなるか」である。

(b)「哲学者の洞察力がどれほど鋭いか」

(c)「学者は自分の母語をもとに研究をすべきであるということ」

(d)「単純さはおそらく目に見えない現実を研究するのに最もよい方法であること」

4 問「本文によると，次のうち正しくないのはどれか」

(a)「オーストラリアのワルピリ族の人々は，色覚障害であるために特定の注目の方法を身につけた」　第3段（Speakers of languages …）の内容と一致しない。「必ずしも色覚障害とはかぎらない」とある。これが正解。

(b)「母語によって世界に対する客観的な見かたがゆがめられる場合がありうる」第1段第4文（As speakers of …）の内容と一致する。

(c)「筆者の努力のおかげで，ある色彩理論の影響力は弱まった」　最終段第1～3文（I used this …）の内容と一致する。

(d)「私たちは自分の見るものを説明するとき，実際には自分のことを説明している」　第1段第1文（"We don't see …）の内容と一致する。

5 問「どの表題が筆者の結論を最もよく表しているか」

筆者が訴えたいことは最終段にまとめられている。第2文（My purpose was …）に「どのようにして母語のせいでほかの人に見えている世界がわからなくなってしまうのか」と大きくまとめた上で，最終文に「私の目標は…英語話者に，英語は…中立な道具ではなく，…場合によっては知的な牢獄ともなりうるということを

理解してもらうことだ」とある。この主張をよく伝えるのは，(c)「既定言語としての英語の危険性」である。

(a)「よりよい未来のために文化的多様性を受け入れること」

(b)「言語的相対性がわれわれの世界観にどのように影響を与えるか」

(d)「人間の知覚において色覚障害が果たす特別な役割」

3

ポイント

　文章の長さも設問形式も，第 3 章演習編 1・2 とほぼ同じ。表題を選ぶ問題はなく，各段落の要点や述べられている事実を選択する問題のみ。設問が大まかな 1 と 5 は，選択肢にもざっと目を通してキーワードを拾っておくとよい。文章を読み進めながらその都度解答し，文章を読み終わったときには解答も終わっていることを目指そう。

Read the following passage and mark the most appropriate choice ((a)～(d)) for each item (1 ～ 5) on the separate answer sheet.

The most extraordinary thing in the universe is inside your head. You could travel through every inch of outer space and very possibly nowhere find anything as marvellous and complex and high-functioning as the three pounds of spongy mass between your ears.

For an object of pure wonder, the human brain is extraordinarily unprepossessing. It is, for one thing, 75-80 per cent water, with the rest split mostly between fat and protein. Pretty amazing that three such mundane substances can come together in a way that allows us thought and memory and vision and aesthetic appreciation and all the rest. If you were to lift your brain out of your skull, you would almost certainly be surprised at how soft it is. The consistency of the brain has been variously likened to tofu, soft butter or a slightly overcooked blancmange.

The great paradox of the brain is that everything you know about the world is provided to you by an organ that has itself never seen that world. The brain exists in silence and darkness, like a dungeoned prisoner. It has no pain receptors, literally no feelings. It has never felt warm sunshine or a soft breeze. To your brain, the world is just a stream of electrical pulses, like taps of Morse code. And out of this bare and neutral information it creates for you — quite literally creates — a vibrant, three-dimensional, sensually engaging universe. Your brain *is* you. Everything else is just plumbing and scaffolding.

Just sitting quietly, doing nothing at all, your brain churns through more information in thirty seconds than even the Hubble Space Telescope could process in thirty years. A morsel of cortex one cubic millimetre in size — about the size of a grain of sand — could hold 2,000 terabytes of information, enough to store all the movies ever made, trailers included, or about 1.2 billion copies of a book of 500 pages. Altogether, the human brain is estimated to hold something in the order of 200 exabytes of information, roughly equal to 'the entire digital content of today's world', according to the journal *Nature Neuroscience.* If that is not the most extraordinary thing in the universe, then we certainly have some wonders yet to find.

The brain is often depicted as a hungry organ. It makes up just 2 per cent of our body weight, but uses 20 per cent of our energy. In newborn infants it's no less than 65 per cent. That's partly why babies sleep all the time — their growing brains exhaust them — and why they have a lot of body fat, to use as an energy reserve when needed. Your muscles actually use even more of your energy — about a quarter — but you have a lot of muscle; per unit of matter, the brain is by far the most expensive of our organs. But it is also marvellously efficient. Your brain requires only about 400 calories of energy a day — about the same as you get in a blueberry muffin. Try running your laptop for 24 hours on a muffin and see how much you get.

(Adapted from Bill Bryson, *The Body : A Guide for Occupants,* Doubleday.)

From The body: A Guide for Occupants by Bill Bryson, Doubleday

1. According to this article,
   (a) human brains are too complicated to function highly when travelling in space.
   (b) it is the most marvellous experience for us to compare the brain to a sponge.
   (c) nowadays, man can take a trip into outer space thanks to devices invented by the human brain.
   (d) we could not discover a more wonderful object than a human brain in all the world.
2. What is amazing about the human brain is the fact that it
   (a) consists of only a few ordinary materials, while it does extraordinary things.
   (b) could be measured by lifting it out of your skull.
   (c) is the only organ that contains water, fat and protein.
   (d) remains consistent like tofu, butter or blancmange.

3．The contradiction regarding the human brain mentioned here is that
  (a) it organizes lots of information using Morse code.
  (b) it provides us with various visual images but has no vision itself.
  (c) the brain creates neutral information, though it receives solid images.
  (d) the creator of a vivid universe can function as a plumber and a scaffolder elsewhere.

4．The Hubble Space Telescope is mentioned here as an example of
  (a) a wonderful thing we are bound to find in the universe.
  (b) an information container of a relatively small size.
  (c) something that can capture objects as small as a grain of sand.
  (d) something that can handle a great deal of information.

5．The article explains
  (a) how efficiently the brain works when you are hungry.
  (b) how much energy the brain needs relative to its own size.
  (c) why a muffin does not provide sufficient nutriment for a fat baby.
  (d) why the brain is such an expensive organ to transplant.

≪脳の驚異的な能力とそのエネルギー消費量≫

　宇宙で最も並外れてすばらしいものがあなたの頭の中にある。宇宙空間の隅々まで行っても，耳と耳の間にある3ポンドのスポンジ状の塊ほど驚くべき，複雑で高機能なものはとうていどこにも見つけられないだろう。

　純粋に驚きの対象としては，人間の脳は見た目は非常にぱっとしない。一つには，それは75～80パーセントが水で，残りはほとんど脂肪とタンパク質に分けられるからである。このような3つのありふれた物質が，思考，記憶，視覚，美の鑑賞力，その他諸々を私たちに与えるように連携することができるのは，かなり驚くべきことである。仮に頭蓋骨から脳を取り出すと，それがどれほど柔らかいかにほぼ間違いなく驚くであろう。脳の堅さは豆腐，柔らかいバター，わずかに加熱し過ぎたブラマンジェなど様々にたとえられている。

　脳の大きなパラドックスは，あなたが世界について知っているすべてが，それ自体はその世界を見たことがない臓器によって提供されているということである。脳は地下牢に入れられた囚人のように沈黙し暗闇に存在する。それには痛みを感じる受容体がなく，文字通り感覚がまったくない。それは暖かい日ざしやそよ風を一度も感じたことがない。脳にとって，世界はただモールス符号の打音のように電気パルスの流れにすぎないのである。そして，このようなただの特徴のない情報から，脳はあなたのために鮮明で立体的であり，感覚的に魅力的である世界を創り出す——まったく文字通り創り出すのである。あなたの脳こそあなたである。他のものはすべて配管（＝循環系統）と足場（＝骨格）にすぎない。

　まったく何もせずに，ただ静かにじっとしているが，脳はハッブル宇宙望遠鏡でさえ30年かかってやっと処理できるのよりも多くの情報を30秒で次々と操作する。大きさが1立方ミリメートル——およそ砂粒の大きさ——のひとかけらの皮質は2,000テラバイトの情報を保持でき，それは予告編を含めて今までに制作されたすべての映画や，500ページの本を約12億部格納できるほどなのである。要するに，人間の脳は約200エクサバイトの情報を保持できると見積もられていて，『ネイチャー・ニューロサイエンス』誌によると，それは「今日の世界の全デジタル・コンテンツ」におおよそ匹敵する。それが宇宙で最も並外れたものでないなら，きっとまだ発見していない驚くべきことがあることになる。

　脳は飢えた臓器と表現されることがよくある。それは体重の2パーセントを構成するにすぎないが，エネルギーの20パーセントを使う。新生児ではそれは65パーセントにも達する。一部にはそういうわけで，赤ん坊はいつも眠っており——成長する脳が赤ん坊を疲れさせる——，多くの体脂肪を持っているのは，必要時にエネルギーの蓄えを使うためである。実際には筋肉はさらに多くのエネルギー——約4分の1——を使うが，あなたには筋肉がたくさんあり，単位質量あたりでは，脳は臓器の中で断然一番費用がかかるのである。しかし，それは驚くほど効率的でもある。脳が1日あたりに必要とするのは約400カロリーだけである——これはブルーベリーマフィン一つで得られるのとほぼ同じである。試しにマフィン一つで24時間ラップトップを操作して，どれくらい結果を得られるかを確かめてみるとよい。

▶要点メモ……

[第1段]

● 宇宙で最も並外れたもの

人間の頭の中にある3ポンドのスポンジ状の塊

これほど驚くべき，複雑で高機能なものはない

[第2段]

● 脳の見た目と機能のギャップ

ほとんどが水分，残りはほぼ脂肪とタンパク質

それが連携して思考・記憶・視覚・美の鑑賞力その他諸々を与えてくれる

[第3段]

● 脳のパラドックス

脳自体には受容体がなく，まったく無感覚

しかし，人が世界について知っているすべては脳が与えてくれる

[第4段]

● 脳の処理能力

脳が30秒で処理する情報 ＞ ハッブル宇宙望遠鏡で30年

1立方ミリメートルの皮質が保持できる情報量＝2,000テラバイト

＝これまで制作されたすべての映画（予告編を含む）

＝500ページの本約12億部

[第5段]

● 脳が「飢えた臓器」と呼ばれる理由

体重の2パーセントなのにエネルギーの20パーセントを消費

ただし，驚くほど効率的

……

解　説

1　問「本文によれば…」

第1段第1文（The most extraordinary …）に「宇宙で最も並外れてすばらしいものがあなたの頭の中にある」とあり，第2文でその「もの」が「両耳の間にある3ポンドのスポンジ状の塊」と説明され，第2段第1文（For an object …）で，はっきり「人間の脳」と述べられている。(d)の「私たちは世界中で人間の脳よりすばらしいものを発見することはできないだろう」が正解。

(a)「人間の脳は複雑すぎるので宇宙を旅するときはあまり機能しない」

(b)「私たちが脳をスポンジにたとえるのは最もすばらしい体験である」

(c)「近年，人間の脳によって発明された装置のおかげで，人類は宇宙空間へ旅することができる」

2　問「人間の脳についてすばらしいことは，それが…という事実である」

　　第2段第3文（Pretty amazing …）に「このような3つのありふれた物質（水，脂肪，タンパク質）が，思考，記憶，視覚，美の鑑賞力，その他諸々を私たちに与えるように連携することができるのは，かなり驚くべきことである」とある。(a)の「ほんの2，3のありふれた素材から成るが，それは並外れたことをする」が正解。

(b)「頭蓋骨から取り出して，計測できる」

(c)「水，脂肪，タンパク質を含む唯一の臓器である」

(d)「豆腐，バター，ブラマンジェのように安定した状態を保っている」

3　問「ここで述べられている人間の脳に関する矛盾は…ことである」

　　第3段第1文（The great paradox …）に「脳の大きなパラドックスは，あなたが世界について知っているすべてが，それ自体はその世界を見たことがない臓器によって提供されているということである」とある。(b)の「それは私たちにさまざまな視覚イメージを提供するが，それ自体は視覚を持っていない」が正解。

(a)「それがモールス符号を使って多くの情報をまとめ上げる」

(c)「脳は確かなイメージを受け取るが，特徴のない情報を創り出す」

(d)「鮮明な世界を創り出すものは，他のどこでも配管と足場として機能する」

4　問「ハッブル宇宙望遠鏡はここでは…の例として言及されている」

　　第4段第1文（Just sitting …）に「ハッブル宇宙望遠鏡でさえ処理するのに30年かかるのよりも多くの情報を，脳は30秒で次々と操作する」とある。脳の処理能力の高さを説明するための比較対象がハッブル宇宙望遠鏡である。(d)の「非常に多くの情報を処理できるもの」が正解。

(a)「私たちが宇宙できっと発見するすばらしいもの」

(b)「情報を入れる比較的サイズの小さい容器」

(c)「砂粒ほどの小さな物体を捕らえることができるもの」

5　問「この論説は…を説明している」

　　各選択肢の内容は次のとおり。

(a)「空腹のときに脳がいかに能率的に働くか」

(b)「脳がそれ自体の大きさと比べるといかに多くのエネルギーを必要とするか」

(c)「一つのマフィンが太った赤ちゃんになぜ十分な栄養分を提供しないか」

(d)「なぜ脳が移植するには非常に費用のかかる臓器なのか」

　　最終段第2文（It makes up …）に「脳は体重の2パーセントを構成するにすぎないが，エネルギーの20パーセントを使う」とある。(b)が正解。

1—(d)　2—(a)　3—(b)　4—(d)　5—(b)　　　　　　解　答

4

ポイント

　第 3 章演習編 2・3 と同様，中心となる設問は内容一致文完成。それに加えて 2 でも問われた表題を選ぶ問題がある。先に設問に目を通して読み取る必要のあるポイントを押さえてから本文を読み，効率よく解答する手順や，全体の流れを意識して一読後に迷わず表題を選ぶ心構えは身についてきたのではないだろうか。できるだけ読み返しをせずに解答することを目指そう。

Read the following passage and mark the most appropriate choice ((a)〜(d)) for each item (1 〜 5) on the separate answer sheet.

　The earliest civilization we know of was the federation of cities of Sumer in Mesopotamia, in the area which now comprises southern Iraq. By 3000 BCE there were twelve cities in this area, each supported by produce grown by peasants in the surrounding countryside. Theirs was subsistence-level living. Each village had to bring its entire crop to the city it served; officials allocated a portion to feed the local peasants, and the rest was stored for the aristocracy in the city temples. In this way, a few great families with the help of a class of retainers—bureaucrats, soldiers, merchants, and household servants—appropriated between half and two-thirds of the revenue. They used this surplus to live a different sort of life altogether, freed for various pursuits that depend on leisure and wealth. In return, they maintained the irrigation system and preserved a degree of law and order. All premodern states feared anarchy: a single crop failure caused by drought or social unrest could lead to thousands of deaths, so the elite could justify themselves in the belief that this system benefited the population as a whole. But robbed of the fruits of their labors, the peasants were little better than slaves: plowing, harvesting, digging irrigation canals, being forced into degradation and poverty, their hard labor in the fields draining their lifeblood. If they failed to satisfy their overseers, their oxen were kneecapped and their olive trees chopped down. They left fragmentary records of their distress. "The poor man is better dead than alive," one peasant lamented. "I am a thoroughbred steed," complained another, "but I am hitched to a mule and must draw a cart and carry weeds and stubble."

Sumer had devised the system of structural violence that would prevail in every single agrarian state until the modern period, when agriculture ceased to be the economic basis of civilization. Its rigid hierarchy was symbolized by the ziggurats, the giant stepped temple towers that were the hallmark of Mesopotamian civilization. Sumerian society too was stacked in narrowing layers culminating in an exalted aristocratic pinnacle, each individual locked inexorably into place. Yet, historians argue, without this cruel arrangement that did violence to the vast majority of the population, humans would not have developed the arts and sciences that made progress possible. Civilization itself required a leisured class to cultivate it, and so our finest achievements were for thousands of years built on the backs of an exploited peasantry. By no coincidence, when the Sumerians invented writing, it was for the purpose of social control.

Had their surplus not been taken from the peasants, there would have been no economic resources to support the technicians, scientists, inventors, artists, and philosophers who eventually brought our modern civilization into being. As the American monk Thomas Merton pointed out, all of us who have benefited from this systemic violence are implicated in the suffering inflicted for over five thousand years on the vast majority of men and women. Or as the philosopher Walter Benjamin put it: "There is no document of civilization that is not at the same time a document of barbarism."

(Adapted from Karen Armstrong, *Fields of Blood.*)

1. According to the text, the Sumerian peasants
   (a) exchanged their produce freely in a fair social system.
   (b) gave a portion of their produce to the temples, and sold the remainder.
   (c) had to give most of their produce to the urban elites.
   (d) lived a healthier and happier life than people in the cities.
2. According to the text, the rulers of the Sumerian cities
   (a) cynically manipulated the peasants' fear of famine and death to maintain their power.
   (b) forced their soldiers and servants to work hard on the land when times were hard.

(c) repaired vital systems and safeguarded social order, but punished infractions without mercy.

(d) were oblivious to the chaos that could result from slave revolts and uprisings.

3. The author of the text claims that almost all large pre-industrial societies

(a) depended on a communal spirit of give and take between all members.

(b) had rigidly stratified social structures, with a small elite at the summit.

(c) suffered from occasional hardships but were generally stable and content.

(d) were much better for most people than the primitive lives humans led before.

4. Thomas Merton and Walter Benjamin, according to the passage,

(a) believe that the modern idea of the progress of civilization obscures the miserable lives suffered by previous generations.

(b) blame the civilized western countries for the terrible conditions suffered by underdeveloped nations in the post-colonial era.

(c) feel that while human experience was generally miserable in the past, modern technology has enabled us to have happy and convenient lives.

(d) think that a focus on the dark side of human history can blind us to the very great achievements made by our ancestors.

5. Which title best gives the principal idea of this text?

(a) Ancient Cities Were Places of Mystery.

(b) Civilization Has Been Built on Cruelty.

(c) Mesopotamia, Then and Now.

(d) We Are Lucky to Live in a Modern Society.

全訳

≪古代文明は残酷さの上に築かれている≫

　私たちが知っている最も初期の文明は，メソポタミアのシュメールの諸都市の連合であり，現在イラク南部を構成する地域にあった。紀元前3000年までには，この地域には12の都市があり，それぞれ周辺の田舎の農民によって生産された農産物によって支えられていた。彼らの生活は最低生計水準であった。各々の村は自らの作物を全部，奉仕している都市に持っていかなければならなかった。役人は地元の農民を養うため一部を割り当て，残りは都市の寺院にいる貴族のために貯えられた。このようにして，官僚，兵士，商人，家庭の召使いなどの従者たちの助けを借りた若干の名門諸家が，収益の半分から3分の2を私物化したのである。彼らはこの余剰を使ってまったく異なる種類の生活を送り，余暇と富に依存する様々な趣味を自由に求められる身となったのである。その代わりに，彼らは灌漑システムを維持し，ある程度の法律と秩序を維持した。すべての近代以前の国家は無秩序を恐れていた。つまり，干ばつに起因するたった一回の不作や社会不安が，何千人もの死者につながる可能性があるため，支配階級はこの制度が人々全体に利益をもたらすと信じて，自らを正当化することがあったのだ。しかし，自分たちの労働の成果を奪われた農民たちは奴隷にすぎなかった。つまり，農地を耕し，収穫し，灌漑用水路を掘り，落ちぶれ貧困の状態に追い込まれ，畑での重労働により活力源を失ったのである。彼らが監視者を満足させることができなければ，彼らの牛は膝を撃たれて不自由になり，彼らのオリーブの木は切り倒されたのだ。彼らは苦痛の断片的な記録を残した。「貧しい人は生きているよりも死んだほうがましだ」とある農民は嘆く。「私は純血の馬だが，ラバにつながれ，荷車を引き，雑草や刈り株を運ばなければならない」と別の農民は不平を述べた。

　シュメールは，農業が文明の経済的基盤ではなくなる近代まで，あらゆる農業国家に蔓延する構造的暴力の制度を考案した。その厳格な階層構造は，メソポタミア文明の特徴である巨大な階段状の寺院塔のジッグラトによって象徴された。シュメール社会も，重層構造が狭くなっていき，その結果高貴な貴族が頂点に達し，各個人は容赦なく所定の位置に固定されたのだ。しかし，歴史家は，人々の大部分に暴力を加えたこの残酷な階層構造がなかったならば，人類は進歩を可能にした芸術と科学を発展させることはなかったであろうと主張する。文明そのものは，有閑階級に培ってもらう必要があり，私たちの最も素晴らしい偉業は，何千年もの間搾取された農民階級に支えられて築かれたのだ。シュメール人が文字を発明したとき，それが社会的統制の目的のためだったのは偶然ではなかった。

　農民の余剰が奪われることがなかったならば，最終的に現代文明を生み出した技術者，科学者，発明家，芸術家そして哲学者を支える経済的資源はなかっただろう。アメリカの修道士トマス＝マートンが指摘したように，この制度的な暴力から恩恵を受けた私たちはみな，5千年以上にわたり大多数の人々にもたらされた苦しみに関与している。あるいは，哲学者のヴァルター＝ベンヤミンが述べたように，「同時に野蛮な文書ではない文明の文書はない」のだ。

▶要点メモ··

[第1段]
- ●古代文明の実態（メソポタミアのシュメールの都市連合を例に）
  農民：彼らが生産した農産物が都市を支える
  　　　農産物はすべて都市へ→役人が仕分け（一部は農民に，残りは貴族に）
  　　　農民の割り当ては最低水準の生活ができるだけ＝農民はただの奴隷
  貴族：贅沢な暮らし（余暇と富に依存する趣味を自由に味わう）
  　　　代わりに灌漑システム，法と秩序の維持（自らの存在を正当化）

[第2段]
- ●シュメール社会の階層構造＝農業を基盤にした構造的暴力制度
  　　　　　　　　　　　　　　（貴族が頂点。各個人は容赦なく所定の位置に固定）
- ●歴史家の主張：階層構造＝人類の芸術・科学を発展させたもの
  　　　　　　　　　文明は有閑階級が培う
  　　　　　　　　　文字の発明も，もとは社会的統制のため

[第3段]
- ●農民の生み出した余剰＝技術者・科学者・発明家・芸術家・哲学者を支える経済的資源
  「私たちはみな，制度的暴力の恩恵を受けている」（トマス＝マートン）
  「同時に野蛮な文書ではない文明の文書はない」（ヴァルター＝ベンヤミン）

··

解　説

1　問「本文によると，シュメールの農民たちは…」

　第1段第4文（Each village had …）に「各々の村は自らの作物を全部，奉仕している都市に持っていかなければならなかった。役人は地元の農民を養うため一部を割り当て，残りは…貴族のために貯えられた」，直前の第3文には「彼ら（＝農民）の生活は最低生計水準であった」とあることを考え合わせると，(c)の「自分たちの農産物のほとんどを都会の支配階級に納めなければならなかった」が適切。

　(a)「公平な社会制度で自由に自分たちの農産物を交換した」

　(b)「自分たちの農産物の一部を寺院に納め，残りを売った」

　(d)「都会の人々より健康で幸せな生活を送った」

2　問「本文によると，シュメールの都市の支配者たちは…」

　第1段第7文（In return, …）の「彼らは灌漑システムを維持し，ある程度の法律と秩序を維持した」，同段第10文（If they failed …）の「彼ら（＝農民）が監視者を満足させることができなければ，彼らの牛は膝を撃たれて不自由になり，彼らのオリーブの木は切り倒された」を考え合わせると，(c)の「不可欠な制度を修正し社会秩序を守ったが，違反は容赦なく罰した」が適切。

　(a)「自らの権力を維持するために，農民たちの飢餓や死の恐怖を皮肉にも巧みに利

用した」

(b)「時代が厳しいとき，兵士や召使いたちに一生懸命土地を耕すように強制した」

(d)「奴隷の反乱や暴動から生まれうる無秩序を気にとめなかった」

3　圏「本文の筆者は，ほとんどすべての産業化以前の大きな社会は…と主張している」

　第2段第1文（Sumer had devised …）に「シュメールは，農業が文明の経済的基盤ではなくなる近代まで，あらゆる農業国家に蔓延する構造的暴力の制度を考案した」とあり，シュメール社会の構造が農業を経済的基盤とする国家の構造のひな型だったことが述べられている。第2文（Its rigid hierarchy …）冒頭に「その（＝シュメールの）厳格な階層構造」，第3文（Sumerian society too …）に「シュメール社会も，重層構造が狭くなっていき，その結果高貴な貴族が頂点に達し，各個人は容赦なく所定の位置に固定された」とあることと考え合わせると，(b)の「社会構造を厳格に階層化し，少数の支配階級が頂点にいた」が適切。

(a)「社会の全構成員間の譲り合いという共同体精神に依存していた」

(c)「時折困難を味わったが，だいたい安定し満ち足りていた」

(d)「人類が以前送っていた原始的生活より，ほとんどの人にとってはるかによかった」

4　圏「本文によると，トマス＝マートンとヴァルター＝ベンヤミンは…」

　トマス＝マートンは，その指摘が第3段第2文（As the American monk …）に「この制度的な暴力から恩恵を受けた私たちはみな，5千年以上にわたり大多数の人々にもたらされた苦しみに関与している」と述べられている。ヴァルター＝ベンヤミンは，同段第3文（Or as the philosopher …）に「同時に野蛮な文書ではない文明の文書はない」という言葉が引用されている。彼らの言葉は，同段第1文（Had their surplus …）の「農民の余剰が奪われることがなかったならば，最終的に現代文明を生み出した…経済的資源はなかっただろう」という筆者の主張を裏づける発言として挙げられている。現代から古代を振り返ると，「野蛮な」時代を「克服して」，近現代が出現したかのように思えるが，実際には「野蛮な」時代の制度が人類の進歩，現代につながる文明を生んだというのが筆者の主張である。マートン，ベンヤミンの言葉はいずれも見えにくい「真実」をついたものだと言える。(a)の「文明の進歩という現代の考えは，以前の世代が被った悲惨な生活をわかりにくくしていると信じている」が適切。

(b)「植民地の地位から独立したあとの時代に低開発国が被ったひどい状況に対して，文明化された西洋諸国を非難している」

(c)「人類の経験は過去において一般に悲惨であったが，現代の科学技術により，私たちは幸せで便利な生活を送れるようになったと感じている」

(d)「人類の歴史の暗い側面に焦点が当たっているがために，私たちの先祖が行って

きた非常に立派な業績が見えなくなる可能性があると感じている」

5 問「どの題名がこの本文の要点を最もよく表しているか」

　第1段では，シュメールの都市連合が農民の搾取によって成り立っていたこと，第2段ではそのような搾取がなかったら現代につながる文明の発達はなかったこと，第3段ではマートン，ベンヤミンの言葉を引用しながら，農民の余剰を奪わなければ最終的に現代文明を生み出した経済的資源はなかっただろうという筆者の主張をまとめている。(b)の「文明は残酷さの上に築かれてきた」が適切。

(a)「古代都市は神秘の場所であった」

(c)「メソポタミア，当時と今」

(d)「私たちは現代社会に生きて幸運である」

5

> **ポイント**
>
> 　文章の長さは第3章演習編 1 ～ 4 と同程度。設問は空所補充と内容真偽。空所補充は語句レベルとはいえ，文脈や文構造がしっかり把握できていることが要求される。丁寧に解読したい。

次の英文を読み，設問AおよびBに答えよ。

Our understanding of the greenhouse effect, the origin of global warming in current times, (　1　) the work of the French scientist Jean-Baptiste Joseph Fourier in the early part of the nineteenth century. Energy reaches the earth from the sun in the shape of sunlight; it is absorbed and is radiated back into space as infrared* glow. When Fourier calculated the differential between the energy coming in and (　2　) going out as infrared radiation, he found that the planet should, (　3　), be frozen. He concluded that the atmosphere (　4　) a mantle, keeping a proportion of the heat in — and (　5　) making the planet liveable for humans, animals and plants. Fourier speculated that carbon dioxide (CO_2) could act as a blanket in the atmosphere, trapping heat and causing surface temperatures to increase.

Later observers, most notably John Tyndall, a scientist working at the Royal Institution in London, worked out just which atmospheric elements trap infrared radiation. The gases that make up most of the atmosphere, nitrogen and oxygen, offer no barrier to heat loss. Those producing (　6　) called the greenhouse effect, such as water vapour, CO_2 or methane, are (　7　) in relatively small amounts. Scientists use the calculation of 'parts per million' (ppm) to measure the level of greenhouse gases in the air, (　8　) the percentage figures are so small. One ppm is equivalent to 0.0001 per cent. It is because a tiny proportion has such a large impact that greenhouse gases created by human industry can have profound effects on the climate.

Over the past 150 years or so, greenhouse gases in the atmosphere have progressively increased with the expansion of industrial production. The average world temperature has increased by 0.74 degrees since 1901. We know from geological studies that world temperatures have fluctuated in the past, and that such fluctuations correlate with CO_2 content in the air. The evidence shows, however, that at no time during the past 650,000 years (　9　) as high as it is today. It has always been below 290ppm. By early 2008, it had reached 387ppm and is currently rising by some 2ppm each year.

The growth rate for 2007 was 2.14ppm, as measured by scientists at the Mauna Loa observatory in Hawaii. It was the fourth year out of the previous six to see a rise of more than 2ppm. This increase was considerably higher than scientists at the observatory had expected. It could indicate that the earth is losing its capacity to absorb greenhouse gases. Most climate change models assume that some half of future emissions will be soaked up by forests and oceans, but this assumption may be too optimistic. Because CO_2 and most other greenhouse gases, once there, stay in the atmosphere a long time, and temperature takes some while to build up, an average surface warming of at least 2℃, possibly more, may now be unavoidable, even were emissions to be cut back immediately — which of course won't happen.

From The Politics of Climate Change by Anthony Giddens, Polity Press. Used by permission.

*infrared　赤外線（の）

A. 空所（　1　）〜（　9　）に入れる語句として最もふさわしいものをa〜eから一つ選べ。

1　a. allows no one to support
　　b. dates back to
　　c. expresses our appreciation of
　　d. overlooks the flaws in
　　e. tells us little about

2　a. it　　　　b. more　　　　c. one
　　d. that　　　e. what

3　a. at best　　　　　b. by contrast
　　c. for example　　 d. in theory
　　e. on the contrary

4　a. acts like　　b. activates　　c. deactivates
　　d. enacts　　　e. reacts to

5　a. moreover　　b. nevertheless　　c. thereof
　　d. through　　　e. thus

6 a. capabilities used to be   b. gases are usually
   c. mechanisms   d. such substances as are
   e. what came to be
7 a. abundant   b. changed over
   c. lacking   d. quite sufficient
   e. only present
8 a. however   b. overlooking   c. since
   d. therefore   e. unfortunately
9 a. has the CO_2 content of the air been
   b. made the CO_2 content of the air to
   c. saw that the CO_2 content of the air was
   d. rose the CO_2 content of the air
   e. the CO_2 content of the air was

B. 本文の内容と合致するものを a～e から一つ選べ。

   a. Most climate change models incorporate the idea that forests and oceans
      will absorb some half of future emissions.
   b. Emission of greenhouse gases will not happen if the average surface
      warming is 2℃ or more.
   c. In the past, when the average temperature on the earth reached 2℃,
      emissions were cut back immediately.
   d. Scientists at the Mauna Loa observatory had thought that the rate of
      growth in the CO_2 content in the air for 2007 would be higher than
      2.14ppm.
   e. The average temperature on the surface of the earth will soon be 2℃ or
      lower.

≪温室効果≫

全訳

　現代における地球温暖化の原因である温室効果に対する私たちの理解は，19世紀初期のフランス人科学者ジャン＝バティスト＝ジョゼフ＝フーリエの研究にまでさかのぼる。エネルギーは太陽から日光という形で地球に達する。それは吸収されるとともに，赤外線の輝きとして放射されて宇宙へと戻される。フーリエが，入ってくるエネルギーと赤外線放射として出ていくエネルギーとの間の差を計算したとき，彼は，この惑星は理論上では凍りついていてしかるべきであるということに気付いた。彼は，大気がマントのような働きをして，熱の一部を閉じ込め，その結果，この惑星を人間，動物，および植物にとって生存可能なものにしているのだと結論を下した。フーリエは，二酸化炭素（CO_2）が大気中で毛布として振る舞い，熱を閉じ込め，表面温度を上昇させているのだと推測した。

　後の観察者たち，とりわけジョン＝ティンダル（ロンドンの王立科学研究所で働いている科学者）が，いったいどの大気中の構成要素が赤外線放射を閉じ込めているのかを解明した。大気の大部分を構成する気体，つまり窒素と酸素は，熱の損失を妨げる障壁にはならない。水蒸気，CO_2，メタンなど，温室効果と呼ばれるようになった現象を生み出しているものは，比較的少ない量で存在しているにすぎない。科学者は，空気中の温室効果ガスのレベルを測定するのに「100万あたりの割合」（ppm）の計算を使っている。というのも百分率の数字では非常に小さくなってしまうからである。1ppmは0.0001パーセントに等しい。微少な量にそのように大きな影響力があるからこそ，人間の産業によって作り出された温室効果ガスは，気候に甚大な影響を与えることもありうるのだ。

　過去150年くらいにわたって，工業生産の拡大につれて，大気中の温室効果ガスは次第に増加している。1901年以来，平均世界気温は0.74度だけ上昇している。私たちは，地質学的研究から，世界気温が過去に変動したこと，および，そのような変動が空気中のCO_2含有量と関連していることを知っている。しかしながら，この証拠は，過去65万年間いかなる時も空気中のCO_2含有量が今日ほど高かったことはないことを示している。その値は絶えず290ppm未満だったのだ。2008年初頭までに，その値は387ppmに達してしまい，そして，現在は毎年約2ppm上昇している。

　ハワイのマウナロア天文台の科学者たちによって測定されているように，2007年の増加率は2.14ppmだった。最近6カ月のうち，2ppmを超える増加が起きた年は4度目だった。この増加は天文台の科学者たちが予想したよりかなり大きかった。これは，地球が温室効果ガスを吸収する能力を失いつつあることを示している可能性がある。ほとんどの気候変動モデルが，今後の放出の約半分が森林と海洋によって吸収されるだろうと想定しているが，この想定は楽観的すぎるかもしれない。CO_2や他のほとんどの温室効果ガスは，いったん生じると長期間大気の中にとどまるし，気温の上昇には若干の時間がかかるので，少なくとも2℃（ことによるともっと）の平均地表温度温暖化は，たとえ放出がすぐに削減されたとしても――言うまでもなく，こんなことは起きないだろうが――今や避けられないかもしれない。

▶要点メモ

[第1段]
- 温室効果の研究：19世紀初期のフーリエの研究にさかのぼる
    地球に入るエネルギー（日光）と出て行くエネルギー（赤外線）の差の計算
    →理論上では地球は凍りつく
- フーリエの結論＝大気が熱を閉じ込めている（二酸化炭素が「毛布」だと推測）

[第2段]
- 後の観察者（特にティンダル）：赤外線放射を閉じ込める大気中の構成要素の解明
    →水蒸気，CO_2，メタンなど比較的少ない量のもの
    ppm（＝100万あたりの割合）という単位を使うほど少量
    ＝人間の産業が生み出す温室効果ガスの影響が甚大になることを示唆

[第3段]
- 過去約150年間の大気中の温室効果ガスの量：工業生産の拡大につれて増加
- 根拠：平均世界気温0.74度上昇
    ＝CO_2含有量の増加（過去65万年間で最大）
    2008年初頭で387ppm（以前は絶えず290ppm未満）
    現在，毎年約2ppm上昇

[第4段]
- ハワイの天文台の科学者の測定：2007年の増加率＝2.14ppm
                6カ年中4度目の2ppm越え
                →地球の，温室効果ガス吸収能力低下の可能性
- 大半の気候変動モデル：放出の約半分は森林と海洋が吸収という想定→楽観的
- 2℃（あるいはそれ以上）の平均地表温度上昇は避けられないかも

解 説

A　1．当該文は「温室効果に対する私たちの理解は，19世紀初頭のフランス人科学者フーリエの研究（　　）」となっている。
a．「～をだれにも支持させない」
b．「～にまでさかのぼる」
c．「～に対する私たちの感謝の意を表す」
d．「～における欠点を見落とす」
e．「～について私たちにほとんど何も教えてくれない」
　同段最終文に「フーリエは，二酸化炭素が大気中で毛布として振る舞い，熱を閉じ込め，表面温度を上昇させていると推測した」とある。この考え方は現在私たちが知っていることと食い違いはない。つまり，現在私たちが知っていることはこのフーリエの研究から始まっているといえる。bが正解。

2．当該個所は the differential between the energy coming in and（　）going out「入ってくるエネルギーと出て行く（　）の間の差」となっている。空所には前述の the energy を表す代名詞を補う。d の that がふさわしい。that は前述の名詞を受け，なおかつ修飾語句を変更する場合に使う。the＋単数名詞に相当する。複数なら当然 those。
　a．it は the energy coming in 全体を指すことになる。
　c．one は a＋単数名詞を表すので不可。

3．当該個所は，空所部分が挿入なので取り除いても文は完成しており，「彼はこの惑星は凍りついていてしかるべきであるということに気づいた」となっている。実際には地球は凍っておらず，フーリエの計算上のこと。したがって d の in theory「理論上は」がふさわしい。
　a．at best「良くても」　　　　　b．by contrast「対照的に」
　c．for example「たとえば」　　　e．on the contrary「逆に」

4．空所に続く分詞構文が「熱の一部を閉じ込めている」の意であることに注目。「大気はマント（　）」に当てはまるのは，a の acts like「〜のような働きをする」が適切。同段最終文も参考になる。
　b．activates「〜を活性化する」　　c．deactivates「〜を非活性化する」
　d．enacts「〜を制定する」　　　　e．reacts to〜「〜に反応する」

5．空所は4で見た分詞構文 keeping … と並列された個所にある。and（　）making … plants「そして，（　）この惑星を人間，動物，および植物にとって生存可能なものにしている」となっている。この前で「大気がマントのような働きをして，熱の一部を閉じ込めている」とあり，それ以前には計算上地球は凍っていてもおかしくないことが述べられていた。つまり，「大気がマントのような働きをするから，地球は生物が生きられる状態になっている」という流れ。e の thus「そのようにして，それゆえに」が適切。
　a．moreover「そのうえ」　　　　b．nevertheless「それにもかかわらず」
　c．thereof「それに関して」
　d．through「〜を通して」は前置詞であり，making …がその目的語になると and が意味をなさなくなる点でも不可。

6．当該文の構造は，Those producing（　6　）… are（　7　）in relatively small amounts. と are が述語動詞。Those 以下この are の前までが主語に相当する。そのうち such as … methane は具体例を示した挿入なので，これを除いて主語としてのまとまりが成立する必要がある。Those は前文からの流れで Those gases の意。producing はこれを修飾する現在分詞。空所以下 effect までで produce の目的語が成立し，その他の部分にも不備がないように考える。実際に当てはめてみると以下のようになる。

ａ．producing (capabilities used to be) called the greenhouse effect

これでは，capabilities が produce の目的語であると同時に used to の主語になってしまう。ひとつの名詞がこのような二役を果たすことはできない。

ｂ．producing (gases are usually) called the greenhouse effect

これも a と同様，gases が二役になるので不可。

ｃ．producing (mechanisms) called the greenhouse effect

called が mechanisms を修飾する過去分詞となり，「温室効果と呼ばれる仕組みを作り出す」の意になるが，mechanisms が複数であるのに対し，effect が単数という不整合が起こってしまうので不可。

ｄ．producing (such substances as are) called the greenhouse effect

such … as 〜「〜するような…」と，as が疑似関係代名詞で文構造上は正しいが，「物質が温室効果である」という関係が不適切である点と，c と同様に数の不一致が起こることから不可。

ｅ．producing (what came to be) called the greenhouse effect

come to do「〜するようになる」の主語 what は関係代名詞で，全体が名詞節になる。produce の目的語を構成できる上に，「温室効果と呼ばれるようになったもの」と，意味内容の点でも問題ない。これが正解。

7．当該文は 6 で見たように，Those (gases) … are (　　) in relatively small amounts. というのが骨組み。前文では「大気の大部分を構成する窒素，酸素は熱の損失を妨げる障壁にはならない」と述べられていることから，Those 以下の主語部分「温室効果を生み出すもの」，つまり熱の損失を妨げる障壁となるものは「比較的少量である」という内容になるはず。e の only present を補うと「それら（のガス）は，比較的少量で存在しているにすぎない」となり，適切。これが正解。

ａ．abundant だと「比較的少ない量が豊富である」と意味をなさない。

ｂ．changed over では「比較的少量で変換される」となり，「何に」変換されるのか示されておらず意味不明で，前文とのつながりもない。

ｃ．lacking を補うと「比較的少量が欠けている」となり，意味をなさない。

ｄ．quite sufficient では「比較的少ない量で十分足りている」となるが，「何に」足りているのか不明。

8．構造上，Scientists use … という S V と the percentage figures are … という S V をつなぐ必要があることに注意。

d の therefore「したがって」，e の unfortunately「残念ながら」は副詞なので除外。

a の however は「たとえどれほど…でも」の譲歩節を作るが，譲歩節内の補語が形容詞なら however 補語 S V の順になるので不可。また「しかし」の意味では副詞なので不可。

bの overlooking は分詞構文と考えられるが，overlook（that）S V という形は取れない。

残る c の since は理由を表す接続詞として使え，「百分率の数字では非常に小さくなってしまうから，科学者たちは『100 万あたりの割合』（ppm）の計算を使っている」と意味の上でも問題ない。これが正解。

9．当該個所は shows の目的語にあたる that 節内。that 節内はひとつの完成した文の構造を取るので，at no time during the past 650,000 years「過去 65 万年の間のいかなるときも…ない」という否定の意味を持つ副詞が「文頭」にあると考えてよい。このようなときには，疑問文と同じように語順の倒置が起こる。選択肢中，この語順になっているのはaだけである。

B　a「ほとんどの気候変動モデルは，森林と海洋が今後の放出の約半分を吸収するだろうという考えを組み込んでいる」 最終段第 5 文前半（Most climate change … forests and oceans）の内容と一致する。これが正解。

　　b「温室効果ガスの放出は，平均地表温度温暖化が2℃ 以上の場合には起こらないだろう」

　　c「過去において，地球の平均温度が2℃ に達したとき，放出はすぐに削減された」

　　d「マウナロア天文台の科学者たちは，2007 年の空気中の CO_2 含有量の増加率は2.14ppm より高くなるだろうと考えていた」

　　e「地球の表面平均温度はすぐに2℃ 以下になるだろう」

　　b・c・e は本文にこのような記述はない。d は最終段第 3 文の内容に反する。

A　1—b　2—d　3—d　4—a　5—e　6—e　7—e　8—c
　　9—a
B—a

解答

文化論（510語）　**目標解答時間**　20分

> **ポイント**
>
> 　文章の長さは第3章演習編1〜5と同程度。5が地球規模の話であったのに対して，今度は個人の生活レベルの話題であり，同じ状況に遭遇した人もいることだろう。設問は語句レベルの意味，文レベルの意味，内容真偽と，和訳の記述がある。いずれも難問ではなく，読みながら同時に素早く解答していきたい。

次の英文を読み，下記の設問に答えよ。

The idea of getting another animal following the death of a beloved pet is one that will most likely surface soon enough. This subject is practically taboo in the initial phase of grieving, when the permanence of the loss is only starting to sink in. Before long, however, the grieving person starts encountering the expectation to get over the loss. Getting over it is not always the point, and adopting a new pet is not always the answer. The period following the death of a pet is a good time to think and evaluate choices; there is certainly no point in rushing into action right away. If and when the longing for animal companionship proves stronger than the desire to avoid a new attachment, the next step is to assess getting another pet.

Is the ability to fully love another pet in doubt because the pain of the loss was so great? No one is in position to fully enjoy the gift of a new pet if he or she is still consumed with pain. Lost things almost inevitably become idealized, but by recalling all aspects of life with the lost pet we can remember it beyond idealization and adequately integrate love, sadness, anger, and other feelings. Have the rewards of pet ownership been greater than the sacrifices? Are there other people involved whose feelings and opinions should be considered? Even if there is agreement in principle on the idea of getting a new pet, there may still be significant differences as to such details as what kind to get and when to get it. Finding out what others think and want should be done sensitively and slowly, taking care to avoid creating pressure, guilt and tension.

The pain involved in losing a pet can be severe, but this pain can produce many good things. Successful grief work releases the capacity to love again, which in turn enables us to risk future losses for the benefit of new attachments. When the promise of a new relationship outweighs the risk of future pain, people are ready to reconsider the decision never to have another pet. Probably the biggest obstacle to such a transition is guilt at investing in a new relationship as though it betrays the lost one. It is sometimes difficult to combine the deep yearning for what was lost with the search for fulfillment in a new relationship.

Many people who have had pets find it difficult to imagine living without the company of animals; for them the decision to adopt a pet following a loss is very easy. Others decide while their pets are still alive that they like animals but no longer wish to share their homes with them after this one. For them, too, the decision may be easy. But for many others, maybe the majority of former pet owners, the decision-making process is complicated. The important thing to keep in mind is that adopting a new pet is the easy part; choosing to care for the animal for years to come is the real decision.

設問1. 下線部(イ)が指し示す語句を記述解答用紙の所定欄に書け。

設問2. 下線部(1)〜(4)の意味にもっとも近いものを(a)〜(d)からそれぞれ一つ選び，マーク解答用紙の所定欄にマークせよ。

(1) (a) be felt deeply
    (b) be gradually lessened
    (c) be slowly diminished
    (d) be tentatively addressed

(2) (a) contained in   (b) exposed to
    (c) finished with   (d) overcome by

(3) (a) logically   (b) moderately
    (c) sensibly   (d) tactfully

(4) (a) is clearer than   (b) is greater than
    (c) is related to   (d) is subsequent to

設問3. 下線部(A)〜(C)の意味にもっとも近いものを(a)〜(d)からそれぞれ一つ選び，マーク解答用紙の所定欄にマークせよ。

(A) (a) a sense of uncertainty surrounding the purchase of a new pet
    (b) a sentiment of affection towards a newly acquired pet
    (c) the need to look after another pet following the death of a previous one

出典追記：Loving and Losing a Pet: A Psychologist and a Veterinarian Share Their Wisdom by Michael Stern and Susan Cropper, Jason Aronson (d)　the temptation to acquire a new pet in order to lessen the feeling of loneliness

(B)　(a)　Efforts bringing the feeling of sadness following the death of one's pet under control

(b)　Efforts leading to a sense of guilt being shared equally among family members

(c)　Efforts resulting in increased mental pain long after the loss of one's pet

(d)　Efforts to make the memory of the former pet fade away

(C)　(a)　achievement of an emotional bond

(b)　appreciation of hard work

(c)　enjoyment of daily pleasure

(d)　understanding of the meaning of life

設問4．次の1～5について，本文の内容に合うものはマーク解答用紙のTの欄に，合わないものはマーク解答用紙のFの欄にマークせよ。

1．The biggest difficulty in the decision to get a new pet after the loss of the former one is how to persuade the family members to take care of it.

2．Following the death of a pet, getting a new one is not necessarily the sole course of action.

3．The experience of loving and losing a pet can give us an opportunity to reflect on our life and recover the ability to love a new pet in spite of potential disappointments.

4．The feelings of guilt following the loss of one's beloved pet can be overcome by idealizing the past relationship with it.

5．Most of those who have experienced losing a pet find the decision to adopt a new one relatively undemanding.

設問5．下線部(ロ)を日本語に直し，記述解答用紙の所定欄に書け。

≪ペットが死んだ後に新しいペットを飼うこと≫

全訳

　愛するペットが死んでしまった後で別の動物を飼おうという考えは，すぐに頭に浮かんでくるであろう。この話題は，嘆き悲しんでいる最初の段階，つまり永遠の喪失が実感されてきたばかりの段階では実質的にタブーである。しかし，悲しんでいる人にも遠からず，その喪失を乗り越えようという気持ちが湧いてくる。喪失を乗り越えることが常に重要なわけではなく，新しいペットを飼うことが常に唯一の解答であるわけでもない。ペットが死んだ後の時間はよく考えて様々な選択肢を検討するのにちょうどよい。ただちに焦って行動を起こす必要は全くないのである。新たに愛情を抱くことを避けたいという気持ちより，動物に一緒にいてほしいと願う気持ちの方が強いとわかったら，そのときは次のステップとして別のペットを飼うことを検討すればよい。

　ペットを亡くした苦痛があまりに大きいからといって，新しいペットを十分に愛することはできなくなるのであろうか？　未だ苦痛にさいなまれている人であれば，新しいペットという贈り物を心から喜べない。失われたものが理想化されるのはほぼ必然であるが，死んだペットと過ごした日々を隅々まで思い出すことによって，私たちはペットのことを理想化されない姿で覚えていることができるし，愛・悲しみ・怒りなどの感情を十分に融和させることができる。ペットを飼うことで得られるものはそれにより強いられる苦痛より大きいか？　自分以外で気持ちや意見を考慮すべき関係者はいるか？　新しいペットを飼うことで原則的には意見が一致した場合でも，どんなペットを飼うか，またはいつ飼うかなどの詳細については大きな溝が残っている場合もある。他の人が何を考え何を望んでいるかは，繊細かつゆっくりと理解せねばならない。プレッシャー，罪悪感，緊張状態が生じることは避けるよう注意せねばならないのである。

　ペットの死に伴う苦痛は耐えがたいこともあるが，この苦痛はよいことも多くもたらしてくれる。悲しみにうまく対処することによって，再び愛する能力を解放し，それゆえに将来再びペットが死ぬことを覚悟の上で新しい愛情によって得られるものを求めることができるようになる。新しい関係性の約束してくれるものが将来のペットの死というマイナスを上回ると考えられたときが，もう二度と新しいペットは飼わないという決心を考え直す準備ができたときである。おそらくそのように気持ちが変わっていく上で最大の障害となるのは，そのように新しい関係性に踏み込んでいく際に，まるでそれが死んだペットに対する裏切りであるかのように罪悪感を感じることであろう。死んだペットに対する深い思慕と新しい関係性の成就を求める気持ちとを両立するのは，時に難しいものなのである。

　ペットを飼っていた経験のある多くの人にとっては，動物が一緒にいない暮らしを想像するのは難しいことである。そうした人にとっては，ペットが死んだ後に別のペットを飼うと決断することは全く難しいことではない。一方で，ペットがまだ生きているうちから，動物は好きだがこのペットの後はもう動物と一緒に暮らしたいとは思わない，と決めてしまう人もいる。そうした人にとっても，決断することは難しくないかもしれない。しかしその他大勢の人たちとなると，おそらくそういう人がかつてペットを飼っていた人の大多数であろうが，決断に至る過程は一筋縄

ではいかない。心に留めておくべき重要なことは，新しいペットを手に入れること自体は難しいことではなく，その後長きにわたってそのペットを世話し続けると決めることこそが真の決断だということである。

▶要点メモ……………………………………………………………………………………………

[第1段]
- ●ペットの死後＝様々な選択肢を検討する時間
  - →喪失の克服≠常に重要
  - 新しいペットを飼う≠唯一の解決策
  - →新たな愛情を避ける気持ち ＜ ペットにいてほしい気持ちになってから，新たなペットを飼うことを検討すればよい

[第2段]
- ●検討事項
  - ・失ったペットの理想化からの脱却
  - ・ペットを飼うことで得るものと苦痛との比較
  - ・自分以外の人の気持ちや意見
  - ・どんなペットをいつ飼うか
  - ・プレッシャー，罪悪感，緊張状態の回避

[第3段]
- ●ペットの死に伴う苦痛：耐えがたいこともあるがよいこともももたらす
  - →上手に悲しむことによる愛する能力の解放
  - →新たなペットへの愛情によって得られるものの希求（死ぬのは覚悟で）
- ●新たなペットを飼う時期＝将来のペットの死 ＜ 新しい関係が与えてくれるものとなったとき
- ●最大の障害＝死んだペットへの裏切りという罪悪感（克服が難しいことも）

[第4段]
- ●新たなペットを飼う決断：多くの人にとって一筋縄ではいかない
- ●重要点：新しいペットを長く世話し続ける決断こそ真の決断

……

解　説

設問1　前方に冠詞を伴わない one は，「a＋既出名詞」の代用である。ここでは主語 The idea … と補語 one が be 動詞で結ばれている（つまりイコールの関係にある）ことから，one＝an idea であると判断できる。

設問2　(1)sink in は「（言葉や事態が）理解される，胸にしみる」。つまり，表面部分にしか届いていなかったものが「内部へ」と「沈む」ように浸透していくことを表す。ここでは sink in の意味上の主語が the permanence of the loss「（ペットの）喪失が永遠であること」なので，(a)「深く感じられる」が正解。

(2)be consumed with ～「～（感情）にかられる，圧倒される，さいなまれる」は文脈から大まかに推測できる。ここでは(d)「～に打ち負かされる」が近い。

(3)sensitively は sensitive「敏感な」の副詞形。sense から派生する形容詞は他に sensible / sensual / sensory / senseless などいろいろあるのでセットで覚えて混同しないように。(d)「如才なく」が正解。仮に tactfully を知らなくても残り3つの選択肢が易しい語彙なので消去法で解ける。

(4)outweigh「（価値や重要性の点で）～を上回る」を知らなくても，主語が新しいペットを飼うプラス面で目的語がマイナス面であることから推測できる。(b)「～より大きい」が正解。

設問3 (A)attachment は「くっつくこと，結びつけること」から転じて「愛情」。「新しい愛情」とは「新しく飼うペットへの愛情」と考えられるので，(b)「新しく得たペットに対する愛という感情」が正解。

(B)直訳は「うまくいく悲しむ作業」。つまり「悲しむ」という感情を意図的に正しいやりかたで抱くことを言っている。よって guilt や increased mental pain というマイナスのものにつながる(b)・(c)は不適。「悲しまないようにする」わけでもないので(d)「死んだペットのことを忘れる」も不適。(a)「ペットの死の後に起こる悲しいという感情を統制するための努力」が正解。under control は「コントロールできている状態の」の意。

(C)fulfillment「成就，遂行」は難しい語ではないが，何を fulfill することかは本文に明記されていない。しかし，fulfillment に意味の近い語は選択肢中に achievement しかないため，(a)「感情的な絆を完成すること」が正解。

設問4 1「前のペットが死んだ後に新しいペットを飼うことを決断する際に最も難しいことは，家族にその世話をしてくれるようどうやって説得するかである」

第2段第5・6文で，家族の感情を考え，また何をいつ飼うかなどの細部を詰める必要性は説かれているが，それが最大の課題とはされていないし，ペットの世話について家族を説得することにも言及されていない。よって，**F**。

2「ペットが死んだ後に新しいペットを飼うことは必ずしも唯一とるべき行動ではない」

第1段第4文後半「新しいペットを飼うことがいつも唯一の答えとは限らない」に合致。よって，**T**。

3「ペットを愛し亡くすという経験は，人生を顧みて，（再びペットが死ぬことで）失意が訪れる可能性があるにもかかわらず新しいペットを飼う力を回復させる機会を私たちに与えてくれる」

第3段第1・2文の，「ペットの死の苦痛がもたらすよい面の一つに，正しく悲しむことで愛する力を回復し，再びペットが死ぬリスクにもかかわらず新しい結びつきを求めることを可能にしてくれることがある」という内容に合致。よって，**T**。

4「愛するペットを亡くした後で感じる罪悪感は，そのペットとの過去の関係を理想
　化することで克服できる」
　　第2段第3文後半に「理想化を超えてペットを記憶し感情を適切に融和できる」
　とあることから，理想化しないことを肯定的に，理想化することを否定的に捉えて
　いるとわかる。よって，F。
5「ペットの死を経験している人のほとんどにとって，新しいペットを飼う決断は比
　較的簡単なものである」
　　undemanding は「要求しない」つまり「求められることが少ない，易しい」。第
　4段第1～3文で「新しいペットを飼うか飼わないかをすぐ決められる人もいる」
　とし，続く第4文で「しかしその他の多くの人にとって決断は難しい」と述べてい
　るので不適。よって，F。

設問5　主部は Many people＋関係節（who have had pets）。関係節内の現在完了
　は経験用法「～を飼ったことがある」。述部の find it difficult to imagine … は形
　式目的語が it で，to 以下が真の目的語の第5文型で「～を想像することは難しい
　と考える」。ただし，第5文型の find は「～と発見する，気づく，考える」の基本
　的な訳では日本語としてぎこちないことがある。解答では「S は O が C だと考え
　る」ではなく，「S にとって O は C だ」と訳した。imagine の目的語は living から
　文末までの動名詞句。company は「交際，付き合い」の意。

設問1　an idea
設問2　(1)—(a)　(2)—(d)　(3)—(d)　(4)—(b)
設問3　(A)—(b)　(B)—(a)　(C)—(a)
設問4　1—F　2—T　3—T　4—F　5—F
設問5　ペットを飼っていた経験のある多くの人にとっては，動物が一緒にいな
　い暮らしを想像するのは難しいことである。

7

> **ポイント**
>
> 　語句レベルの問題から内容に関する問題まで，文章の細部も大きな流れも問われる。語句レベルのものでも文意をしっかりつかめているかどうかが重要だ。内容に関する問題は設問を先に読み，読み返しをできるだけ少なくして解答したい。

次の英文を読み，下記の設問に答えよ。

Feel like you're 40 years old going on 60? Or maybe, 40 going on 21? Age
(A)
may be just a number, but medical experts increasingly are saying it might not
always be the right number to gauge your health.
(B)

Everybody grows older at a different pace, according to a recent study that
found the processes of aging can begin fairly early in life. The study calculated
the aging rate of 954 men and women—taking various measurements of their
bodies' health—when they were each 26, 32 and 38 in chronological years. By
analyzing how these measures changed over time, the researchers were able to
see who aged faster and who aged slower than normal.

The aim of the research is to be able eventually to identify signs of premature
(C)
aging before it becomes evident years or decades later in chronic diseases such
as heart disease, diabetes, or kidney and lung impairment*. "Intervention to
reverse or delay the march toward age-related diseases must be scheduled while
people are still young," according to the study, published online last week in the
Proceedings of the National Academy of Sciences.

(1), being able to measure aging in young people could allow scientists
to test the effectiveness of anti-aging therapies, such as calorie-restrictive diets,
the study said.

To measure the pace of biological aging, which the study defined as the
declining integrity of multiple organ systems, the researchers relied on 18
(D)
separate biomarkers. These ranged from common measures (2) good
cholesterol levels and mean blood pressure to more obscure ones like the length
of telomeres—the protective caps on the ends of chromosomes* that shorten
with age.

Most of the study participants aged one biological year for each chronological year. Some, however, put on (　3　) three biological years for every one year, while others didn't increase in biological age at all during the 12-year span the study surveyed. Using a subset of the biomarkers, the researchers calculated that at 38 years old, the participants' biological ages ranged from 28 to 61.

Studies looking at biological age have been done before, but mainly in older people who already had age-related diseases. Earlier studies also generally took just (　4　) that compared chronological with biological age and didn't examine the pace of aging over time.

"This makes detecting the mechanism of aging difficult because it can be hard to separate aging from a disease-specific mechanism," said Daniel Belsky, first
(E)
author of the new study and an assistant professor of medicine at Duke University School of Medicine. "It also may be the case that it's too late to
(F)
intervene effectively with some of these individuals" after the age of 40 or 50, he said.

The study by Dr. Belsky and colleagues made use of an unusual group: a large group of young people, all born in 1972 or 1973, and each of (　5　) biomarkers had been recorded over an extended period. The researchers found data on such a group in a study being conducted in Dunedin, New Zealand, in which an international team of scientists is tracking a range of health measures and behaviors from birth to death.

Dr. Belsky hopes the biomarker formulas the team used will ultimately be useful in a clinical setting in a few years. But the measures will need to be refined in future studies looking at different populations, he said. Biomarkers may be dropped or added and given different weights or importance.

注　*impairment　障害, 欠陥　　*chromosome　染色体

設問1. 下線部(A)〜(F)の意味にもっとも近いものを(a)〜(d)からそれぞれ一つ選び, マーク解答用紙の所定欄にマークせよ。

(A) (a) approaching (b) falling short of
    (c) looking like (d) passing

(B) (a) to evaluate how well you are
    (b) to examine the cause of your disease
    (c) to improve the condition of your health
    (d) to keep you in good shape

(C) (a) aging that happens before the normal or expected time

出典追記：How Quickly Are You Growing Old?, The Wall Street Journal on July 13, 2015 by Sumathi Reddy

  (b) aging that happens by chance or unintentionally

  (c) aging that happens far more slowly than expected

  (d) aging that happens immediately without any prior signs

(D) (a) breaking down   (b) cutting back

  (c) falling on   (d) setting aside

(E) (a) a mechanism that develops a common disease

  (b) a mechanism that identifies a rare disease

  (c) a mechanism that is expected to cure a chronic disease

  (d) a mechanism that is related to a particular disease

(F) (a) It also may be important

  (b) It also may be of interest

  (c) It also may be questioned

  (d) It also may be true

設問 2．空所 1 ～ 5 を埋めるのにもっとも適当なものを(a)～(d)からそれぞれ一つ選び，マーク解答用紙の所定欄にマークせよ。

1 (a) Also   (b) For one thing

  (c) However   (d) On the contrary

2 (a) as well as   (b) except for

  (c) rather than   (d) such as

3 (a) as much as   (b) evidently

  (c) so long as   (d) still more

4 (a) a single reading   (b) a small effort

  (c) one dose   (d) one step

5 (a) whatever   (b) which

  (c) whoever   (d) whose

設問 3．次の(1)～(4)について，本文の内容に合うものを(a)～(d)からそれぞれ一つずつ選び，マーク解答用紙の所定欄にマークせよ。

(1) The purpose of the study by the National Academy of Sciences was to

 (a) find a good indication of early aging to prevent people from getting old faster than normal.

 (b) find an appropriate definition of the declining integrity of multiple organ systems to measure the pace of biological aging.

 (c) find an effective treatment for scientists to educate young people suffering from chronic diseases.

 (d) find a specific medicine to eradicate age-related diseases such as heart attack in the future.

(2) The study by the National Academy of Sciences found that
  (a) examining biomarkers at different points in time was crucially important in studying biological age.
  (b) only a limited variety of measurements were needed to determine an individual's biological year.
  (c) people who aged faster were more likely to suffer from age-related diseases when they were young.
  (d) some people aged faster than others because they were not careful about their diet.

(3) It is expected from the findings by the study above that
  (a) a new treatment to control the onset of an age-related disease may be given at an early stage in life.
  (b) people suffering from age-related diseases can be cured faster than we think.
  (c) scientists can precisely assess the cause of chronological aging by analyzing biomarkers.
  (d) the biomarkers that will cause age-related diseases may be found very early in life.

(4) Dr. Belsky hopes that
  (a) future studies will cover most of the useful biomarker formulas for future experiments.
  (b) future studies will make detecting the biomarker formulas an easy means of getting rid of the causes of unexpected aging.
  (c) the biomarker formulas will be eventually helpful in treatments in hospitals.
  (d) the biomarker formulas will be reexamined in the future to limit their use in clinics.

≪老化現象の研究について≫

全 訳

　あなたは 60 歳に向かっている 40 歳であるように感じているか？　それとも 21 歳に近づく 40 歳か？　年齢はただの数字に過ぎないかもしれないが，医療の専門家たちはますます，年齢は健康を測るのに適切な数字とは限らないかもしれないと発言するようになっている。

　老化のプロセスが人生のかなり早い段階で始まりうることを発見した最近の研究によれば，人はみなそれぞれのペースで老化してゆく。この研究では，954 人の男女の老化の速度を，彼らの実年齢がそれぞれ 26 歳，32 歳，38 歳のときに（彼らの肉体の健康を様々な手段で測定して）算出した。そして，その測定値が時の経過とともにどのように変化したかを分析することで，研究者たちは誰が通常より速く老化し誰の老化が通常よりゆっくりかを発見することができた。

　この研究の目的は，最終的には，通常より早く生じる老化の兆候を特定し，それが何年または何十年も経ってから心臓病，糖尿病，腎臓や肺の障害などの慢性的な病気として顕在化するという事態を防ぐことにある。「年齢に関係のある病気に介入してその進行を好転させたり遅らせたりすることは，まだ若いうちにしておかねばならない」と述べているのは，先週インターネット上で公開された『全米科学アカデミー紀要』の中の研究である。

　また，若者の老化を測定できれば，科学者たちはカロリー制限ダイエットなどの老化防止法の有効性を試すことができるようになる，と研究は述べた。

　生物学的老化（この研究ではそれを「複合的な体内器官のシステムが衰えてゆくこと」と定義している）のペースを測るために，研究者たちは 18 の異なるバイオマーカーを頼った。このマーカーは，善玉コレステロール値や平均血圧のようなよく知られた評価基準から，テロメア（染色体の端にあり，年齢とともに短くなる保護キャップ）の長さのようにそれほど知られていない評価基準にまでわたっていた。

　被験者のほとんどは実際の 1 年が経過するごとに生物学的にも 1 年分老化していた。しかし，1 年ごとに生物学的には 3 年分も老化した人もいれば，調査対象となった 12 年間で生物学的には全く歳を取らない人もいた。いくつかのバイオマーカーの組み合わせを用いて，研究者たちは 38 歳の時点で参加者たちの生物学的年齢が 28 歳から 61 歳までの幅があると計算した。

　生物学的年齢に注目した研究はこれまでにもあったが，それは主に年齢と関係のある病気を既に抱えているもっと高齢の人たちを対象としていた。また先行研究は一般的に，実年齢と生物学的年齢を比較した値を一度読んだだけで，時間の経過に伴う老化のペースを調べてはいなかった。

　「このことが老化のメカニズムの発見を難しくしています。というのも，老化と個々の病気特有のメカニズムを分けて考えるのが難しいことがあるからです」と語ったのは，この新しい研究の筆頭執筆者でデューク大学医学部准教授のダニエル＝ベルスキー氏である。彼曰く，40 〜 50 歳を過ぎてしまうと「こうした人々の病気のいくつかは，うまく進行を止めるには遅すぎることもありえるのです」。

　ベルスキー博士と同僚たちによる研究は，ある特別なグループを活用した。それ

は大勢の若者からなる集団で，全員が 1972 年か 1973 年に生まれ，そのバイオマーカーがそれぞれ長年にわたって記録されてきている集団であった。研究者たちはこのような集団に関するデータを，ニュージーランドのダニーデンで行われている研究の中に見出した。そこでは国際的な科学者チームが，生まれてから死ぬまでの様々な健康評価基準や行動のデータを集めているのである。

　ベルスキー博士は研究チームが採用したバイオマーカーの利用法が，究極的には数年のうちに臨床の現場で役に立つようになることを願っている。しかし，別の集団を対象とする将来の研究では評価基準をより洗練されたものにする必要がある，と彼は言った。バイオマーカーが除外されたり付け加えられたり，あるいは違ったふうに比重や重点を置かれたりする可能性もある。

▶要点メモ···

[第 1 段] 導入
- 年齢は健康を測るのに適切な数字ではないかもしれない

[第 2 段]
- 老化速度の研究　954 人の男女が対象：
　　　　　　　　実年齢 26 歳，32 歳，38 歳の時点での健康を測定し，時の経過による
　　　　　　　　測定値の変化を分析→人はそれぞれのペースで老化する

[第 3 段]
- 研究の目的＝慢性病として顕在化する前に，早期に生じる老化の兆候を特定すること

[第 4 段]
- 研究結果の応用＝老化防止法（例カロリー制限ダイエット）の有効性の検証

[第 5 段]
- 生物学的老化のペースの測定→ 18 のバイオマーカーが評価基準
　　　　　　　　　　　　例善玉コレステロール値，平均血圧，テロメアの長さ

[第 6 段]
- 測定結果：大半は実際の 1 年が経過すると生物学的にも 1 年分老化
　　　　　　しかし 1 年で 3 年分も老化，12 年間全く老化しないという人も
　　　　　　実年齢 38 歳時点での生物学的年齢：28 歳から 61 歳の幅あり

[第 7 段]
- 先行研究の方法：年齢と関係する病気をもつ高齢者が対象
　　　　　　　　実年齢と生物学的年齢の比較が 1 回のみ（老化のペースを見ず）

[第 8 段]
- 先行研究の問題点：老化のメカニズムの発見が困難
　　　　　　　　（老化と個々の病気特有のメカニズムを分けるのが困難なため）

[第 9 段]
- 今回の研究：特別なグループを活用→多数の若者（全員 1972 年か 1973 年生まれ）
　　　　　　　長年にわたるバイオマーカーの記録あり

[第 10 段]
- 今回の研究のバイオマーカーの利用法→数年後に臨床現場で役立てば，という希望
　　ただし，将来的には評価基準をより洗練されたものにする必要あり

解　説

設問1　(A) going on ～（数字・時間・年齢など）で「～に近づいている」なので，(a) approaching と同じ。

　　(b)「（目標などに）達しない」

　　(c)「～のように見える」

　　(d)「～を通る」

(B) gauge「～を評価・判断する，見積もる」　目的語が your health なので，(a)「どの程度調子がよいかを評価するための」が正解。

　　(b)「あなたの病気の原因を検査するための」

　　(c)「あなたの健康状態を向上するための」

　　(d)「あなたの健康状態をよく保つための」

(C) premature という語を仮に知らなくても，pre-「前」＋mature「熟した」で「熟する前の」つまり「時期が早すぎる」という意味であると推測できる。(a)「通常の時期，予測される時期より前に生じる老化」が正解。

　　(b)「偶然，もしくは意図せずに起こる老化」

　　(c)「予想よりずっと遅く起こる老化」

　　(d)「何の前兆もなく突然起こる老化」

(D) integrity「高潔清廉な状態，完全無欠であること」が decline「衰える」ことを言い換えた選択肢を選ぶ。これらの語を知らなくても，ここは biological aging「生物学的老化」の定義を述べた部分なので，複合的な体内器官のシステムが(a) breaking down「壊れること，失敗すること，衰えること」を選べるだろう。

　　(b)「短くすること，削減すること」

　　(c)「～の上にかかること，落ちること」

　　(d)「～を取っておくこと，蓄えておくこと」

(E) specific は「明確な，特定の，特有の」なので，disease-specific は「病気に特有の」という意味であると考えられる。(d)「特定の病気に関係のあるメカニズム」が正解。

　　(a)「よくある病気を発現させるメカニズム」

　　(b)「稀な病気を特定するメカニズム」

　　(c)「慢性病を治療すると期待されるメカニズム」

(F) be 動詞の補語になっている the case は「事実，真相，実情」で，true「正しい，当てはまる」とほぼ同義なので，(d)「～はまた正しいことかもしれない」が正解。

　　(a)「～はまた大切かもしれない」

　　(b)「～はまた興味深いことかもしれない」

　　(c)「～はまた疑われることかもしれない」

設問2　1．空所直前の第3段では「早い老化の兆候の特定」，第4段では「老化防

止法の有効性の検証」と，研究の目的が2つ列挙されている。よってその間に入る
表現は，列挙を表す(a)Also「また」が適切。

　(b)「ひとつの例には」　　　(c)「しかしながら」　　　(d)「それどころか，むしろ」

2．空所直後の「コレステロール値」・「血圧」は直前の「よく知られた評価基準（バ
イオマーカー）」の具体例なので，「（たとえば）～のような」と具体例を導く表現
である(d)such as を入れる。

　(a)「～と同様に」　　　　(b)「～以外」　　　　(c)「～よりむしろ」

3．「1年ごとに3年分も老化する」という文脈なので，直後の three が大きな数値
であることを強調する(a)as much as がふさわしい。

　(b)「明らかに」　　　　(c)「～もの長い間」　　　(d)「さらにまた」

4．(a)を入れると，take a reading で「（計測器などに示された）数値を調べる・読
む」となり，just a single ～ で「ひとつだけの～」の意なので，「実年齢と生物学
的年齢を比較した値を一度読んだだけで，時間の経過に伴う老化のペースを調べな
い」という意味になる。

　　(c)take one dose「1回服用する」，(d)take one step「一歩踏み出す」では意味
が通らず，(b)effort「努力」は take ではなく make と結びつくので不適。

5．空所の前には，young people を後ろから修飾する語句 all born … 1973 があり，
その後ろに and があることから，and の後方も young people を修飾する語句であ
ると判断できる。each より後ろは主語と述語のセットを持つ節の形を取っている
ため，空所には形容詞節を導く関係詞で，かつ直後の名詞 biomarkers を修飾でき
る語が入らねばならない。この条件をすべて満たすのは所有格の関係代名詞
(d)whose しかない。

　(a)「何であれ」　　　　(b)「どちらの」　　　　(c)「誰であれ」

設問3　(1)「全米科学アカデミーによる調査の目的は…ことである」

　　第3段冒頭に「この研究の目的は，慢性病が何十年も経ってから顕在化する前に
早期の老化の兆候を特定できるようになること」とあるので，(a)「通常より速く老
化するのを防ぐために，早期の老化の十分な兆候を見つける」が正解。

　(b)「生物学的老化の速度を測るために多臓器系の健康状態の悪化の適切な定義を見
つける」

　(c)「科学者が慢性病を患う若者を教育するための効果的な治療を見つける」

　(d)「将来的に，心臓発作のような年齢に関係した病気を根絶するための特効薬を見
つける」

(2)「全米科学アカデミーの研究で…ということが明らかになった」

　　第2段で同一人物の状態を26歳，32歳，38歳の時点で比較したと述べており，
第5段冒頭では「生物学的老化のペースを測定するためにバイオマーカーを頼っ
た」とあるので，(a)「異なる時点でバイオマーカーを調べることが生物学的年齢を

研究する上で決定的に重要である」が正解。

(b)「限られた種類の計測のみが，各自の生物学的年齢を決定するのに必要とされる」

(c)「より速く老化した人は，若い頃に年齢に関係した病気に罹る可能性が高い」

(d)「食事に気を遣わなかったため，他の人よりも速く老化した人がいる」

(3)「上記の研究の結果から…ということが期待される」

　　第3段第1文で「この研究の目的は早期のうちに老化の兆候を特定することである」と述べられ，続く第2文で「老化対策は若いうちに行わねばならない」としている。よって(a)「年齢に関係する病気の始まりを制御する新しい治療が，人生の早い段階で行われるかもしれない」が正解。onset「（よくないことの）始まり」

(b)「年齢に関係した病気を患った人々は，我々が考えるよりも速く治療される可能性がある」

(c)「バイオマーカーを分析することで，加齢性の変化の原因を科学者が正確に評価できる」

(d)「年齢に関係した病気を引き起こすバイオマーカーは，人生の最初期に発見されるかもしれない」

(4)「ベルスキー博士は…ということを希望している」

　　同じ書き出しで始まる最終段第1文は「最終的には研究チームが採用したバイオマーカーの利用法が数年のうちに臨床の現場で有益になるように」と述べている。formula「（一定の）使用，定式」　clinical setting「臨床の現場」　(c)「バイオマーカーの利用法が結果的には病院の治療で役立つだろう」が正解。

(a)「将来の研究が，将来の実験のために役立つバイオマーカーの利用法のほとんどを補うだろう」

(b)「将来の研究によって，バイオマーカーの利用法を発見することが，予期しない老化の原因を取り除く簡単な方法となるだろう」

(d)「バイオマーカーの利用法は，医院での使用を制限するために将来再検討されるだろう」

設問1　(A)—(a)　(B)—(a)　(C)—(a)　(D)—(a)　(E)—(d)　(F)—(d)

設問2　1—(a)　2—(d)　3—(a)　4—(a)　5—(d)

設問3　(1)—(a)　(2)—(a)　(3)—(a)　(4)—(c)

8

ポイント

　文章の長さは約600語。長文らしい分量になってきた。語句や文の意味という細部
の問題と，本文に述べられていることから推測できることを選ぶという全体の理解に
関わる問題の組み合わせ。目の前にある単語，文だけを必死に追うのではなく，それ
らも大きな全体の中の一部であり，他の個所とのつながりがあることを意識しながら
読もう。

次の英文を読んで下の問いに答えよ。解答はマーク解答用紙にマークせよ。

When men and women take personality tests, some of the old male-female stereotypes keep reappearing. On average, women are more cooperative, nurturing, cautious and emotionally responsive. Men tend to be more competitive, assertive, reckless and emotionally flat. Clear differences appear in early childhood and never disappear. What's not clear is the origin of these differences. Evolutionary psychologists contend that these are inborn traits inherited from ancient hunters and gatherers. Another school of psychologists asserts that both sexes' personalities have been shaped by traditional social roles and that personality differences will shrink as women spend less time raising children and more time in jobs outside the home.

To test these hypotheses, a number of research teams have repeatedly analyzed personality tests taken by men and women in more than 60 countries around the world. For evolutionary psychologists, the bad news is that the size of the gender gap in personality varies among cultures. For social-role psychologists, the bad news is that the variation is going in the wrong direction. It looks as if personality differences between men and women are smaller in traditional cultures like India's or Zimbabwe's than in the Netherlands or the United States. A husband and a stay-at-home wife in a patriarchal Botswanan clan seem to be more alike than a working couple in Denmark or France. The more men and women have equal rights and similar jobs, the more their personalities seem to diverge. These findings are so unbelievable that several other scholars have argued they must be because of cross-cultural problems with the personality tests. But after examining new data from 40,000 men and women on six continents, Professor David P. Schmitt, a psychologist at Bradley University in Illinois, concludes that the trends are real. He suggests that as wealthy modern societies level external barriers between women and men, some ancient internal differences are being revived.

The biggest changes recorded by the researchers involve the personalities of men, not women. Men in traditional agricultural societies and poorer countries seem more cautious and anxious, less assertive and less competitive than men in the most progressive and rich countries of Europe and North America. To explain these differences, Professor Schmitt points to the hardships of life in poorer countries. He notes that in some other species, environmental stress tends to disproportionately affect the larger of the two sexes and to weaken secondary sexual characteristics (like male birds' displays of their feathers). And, he says, there are examples of stress weakening biological sex differences in humans. For instance, the average disparity in height between men and women isn't as pronounced in poor countries as it is in rich countries, because boys' growth is disproportionately affected by stresses like malnutrition and disease.

Personality is more complicated than height, of course, and Professor Schmitt suggests it's affected by not just the physical but also the social stresses in traditional agricultural societies. The villagers in those societies have had to adapt their personalities to rules, hierarchies and gender roles more constraining than those in modern Western countries — or in clans of hunter-gatherers. "Humanity's move to monotheism (a belief in a single god), agriculturally based economies and the monopolization of power and resources by a few men was 'unnatural' in many ways," Professor Schmitt argues, indirectly referring to evidence that hunter-gatherers were relatively egalitarian. "In some ways modern progressive cultures are returning us psychologically to our hunter-gatherer roots. That means high sociopolitical gender equality overall, but with men and women expressing natural interests in different domains. Removing the stresses of traditional agricultural societies could allow men and to a lesser extent women to develop more natural personality traits."

From As Barriers Disappear, Some Gender Gaps Widen by John Tierney, The New York Times (2008/09/08)   © The New York Times

1．下線(1)の大意として最も適切なものを下のa〜eの中から1つ選べ。

　a．貧しい途上国では，男はより男らしくなるのに対し，女はより女らしくなる。

　b．豊かな先進国では，男性が女性化するのに対し，女性は男性化する。

　c．男女の性格の相違は先天的なものであって，文化に起因するものではない。

　d．男女の役割が定まった因襲的な社会では，男女の性格の相違は小さくなる。

　e．男女の性格の相違は文化に起因し，その相違の程度は文化によって異なる。

2．下線(2)の意味として最も適切なものを下のa〜eの中から1つ選べ。

　a．add on　　　　　　　　　　b．raise up

　c．tear down　　　　　　　　d．penetrate into

　e．build on to

3．下線(3)と同様の意味を持つ例として最も適切なものを下のa〜eの中から1つ選べ。

　a．The minister conducted the exchange of vows and <u>pronounced</u> the couple "man and wife."

　b．The defendant looked straight ahead when the verdict and sentence were <u>pronounced</u>.

　c．She looked through the house and <u>pronounced</u> herself pleased with the carpenters' work.

　d．A people's sense of national identity tends to be more <u>pronounced</u> in time of war.

　e．The English language has a large number of words that are <u>pronounced</u> differently than they are spelled.

4．下線(4)の大意として最も適切なものを下のa〜eの中から1つ選べ。

　a．get along together with their opponents

　b．come to terms with their circumstances

　c．get away with violating social codes

　d．dispense with necessary legal formalities

　e．take part in community social activities

5．仮にインドやジンバブエのような国々が近代化を推進して豊かな先進国になったとして，シュミット教授の説に従うなら，男女の性格にどのような変化が生ずるようになると推測されるか。本文からの推論として最も適切なものを下のa〜eの中から1つ選べ。

　a．It is likely that males and to a lesser extent females in those two countries will develop more natural personality traits.

　b．It is likely that females and to a lesser extent males in those two countries will develop more natural personality traits.

c . It is likely that males and to a lesser extent females in those two
   countries will suppress more natural personality traits.

d . It is likely that females and to a lesser extent males in those two
   countries will suppress their natural personality traits.

e . It is likely that males and to some extent females in those countries will
   suppress their natural personality traits.

≪男女の性差はどこから生まれるか≫

全訳

　男女が性格テストを受けると，あのおなじみの男女の固定観念のいくつかが再び現れてくる。平均して，女性のほうが協力的であり，世話好きで注意深く，情緒面で敏感である。男性はより競争心旺盛で，自分の意見をはっきり述べ，無鉄砲で，情緒面では落ち着いている。明確な相違は幼少時に現れ，決して消失しない。はっきりしないのは，これらの相違がどこから生まれるかである。これらは古代の狩猟民や採集民から受け継いだ生まれつきの特徴であると進化心理学者は主張する。別派の心理学者は，男女の性格は伝統的社会的役割によって形成されてきたと断言し，さらに，性格の相違は女性が子育てに費やす時間が少なくなり，家庭外の仕事に費やす時間が多くなるにつれて，縮小していくであろうと断定する。

　これらの仮説を検証するために，多数の研究チームが，世界の60カ国以上の男女に対して実施された性格テストを繰り返し分析してきた。性格における性差の大きさは文化によって異なるということは，進化心理学者にとって悪い知らせであった。社会的役割派心理学者にとっての悪い知らせは，変化が間違った方向へ向かっているということであった。それはまるで，男女の性格の相違は，インドやジンバブエのような伝統的文化でのほうが，オランダやアメリカの文化においてよりも小さいかのようである。家父長制のボツワナ部族の夫と家庭にいる妻は，デンマークやフランスの共働き夫婦よりも，似たところが多いように見える。男女が平等な権利を有し，同じような仕事を持てば持つほど，それだけいっそう男女の性格は乖離するように見える。これらの所見はあまりに信じがたいものであるため，これらは性格テストに関する異文化問題のせいに違いないと幾人かの学者は主張してきた。だが，6大陸の男女4万人から得た新たなデータを検証した後，イリノイ州ブラッドリー大学の心理学者，デイビッド=P. シュミット教授は，その傾向は真実であると結論づけた。彼は，豊かな現代社会が男女間の外的障壁を破壊するにつれて，いくつかの古来の内在的な相違が復活してきているのだと示唆している。

　研究者によって記録された最大の変化には，女性ではなく，男性の性格が含まれている。伝統的農耕社会や貧困国の男性のほうが，欧州や北米の最も進歩的で豊かな国々の男性よりも用心深く，心配性であり，自己主張しないし，競争心が少ない。これらの相違を説明するために，シュミット教授は貧困諸国の生活苦を指摘している。他のいくつかの種では，環境ストレスが両性のうち大きい方の性に偏って影響を及ぼし，（雄鳥が羽を誇示するような）第二次性徴を弱める傾向があることを彼は指摘する。そして，ストレスが人間の生物学的性差を弱めるという例がいくつかあるとも彼は語っている。たとえば，男女の平均身長差は，貧困な国々においては，豊かな国々においてほど顕著ではない。というのも，少年の成長はとりわけ，栄養不良や病気といったストレスの影響を受けるからである。

　性格は，もちろん，身長よりも複雑であり，伝統的農耕社会では，性格は肉体的ストレスばかりでなく，社会的ストレスにも影響されるとシュミット教授は示唆している。それらの社会の村人は，現代西洋社会——あるいは，狩猟採集民の部族

——におけるよりも制約が強い規則，階層，性別による役割に，自分の性格を順応させてこなければならなかった。「人類が一神教（単一神信仰），農業基盤経済，少数の男性による権力と資源の独占へと移行していったのは，多くの点で『不自然』でした」と，狩猟採集民が比較的に平等主義者であったという証拠を間接的に引用しつつ，シュミット教授は主張している。「ある意味では，進歩的現代文化は心理的な面で，私たちを狩猟採集民であった祖先の状態に戻しているのです。これは，社会政治的面ではかなりの性的平等が全般的に保たれ，一方で男女が異なる領域に生来の興味を示している，という状態のことです。伝統的農耕社会のストレスを取り除けば，男性は，そして女性は男性ほどにではないにせよ，生まれつきの性格特性をいっそう発現できるでしょう」

▶要点メモ···

[第1段]
●性格テストの結果：固定観念どおり

女性＝協力的・世話好き・注意深い・情緒的に敏感

男性＝競争的・自己主張が強い・無鉄砲・情緒的に安定

●文章のテーマ：この相違はどこから生まれるのか？

[第2段]
●世界60カ国以上で行われた性格テストの分析

→性格における性差＝文化によって異なる

相違は伝統的文化のほうが小さい

↓

男女間の外的障壁の破壊につれ，内在的相違が復活？

[第3段]
●最大の変化：男性の性格

→伝統的農耕社会・貧困国の男性＝用心深い・心配性・自己主張しない・競争心が少ない

●考えられる理由：生活苦→環境ストレスが生物学的性差を弱める

 貧困国の男女の平均身長差は小さい

[第4段]
●社会的ストレスが性格に及ぼす影響

→伝統的農耕社会の厳しい規則，階層，性別役割への順応：「不自然」なもの

（cf. 狩猟採集民＝比較的，平等主義）

●進歩的現代文化：心理面で「狩猟採集民」の状態への回帰

一方で，男女が異なる領域に生来の興味・関心

●伝統的農耕社会のストレスを取り除く

→特に男性は生まれつきの性格特性を発現する可能性

···

解　説

1　下線部自体は「変化は間違った方向へ向かっている」の意だが，これは同文前半にある「社会的役割派心理学者にとって」のこと。第1段最終文にこの派の心理学者の考えが述べられているが，調査結果がその考えと違っていたため「間違った方向」と記しているにすぎない。その調査結果は下線部の直後の文。「まるで，男女の性格の相違は…伝統的文化での方がオランダやアメリカの文化においてよりも小さいかのようである」となっている。この内容と一致するのは d である。

2　選択肢を見てもわかるとおり，本文中の level は動詞である。当該文は「豊かな現代社会が男女間の外的障壁を level するにつれて，いくつかの古来の内在的な相違が復活してきている」の意。「違いをなくそうとすると違いが生まれる」という文意であると考えられる。また，現代社会では男女平等を目指している，つまり男女間の壁をなくそうとしていると一般的に言える。c の **tear down**「取り壊す，破壊する」が適切。動詞の level は「平らにする，破壊する」の意。

　a．add on ～「～を付け足す」

　b．raise up ～「～を揚げる」

　d．penetrate into ～「～を見抜く，～に浸透する」

　e．build on to ～「～に建て増しをする」

3　当該文は直前の文（第3段第5文）で述べられている「ストレスが人間の生物学的性差を弱める」ことの一例。当該文は「男女の平均身長差は，貧困な国々においては，豊かな国々ほど pronounced ではない」となっており，「大きい・はっきりした（ものではない）」といった意味になるはず。比較表現の as … as にはさまれていることから，過去分詞が形容詞的に使われているという点にも注意したい。d の「人々の国民意識は戦時中にいっそう<u>顕著になる</u>傾向がある」が適切。この選択肢でも pronounced は more を伴って形容詞的に使われている。

　a「牧師は誓いの交換を執り行い，2人を『夫婦』と<u>宣言した</u>」

　b「被告は評決と判決が<u>申し渡される</u>とき，まっすぐ前方を見た」

　c「彼女は家を調べ，大工の仕事に満足していると<u>はっきり言った</u>」

　e「英語にはつづられ方とは異なって<u>発音される</u>語が非常にたくさんある」

4　当該個所は「規則，階層，性別による役割に自分の性格を順応させる」の意。adapt *A* to *B*「*A* を *B* に順応させる」は知っておきたい。b の「環境に慣れるようにする」が適切。come to terms with ～「～を受け入れる，あきらめて～に従う」の意。

　a「敵と仲良くやっていく」

　c「社会法規を破りながら罰せられずに切り抜ける」　get away with ～「～を罰せられずにうまくやってのける」

d 「必要な法的手続きを免除する」

e 「共同体の社交活動に参加する」

5　インドやジンバブエは，第2段第4文にあるように「伝統的文化」の国の例。シュミット教授の説は最終段最終文参照。「伝統的農耕社会のストレスがなくなると，男性は，そして女性は男性ほどではないにせよ，生まれつきの性格特性をいっそう発現できる」とある。a の「両国で，男性は，そして女性は男性ほどではないにせよ，生まれつきの性格特性をもっと発現する可能性が高い」が正解。

b 「両国で，女性は，そして男性は女性ほどではないにせよ，生まれつきの性格特性をもっと発現する可能性が高い」

c 「両国で，男性は，そして女性は男性ほどではないにせよ，生まれつきの性格特性をもっと抑える可能性が高い」

d 「両国で，女性は，そして男性は女性ほどではないにせよ，生まれつきの性格特性を抑える可能性が高い」

e 「両国で，男性は，そして女性はある程度，生まれつきの性格特性を抑える可能性が高い」

1—d　2—c　3—d　4—b　5—a

解　答

1

> **ポイント**
>
> 　入試問題に採用される文章は，最新の研究成果や現代的な問題を教えてくれるものが多い。この文章も現代ならではの話題である。設問は内容真偽，同意表現，空所補充，主題，英文和訳と，語句の知識から全体の把握まであり，長文総合読解の典型的なパターンである。解答するのには英語自体の力は当然必要だが，世の中のことに対する知的好奇心が長い文章を最後まで読み切る底力かもしれない。

次の英文を読み，下記の設問に答えよ。

Should commuting hours count as part of the workday?　This suggestion was made by university researchers in England who studied the commuting habits of thousands of business people.

It's no secret that the expansion of Wi-Fi on trains, planes and automobiles has led to the de facto expansion of the working day, tying employees to their electronic devices as they send and receive countless work emails after clocking out from their jobs.

Work-life balance has been a popular catchphrase of the modern era, in which employers provide a range of (1)perks for their employees to get rid of the accumulated stress.　But amid the emphasis on wellness programs come alarming tales like that of a 31-year-old Japanese worker who amassed more than 159 hours of overtime in one month and worked herself to death.　Officials there and in other countries have moved to crack down on overworking.

Last year, France, which already has a 35-hour workweek, introduced a law requiring large companies to give their employees "the right to disconnect" and block email when they are off duty.

Similar limits have been tested in Germany, where in 2013 the Labor Ministry ordered its supervisors not to contact employees （　イ　） office hours.　And in 2011, Volkswagen began shutting off its company cellphone network at the end of the workday, stopping some employees in Germany from sending or receiving email.

In Britain, workers spend an hour on average getting to and from their jobs —more in and around London—but not everyone is able to be （　ロ　） in a busy rail car, where the temptation of computer games may be too strong.

Over 40 weeks in 2016 and 2017, the research team at the University of the West of England studied 5,000 commuters who traveled up to 250 miles a day for work on two busy lines that run northwest from London to Birmingham and Aylesbury. The workers were scrutinized for their use of free wireless internet on the routes. The team found that commuters were using their time on the train to get work done. The longer the route, the more work was being accomplished. Fifty-four percent of commuters on the longer route, Birmingham to London, and 36 percent on the shorter one, Aylesbury to London, were checking and sending work-related emails during the trips.

Dr. Jain, a researcher at the University of Bristol, said the study was still in its exploratory stage. Any changes in the length of the workweek would have to come from the British government.

But several European countries have proposed regulatory changes to take account of longer commutes and the seemingly permanent availability of mobile internet. And a court case decided before a European legal commission last year could affect how working time is calculated across the continent. The commission ruled that in Norway, some employees could count their commute as working time—the (ハ) being that while they may not be, strictly speaking, working, they are at the disposal of their employer.

This summer, France's highest court ordered a British company to pay one of its workers in France 60,000 euros (more than $70,000) in compensation, after the company required employees to have their phones on at all times to answer questions and complaints from clients and subordinates. "The right to disconnect is reminding everyone that we ought to have a reasonable attitude to new technologies," said Ms. Sabbe-Ferri, a lawyer in Paris. "Having access to the internet around the clock (ニ) we should be working all the time."

(Adapted from *The New York Times*, August 30, 2018)

© The New York Times

設問1. 次の1. ～4. について，本文の内容にもっとも合うものを(a)～(d)からそれぞれ一つ選び，マーク解答用紙の所定欄にマークせよ。

1. Based on this article, which of the following statements is true?

(a) Companies in Germany abuse their employees by forcing them to work at home on their mobile devices.

(b) Death from overwork is still a common occurrence in the corporate world and some governments have largely ignored the problem.

(c) Examples in Germany, France and Japan demonstrate that modern technology has made work-life balance easier to achieve than in the past.

(d) Today, while many companies try to improve their working conditions, examples of overwork persist.

2. Which of the following statements accurately describes measures taken in Germany to help employees maintain a work-life balance ?

(a) A private company made it impossible to use work-related email except during established business hours.

(b) Efforts have been made in both private and public sectors to limit the use of email during office hours.

(c) The first action to restrict the use of corporate email was undertaken by the German government to be followed two years later by a private company.

(d) The government and the private sector have been cooperating to pass laws requiring employers to use their best judgment when sending email to staff.

3. The results of the study undertaken by the University of the West of England show that

(a) a considerable minority of travelers between Aylesbury and London are engaged in personal communication while on the train.

(b) approximately a third of all passengers on a longer route try to catch up on work while traveling.

(c) many commuters spend time on the train playing video games since the rail cars get too busy to do any work effectively.

(d) there is a positive correlation between the amount of work done on the train and the time spent getting to the destination.

4. What is so significant about the decision of the European legal commission ?

(a) It has allowed certain employees to claim the time they spend getting to their workplace and back as the time spent in the office.

(b) It has forced the business world to change its attitude towards the use of new technologies.

(c) It has made it more difficult for the employers to require their workers to be at their disposal at all times.

(d) It has resulted in a number of high-profile legal cases, notably in France, in which employees demanded additional pay.

設問2. 下線部(1)〜(3)の意味にもっとも近いものを, (a)〜(d)からそれぞれ一つ選び, マーク解答用紙の所定欄にマークせよ。

(1) (a) benefits   (b) designations
     (c) measures   (d) references

(2) (a) critical   (b) decisive
     (c) initial   (d) pivotal

(3) (a) uncertain   (b) uninterrupted
     (c) unresolved   (d) unstable

設問3. 空所 (イ) 〜 (ニ) を埋めるのにもっとも適当なものを(a)〜(d)からそれぞれ一つ選び, マーク解答用紙の所定欄にマークせよ。

(イ) (a) demanding   (b) outside
     (c) regarding   (d) within

(ロ) (a) ambitious   (b) entrepreneurial
     (c) productive   (d) reluctant

(ハ) (a) appeal   (b) effort
     (c) rationale   (d) strategy

(ニ) (a) cannot negate the fact that
     (b) doesn't mean that
     (c) fortunately suggests that
     (d) often lets us forget that

設問4. 本文のタイトルとしてもっとも適当なものを(a)〜(d)から一つ選び, マーク解答用紙の所定欄にマークせよ。

(a) Abuse of Power by Large Corporations: How Some Companies Are Forcing Their Employees to Work Overtime

(b) Major Changes Looming in Europe: Why Legal Pressure Is Forcing Companies to Expand the Work Responsibilities of Their Employees

(c) No Longer 9 to 5: The Traditional Definition of Working Hours May Be on Its Way Out

(d) Slaves of the Internet: The Frightening Reality of Today's Workplace in Many Countries

設問5. 下線部(A)を日本語に訳し, 記述解答用紙の所定欄に書け。

全訳

≪もはや9時～5時ではない：労働時間の伝統的な定義はあてはまらなくなりつつあるのかもしれない≫

　通勤時間は1日の労働時間に含めるべきではないか？　この提案をしたのは，何千人というビジネスパーソンの通勤習慣を調査したイングランドの大学の研究者たちである。

　電車・飛行機・車でのWi-Fiの使用が広まったことで，明らかに事実上の労働時間は延びた。職場を出た後でも無数の仕事上のメールを送ったり受けたりして，職員は電子機器に縛りつけられているのである。

　ワークライフバランスというのは現代のよく用いられるキャッチフレーズである。現代は蓄積したストレスを取り除くために雇用主が職員に多様な特典を与える時代なのである。しかし，健康増進の取り組みが強調されるなかで，不安になるような話も聞こえてくる。例えば，1カ月で残業が159時間以上も積み重なり，過労死した31歳の日本人女性の話などである。日本とその他の国の役人は超過勤務を取り締まるために動いた。

　すでに週の労働時間を35時間としているフランスでは，大企業が「つながらない権利」つまり勤務外ではメールを受け取らない権利を職員に与えることを求める法を昨年導入した。

　同様の制限がドイツでも試行されている。2013年に労働省は同省の管理官たちに命じて，職員には業務時間外に連絡を取らないようにさせた。また，2011年にはフォルクスワーゲン社が，勤務時間が終わると会社の携帯電話の通信回線を切り，それゆえにドイツ国内の職員の中にはメールの送受信をしなくて済むような人も現れた。

　イギリスでは，労働者は通勤に平均して1時間をかけており，ロンドン市内やその周辺ではさらに時間がかかっている。しかし混雑した電車の中で誰しもが生産的になれるわけではない。コンピュータゲームの誘惑があまりに強いことがあるからである。

　2016年と2017年の40週以上にわたって，西イングランド大学の研究チームは，ロンドンからバーミンガムとエイルズベリーへと北西に進む混雑する2路線で，通勤のために1日あたり最大250マイル移動する5,000人を調査した。彼らは通勤途上で無料のワイヤレスインターネットを使用したかについて精査された。研究チームが発見したのは，通勤客たちは仕事を終わらせるために電車内での時間を使っていたということであった。ルートが長くなればなるほど，片づけられる仕事の量が多くなっていた。より長いルートであるバーミンガムからロンドンへ行く客の54％，短い方のルートであるエイルズベリーからロンドンへ向かう客の36％が，移動中に仕事関連のメールを見たり送ったりしていた。

　ブリストル大学の研究者であるジェイン博士は，この研究がまだ始まったばかりの段階であると述べている。1週間あたりの労働時間の長さをいくらかでも変えるには，イギリス政府の働きかけが必要になるであろう，と。

　しかしヨーロッパではいくつかの国々がすでに規制の強化を提案し，通勤時間がより長くなったことや，モバイルインターネットが見たところ途切れることなく使

えるようになっていることを考慮に入れようとしている。また，昨年ヨーロッパの
ある法律委員会を前にして評決が出された訴訟が，ヨーロッパ全土で労働時間が計
算される方法に影響を与える可能性がある。その委員会は，ノルウェーで一部の職
員は通勤時間を労働時間に算入できると規定した。その根拠となるのは，彼らが厳
密に言えば働いていなくても，彼らは雇用主に使役されている，ということであっ
た。

　この夏フランスの最高裁判所は，あるイギリスの企業に対し，フランス国内の一
人の従業員に対して 6 万ユーロ（7 万ドル超に該当）を補償するよう命じた。同社
が従業員に対して，常時携帯電話をオンにしてクライアントや部下からの質問や不
平に答えるよう命じたためである。「『つながらない権利』は，私たちが新しいテク
ノロジーに対して分別のある考え方をもたねばならないということを思い出させて
くれます」そう語るのはパリの弁護士のサブ＝フェッリ氏である。「24 時間インタ
ーネットにつながれるからといって，24 時間働いているべきだということにはな
りません」

解 説

設問1　1．問「この記事によると，以下のうち正しいのはどれか」
　(a)「ドイツの企業は，職員に家でモバイル機器を使って仕事をすることを強いて，
彼らを酷使している」　第 5 段の内容と一致しない。ドイツでは労働省が管理官た
ちに職員には業務時間外に連絡を取らないように命じ，フォルクスワーゲン社が勤
務時間終了とともに携帯電話の通信回線を切るようになっている。
　(b)「過労死は，いまだに企業界ではよく起こることであり，この問題をほぼ無視し
ている政府もある」「過労死がよく起こる」，「この問題を無視している政府もあ
る」という記述はない。
　(c)「ドイツ，フランス，日本の例は，現代の科学技術のおかげで，ワークライフバ
ランスを取るのが，昔に比べて簡単になっていることを示している」　第 2 段の内
容と一致しない。「Wi-Fi の使用が広まったことで労働時間は延び，職員は電子機
器に縛りつけられている」とある。
　(d)「今日，多くの企業が労働環境を改善しようとしているが，労働過多の事例は今
でもある」　第 4 段のフランス，第 5 段のドイツの例は労働環境の改善を示してい
るが，第 3 段第 2・3 文（But amid the emphasis …）に「健康増進の取り組み
が強調されるなかで，過労死した日本人女性など不安になるような話も聞こえてく
る」とある。これが正解。
　2．問「ドイツで職員がワークライフバランスを保つ助けとなるようにとられている
　対策を正確に述べているのは以下のうちのどれか」
　　第 5 段第 2 文（And in 2011, …）に「フォルクスワーゲン社は業務終了時刻に

なると会社の携帯電話回線を切って，職員がメールの送受信をできなくしている」
とある。(a)の「ある私企業が，定められた業務時間外に仕事関連のメールを使用で
きないようにした」が正解。

(b)「民間部門，公共部門の両方で，勤務時間中のメールの使用を制限する努力が行
われている」「勤務時間中」ではなく，「勤務時間外」である。

(c)「仕事上のメールの使用を制限する最初の対策は，ドイツ政府によってとられ，
その2年後にある私企業が続いて行った」第5段の内容と一致しない。フォルク
スワーゲン社はドイツ政府より2年早く対策をとっている。また，ドイツ政府につ
いては，メールの使用制限に関する記述がない。

(d)「政府と民間部門が協力して，職員にメールを送るとき最善の判断をするように
雇用主に求める法を可決する努力をしている」公共部門と民間部門が協力してい
るという記述はない。

3．問「西イングランド大学が実施した研究の結果が示すのは…ということだ」

　西イングランド大学が行った調査は第7段に述べられており，その第4文（The
longer the route, …）に「(通勤の電車)ルートが長いほどより多くの仕事が遂行
される」とある。(d)「電車内で片づけられる仕事の量と目的地に着くまでにかかる
時間との間には正の相関関係がある」が正解。

(a)「エイルズベリー・ロンドン間を通勤するかなりの数の少数派が，電車内で個人
的な通信をしている」本文に記述なし。

(b)「より長いルートの全乗客の約3分の1が通勤中に仕事の遅れを取り戻そうとし
ている」第7段最終文（Fifty-four percent of commuters …）の内容と一致しな
い。約3分の1が仕事をしているのは，より短いルートの乗客である。また，調査
対象の3分の1であって，全乗客ではない。

(c)「鉄道車両内はどんな仕事であれ効率的に行うのには混み過ぎるので，多くの通
勤者が車内ではビデオゲームをするのに時間を使っている」本文に記述なし。

4．問「ヨーロッパの法律委員会が下した決定の何が重要なのか」

　第9段最終文（The commission ruled …）に「その委員会は，一部の職員は通
勤時間を労働時間に算入できると規定した」とある。(a)の「それは，特定の職員が，
職場への往復にかかる時間を職場で過ごす時間として主張することを可能にした」
が正解。

(b)「それは，ビジネス界に新技術の使用に対する態度を変えることを強いた」

(c)「それは，雇用主が労働者をいつでも思いのままに使うのをより難しくした」

(d)「それは，職員が追加の給与を要求する注目される訴訟の数が，特にフランスで
増える結果になった」

設問2　(1)当該箇所は「現代は，蓄積したストレスを取り除くために，雇用主が職員
に多様なperksを与える時代だ」となっている。「ストレスを取り除くため」とい

うことから，職員が仕事をしやすくなったり，労働意欲を持つようになったりするものだとわかる。また「職員に与える」という表現から，(a)の benefits「利益，恩恵」が適切。perk は perquisite「給与外給付，恩恵」を短くしたもの。

(b) designations「指名」　　(c) measures「対策」　　(d) references「参照，照会」

(2) 当該箇所は「その（＝通勤距離とその間に行う仕事量の相関関係の）研究はまだ exploratory 段階だ」となっている。この研究の実態調査が行われたのは，第 7 段第 1 文（Over 40 weeks …）にあるように 2016 〜 2017 年とごく最近のことであり，still「まだ」ともあることから，(c)の initial「初期の」が適切。exploratory は「予備の，入門的な」の意。

(a) critical「危機的な」　　(b) decisive「決定的な」　　(d) pivotal「重要な」

(3) 当該箇所は「見たところ permanent なモバイルインターネットの利用可能性」となっている。最終段最終文（"Having access to …）に「24 時間インターネットにアクセスできること」と言い換えられていることから，(b)の uninterrupted「途切れない，絶え間ない」が適切。permanent は「永続する，絶え間ない」の意。

(a) uncertain「不確かな」　(c) unresolved「未解決の」(d) unstable「不安定な」

設問 3　（イ）当該文は「同様の制限がドイツでも試行されており…管理官たちに職員には業務時間（　　）連絡を取らせないようにさせた」となっている。「同様の制限」とは，前段のフランスでの事例を受けている。「勤務外ではメールを受け取らない権利を職員に与える」となっているので，(b)の outside「（業務時間）外に」が適切。

(a) demanding「（業務時間）を要求する」　(c) regarding「（業務時間）に関して」
(d) within「（業務時間）内に」

（ロ）当該箇所は「混雑した電車（＝通勤電車）の中で誰しもが（　　）であるわけではない」となっている。第 7 段第 4 文（The longer the route, …）には，調査の結果「（通勤）ルートが長くなればなるほど，片づけられる仕事の量が多くなっていた」とある。つまり，混雑した通勤電車内で仕事をしている人たちがいるということである。(c)の productive「生産的な」を補えば，通勤電車で誰しもが生産的である（＝何か仕事を成し遂げる）わけではない」の意になり，文脈に合う。

(a) ambitious「野心的な」　　　　　　　(b) entrepreneurial「企業家らしい」
(d) reluctant「乗り気ではない」

（ハ）当該箇所は「その（　　）は，彼ら（＝職員）が厳密に言えば働いていなくても，彼らは雇用主に使役されている，ということだった」となっている。空所のあとの being は分詞構文である。同文前半には「その委員会は…一部の職員は通勤時間を労働時間に算入できると規定した」とあり，当該箇所は「通勤時間は労働時間とみなせる理由」にあたる。(c)の rationale「論理的根拠」が適切。

(a) appeal「訴え，要求」　(b) effort「努力」　　(d) strategy「方策」

(ニ) 当該文は「24 時間インターネットにつながれることは，24 時間働いているべき
だ（　　）」となっている。同段第 1 文では，あるイギリス企業が，従業員に常時
携帯電話をオンにして，クライアントや部下からの質問や不平に答えるように命じ
たために，罰則を科されたことが述べられている。(b)の doesn't mean that を補
い，「24 時間働いているべきだということを意味しない」とすれば，文脈に合う。

(a)「…という事実を否定することはできない」

(c)「…ということを幸いにも示唆している」

(d)「…ということをしばしば忘れさせてくれる」

設問 4　本文冒頭に「通勤時間は労働時間とみなすべきか」という問いかけがあり，
これがこの文章のテーマである。第 2 段では Wi-Fi の使用が広まり，職員は職場外
でも電子機器に縛り付けられていること，第 3 ～ 5 段では，日本，フランス，ドイ
ツの例を挙げて，残業の過酷さ，勤務外では仕事上のメールのやりとりを規制する
動きが述べられている。第 6 ～ 8 段ではイギリスで行われた通勤中に仕事をしてい
る人の調査，第 9・最終段では，通勤時間を労働時間に算入できるとした法律委員
会の評決や常時仕事の連絡をとれるようにしておくことを命じた企業への罰則が取
り上げられており，全体として，冒頭の問いかけに対して「通勤時間は労働時間と
みなすべきだ」という主張が読み取れる。(c)の「もはや 9 時～ 5 時ではない：労働
時間の伝統的な定義はあてはまらなくなりつつあるのかもしれない」が適切。

(a)「大企業による権力の乱用：いかに一部の企業が従業員に残業させているか」

(b)「ヨーロッパに迫る大変化：なぜ法的圧力が企業に従業員の仕事上の責任を拡大
させることを強いるのか」

(d)「インターネットの奴隷：多くの国における今日の職場の恐るべき現実」

設問 5　commuters were using their time on the train「通勤者たちは，電車に乗
っているときの自分たちの時間を使っていた」が直訳。「通勤客は電車内での時間
を使っていた」などと整えられる。to get work done は目的を表す副詞用法の不
定詞で「仕事をしてしまうために」となる。「仕事を終わらせるために」とすると
意味がよりよく伝わる。get *A done* は「*A* を～させる，してもらう，される，し
てしまう」と 4 通りの訳があることを覚えておきたい。

設問 1　1 —(d)　2 —(a)　3 —(d)　4 —(a)

設問 2　(1) —(a)　(2) —(c)　(3) —(b)

設問 3　イ —(b)　ロ —(c)　ハ —(c)　ニ —(b)

設問 4　(c)

設問 5　通勤客たちは仕事を終わらせるために電車内での時間を使っていた。

2

エッセー（710 語）　**目標解答時間**　25 分

> **ポイント**
>
> エッセーは基本的にエピソードを交えながら筆者の考えを述べるものである。場面を
> 生き生きと思い描き，筆者に感情移入しながら読みたい。設問は同意表現，空所補充，
> 内容説明，指示内容，文整序。特に文整序は状況が正しくたどれていることが求められ
> る。

次の英文を読み，下記の設問に答えよ。

　I spent the majority of this summer at Middlebury College, studying at l'École
Française.　I was there to improve my French.　My study consisted of four
hours of class work and four hours of homework.　I was forbidden from reading,
writing, speaking, or hearing English.　At every meal I spoke French, and over
the course of the seven weeks I felt myself gradually losing touch with the
broader world.　(A)This was not a wholly unpleasant feeling.　In the moments I
had to speak English (calling my wife, interacting with folks in town or at the
book store), my mouth felt alien and my ear slightly (　イ　).

　The majority of people I interacted with spoke better, wrote better, read
better, and heard better than me.　There was no escape from my ineptitude.
They had something over me, and that something was a culture, which is to
say a suite of practices so (1)ingrained as to be ritualistic.　The scholastic
achievers knew how to quickly memorize a poem in a language they did not
understand.　They knew that recopying a handout a few days before an exam
helped them (2)digest the information.　They knew to bring a pencil, not a pen, to
that exam.　They knew that you could (with the professor's permission) record
lectures and take pictures of the blackboard.

　This culture of scholastic achievement had not been acquired yesterday.　The
same set of practices had allowed my classmates to succeed in high school, and
had likely been reinforced by other scholastic achievers around them.　I am
sure many of them had parents who were scholastic high-achievers.　This is
how social capital reinforces itself and (3)compounds.　It is not merely one high-
achieving child, but a flock of high-achieving children, each backed by high-
achieving parents.　I once talked to a woman who spoke German, English and

French and had done so since she was a child. How did this happen, I asked? "Everyone in my world spoke multiple languages," she explained. "It was just what you did."

Scholastic achievement is sometimes demeaned as the useless memorization of facts. I suspect that it has more to (ロ) than this. If you woke my French literature professor at 2 a.m., she could recite the second stanza of Verlaine's poem "Il Pleure Dans Mon Coeur." I suspect this memorization, this holding of the work in her head, allowed her to analyze it and turn it over in ways I could only do with the text in front of me. More directly, there is no real way for an adult to learn French without some amount of memorization. French is a language that obeys its rules when it feels like it. There is no unwavering rule to tell you which nouns are masculine, or which verbs require a preposition. Memory is the only way through.

One afternoon, I was walking from lunch feeling battered by the language. I started talking with a young master in training. I told her I was having a tough time. She gave me some (ハ) words in French from a famous author. I told her I didn't understand. She repeated them. I still didn't understand. She repeated them again. I shook my head, smiled, and walked away mildly frustrated because I understood every word she was saying but could not understand how it fit. It was as though someone had said, "He her walks swim plus that yesterday the fight." (This is how French often sounds to me.)

【 あ 】 I understood something about the function of language, why being able to diagram sentences was important, why understanding partitives and collective nouns was important.

In my long voyage through this sea of language, that was my first (ニ) land. I now knew how much I didn't know. The feeling of discovery and understanding that came from this was incredible. It was the first moment when I thought I might survive the sea.

設問1. 下線部(1)～(4)の意味にもっとも近いものを(a)～(d)からそれぞれ一つ選び、マーク解答用紙の所定欄にマークせよ。

(1) (a) ceremonial　　　　　(b) embedded
　　(c) fundamental　　　　(d) important
(2) (a) absorb　　　　　　　(b) decompose
　　(c) expend　　　　　　　(d) summarize

出典追記：Acting French, The Atlantic on August 29, 2014 by Ta-Nehisi Coates

(3)　(a)　calculates　　　　　　(b)　increases

　　　(c)　misleads　　　　　　　(d)　triumphs

(4)　(a)　fixed　　　　　　　　　(b)　flexible

　　　(c)　indecisive　　　　　　(d)　unhesitant

設問 2．空所（　イ　）～（　ニ　）を埋めるのにもっとも適当なものを(a)～(d)から
それぞれ一つ選び，マーク解答用紙の所定欄にマークせよ。

(イ)　(a)　in　　　　　　　　　　(b)　off

　　　(c)　on　　　　　　　　　　(d)　out

(ロ)　(a)　explain　　　　　　　(b)　offer

　　　(c)　scorn　　　　　　　　(d)　study

(ハ)　(a)　audacious　　　　　　(b)　courteous

　　　(c)　encouraging　　　　　(d)　superficial

(ニ)　(a)　docking on　　　　　 (b)　longing for

　　　(c)　sailing to　　　　　　(d)　sighting of

設問 3．次の 1 ．～ 4 ．について，本文の内容にもっとも合うものを(a)～(d)からそれ
ぞれ一つ選び，マーク解答用紙の所定欄にマークせよ。

1．Which of the following best describes the author's feelings during most of
the summer course?

　(a)　alien

　(b)　incompetent

　(c)　pleasant

　(d)　scholastic

2．Which of the following is NOT mentioned as part of the culture of
scholastic achievement?

　(a)　classroom know-how

　(b)　comprehension strategies

　(c)　literary creativity

　(d)　memorization techniques

3．Which of the following best reflects the author's notion of social capital?

　(a)　It is first acquired in high school.

　(b)　It is ritualistic.

　(c)　It occurs in multilingual societies.

　(d)　It runs in families.

4．Why does the author believe that memorizing poetry is meaningful?

　(a)　It allows adults to enjoy foreign languages.

　(b)　It assists in making grammatical rules.

(c) It demonstrates scholastic achievement.

(d) It enables deeper poetic analysis.

設問4. 下線部(A)が指し示す語句を本文から抜き出し，その最初と最後の語を記述解答用紙の所定欄に書け。

設問5.【 あ 】を埋めるために〔A〕～〔F〕を並べ替え，その正しい順番を(i)～(iv)から一つ選び，マーク解答用紙の所定欄にマークせよ。

〔A〕 I asked her to spell the quote out for me.

〔B〕 I did not understand.

〔C〕 I wrote the phrase down.

〔D〕 Suddenly I understood—and not just the meaning of the phrase.

〔E〕 The next day, I sat at lunch with her and another young woman.

〔F〕 The other young lady explained the function of the pronouns in the sentence.

(i) E→A→C→B→F→D

(ii) E→F→D→C→A→B

(iii) F→B→A→C→E→D

(iv) F→D→A→C→E→B

≪フランス語習得の苦労のはてに気づいた語学のコツ≫

全 訳

　私はこの夏のほとんどを，ミドルベリー大学のエコール・フランセーズで勉強して過ごした。フランス語を上達させるためである。日々の勉強は 4 時間の授業と 4 時間の宿題であった。英語は読むのも書くのも話すのも聞くのも禁じられていた。食事の際も常にフランス語を話した。7 週間の講習の間，私は自分がより広い世界とのつながりを徐々に失いつつあるように感じた。これはそんなに不快な感覚ではなかった。英語を話す必要があるとき（妻に電話するとか，街や本屋で人々と言葉を交わすとか）には，口が外国人のように，耳は少し調子が狂っているように感じられた。

　私が交流した人々のほとんどは，私より上手に話し，私より上手に書き，私より上手に読み，私より上手に聞くことができた。私はフランス語ができない状態から抜け出せなかった。皆が私を上回るものを持っていた。それは文化というべきもので，しきたり化するほど体に深くしみ込んだひとそろいの常習行為であった。学校の成績優秀者は，自分が理解していない言語の詩を素早く暗記する方法を知っていた。試験の数日前にプリントを書き写すことが情報を自分のものにするのに役に立つことを知っていた。その試験にはペンではなく鉛筆を持っていくことを知っていた。講義を録音したり板書の写真を撮ったりすることが（教授の許可があれば）できると知っていた。

　学校で良い成績をおさめるこのような文化は，一朝一夕に身につけられたわけではない。同じ一連の行為によって，私の級友たちは高校でも成績優秀で，またその周囲の他の成績優秀者がおそらくその勉強法を補強してきたのである。彼らの多くは，親も成績優秀だったはずである。このようにして社会資本は，自らを増強して増えていくのである。成績優秀な子どもはひとりではなく，成績優秀な子どもたちの集団がいて，そのひとりひとりの後ろには成績優秀な親がいるのである。私がかつて話をした女性は，ドイツ語と英語とフランス語を話し，しかも子どものころからそうであった。どうやったらそんなふうになるのか，と私は尋ねた。「私の周りの人はみな複数の言語を話したの」と彼女は説明した。「あなたもそうだったでしょ」

　学校で良い成績をおさめることは，時に事実の無意味な丸暗記としておとしめられるが，それ以外にも得られることがあるのではないかと私は思う。もし私のフランス文学の教授を夜中の 2 時に叩き起こしても，彼女はヴェルレーヌの詩 "Il Pleure Dans Mon Coeur"（私の心に涙が降る）の第 2 連を暗唱できるであろう。このような暗記，このように頭の中に作品を覚えておくことで，彼女はそれについて分析しじっくり考えることができるのではないかと思う。私であれば，作品を目の前にしていないとできないやり方で彼女はそうするのだ。よりはっきり言えば，大人がフランス語を習得するのはある程度の暗記なしには無理である。フランス語は，規則に従いたいときに規則に従う言語である。どの名詞が男性名詞か，どの動詞が前置詞を必要とするかを判別できる一定のルールはない。暗記だけが目的を達成する唯一の道なのである。

　ある日の午後，私はフランス語に打ちのめされて昼食から戻って来るところであ

った。私は若くしてフランス語の訓練で優れた成果をあげている学生と話し始めた。私は彼女に，自分が今つらいことを打ち明けた。彼女はある有名な作家によるフランス語の励ましの言葉を教えてくれた。私はわからないと言った。彼女はもう一度繰り返した。私にはまだわからなかった。彼女はもう一度繰り返した。私は首を振って笑みを浮かべ，少々心を折られて別れた。彼女の言っている一つ一つの単語は理解できたのに，それがどう働いているかが理解できなかったからである。それはまるでこう言われているかのようであった。「He her walks swim plus that yesterday the fight.（彼女彼女歩く泳ぐプラスあの昨日その戦い）」（私にはフランス語がこんなふうに聞こえることがよくあったのである。）

　翌日，私は彼女に加えてもう一人別の若い女性と一緒に昼食をとった。私は例の引用のつづりを教えてくれるよう彼女に頼んだ。私はそのフレーズを紙に書いた。私にはわからなかった。もう一人の若い女性が，文中の代名詞の機能を説明してくれた。突如として私は理解した。そのフレーズの意味だけではない。言語の機能に関すること，文の構造を図で分析できることが重要な理由，部分詞や集合名詞を理解することが重要な理由を私は理解したのである。

　この言語の海を行く長い航海において，それは初めて陸地が見えた瞬間であった。私は今，自分がどれだけのことをわかっていないかがわかったのである。ここから生じた発見と理解の感覚は信じられないほどのものであった。私はこの海から生きて戻れるかもしれないと思った最初の瞬間だったのである。

解説

設問1　(1)当該箇所は「それは文化というべきもので，しきたり化するほどingrained ひとそろいの常習行為であった」となっている。日本人が知っている人と会うとついお辞儀をするように，文化的常習行為は理屈抜きに体にしみついているものである。(b)の embedded「埋め込まれている」が適切。ingrained は「深くしみ込んだ，根深い」の意。なお，文化は「しきたり化する」とあるように学習するものなので，もとから備わっているという意味合いの(c)fundamental「根本的な」はあてはまらない。

(a)ceremonial「儀式的な」　　　　　　(d)important「重要な」

(2)当該箇所は「試験の数日前にプリントを書き写すことが情報を digest するのに役立つ」となっている。試験のために必要な情報（知識）を頭に入れる手段を述べている。(a)の absorb「～を吸収する」が適切。digest は「～を消化する」が基本義だが，日本語と同様，比喩的に「理解する，自分のものにする」の意で使われている。

(b)decompose「～を分解する」　　　(c)expend「～を使い果たす」

(d)summarize「～を要約する」

(3)当該箇所は「このようにして社会資本は，自らを増強し compounds」となってい

る。「このようにして」とは，同段第 1 ～ 3 文（This culture of …）の「学校で良い成績をおさめるこのような文化…によって，私の級友たちは…成績優秀で，またその周囲の他の成績優秀者が…その勉強法を補強し…彼らの多くは，親も成績優秀者だったはずである」を受けている。長期にわたって培われる文化的行為が，世代から世代へ，また同世代内で広まることで，増強するということである。この「増強する」と and でつながっている compounds は類似の意味を持つと考えられる。(b)の increases「増大する」が適切。(c)の misleads「～を誤った方向に導く」は他動詞であることも不適。

　　(a) calculates「計算する」　　　　　　　(d) triumphs「勝利を収める」

(4) 当該箇所は「どの名詞が男性名詞か，どの動詞が前置詞を必要とするかを判別できる unwavering 規則はない」となっている。続いて「暗記だけが目的を達成する唯一の道だ」とあり，その都度覚えるしか方法がない，つまり決まった型がなくそれひとつで判断できる規則がないという内容であると考えられる。(a)の fixed「一定の，不変の」が適切。unwavering は「不動の」の意。

　　(b) flexible「柔軟な」　　　　　　　　(c) indecisive「はっきりしない」

　　(d) unhesitant「ためらいのない」

設問 2　（イ）当該文は「英語を話す必要があるとき…口が外国人のように，耳は少し（　　）に感じられた」となっている。同段では筆者が 7 週間にわたって，フランス語学習のために英語を使うことを禁じられたことが述べられている。そのため，いざ英語を話そうとするとうまくいかなくなっていた様子が述べられているのが当該箇所である。「耳が英語の音についていかない」と考えると，接触を表す(c)の on に対して分離を表す(b)の off が適切。副詞 off には「（正常から）それて，（質が）低下して」の意がある。

（ロ）同段第 1 文で「学校で良い成績をおさめることは，時に事実の無意味な丸暗記におとしめられる」とあり，当該文は「それは丸暗記よりももっと多く（　　）ものがあると思う」となっている。同段第 3 文（If you woke my French …）で筆者のフランス文学の先生がいかなるときでもフランス語の詩を暗唱できるということを述べ，続く第 4 文に「このように頭の中に作品を覚えておくことで，彼女はそれについて分析しじっくり考えることができるのではないかと思う」とある。つまり，丸暗記はただ丸暗記だけで終わるのではないということである。(b)の offer「提供する」を補えば，「丸暗記よりももっと多く与えてくれるものがある」となり，文脈に合う。

　　(a) explain「説明する」　　(c) scorn「さげすむ」　　(d) study「勉強する」

（ハ）当該文は「彼女は私に，ある有名な作家（の言葉）によるフランス語の（　　）言葉を言ってくれた」となっている。「彼女」は直前の文にあるように，フランス語学習がうまくいっていないことを筆者が相談した相手である。悩みを打ち明けら

れた人物が言いそうな言葉と考えれば，(c)の encouraging「励みとなる，元気づ
ける」が適切。

(a)audacious「無礼な」　(b)courteous「礼儀正しい」　(d)superficial「表面的な」

(ニ)　当該文は「この言語の海を行く長い航海において，それは私の初めての陸（
　　）だった」が直訳。「それ」とは，前段の【あ】直後にある「言語の機能に関
すること，文の構造を図で分析できることが重要な理由，部分詞や集合名詞を理解
することが重要な理由を私は理解した」という状況を受けている。フランス語学習
に苦労していた筆者が，語学学習にとって欠かせない要点をつかんだ瞬間を，船旅
にたとえている。(d)の sighting of を補えば「私の初めての陸の目撃」「私が初めて
陸地を目にしたこと，陸地が見えたこと」となり，水しか見えない海の旅（＝どう
すればよいのか見当のつかない語学学習）で初めて陸というしっかりと足を降ろせ
る場所（＝上達するための足掛かり）が見えたという比喩が成り立つ。

(a)docking on「（陸）にドック入りすること」

(b)longing for「（陸）を恋い焦がれること」

(c)sailing to「（陸）に向かって船を進めること」

設問3　1．問「筆者が夏の講習の間のほとんどで感じていたことを最もよく表すの
は以下のうちのどれか」

　　第2段第1・2文（The majority of people …）の「私が交流した人々のほとん
どは，私より上手に話し，私より上手に書き，私より上手に読み，私より上手に聞
くことができた。自分の無能ぶりからの脱出口はなかった」に代表されるように，
自分より成績優秀な人たちに囲まれて，筆者は自分の能力のなさを思い知らされて
いた。(b)の incompetent「能力のない，無能な」が適切。

(a)alien「異質な」　　　　(c)pleasant「愉快な」　　　(d)scholastic「学者ぶった」

2．問「学業優秀の文化の一部として言及されていないものは以下のうちのどれか」

　　第2段第4文（The scholastic achievers …）に「学校の成績優秀者は…詩を素
早く暗記する方法を知っていた」とあり，(d)の memorization techniques「暗記の
技術」にあたる。続く第5文の「試験の数日前にプリントを書き写すことが情報を
自分のものにするのに役に立つことを知っていた」が，(b)の comprehension
strategies「理解の戦略」にあたる。さらに同段最終文（They knew that you
could …）の「講義を録音したり板書の写真を撮ったりすることができると知って
いた」が(a)の classroom know-how「教室でのノウハウ」にあたる。残る(c)の
literary creativity「文学的創造性」が正解。

3．問「筆者の社会資本の概念を最もよく表しているのは以下のうちのどれか」

　　「社会資本」social capital という表現は，第3段第4文（This is how …）にあ
り，同文は「このようにして社会資本は強化増大する」の意。「このように」が指
す前述の内容を見ると，直前の文に「彼ら（＝成績優秀者）の多くは，親も成績優

秀者だったはずである」となっている。(d)の「社会資本は家族の中で引き継がれ
る」が適切。
- (a)「社会資本は最初に高校で獲得される」
- (b)「社会資本は儀式的である」
- (c)「社会資本は多言語社会で生じる」

4．問「筆者が詩の暗記には意味があると信じているのはなぜか」
　　第4段第2文（I suspect that it has …）に「暗記には暗記以上のものがある」
と述べられており，同段第4文（I suspect this memorization …）に「頭の中に
作品を覚えておくことで，それについて分析しじっくり考えることができるのでは
ないかと思う」とある。(d)の「詩の暗記は詩のより深い分析を可能にする」が正解。
- (a)「詩の暗記は大人が外国語を楽しむことを可能にする」
- (b)「詩の暗記は文法的な規則を作る手助けになる」
- (c)「詩の暗記は学業成績を証明する」

設問 4　当該文は「これはまったく不快な感覚（feeling）というわけではなかった」
の意。not … wholly は部分否定なので，一見「不快な」ものと思われるが「不快
ではない」ところもあるということ。「これ」は下線部より前の近い所で述べられ
たことを指す。直前の文の後半（and over the course …）に I <u>felt</u> myself
gradually losing touch with the broader world「私は自分がより広い世界とのつ
ながりを徐々に失いつつあるように感じた」とあることを受けると考えられる。
this という代名詞に相当する名詞節や名詞句になってはいないので，最初の語は I
とも felt とも gradually とも言える。最後の語は world。

設問 5　選択肢から，最初は E か F である。F の冒頭は The other young lady だが，
the other は「2者のうちのもう一方」か「3者以上の残りのひとり」を表すため，
まずその2者や3者以上の人物が示されていなくてはならない。最初は E の「翌日，
私は彼女（＝筆者が悩みを打ち明けた女性）に加えてもう一人別の若い女性と一緒
に昼食をとった」であり，選択肢から次は A か F になる。A は「私は彼女にその引
用のつづりを教えてくれるように頼んだ」となっている。the quote「その引用」
とは，第5段第4文（She gave me …）にある，悩みを聞いてくれた女性が有名
な作家の言葉をフランス語で言ったもののことであり，筆者はそのとき意味がわか
らなかった。A を2番目に置くと自然である。よって(i)が妥当と考えられる。続い
て(i)の残りの部分を検討する。C「私はそのフレーズを書き留めた」→B「私は理
解できなかった」→F「もう一人の女性がその文の中の代名詞の機能を説明してく
れた」→D「突然私は理解した。それもそのフレーズの意味だけではない」となり，
空所直後の「言語の機能に関すること…部分詞や集合名詞を理解することが重要な
理由を私は理解したのである」にもうまくつながる。(i)が正解。

設問 1　(1)—(b)　(2)—(a)　(3)—(b)　(4)—(a)

設問 2　イ—(b)　ロ—(b)　ハ—(c)　ニ—(d)

設問 3　1—(b)　2—(c)　3—(d)　4—(d)

設問 4　最初の語：I〔felt / gradually〕　最後の語：world

設問 5　(i)

解　答

3

> **ポイント**
>
> 　映画とテレビによって引き起こされる意外な流行と結果について教えてくれる興味深い文章である。設問は段落要旨，指示内容，内容と一致しない文になるものの選択と，すべて文章内容に関するもの。文章の主張を十分味わい考えながら解答したい。

Read the following passage and answer the questions below.

① Films and TV shows keep depicting wild animals as fun and friendly characters with human-like personalities. It's better than representing them as evil monsters, of course, but sometimes films can have a bad influence on which animals become trendy to have as pets.

② The most recent example concerns the Disney animation *Zootropolis* and the fennec fox, a small, cat-sized fox with large ears that it uses to keep cool in its native Sahara. In the film, a fennec fox named Finnick appears in only a handful of scenes as a sidekick to one of the central characters, a red fox named Nick Wilde. Yet the character clearly made the most of his limited screen time. Following the movie's release in China, there have been reports of a huge demand for fennec foxes as pets despite their unsuitability for life as companion animals.

③ Though the IUCN Red List of Threatened Species currently lists the fennec fox as one of "least concern," this could be a game-changer. The main threat to populations in North Africa is from trapping for sale to tourists and for exhibition purposes, and there is now speculation that the Chinese pet craze could have an impact on their numbers in the wild.

④ There is good reason for <u>this assumption</u> as this isn't the first time pet-keeping trends have been influenced by blockbuster films or popular TV shows that have featured anthropomorphised animals or exotic species.

⑤ Large and unusual or hard-to-keep dog breeds have been given an onscreen makeover in movies such as *Beethoven* (Saint Bernard), *Turner and Hooch* (Dogue de Bordeaux) or the *Harry Potter* franchise (Neapolitan Mastiff). In *101 Dalmatians*, the breed was portrayed as a cute, fun-loving family dog, but experts point out that the breed is in fact strong-minded, requires high levels of exercise, and can be destructive. In 1997, a year after the film was released, rescue organizations in the U.S. reported that the number of dalmatians surrendered to shelters had more than doubled.

⑥ It's been a similar story recently for Alaskan Malamutes, Siberian Huskies, and other wolf-like breeds after the inclusion of wolves and Northern Inuit dogs in *Game of Thrones* and the *Twilight* movies. By 2014, the number of wolf-like dogs taken in by the U. K. Dogs Trust charity had tripled over four years. Owners found themselves unprepared for the realities of living with large, powerful breeds and their requirements for exercise, socialization, and mental stimulation. It's not just dogs: sales of turtles and tortoises increased rapidly following the various *Teenage Mutant Ninja Turtles* movies. The charity American Tortoise Rescue estimated that the majority were eventually killed, flushed down toilets or dumped.

⑦ Pet shops were flooded with requests for clown fish after the release of *Finding Nemo* in 2003, despite the specialist needs and costs associated with caring for tropical reef fish. Harry Potter's pet Hedwig also led to a substantial increase in the number of pet owls given up to sanctuaries.

⑧ Chimpanzees have also suffered for decades due to their misrepresentation in popular media. The species is currently listed as endangered, and the illegal pet trade continues to be one of its major threats. The standard practice for acquiring chimpanzees from the wild is to kill the female chimp and take her baby. Despite numerous film and television representations of chimps as cute, human-like clowns, they are wholly unsuitable as companion animals. Natural behavior developed by around age 5 puts humans at risk of severe injury from aggression and biting. Many chimpanzees are given up to research laboratories; a lucky few find a place in specialist sanctuaries.

⑨ The consequences of trends driven by film and television for many animals are both sad and alarming. The industries should certainly take some level of responsibility for their representations of animals and some have already done this, providing information about the species featured as fictional characters onscreen. However, responsibility lies elsewhere, too, and there needs to be a wider conversation about the relationship humans have with animals in general. This discussion could begin with the acknowledgement that other animals are individual sentient beings with their own species-specific interests and needs. A radical change in human attitudes toward other species is long overdue.

[Adapted from *The Conversation* (19 April 2016)]

(1)　Choose the best way to complete the sentences about Paragraphs ① to ⑨.

1. In Paragraph ① the writer mainly says that
2. In Paragraph ② the writer mainly says that
3. In Paragraph ③ the writer mainly says that
4. In Paragraph ④ the writer mainly says that
5. In Paragraph ⑤ the writer mainly says that
6. In Paragraph ⑥ the writer mainly says that
7. In Paragraph ⑦ the writer mainly says that
8. In Paragraph ⑧ the writer mainly says that
9. In Paragraph ⑨ the writer mainly says that

A. a huge demand for fennec foxes as pets is not the first case in which a pet craze for wild animals was boosted by popular media depicting them as fun and friendly characters.

B. after the release of a film in which a fennec fox is depicted as a partner, China has seen a growing trend for fennec foxes as tame animals.

C. although they have been portrayed as cute and friendly, chimpanzees are in fact unsuitable as pets.

D. because the chimpanzee is currently listed as endangered, the illegal pet trade continues to be one of its major threats.

E. blockbuster films or popular TV dramas have influenced pet-keeping trends for turtles and tortoises as well as dogs.

F. dalmatians were one of the large and unusual or hard-to-keep dog breeds, even before the release of a film in which they are depicted as friends of humans.

G. film and TV industries should let people know that onscreen images of animals in movies and TV programs are often fictional characters.

H. in the Disney animations, a fennec fox and clown fish make the most of their limited screen time, so that there is still a huge demand for them as pets.

I. now it is thought that a huge demand for fennec foxes as pets could decrease their numbers in the wild.

J. some kinds of dogs have also suffered due to their misrepresentation in popular media.

K. there have been trends triggered by films for some kinds of fish or owls, although special care needs to be taken of them.

L. there needs to be the acknowledgement that humans are individual sentient beings with their own species-specific interests and needs.

M. when the TV and cinema industries represent wild animals as friends of humans, it can drive trends for animals as pets despite their unsuitability for life as companion animals.

(2) Choose the best way to complete this sentence, which relates to the underlined words in the passage.

"This assumption" in Paragraph ④ refers to

A. the IUCN Red List of Threatened Species currently lists the fennec fox as one of "least concern."

B. the main threat to populations in North Africa is from trapping for sale to tourists and for exhibition purposes.

C. there is now speculation that the Chinese pet craze could have an impact on their numbers in the wild.

D. this isn't the first time pet-keeping trends have been influenced by blockbuster films or popular TV shows that have featured anthropomorphised animals or exotic species.

(3) Choose the ONE way to complete each of these sentences that is NOT correct according to the passage.

1. Fennec foxes

A. appear in a film as helpers to a red fox named Finnick.

B. are listed as a species of "least concern" by the IUCN Red List of Threatened Species.

C. are not suitable for life as pets.

D. are small, cat-sized creatures with large ears that they use to keep cool in North Africa.

2. Dalmatians

A. given up to shelters increased substantially in number in 1997, a year after *101 Dalmatians* was released.

B. have never been described as companion animals due to their misrepresentation in popular media.

C. need high levels of training in order to be companion animals.

D. were given an onscreen makeover as lovely, fun-loving family dogs.

≪メディアで擬人化して描かれるペット動物の受難≫

全訳

①映画とテレビ番組は，野生動物を人間のような性格を持った楽しくて親しみやすい役柄として描写し続けている。それは，もちろん，彼らを凶悪な怪物として描写するよりもよいことだが，時に，映画はどの動物がペットとして所有する流行になるかに悪影響を及ぼしている。

②ごく最近の例は，ディズニーのアニメーション『ズートピア』とフェネックギツネ──故郷のサハラで体温を下げておくために使う大きな耳を持った小さな，猫程度の大きさのキツネである──に関係している。映画の中では，フィニックという名のフェネックギツネが，中心人物の1人であるニック＝ワイルドという名の赤ギツネの相棒として，少数の場面にのみ登場している。それでも，この登場人物が限られた登場時間を最大限に活用したのは明らかである。中国でのこの映画の封切りの後，愛玩動物としての生涯は彼らには不適当であるにもかかわらず，フェネックギツネのペットとしての大規模な需要が報告された。

③IUCN（国際自然保護連合）の絶滅危惧種のレッドリストは，現在フェネックギツネを「低危険種」の1つとしてリストに載せているけれども，これは形勢を一変させるものになりうるだろう。北アフリカでの生息数に対する主な脅威は，観光客への販売のため，および，展示目的のために罠にかけることに起因する，そして今では，中国でのペット熱が野生での彼らの数に影響を及ぼすことがありうるとの推測がある。

④この想定には正当な理由がある，というのも，ペット飼育傾向が，擬人化された動物または外来種を呼び物にした超大作映画や人気のテレビ番組によって影響されたのは，これが最初ではないからだ。

⑤大きくて珍しいか，飼うのが難しい犬種は，『ベートーベン』（セントバーナード），『ターナー＆フーチ』（ボルドー・マスティフ）あるいは『ハリー・ポッター』シリーズ（ナポリタン・マスティフ）のような映画の中で，スクリーン上で大変身をした。『101匹わんちゃん』において，この犬種（＝ダルメシアン）はかわいくて，楽しいこと好きの飼い犬として描かれたが，専門家はこの犬種は実は勝ち気で，高レベルの訓練を必要とし，ものを破壊する場合もあると指摘している。映画が公開された1年後の1997年に，米国の救済機関は，保護施設に引き渡されるダルメシアンの数が2倍以上になったと発表した。

⑥最近でもオオカミとノーザン・イヌイット犬が，映画『ゲーム・オブ・スローンズ』や『トワイライト』に登場した後，アラスカン・マラミュート，シベリアン・ハスキーおよび他のオオカミに似た犬種にも似たような話があった。2014年までに，英国ドッグトラスト慈善事業に引き取られたオオカミに似た犬の数は，4年間で3倍になった。飼い主たちは，大きくて，力の強い犬種と共に生活する諸現実，および，運動させ，社会化させ，精神的な刺激を与えるために必要なことに対する準備ができていないことに気づいたのだ。犬だけではない。海ガメと陸ガメの売上は，『ティーンエイジ・ミュータント・ニンジャ・タートルズ』の様々な映画の後，急速に増加した。アメリカのカメ救済慈善団体は，大多数が結局は殺されるか，トイレに流されるか，廃棄されていると見積もった。

⑦熱帯のサンゴ礁に棲む魚の世話をすることに関連した専門的に必要な物があり，経費がかかるにもかかわらず，2003年の『ファインディング・ニモ』の封切りの後，ペットショップは，クマノミを求める依頼であふれかえった。ハリー・ポッターのペットのヘドウィグも，鳥獣保護区に引き渡されるペットのフクロウの数を相当に増加させた。

⑧チンパンジーも，有力なメディアで誤った風に描かれたせいで，何十年も苦しみを味わってきた。この種は現在，絶滅危惧種に挙げられており，そして違法なペット取引がその大きな脅威の1つであり続けている。野生からチンパンジーを入手する標準的なやり方は，雌のチンパンジーを殺して，その赤ん坊を連れ去ることである。チンパンジーをかわいくて，人間に似た道化役として多数の映画やテレビが描いてきたにもかかわらず，彼らは愛玩動物としてはまったく不適当である。5歳頃までに発現する自然なふるまいが，人間を，攻撃と咬みつきによる重傷の危険にさらす。多くのチンパンジーは，研究所に引き渡される。幸運な少数のものだけが専門の自然保護区にある場所に行けるのだ。

⑨映画とテレビが引き起こす流行の結果は，多くの動物にとって嘆かわしく，憂慮すべきである。これらの産業は動物の描写に対してある程度の責任をとらなければならないのは確かだ，そして，一部はすでにそうしていて，スクリーン上で虚構の登場人物として呼び物にされている動物に関する情報を提供している。しかし，責任はほかのところにもある，そして，人間が一般に動物との間でとっている関係について，より広範囲な話し合いをする必要がある。この議論は，他の動物はそれ自身の種に特有の関心と要求を持った知覚能力のある独自の存在であるということを認めることから始められるかもしれない。他の種に対する人間の態度における根本的な変更は，なされないまま長い間延び延びになっている。

解 説

問「次の文章を読んで，下の問いに答えなさい」

(1)　問「第①～⑨段落に関する文を完成させるのに最もよいものを選びなさい」

各段落の主題を選択する問題。

A．「ペットとしてのフェネックギツネに対する大規模な需要は，野生動物に対するペット熱が，それらを楽しく親しみやすい登場人物として描写する人気のメディアによって押し上げられた最初の事例ではない」

B．「フェネックギツネがパートナーとして描写されている映画の封切りの後，中国では飼い慣らされた動物としてのフェネックギツネの流行がますます広まった」

C．「チンパンジーは，かわいくて親しみやすいと描かれてきたが，実際はペットとしては不適当である」

D．「チンパンジーは現在絶滅危惧種のリストに挙げられているので，違法なペット取引がその大きな脅威の1つであり続けている」

E.「超大作映画あるいは人気のテレビドラマは，犬ばかりでなく海ガメや陸ガメをペットとして飼う傾向に影響を与えてきた」

F.「ダルメシアンは，それらが人間の友人として描写される映画の封切りの前でさえ，大きくて珍しいか，飼うのが難しい犬種の1つだった」

G.「映画とテレビ産業は，映画とテレビ番組の中の動物のスクリーン上のイメージは虚構の登場人物であることが多いということを人々に知らせるべきである」

H.「ディズニーのアニメーションの中で，フェネックギツネとクマノミは限られたスクリーン中の時間を最大限に活用しており，その結果，彼らに対するペットとしての大規模な需要が依然としてある」

I.「現在，ペットとしてのフェネックギツネに対する大規模な需要が野生での彼らの数を減少させることがありうるだろうと考えられている」

J.「犬種の中には，人気のメディアで誤って描かれたために苦しんできたものもいる」

K.「特別な世話をする必要があるにもかかわらず，映画によってある種の魚やフクロウに対する流行が引き起こされてきた」

L.「人間は，自分自身の種に特有の関心と要求を持った知覚能力のある独自の存在であるということを認める必要がある」

M.「テレビや映画産業が野生動物を人間の友人として描写するとき，それは愛玩動物としての生涯は彼らには不適当であるにもかかわらず，ペットとしての動物の流行を引き起こす場合がある」

1.「第①段で筆者が主に述べているのは…ということである」

　映画やテレビ番組が，野生動物を人間に似せて描写するせいで，ペット動物の流行に悪影響を及ぼすことがある，という趣旨なので，Mが適する。

2.「第②段で筆者が主に述べているのは…ということである」

　第1文（The most recent …）でディズニーのアニメーション『ズートピア』が紹介され，最終文（Following the movie's …）はこの映画が中国で封切りされた後に登場人物のフェネックギツネに対するペットとしての大規模な需要が生じた，という趣旨なので，Bが適する。

3.「第③段で筆者が主に述べているのは…ということである」

　IUCNのレッドリストでは，フェネックギツネは「低危険種」とされているが，中国でのフェネックギツネに対するペット熱が野生での彼らの数に影響を及ぼすことがありうるだろう，という趣旨なので，Iが適する。

4.「第④段で筆者が主に述べているのは…ということである」

　ペット飼育傾向が擬人化された動物を呼び物にした超大作映画や人気のテレビ番組によって影響されたのはこれが最初ではない，と述べられているので，Aが適する。

5.「第⑤段で筆者が主に述べているのは…ということである」

　　人気の映画の中で本来その犬種とは違ったイメージが描かれたために，動物保護施設に引き渡される数が倍増したダルメシアンの例が挙げられている，したがってJが適する。

6.「第⑥段で筆者が主に述べているのは…ということである」

　　映画の影響がみられる動物として，第1～3文（It's been a …）のオオカミに似た犬種ばかりでなく，第4～最終文（It's not just …）では海ガメと陸ガメも挙げられているので，Eが適する。

7.「第⑦段で筆者が主に述べているのは…ということである」

　　映画による影響を受けた他のペットの例として，熱帯のサンゴ礁に棲むクマノミや，フクロウが挙げられているので，Kが適する。

8.「第⑧段で筆者が主に述べているのは…ということである」

　　特に第4・5文（Despite numerous film …）で，チンパンジーも，かわいくて，人間に似た道化役として多数の映画やテレビで描かれたけれども，実は愛玩動物としてはまったく不適当で，5歳頃までに発現するふるまいによって人間を重傷の危険にさらす，と述べられているので，Cが適する。

9.「第⑨段で筆者が主に述べているのは…ということである」

　　映画とテレビ産業が自分たちの動物の描写に責任をとり，虚構の登場人物として描いた動物に関する情報を提供するだけではなく，人間の動物観をも根本的に変えるべきであるという趣旨なので，Gが適する。

(2)　圏「本文中の下線部の語句に関する次の文を完成させるのに最もよいものを選びなさい」

「第④段の『この想定』は…に言及している」

A.「IUCNの絶滅危惧種のレッドリストは，フェネックギツネを『低危険種』の1つとしてリストに載せている」

B.「北アフリカでの生息数に対する主な脅威は，観光客への販売のため，および，展示目的のために罠にかけることに起因する」

C.「現在，中国でのペット熱が野生での彼らの数に影響を及ぼすことがありうるだろうという推測がある」

D.「ペット飼育傾向が，擬人化された動物または外来種を呼び物にした超大作映画や人気のテレビ番組によって影響されたのは，これが最初ではない」

　　下線部のassumption「（根拠の薄い）想定」は，第3段第2文（The main threat …）後半のspeculation「（確実な根拠なしの）推測」を言い換えたものであるから，Cが適する。

(3)　圏「本文に照らして，次の各文を完成させるのに正しくないものを1つ選びなさい」

1．「フェネックギツネは…」

A．「フィニックという名の赤ギツネの助っ人として映画に出演している」　第2段第2文（In the film, …）によると，フィニックはフェネックギツネで，ニック＝ワイルドという名の赤ギツネの相棒である。これが正解。

B．「IUCN の絶滅危惧種のレッドリストによって，『低危険種』の1つとしてリストに載せられている」　第3段第1文（Though the IUCN …）の内容と合致する。

C．「ペットとしての生涯にはふさわしくない」　第2段最終文（Following the movie's …）の内容と合致する。

D．「北アフリカで体温を下げておくために使う大きな耳を持った小さな，猫程度の大きさの生き物である」　第2段第1文（The most recent …）の内容と合致する。

2．「ダルメシアンは…」

A．「保護施設に引き渡されるダルメシアンは，『101匹わんちゃん』が公開された1年後の1997年に，相当数増加した」　第5段最終文（In 1997, a …）の内容と合致する。

B．「有力なメディアで誤って描かれたせいで，愛玩動物として描かれたことは一度もない」　「愛玩動物として描かれたことは一度もない」という記述はない。また，「有力なメディアで誤って描かれた」ことと「愛玩動物として描かれたことは一度もない」こととの間には因果関係はない。これが正解。

C．「愛玩動物であるためには，高水準のトレーニングを必要とする」　第5段第2文（In 101 Dalmatians …）の内容と合致する。

D．「かわいくて楽しいこと好きの飼い犬として，スクリーン上で大変身をした」第5段第1・2文（Large and unusual …）の内容と合致する。

(1)　1—M　2—B　3—I　4—A　5—J　6—E　7—K　8—C　9—G
(2)—C
(3)　1—A　2—B

解答

4

進化論 (730語) **目標解答時間** 20分

ポイント

取り上げられているのはだれでも知っているダーウィンである。ただし,「だれでも知っている」わけではない側面に光を当てている。筆者の目論見にしっかり乗って,その主張を正確につかむこと。設問は個別の箇所にかかわるものと文章全体にかかわるものとがある。設問を一つ読んでは文章に戻るという方法を取れば,読み返しの回数を減らせるだろう。

Read this article and answer the questions below.

〔1〕 In 1871, Charles Darwin tackled "the highest and most interesting problem for the naturalist ... the descent of man." Challenging the status quo, Darwin deployed natural and sexual selection, and his recently adopted "survival of the fittest," producing scenarios for the emergence of humankind. He explored evolutionary histories, anatomy, mental abilities, cultural capacities, race, and sex differences. Some conclusions were innovative and insightful. His recognition that differences between humans and other animals were of degree, not of kind, was trailblazing. His focus on cooperation, social learning, and cumulative culture remains core to human evolutionary studies. However, some of Darwin's other assertions were dismally, and dangerously, wrong. "Descent" is a text from which to learn, but not to venerate.

〔2〕 Darwin saw humans as part of the natural world, animals that evolved (descended) from ancestral primates according to processes and patterns similar for all life. For Darwin, to know the human body and mind, we must know other animals and their (and our) descent with modification across lineages and time. But despite these ideal frames and some innovative inferences, "Descent" is often problematic, prejudiced, and injurious. Darwin thought he was relying on data, objectivity, and scientific thinking in describing human evolutionary outcomes. But for much of the book, he was not. "Descent," like so many of the scientific tomes of Darwin's day, offers a racist and sexist view of humanity.

〔3〕 Darwin portrayed Indigenous peoples of the Americas and Australia as less than Europeans in capacity and behavior. Peoples of the African continent were consistently referred to as cognitively depauperate, less capable, and of a lower rank than other races. These assertions are [　A　] because in "Descent" Darwin offered refutation of natural selection as the process differentiating races, noting that traits used to characterize them appeared nonfunctional relative to capacity for success. As a scientist this should have given him pause, yet he still, baselessly, asserted evolutionary differences between races. He went beyond simple racial rankings, offering justification of empire and colonialism, and genocide, through "survival of the fittest." This too is [　B　] given Darwin's robust stance against slavery.

[4] In "Descent," Darwin identified women as less capable than (White) men, often akin to the "lower races." He described man as more courageous, energetic, inventive, and intelligent, invoking natural and sexual selection as justification, despite the lack of concrete data and biological assessment. His adamant assertions about the centrality of male agency and the passivity of the female in evolutionary processes, for humans and across the animal world, resonate with both Victorian and contemporary misogyny.

[5] In Darwin's own life he learned from (1)an African-descendant South American naturalist, John Edmonstone in Edinburgh, and experienced substantive relations with the Fuegians aboard the HMS Beagle. His daughter Henrietta was a key editor of "Descent." Darwin was a perceptive scientist whose views on race and sex should have been more influenced by data and his own lived experience. But Darwin's racist and sexist beliefs, echoing the views of scientific colleagues and his society, were powerful mediators of his perception of reality.

[6] Today, students are taught Darwin as the "father of evolutionary theory," a genius scientist. They should also be taught Darwin as an English man with injurious and unfounded prejudices that warped his view of data and experience. Racists, sexists, and white supremacists, some of them academics, use concepts and statements "validated" by their presence in "Descent" as support for erroneous beliefs, and the public accepts much of it uncritically.

[7] "The Descent of Man" is one of the most influential books in the history of human evolutionary science. We can acknowledge Darwin for key insights but must push against his unfounded and harmful assertions. Reflecting on "Descent" today one can look to data demonstrating unequivocally that race is not a valid description of human biological variation, that there is no biological coherence to "male" and "female" brains or any simplicity in biological patterns related to gender and sex, and that "survival of the fittest" does not accurately represent the dynamics of evolutionary processes. The scientific community can

reject the legacy of bias and harm in the evolutionary sciences by recognizing, and acting on, the need for diverse voices and making inclusive practices central to evolutionary inquiry. In the end, learning from "Descent" illuminates the highest and most interesting problem for human evolutionary studies today: moving toward an evolutionary science of humans instead of "man."

1. How can we describe the relationship between paragraphs [1] and [2]?

　a. Paragraph 2 provides additional evidence to support the argument in the previous paragraph.

　b. Paragraph 2 contrasts with the previous paragraph.

　c. Paragraph 2 discusses a different topic from the previous paragraph.

　d. Paragraph 2 deepens the discussion provided in the previous paragraph.

2. Both [A] and [B] can best be filled by

　a. confounding　　　　　　　　b. cumulative

　c. appealing　　　　　　　　　d. influential

3. The author mentions the people in underline (1) to indicate that

　a. Darwin's relations with these people formed the grounds for his evolutionary theory.

　b. Darwin held a racist and sexist view toward these people based on personal experiences with them.

　c. Darwin had biased views about race and sex even though he had close relationships with these people.

　d. Darwin wrote his most important work together with these people.

4. What does the author think about Charles Darwin and his theory of evolution?

　a. Looking more closely at his unfounded and harmful assertions, we can recognize Darwin's view of scientific data and experience.

　b. Respecting Darwin's contributions to science, we should also recognize the prejudice and danger in his evolutionary theory.

　c. By learning more about "The Descent of Man," we can develop our understanding of the biological traits of males and females.

　d. Based on the idea of "survival of the fittest," we should critically reconsider the importance of human evolution.

5. According to the author, Darwin's view toward women is

　a. naïve　　　　　　　　　　　b. discriminatory

　c. subtle　　　　　　　　　　　d. obsessive

出典追記："The Descent of Man," 150 years on, Science on May 21, 2021 by Agustín Fuentes, American Association for the Advancement of Science

6．According to the article, which of the following statements is true?

 a．Most of Darwin's analyses of humans and other animals have been scientifically proven wrong.

 b．The theories of "survival of the fittest" and "natural selection" should be treated separately.

 c．Darwin's ideas about men and women reflect the era's gender stereotypes.

 d．Students should learn more about racists, sexists, and white supremacists.

7．Which TWO of the following statements are NOT in line with the content of the article?

 a．Darwin's gender bias should be acknowledged together with his contributions to science.

 b．Darwin's theory of evolution affects present-day notions of the struggle for existence in Europe.

 c．Darwin's ideas contain numerous controversial aspects of which many people are unaware.

 d．Darwin abandoned his theory of natural selection because of counterevidence from racial differences.

 e．Darwin believed that there were differences in the mental abilities of Europeans and non-Europeans.

8．Based on the passage, how does the author believe Darwin should be treated?

 a．We should reject Darwin's ideas to better understand human evolution.

 b．Darwin should be acknowledged as a pioneer of gender and racial equality.

 c．We should present Darwin in light of both positive and negative aspects of his theories.

 d．Darwin should be excluded from textbooks for his sexist and racist views.

9．It can be reasonably inferred that the article is written from the perspective of someone who is

 a．a renowned social scientist making a field report.

 b．a participant in a recent debate in the field of anthropology.

 c．a psychologist looking at racial and gender differences.

 d．a legal activist for scholars' right of free speech.

10．Which of the following is NOT a good example of the kind of research the author would support?

 a．Research that focuses on the role that women played in human evolution.

b．Research that further exposes how Darwin's ideas were used to justify colonialism.

c．Research that uses genetic tests to identify racial superiority.

d．Research that questions the dual nature of sex differences.

≪『人間の由来』150 周年≫

全訳

［1］1871 年に，チャールズ＝ダーウィンは「生物学者にとって最も高度で最も興味深い問題，人間の由来の問題」に取り組んでいた。現状に異を唱え，ダーウィンは自然選択と性選択論，また，当時採用したばかりの「最適者生存」説を展開し，人間の出現のための筋書きを作成した。ダーウィンは進化の歴史や解剖学，知的能力，文化的な素質，人種，性の差異を探った。一部の結論は，斬新で洞察に満ちていた。人間と他の動物とは，程度の違いであって，質の違いではないという彼の認識は，先駆的なものだった。彼は協力と社会的な学習，累加的な文化に焦点を当て，それは人間の進化研究の核心であり続けている。しかし，ダーウィンの他の主張の中には，暗たんたる気持ちになるほど，また危険なほどに誤っているものもあった。『由来』は，学びを得る文献ではあるが，尊崇するものではない。

［2］ダーウィンは，人間を自然界の一部であり，すべての生物に類似した過程と様式に従って祖先の霊長類から進化した（その子孫である）動物とみなした。ダーウィンにとっては，人体や人知を知るためには，他の動物，そして血統と時間に沿って進んでいく変化を伴った彼らの（そして私たちの）由来を知らねばならないわけである。しかし，こうした理想的な枠組みと一部の革新的な推論があったにもかかわらず，『由来』はしばしば，問題をはらみ，偏見に満ち，害を生む。ダーウィンが人間の進化の結末を記述したとき，自分は資料と客観性，科学的な思考に基づいていると思っていた。しかし，その書物の多くで，そうではなかった。『由来』は，ダーウィンの時代のきわめて多数の科学的な書物と同様，人種差別的，性差別的な人間観を提示している。

［3］ダーウィンはアメリカ大陸とオーストラリアの原住民の資質と行動が欧州人より劣っていると述べた。アフリカ大陸の諸民族は一貫して認知的に発育不全であり，他の人種より低能で劣等だと言っていた。こうした主張は混乱を生む。なぜなら，『由来』の中でダーウィンは自然選択を人種を区別する過程とすることに反論し，人種を特徴付けるのに使われる特性は，成功を得るための素質に比べて機能していないと述べていたからである。科学者として，ここで立ち止まって考えなければいけなかったのに，ダーウィンは依然，人種間の進化的な差異を根拠もないのに言い募ったのである。単なる人種の順位付けにとどまらず，帝国や植民地主義，そして大量虐殺を，「最適者生存」説によって正当化した。ダーウィンが奴隷制に対して強硬な姿勢をとっていたことを考えると，これもまた混乱を生む。

［4］『由来』の中で，ダーウィンは女性を（白人）男性より，素質が劣り，しばしば「下等人種」同様だと決めつけた。具体的な資料も生物学的な査定評価もなかったにもかかわらず，男性の方が，勇敢で活力にあふれ，独創的で理知的であると記述し，自然選択と性選択を使ってそれを正当化した。人間でも，動物界でも，進化の過程で男性の力が中心であり，女性は受動的とする，その確固たる主張は，ビクトリア朝と現代に相通ずる女性嫌悪と響き合うのである。

［5］自分自身の生涯では，ダーウィンはエディンバラでアフリカ系の子孫である南米人の剝製師ジョン＝エドモンストーンから学び，英軍艦ビーグル号に乗ってフエゴ島民とかなり深い付き合いを経験した。娘のヘンリエッタは『由来』の重要な

編集者であった。ダーウィンは洞察力のある科学者だったのだから，人種と性に関する彼の見解は資料と自分自身が味わった経験からもっと影響を受けるべきだった。だが，ダーウィンの人種差別，性差別の思想は，同僚の科学者と自らの属する社会の見解のこだまとなって，ダーウィンの現実の認識を仲介する強力な役割を果たした。

[6] 今日，学生はダーウィンが「進化論の父」であり，天才科学者であると教わる。彼らはダーウィンが有害で根拠のない偏見をもっていたため，資料と経験に対する自らの見方を歪めてしまった英国人であることもまた，教わらなければならない。人種差別主義者や性差別主義者，白人至上主義者は，その一部に学者もいるが，そういった人々は，『由来』の中に現存していることによって「正しいと認められた」概念や命題を誤った信念の支えとして利用しているのであり，大衆はその多くを無批判に受け入れているのである。

[7] 『人間の由来』は，人間の進化科学の歴史上最大の影響力をもつ書物の一つである。私たちはダーウィンの重要な洞察については認めてもよいが，その無根拠で有害な主張は押し戻さねばならない。今日，『由来』のことを考えるとき，人種は人間の生物としての変異の有効な記述ではなく，「男の」脳と「女の」脳，あるいは性差に関連するいかなる単純な生物学的パターンにも，生物学的に首尾一貫性はないのであり，「最適者生存」が進化の過程の変動の型を適切に表現しているわけではないということを，はっきりと証明する資料に注意を向けた方がよい。科学界は進化科学に受け継がれてきた偏見と害悪を拒絶することができるが，それには様々な意見をいれる必要を見据え，それに基づいて活動し，包括的なやり方を進化研究の中心とすればよいのである。最終的に，『由来』から学ぶことによって照らし出されるのは，今日の人間の進化研究の最も高度で最も興味深い問題である。それは，「男性」ではなく人間の進化科学への移行である。

解説

1 問「第1段と第2段の関係は，どのように説明できますか」

第1段第4文（Some conclusions were …）で「一部の結論は，斬新で洞察に満ちていた」としたあと，第7文（However, some of …）では「しかし，ダーウィンの他の主張の中には，暗たんたる気持ちになるほど，また危険なほどに誤っているものもあった」と述べ，否定的な側面に読者の注意を向けている。第2段第3文〜同段最終文（But despite these …）には「『由来』はしばしば，問題をはらみ，偏見に満ち，害を生む。ダーウィンが…自分は資料と客観性，科学的な思考に基づいていると思っていた。しかし，その書物の多くで，そうではなかった。…人種差別的，性差別的な人間観を提示している」とあり，第2段は第1段で述べた「誤り」を，より詳細，具体的に示していることがわかる。dの「第2段は前段で提供された議論を深めている」が適切。

　　　a．「第2段は前段の議論を支える追加的な証拠を提供している」

　　　b．「第2段は前段と対照をなす」

　　　c．「第2段は前段とは異なる話題を論じている」

2　📖「［　A　］と［　B　］」の両方を埋めるのに最もよいのは…です」

　　　空所Aを含む文は「こうした主張は［　　　　］である。なぜなら，『由来』の中でダーウィンは自然選択を人種を区別する過程とすることに反論し…」となっている。この前の2文には，ダーウィンがアメリカ大陸とオーストラリアの原住民は欧州人より資質や行動が劣り，アフリカ大陸の諸民族は認知的に発育不全で，他の人種より低能で劣等だと言っていたことが述べられている。空所Bを含む文は「ダーウィンが奴隷制に対して強硬な姿勢をとっていたことを考えると，これもまた［　　　　］である」となっている。この前の2文では「ダーウィンは依然，人種間の進化的な差異を根拠もないのに言い募った…帝国や植民地主義，そして大量虐殺を，『最適者生存』説によって正当化した」とある。いずれも［　　　　］の前後で，ダーウィンの発言や姿勢が矛盾している。aの「混乱を招く」が正解。

　　　b．「累加的な」　　　c．「魅力的な」　　　d．「影響力をもつ」

3　📖「筆者が下線部(1)の人々に言及しているのは…ことを示すためです」

　　　下線部(1)は「エディンバラでアフリカ系の子孫である南米人の剝製師ジョン＝エドモンストーン（から学び），英軍艦ビーグル号に乗ってフエゴ島民とかなり深い付き合いを経験した」となっている。同段第3文（Darwin was a perceptive …）に「人種と性に関する彼の見解は資料と自分自身が味わった経験からもっと影響を受けるべきだった」とあるが，「彼の見解」とは同段第4文（But Darwin's racist …）の「人種差別，性差別の思想」，「自分自身が味わった経験」とは下線部の「アフリカ系南米人の剝製師，フエゴ島民との交流」のことである。つまり，「ダーウィンの差別的な見解は，異なる人種の人たちとの親しい交流に影響を受けなかった」と述べていることになる。cの「ダーウィンは，こうした人々と密接な関係をもっていたにもかかわらず，人種と性に関して偏見をもっていた」が適切。

　　　a．「ダーウィンのこうした人々との関係がその進化論の基礎を形成した」

　　　b．「ダーウィンはこうした人々に対して，彼らとの個人的な経験に基づいて人種差別的，性差別的な見解をもっていた」

　　　d．「ダーウィンはこうした人々とともに，その最も重要な著書を書いた」

4　📖「筆者はチャールズ＝ダーウィンとその進化論についてどう考えていますか」

　　　第6段第1・2文（Today, students are taught …）に「今日，学生はダーウィンが『進化論の父』であり，天才科学者であると教わる。彼らはダーウィンが有害で根拠のない偏見をもっていた…こともまた，教わらなければならない」，第7段第1・2文（"The Descent of Man" is …）に「『人間の由来』は，人間の進化科学の歴史上最大の影響力をもつ書物の一つである。私たちはダーウィンの重要な洞

察については認めてもよいが，その無根拠で有害な主張は押し戻さねばならない」
とある。bの「科学に対するダーウィンの貢献を尊重しながら，その進化論にある
偏見と危険性も認識すべきである」が適切。

a．「根拠のない有害な主張をより子細に見れば，科学的な資料と経験に関するダ
ーウィンの見解が認識できる」

c．「『人間の由来』をさらに学ぶことにより，男女の生物学的特性の理解を深める
ことができる」

d．「『最適者生存』の思想に基づいて，人間の進化の重要性を批判的に考慮し直す
べきである」

5　問「筆者によれば，ダーウィンの女性に対する見解は…です」

第4段第1文（In "Descent," Darwin …）に「『由来』の中で，ダーウィンは女
性を（白人）男性より，素質が劣り，しばしば『下等人種』同様だと決めつけた」
とある。bの「差別的」が適切。

a．「世間知らず（の）」　　c．「微妙（な）」　　d．「偏執的」

6　問「本文によれば，次の記述のどれが正しいですか」

第5段最終文（But Darwin's racist …）に「ダーウィンの人種差別，性差別の
思想は，同僚の科学者と自らの属する社会の見解のこだまとなって，ダーウィンの
現実の認識を仲介する強力な役割を果たした」とある。「～のこだまとなる」とは
「～を反響させる」，つまり「～を反映する」ということである。cの「男女につい
てのダーウィンの思想は，性に関する当時の社会的な固定観念を反映している」が
適切。

a．「ダーウィンの人間や他の動物に関する分析の大半は，科学的に誤っているこ
とが判明した」

b．「『最適者生存』と『自然選択』の理論は，個別に取り扱うべきである」

d．「人種差別主義者や性差別主義者，白人至上主義者について学生はもっと学ぶ
べきである」

7　問「次の記述のうちどの2つが本文の内容に沿っていませんか」

a．「ダーウィンの社会的な性に関する偏向は，科学に対するその貢献とともに認
知されるべきである」

b．「ダーウィンの進化論は，ヨーロッパの生存競争に対する今日の認識に影響し
ている」

c．「ダーウィンの思想は，多くの人々が気づいていない数多くの論争を巻き起こ
すような側面を含んでいる」

d．「ダーウィンは，人種の違いから生じた反証ゆえに，自然選択という自説を捨
ててしまった」

e．「ダーウィンは欧州人と非欧州人の知的能力には差があると考えていた」

　第3段第1・2文（Darwin portrayed …）に「ダーウィンはアメリカ大陸とオーストラリアの原住民の資質と行動が欧州人より劣っていると述べた。アフリカ大陸の諸民族は一貫して認知的に発育不全で，他の人種より低能で劣等だと言っていた」とあることと e の内容が一致する。第6段最終文（Racists, sexists, …）の「人種差別主義者や性差別主義者，白人至上主義者は…『由来』の中に現存していることによって『正しいと認められた』概念や命題を誤った信念の支えとして利用しているのであり，大衆はその多くを無批判に受け入れている」と c の内容が一致する。また，第7段第2文（We can acknowledge …）の「ダーウィンの重要な洞察については認めてもよいが，その無根拠で有害な主張は押し戻さねばならない」と a の内容が一致する。b と d は本文中に相当する記述がない。

8　問「本文に基づくと，筆者はダーウィンがどのように扱われるべきだと考えているでしょうか」

　第6段第1・2文（Today, students are taught …）に「今日，学生はダーウィンが『進化論の父』であり，天才科学者であると教わる。彼らはダーウィンが有害で根拠のない偏見をもっていた…こともまた，教わらなければならない」，第7段第2文（We can acknowledge Darwin …）に「私たちはダーウィンの重要な洞察については認めてもよいが，その無根拠で有害な主張は押し戻さねばならない」とある。c の「ダーウィンの理論の正負両面に照らして，ダーウィンを提示しなければならない」が適切。

　a.「人間の進化をよりよく理解するには，ダーウィンの思想を拒絶すべきである」
　b.「ダーウィンは，社会的性と人種の平等の先駆者として認められるべきだ」
　d.「ダーウィンは，その性差別的，人種差別的な見解ゆえに，教科書から除外されるべきだ」

9　問「この文章は…人物の観点から書かれたと推測するのが合理的です」
　本文はダーウィンの著した『人間の由来』とダーウィンの考え方について論じたものであり，この主題を対象とする学問は人類学であると考えるのが妥当である。b の「人類学の分野の最近の議論への参加者」が適切。
　a.「現場報告を行っている有名な社会科学者」
　c.「人種と社会的性の違いに注目している心理学者」
　d.「学者の言論の自由の権利を求める法律活動家」

10　問「筆者が支持するであろう研究の良い例ではないのは次のどれですか」
　第7段第3文（Reflecting on "Descent" …）「人種は人間の生物としての変異の有効な記述ではない」とある。c の「人種的な優越を確認するために，遺伝子検査を用いる研究」が適切。
　a.「人間の進化に女性が果たした役割に焦点を当てる研究」
　b.「ダーウィンの思想がどのように植民地主義を正当化するのに使われたかをさ

らに明らかにする研究」

d. 「性的差異の二面性に疑問を呈する研究」

解答

5

社会科学部　2015年度　〔5〕

社会論（890語）　**目標解答時間**　30分

ポイント

　文章の長さは900語近い分量である。語句レベルの設問もあるが，中心となるのは文章全体の内容理解に関する設問である。長い文章の断片的な理解だけでなく，全体の流れやそれによって筆者が伝えようとしていることを大きく見る視点を保ちながら読み通したい。

次の英文を読んで下の問いに答えよ。解答はマーク解答用紙にマークせよ。

About 4.62 million people aged 65 or older in Japan are estimated to suffer from dementia, and roughly 10,000 such people are reported missing each year. Although thousands of them are reunited with their family as they either return home on their own or are rescued after wandering about for days, weeks or months, hundreds of them are found dead, including some who are killed in accidents.

This serious issue needs greater public attention especially as the aging of the Japanese population continues to accelerate. Family members alone cannot be held responsible for protecting the elderly from these hazards. A community-based support mechanism involving public services, businesses and local residents will be needed.

One of the symptoms of dementia is orientation disturbance, in which people's sense of their identity, time or where they are becomes impaired. This can lead people to wander about aimlessly without knowing where they are headed. Last week, a 67-year-old woman who disappeared from her home in Tokyo in 2007 was reunited with her family at a care facility in Tatebayashi, Gunma Prefecture. The woman, who has dementia and was unable to tell the police her name when she was taken into protective custody in the city seven years ago, was misidentified, which prevented a match in missing persons' reports. Her recent appearance on an NHK TV program featuring the problem of senile dementia prompted her relatives to contact the broadcaster and locate her.

There are others who meet more unfortunate fates. In 2007, a 91-year-old man was hit and killed by an incoming train at a station in Obu, Aichi Prefecture, after leaving home unnoticed by his wife and wandering onto the train tracks. In April, the Nagoya High Court ordered the widow, now 91, to pay ¥3.59 million in damages to Central Japan Railway Co. to cover the losses that the accident caused to the firm's train operations.

The court determined that the wife had failed in her duty to keep watch over her husband, who was suffering from dementia and had a habit of wandering away from home. She had lived alone in the house with him, while they were economically supported by their son, who lived nearby. The man reportedly walked away from home when the wife, who was also ailing and in need of nursing care herself, had dozed off.

The court came under criticism that its decision ignores the harsh realities surrounding many elderly people with dementia and their families. Roughly 520,000 people are on waiting lists nationwide to enter nursing homes that provide intensive care for the elderly with severe physical conditions or dementia. With the availability of such facilities limited, many of these people are being cared for by their families, and in growing numbers — as in the Obu case — by their elderly spouses.

It would be impossible for family members to keep round-the-clock watch over relatives with dementia. Some people in similar situations say that if all the responsibilities are placed on family members, they may have no choice but to confine the dementia sufferers inside the house or even keep them physically restrained.

In 2013, 10,300 elderly people with dementia were reported missing by their families, up from 9,607 in the previous year. In 2012, the whereabouts of 9,478 such people, including those who had disappeared in 2011 or earlier, was confirmed. Most of them were found alive but 359 were discovered to have died.

Efforts are needed by the central and local governments, as well as at the community level, to ease the burden on families and ensure the safety of elderly people with dementia.

Omuta, Fukuoka Prefecture, is one of the municipalities that have launched community-based efforts. Formerly a thriving coal-mining base, Omuta has witnessed the rapid aging of its population — with 32 percent of its 120,000 population 65 years or older, compared with the national average of 25.1 percent. The city has worked with local residents and nursing care business operators to take measures to help the elderly with dementia to live safely, including training of care experts as well as enlightenment programs to give residents accurate knowledge of dementia symptoms.

It has set up a local network of communication in which the police, when they get search requests from families of elderly people, relay information about the persons' clothing and physical features to fire departments, post offices and taxi companies. This information is also transmitted via email to about 4,000 residents on the city's mailing list. In 2012, tips from local residents and businesses enabled the police to locate about 160 missing elderly people.

The health and welfare ministry in 2005 launched a program to disseminate knowledge on communication with dementia sufferers. Companies from various sectors including supermarket chains, banks and taxi operators have taken part in the program, in which local government workers with the knowledge offer guidance to their employees about symptoms and how to deal with people suffering from dementia. Major retailer Aeon Co. has reportedly had roughly 40,000 of its employees and part-time workers at its shops across the country join the program, so that they can help dementia sufferers who get lost when they visit its stores.

It is urged that these and other efforts are shared and spread nationwide to minimize the hazards for elderly people with dementia and to ease the burden on their families.

(From *The Japan Times*, May 21, 2014)

1. According to this article, which THREE of the following are true?
   a. The only foolproof way to guarantee that dementia-afflicted people do not wander away is to lock them in the house and/or restrain them physically.
   b. For better or worse, elderly and senile people who so desire are able to find nursing homes that will take care of them.
   c. A sure sign that a person is burdened with dementia is that they have difficulty remembering exactly who they are.
   d. Companies in the private sector have not yet got involved in the search for solutions that might aid dementia sufferers.
   e. When people turn up missing, the police can easily identify them and make sure that they are returned to their homes.
   f. Serious problems can occur if the person looking after a demented spouse or relative is also old and in need of help.
   g. The public is adequately informed about the problems faced by people who are suffering from serious disorders of the mind.

ｈ．Few people afflicted with dementia and confused about their whereabouts are able to find their way back home.

ｉ．Some towns have tried to set up programs to help better understand the agonizing issues connected with people with dementia.

ｊ．So far there have been no serious cases of people with dementia dying from fatal injuries after getting lost.

２．Which one of the following is closest in meaning to the phrase becomes impaired ?

　ａ．turns out difficult to understand

　ｂ．changes for the worst

　ｃ．alters its course slightly

　ｄ．transforms itself

　ｅ．recedes into the background

３．Which one of the following is closest in meaning to the phrase prevented a match ?

　ａ．made it impossible to come up with a positive identification

　ｂ．made it extremely hard to copy the person's name

　ｃ．made verifying the person's problem more difficult

　ｄ．made it unrealistic to expect the person to identify herself

　ｅ．made finding out the relevant facts out of the question

４．Which one of the following best defines the phrase had dozed off ?

　ａ．had gone to sleep with the help of medicine

　ｂ．had gone to sleep after falling ill

　ｃ．had gone to sleep in the middle of the day

　ｄ．had gone to sleep before mealtime

　ｅ．had gone to sleep without really intending to

５．Which one of the following is closest in meaning to the phrase ease the burden ?

　ａ．anticipate the problem

　ｂ．simplify the procedure

　ｃ．control the agony

　ｄ．lessen the difficulty

　ｅ．reduce the cost

６．According to this article, which one of the following is the most accurate statement ?

　ａ．Dementia is becoming more noticeable and more misunderstood.

　　b．Dementia is becoming more common and more burdensome.

　　c．Dementia is becoming more studied and more appreciated.

　　d．Dementia is becoming more controlled and more acceptable.

　　e．Dementia is becoming more costly and more widespread.

7．Which one of the following best describes the main point of this article?

　　a．The illness known as dementia is something that has to be dealt with in
　　　the near future; otherwise, Japan will not be able to cope with the
　　　increasing costs of this problem.

　　b．Dementia sufferers have been ignored for too long, so more effort has to
　　　be put into identifying the best way to make the system work more
　　　efficiently and effectively.

　　c．The problems facing dementia sufferers and their families are daunting
　　　and numerous, but solutions have to be found and implemented at the
　　　personal, local, and national levels.

　　d．The issue of how to cope with the large number of elderly people with
　　　mental problems is being discussed and debated and to a certain extent
　　　even solved in some parts of Japan.

　　e．The families of dementia sufferers seem to be most concerned about how
　　　to make life easier and better for everyone troubled by the human tragedies
　　　caused by this nationwide problem.

≪認知症高齢者の窮状と地域支援組織の発足≫

全訳

　日本の65歳以上の約462万人が認知症を患っていると推定されていて，そのような人のおよそ1万人が毎年行方不明となっていると報告されている。彼らのうちの数千人が，自身で帰宅するか，数日間，数週間，あるいは数カ月間徘徊したあと救助されるかして，家族と再会しているのだが，彼らのうちの数百人は，事故で死んだ人たちを含め，亡くなっているのが発見される。

　この深刻な問題は，特に日本の人口高齢化が加速し続けているので，世間の注目がもっと必要である。これらの危険から高齢者を守る責任を，家族の者だけに負わせることはできない。行政，企業，地元住民を含めた地域社会に基づく支援機構が必要とされるだろう。

　認知症の症状の1つは，見当識障害で，人々の自己認識，時間認識，あるいは居場所認識が損なわれる。このせいで，人々は自分がどこに向かっているのかわからずに，あてどなく徘徊することにもなる。先週，2007年に東京の自宅から姿を消した67歳の女性が，群馬県館林市の介護施設で，家族と再会した。認知症を患っており，7年前同市で保護された際に警察に自分の名前を告げることができなかったその女性は，誤認され，そのために，行方不明者報告書での照会ができなかった。老年性認知症の問題を特集するNHKテレビの番組に彼女の姿が最近出たおかげで，彼女の親戚が放送局に連絡を取り，彼女の居場所を見つけることになったのだ。

　もっと不運な目に遭う人たちもいる。2007年に，91歳の男性が妻に気付かれず家を出て線路に迷い込み，そのあと愛知県大府市のある駅で，入って来る列車にはねられて亡くなった。4月に，名古屋高等裁判所は，現在91歳の未亡人に，その事故がJR東海の列車運行にもたらした損失を補填するために，損害賠償金359万円を会社に支払うよう命じた。

　認知症を患っていて，家を出て徘徊する癖があった夫を見守る義務を妻が怠ったと裁判所は断じた。近くに住む息子から経済的に援助されながら，その家で彼女は夫と二人で暮らしていた。伝えられるところによれば，療養中で，自身も介護が必要であった妻がまどろんでいたときに，その男性は家を抜け出したそうだ。

　多数の認知症高齢者たちとその家族を取り巻く厳しい現実をその判決は無視しているという批判に裁判所は晒された。国内でおおよそ52万人が，深刻な身体状態や認知症の高齢者に集中介護を提供する介護施設に入居するための待機名簿に掲載されている。そのような施設の利用は限られているので，これらの人の多くは家族に介護されており，大府市の場合と同様に，高齢配偶者によって介護されている人たちがますます増えている。

　家族の者が認知症を患う身内の寝ずの番をするのは不可能だろう。もし全責任が家族の者にかかってくれば，認知症患者を屋内に閉じこめ，身体を拘束しておかざるをえないかもしれないと話す，似たような状況にある人たちもいる。

　2013年に，10,300人の認知症高齢者が家族によって行方不明だと通報されたが，前年の9,607人より増えていた。2012年には，2011年以前に姿を消していた人たちを含めて，そのような人たち9,478人の所在が確認された。彼らの大半が生きて

見つけられたが，359人はすでに亡くなっていたことがわかった。

　　家族の負担を軽減し，認知症高齢者の安全を守るためには，地域社会レベルでの努力と同様に，国や地方の行政機関による努力が必要とされる。

　　福岡県大牟田市は地域社会密着型の取り組みを始めた自治体の1つだ。以前は，繁栄した炭坑の町であった大牟田市は，住民の急速な高齢化──国民平均の25.1％と比べて，住民人口12万人の32%が65歳以上になっている──を目の当たりにしてきた。市は地元住民や介護施設事業運営者と協力して，住民に認知症症状についての正確な知識を与える啓発計画と同様に，介護専門家教育をも含めた，認知症高齢者が安全に暮らす手助けをする対策を講じてきた。

　　高齢者家族から捜索願が出されたら，警察がその人物の服装と身体的特徴についての情報を消防，郵便局やタクシー会社に伝える地元通信網を大牟田市は構築した。この情報はEメール経由で，市のメーリングリストに掲載された約4千人の住民にも伝えられる。2012年に，地元住民と事業所からの通報のおかげで，警察は約160人の行方不明高齢者を探し出すことができた。

　　厚生労働省は2005年に認知症患者との意思疎通に関する知識を広める計画をスタートさせた。スーパーマーケットのチェーン店，銀行，タクシー運営者を含む多様な産業部門の会社がその計画に参加し，その計画の中で，その知識を有する地元行政職員が症状や，認知症をかかえている人たちの扱い方について，会社従業員たちに指導している。大手小売業者イオンは，伝えられるところでは，店舗を訪れて迷子になった認知症患者を手助けできるように，国内店舗で約4万人の従業員とパート労働者をその計画に参加させたそうだ。

　　認知症の高齢者の危険を最小にし，家族の負担を軽減するため，これらの努力やその他の努力が共有され，国中に広まることが促されている。

解　説

1　問「この記事によれば，次のうち正しいもの3つはどれか」

a「認知症患者が徘徊しないことを保証する唯一絶対確実な方法は屋内に閉じこめること，および（または）身体的に拘束することだ」

　　第7段に，認知症患者が徘徊しないよう四六時中監視する責任が家族の者にかかる場合，屋内に閉じこめるか，身体を拘束するかしかないとあるが，それが，徘徊しないことを保証する唯一絶対確実な方法であるとは述べられていないので，不一致。

b「良かれ悪しかれ，介護施設を見つけたいと望む高齢認知症患者は介護してくれる介護施設を見つけることができる」

　　第6段第2・最終文に介護施設入居待機者はおよそ52万人いて，施設の利用は限定されているとあるので，不一致。

c「人が認知症という重荷を負っているという確かな兆候は，自分が誰なのかを正

確に思い出すのに苦労するということだ」

第3段第1文に，認知症の症状の1つは見当識障害で，自己認識が損なわれるとあるので，一致。

d「民間部門の会社は認知症患者を援助できるかもしれない解決策を探すことにはまだ関わっていない」

第11・12段から，タクシー会社や，スーパーマーケット，銀行などが支援計画に参加していることがわかるので，不一致。

e「人が行方不明者だと判明すると，警察は容易に身元を特定でき，必ず自宅へ帰すことができる」

第3段第4文に，警察に自分の名前を告げることができなかったその女性は，誤認され，身元がわからなかったとあるので，「容易に身元を特定できる」が，不一致。

f「認知症の配偶者や親類を世話する人も高齢で，援助を必要としている場合，深刻な問題が起こりうる」

第5段に，自身も介護が必要であった妻が寝ていたときに，認知症の夫が家を抜け出して事故にあったとあり，老老介護という深刻な事態を取り上げているので，一致。

g「心の重大な病気を患っている人々が直面する問題について，世間は十分に知らされている」

第2段第1文に，この高齢認知症患者が増えているという深刻な問題は，世間の注目をいっそう必要としているとあり，十分認知されているとは言えないので，不一致。

h「認知症を患って，自分の居場所がよくわからない人で，家路がわかる人は少ししかいない」

第1段第1文に，およそ1万人が毎年行方不明となっているとあるが，自身で帰宅する人がどのくらいいるのかについての詳しい記述はないので，不一致。

i「認知症の人たちに関する苦渋に満ちた問題をもっと理解する手助けをする計画を始めようとした町もある」

第10・11段に大牟田市の例が取り上げられており，住民に認知症症状についての正確な知識を与える啓発計画や，認知症高齢者が安全に暮らす手助けをする対策を講じてきたとあるので，一致。

j「これまでのところ，認知症患者が行方不明になったあと，致命傷で亡くなったという深刻な事例はまったくなかった」

第4段の事例もあるので，「まったくなかった」は不一致。

2 問「becomes impaired という言葉の意味に最も近いものは次のうちどれか」

a「理解するのが難しいとわかる」

b「最悪の方向へ変わる」

c「わずかに進路を変える」

d「それ自体変わる」

e「背景へ後退する」

　impair は「悪くする，損なう」という意味なので，become impaired は「壊れる，正常に機能しなくなる」といった意味になる。本文で考えると，「感覚・認識（sense）が正常に働かなくなる」ということになる。正しい認識ができないということなので，b を選ぶ。a は苦労しながらも何とか認識できるかもしれないということなので，不適当。d は認識自体が別のものに変わるとなり，不適当。e は，認知症の症状として人々の自己認識，時間認識，あるいは居場所認識が（記憶の）背景へ後退する，すなわち思い出せなくなる，という意味では正しそうだが，impair という言葉の意味にそぐわないので，不適当。

3　圏「prevented a match という言葉の意味に最も近いものは次のうちどれか」

　a「身元をはっきりと確認することを不可能にした」

　b「その人物の名前を真似るのをきわめて難しくした」

　c「その人物の問題を実証することをもっと難しくした」

　d「その人物が自分の身元を特定するのを期待することを非現実的にした」

　e「その問題に関連する事実を見出すことを不可能にした」

　ここでの match は，警察が行方不明者報告書から本人と思われる名前（一致した名前）を探し出すことで，それを prevent「阻む」ということなので，身元確認をできなくしたという a を選ぶ。d は本人が自分の身元を特定するとなって，不適当。

4　圏「had dozed off という言葉を最もよく定義するものは次のうちどれか」

　a「薬の助けを借りて眠りについていた」

　b「病気になったあと眠りについていた」

　c「昼日中に眠りについていた」

　d「食事時間前に眠りについていた」

　e「眠るつもりがなかったのに眠ってしまっていた」

　doze off は「うとうとする，まどろむ」の意なので，ついうっかり眠ってしまったという e を選ぶ。

5　圏「ease the burden という言葉の意味に最も近いものは次のうちどれか」

　a「問題を予期する」

　b「手順を簡単にする」

　c「苦悩を制御する」

　d「困難を減らす」

　e「費用を減じる」

　ease the burden は「負担を軽くする，苦労を和らげる」の意なので，d を選ぶ。

6　問「この記事によれば，最も正確な記述は次のうちどれか」
　a「認知症は以前より顕著になって，誤解されている」
　b「認知症は以前より一般的になって，負担になっている」
　c「認知症は以前より研究され，より正しく認識されるようになっている」
　d「認知症は以前より管理され，受け入れられるようになっている」
　e「認知症は以前より費用がかかり，広範に広がっている」
　　第1・2段から，認知症患者数が増大し，認知症が深刻な問題となっていること，家族の者にとって認知症高齢者を守る責任は大きくなっていて，社会が手助けしなければならないということがわかるので，bを選ぶ。
7　問「この記事の主旨として最もふさわしい記述は次のうちどれか」
　a「認知症として知られている病気は近い将来取り扱われねばならないものである。さもなければ，日本はこの問題の増大する費用に対処できなくなるだろう」
　　「日本はこの問題の増大する費用に対処できなくなるだろう」という記述は本文にはない。
　b「認知症患者はあまりにも長い間無視されてきたので，そのシステムをもっと効率よく，効果的に機能させる最良の方法を特定することにさらなる努力が注がれなければならない」
　　「認知症患者はあまりにも長い間無視されてきた」という記述は本文にはない。
　c「認知症患者とその家族が直面している問題は気をくじくようなもので，数多くあるが，個人レベル，地域レベル，国レベルで解決策を見出し，実行しなければならない」
　　第6・7・9段および最終段に一致。
　d「精神機能障害を患っている多数の高齢者にどう対処するかという問題は，議論されている最中で，日本のいくつかの地域である程度，解決さえされつつある」
　　第10段に大牟田市で認知症高齢者に対する取り組みが始まったとあるが，解決されつつあるとは言っていないので，不適当。
　e「どうすればこの全国的な問題によって引き起こされた人間の悲劇に悩む人全員にとって，生活がもっと楽で，より良いものになるのかということについて，認知症患者のいる家族は最も関心があるようだ」
　　認知症患者家族の最大の関心が，生活をもっと楽に，良くしてくれる方法であるとは述べられていないので，不適当。

1―c・f・i　2―b　3―a　4―e　5―d　6―b　7―c
解答

> **ポイント**
>
> 　筆者の実体験がベースになっている文章だが，「随筆」というにはテーマが重く，深く現実をえぐっている。「日本では関係ない」と思えるかもしれないが，人が生きていくときに程度の差こそあれ，いつでもどこでも誰にでも関係のある事柄を論じている。設問に答えるために読むというより，内容を正面から受け止めるように，じっくり読み込みたい。設問は第 3 章実戦編 3 と同様の段落要旨に加えて，内容真偽，主旨，同意語句選択。

Read the passage and answer the questions below.

①　I have a memory of the first time I realized I was black. It was when, at seven or eight, I was walking home from school with neighborhood kids on the last day of the school year — the whole summer in front of us — and I learned that we "black" kids could not swim at the pool in our area park, except on Wednesday afternoons. And then on those summer Wednesdays, with our swimming suits wrapped tightly in our towels, we filed out of our neighborhood toward the pool in the white neighborhood. It was a strange weekly pilgrimage. It marked the racial order of the time and place — the Chicago metropolitan area, also known as Chicagoland, in the 1950s and early 1960s. The implications of this order for my life seemed massive — a life of swimming only on Wednesday afternoons? Why? I next found out that we black kids could not go to the roller-skating rink, except on Thursday nights. We could be regular people but only in the middle of the week? These segregations were hard to ignore. And mistakes were costly, as when, at thirteen, after arriving at six in the morning, I waited all day to be hired as a caddy at a golf course, only to be told at the end of the day that they did not hire Negroes. I did not know what being black meant, but I was getting the idea that it was a big deal.

②　With decades of hindsight, I now think I know what was going on. I was recognizing nothing less than a condition of life — most importantly, a condition of life tied to my race, to my being black in that time and place. The condition was simple enough: *if* I went to the pool on Wednesday afternoons *then* I got in; *if* I went to the pool any other time, *then* I did not get in. To my seven- or eight-year-old self, this was a bad condition of life. But the condition itself was not the worst of it. For example, had my parents imposed it on me for not taking out the garbage, I would not have been so upset. What <u>got</u> me was that it was imposed on me because I was black. There was nothing I could do about that, and if being black was reason enough to restrict my swimming, then what else would happen because of it?

③　In an interview many years later, a college student would describe for me an experience that took a similar form. He was one of only two whites in an African-American political science class. He, too, described a condition of life: if he said something that revealed an ignorance of African-American experience, or a confusion about how to think about it, then he could well be seen as racially insensitive; if he said nothing in class, then he could largely escape the suspicion of his fellow students. His condition, like my swimming pool condition, made him feel his racial identity, his whiteness, in that time and place — something he had not thought much about before.

④　When I encountered my swimming pool restriction, it mystified me. Where did it come from? Conditions of life tied to identity like that still mystify me. But now I have a working idea about where they come from. They come from the way a society, at a <u>given</u> time, is organized around an identity like race. That organization reflects the history of a place, as well as the ongoing individual and group competition for opportunity and the good life. The way Chicagoland was organized around race in the late 1950s and early 1960s — the rigid housing segregation, the school segregation, the employment discrimination, and so on — meant that black people in that time and place had many restrictive conditions of life tied to their identity, perhaps the least of which was the Wednesday afternoon swimming restriction that so worried my seven- or eight-year-old self.

⑤　Generally speaking, contingencies are circumstances you have to deal with in order to get what you want or need in a situation. In the Chicagoland of my youth, in order to go swimming I had to restrict my pool going to Wednesday afternoons. That is a contingency. In his African-American political science class, my interviewee had the added pressure that his ignorance could cause him serious disapproval. That, too, is a contingency. What makes both contingencies identity contingencies is that the people involved had to deal with them because they had a particular social identity in the situation. Other people in the situation did not have to deal with them. These identity contingencies affect our lives, in the broader society, and in some of society's most <u>tenacious</u> problems.

⑥ We live in an individualistic society. We do not like to think that conditions tied to our social identities have much say in our lives. When barriers arise, we are supposed to march through the storm, picking ourselves up by our bootstraps. But by imposing on us certain conditions of life, our social identities can strongly affect things as important as our performances in the classroom and on standardized tests, our memory capacity, our athletic performance, the pressure we feel to prove ourselves, even the comfort level we have with people of different groups — all things we typically think of as being determined by individual talents, motivations, and preferences. Ignoring the social reality — allowing our <u>creed</u> of individualism, for example, to push it into the shadows — is costly, to our own personal success and development, to the quality of life in an identity-diverse society and world, and to our ability to fix some of the bad ways that identity still influences the distribution of outcomes in society.

[Adapted from Claude M. Steele, *Whistling Vivaldi* (2010).]
From Whistling Vivaldi: And Other Clues to How Stereotypes Affect Us by Claude M. Steele, W. W. Norton & Company Inc.

(1) Choose the best way to complete the following sentences about Paragraphs ① to ⑥.

1 In Paragraph ① the writer mainly
2 In Paragraph ② the writer mainly
3 In Paragraph ③ the writer mainly
4 In Paragraph ④ the writer mainly
5 In Paragraph ⑤ the writer mainly
6 In Paragraph ⑥ the writer mainly

A argues that because there were so many conditions of life tied to the racial identity of a black child in the 1950s and 1960s, he used to blame society.

B celebrates individualism, which unlike identity contingencies, effects personal success and leads to a more diverse society.

C complains that decades of discrimination have conditioned black children not to question their situation.

D defines identity contingencies and ties them to problems people face in society.

E　describes a white college student who was inhibited from speaking in a political science class because everyone's comments were so racially charged.

F　details how awareness about segregation policies first began to incite social unrest.

G　discusses how being racially in the minority in a college class made a student aware of his racial identity and dictated the way he behaved.

H　explains that the restrictions he experienced during his childhood were forced upon him for no fault of his own.

I　identifies contingencies as restrictions or pressures that need to be removed so that people will no longer have to deal with them.

J　maintains the need to take social identity into account as an important factor in considering how to reach personal goals as well as to build a better society.

K　reminisces about experiences from his childhood that made him aware of his racial identity.

L　suggests that restrictions placed upon an individual because of the person's identity reflect the way that society is organized.

(2) Choose FOUR statements that are NOT true according to the passage. You may NOT choose more than FOUR statements.

A　Becoming aware of one's racial identity by experiencing pressure or restrictions does not happen exclusively to a particular racial group.

B　Being black influenced where one lived, where one studied, and what job one got in mid-twentieth century Chicagoland.

C　It is not only one's personal characteristics, but also the conditions of life, that determine how one functions in society.

D　The author had to pay an expensive penalty fee in the past for trying to get a job at a golf course.

E　The author realized how racially insensitive the college student taking a class on African-American political science was.

F　The author was not yet a teenager when he started to become aware of his racial identity.

G　The swimming pool the author used as a child was not located in a white neighborhood, so he was free to use it on Wednesdays.

H　While obstacles arise in life, individualism is the key to overcome them and survive the difficult conditions society creates.

(3)　Which ONE of the following sentences BEST describes the main point the author is making?

A　Racial segregation was a condition of life for black children in Chicagoland in the 1950s and the 1960s and awakened in the author a sense of what it means to be black.

B　Segregation and racial stereotyping, which are forms of identity contingencies, are detrimental to creating a society based on individualism.

C　The answer to ending racial discrimination lies in combating stereotypes and challenging the constraints placed upon our identity by upholding the principles of individualism.

D　Those who believe themselves to be in the majority can easily find themselves to be in the minority and subject to discrimination.

E　To make possible a world in which individuals can aim to reach their full potential, it is important to realize that restrictions and pressures are placed on certain social identities.

(4)　Choose the BEST way to complete each of these sentences about how the underlined words are used in the passage.

1　Here "got" means

A　confused.　　　　　B　convinced.　　　　　C　irritated.

D　trapped.　　　　　E　understood.

2　Here "given" means

A　offered.　　　　　B　restricted.　　　　　C　specific.

D　tentative.　　　　　E　understood.

3　Here "tenacious" means

A　complex.　　　　　B　persistent.　　　　　C　recent.

D　unusual.　　　　　E　widespread.

4　Here "creed" means

A　belief.　　　　　B　dependence.　　　　　C　doubt.

D　fear.　　　　　E　protection.

全訳

≪「偶然性」という現実≫

① 私は自分が黒人だと初めて認識したときの記憶がある。それは7歳か8歳で，夏がまるごと目の前にある学年の最後の日に近所の子どもたちと学校から歩いて帰っていて，私たち「黒人」の子どもは，地区の公園にあるプールで水曜日の午後以外は泳げないと知ったときのことだ。それから，あの夏の水曜日には，水着をタオルにしっかりくるんで，自分たちの地区から白人地区にあるプールへと列をなして向かった。週1回の奇妙な行脚だった。それはシカゴランドとしても知られるシカゴの都市部の1950年代から1960年代初めという，その時と場所の人種的規律を表していた。この規律が私の生活に与えた影響は重大に思えた。水曜日の午後しか泳げない暮らし？　どうして？　次に私が知ったのは，私たち黒人の子どもは，木曜日の夜以外はローラースケート場に行けないということだった。私たちが普通の人になれるのは週の真ん中の日だけ？　こうした人種差別は無視し難かった。そして，間違いは高くついた。13歳のとき，朝6時に行って，ゴルフコースでキャディとして雇ってもらうために1日中待ち続け，結局，ニグロは雇わないと言われたときのように。私は黒人であることが何を意味するか知らなかったが，だんだんとそれがたいへんなことなのだとわかり始めた。

② 数十年たった後知恵で考えると，当時何が起きていたのかわかっていると今では思う。私は，まさしく生活条件に気づき始めていたのだ。最も大事なのは，それが私の人種，あの時あの場所で私が黒人であったことと結びついた生活条件だということである。条件はきわめて単純だった。「もし」私が水曜日の午後にプールに行けば，「それなら」入れた。「もし」それ以外のときに行けば「それなら」入れなかった。7歳とか8歳とかの私には，これはひどい生活条件だった。しかし，その条件自体は，その条件における最悪の部分ではなかった。たとえば，私がゴミ出しをしなかったという理由で両親が私にその条件を課したのであれば，私はそんなにむしゃくしゃしなかっただろう。私をいら立たせたのは，私が黒人だという理由でそれが課されたことだった。それに関して私にできることは何もなかった。そして，黒人であることが泳ぐのを制限するのに十分な理由なのだとしたら，そのせいで他にどんなことが起こるだろうか？

③ 何年も後のインタビューで，ある大学生が似たような形を取った経験を私に説明してくれることになった。彼はアフリカ系アメリカ人の政治学のクラスで2人しかいない白人のうちの一人だった。彼も生活条件について述べた。もし彼がアフリカ系アメリカ人の経験について無知であること，あるいは，それについてどのように考えるべきかに関してあいまいであることを示すようなことを何か言えば，彼は人種的な面で鈍感だと見なされる可能性が十分あった。もし彼が授業で何も言わなければ，同じクラスの学生の疑念を大いに免れることができた。私のプールの条件と同じように，彼の条件は，あの時あの場所で白人であるという自分の人種的アイデンティティを彼に感じさせた。それは彼がそれ以前にはあまり考えたことがなかったことだった。

④ プールの制限に直面したとき，それは私を当惑させた。それはどこから生じたのだろう？　そのようなアイデンティティと結びついた生活条件は今でも私を当惑

させる。しかし今では，それがどこから生じるものなのか実際的な考えを持っている。それは，人種といったアイデンティティをめぐる，ある特定の時代の社会の組織のされ方から生じるのである。そうした組織は，機会やよい生活を求める，個人や集団の進行中の競争だけでなく，ある場所の歴史も反映している。厳格な居住地分離，学校分離，就職差別など，1950 年代の終わりごろから 1960 年代初期の人種をめぐるシカゴランドの組織のされ方は，あの時あの場所の黒人には，自分たちのアイデンティティと結びついた多くの制限的な生活条件があったということを意味しており，おそらく，その最もささいなものが，7 歳か 8 歳の私をあんなに悩ませた水曜日の午後の水泳制限だったのだ。

⑤　一般的に言って，偶然性（contingencies）とは，ある状況で自分が欲しいものや必要とするものを手に入れるために対処しなければならない事態のことである。私が若いころのシカゴランドでは，泳ぎに行くためにはプールに行くのを水曜日の午後に制限しなくてはならなかった。それは一つの偶然性だ。私のインタビューを受けてくれた学生には，アフリカ系アメリカ人の政治学のクラスで，彼の無知が彼に深刻な反感をもたらしかねないという余計なプレッシャーがあった。それもまた偶然性だ。どちらの偶然性をもアイデンティティの偶然性にしているのは，渦中にいる人たちがその状況で特定の社会的アイデンティティを持っているがためにそれに対処しなくてはならなかったということである。その状況にいる他の人たちはそれに対処する必要がなかった。こうしたアイデンティティの偶然性は，もっと大きな社会や社会の最も根強い問題のいくつかにおいて，私たちの生活に影響を及ぼす。

⑥　私たちは個人主義的な社会で暮らしている。私たちの社会的アイデンティティと結びついた条件が，自分の生活に大いにものを言うと考えるのを私たちは好まない。障壁が生じると，私たちは自力で苦境を乗り切りながら嵐をくぐり抜けることになっている。しかし，私たちに特定の生活条件を課すことによって，私たちの社会的アイデンティティは，教室や標準テストでの出来ばえ，記憶力，運動能力，力量を示そうとして感じるプレッシャー，異なる集団の人たちといて感じる快適さのレベルさえ含めて，大切なものに強い影響を及ぼし得る。つまり，私たちが一般的に個人の才能ややる気，好みによって決定されていると見なしているあらゆるものに影響を及ぼし得るということだ。たとえば，私たちの個人主義という信条が社会の現実を陰に追いやるままにしてそれを無視することは，私たち自身の成功や発展，アイデンティティの多様な社会や世界での生活の質，そして，アイデンティティが今なお社会における成果の分配に影響を及ぼしているよくない点のいくつかを修正する私たちの能力にとって，損失が大きいのである。

解　説

問　「文章を読んで，下の問いに答えなさい」

(1)　問　「第①〜⑥段に関する次の文を完成するのに最もよいものを選びなさい」

完成する文はすべて「第〜段で，筆者は主に…」となる。各選択肢を順に見なが

ら，どの段落に相当するものか検討する。

A.「1950年代と1960年代に黒人の子どもであるという人種的なアイデンティティと結びついた生活条件がたいへん多かったため，彼は社会を非難していたことを論じている」　第①段には筆者が子ども時代に経験した，黒人であるがゆえの制約が具体的に述べられているが，それに対する筆者の反応は，同段第7文にあるように Why?「なぜ?」と不思議がるばかりであり，同段最終文（I did not know …）には「私は黒人であることが何を意味するか知らなかった」とある。「社会を非難していた」とは述べられていない。この選択肢はどの段にも当てはまらない。

B.「アイデンティティの偶然性とは異なり，個人の成功に影響を与え，より多様な社会につながる個人主義を賛美している」　individualistic society「個人主義的社会」という言葉は第⑥段第1文（We live in an …）に見られるが，個人主義を称賛するような記述はない。この選択肢はどの段にも当てはまらない。

C.「何十年もの差別のせいで，黒人の子どもたちが自分の状況を疑問に思わないようになったと訴えている」　このような記述は本文中には見られない。この選択肢はどの段にも当てはまらない。

D.「アイデンティティの偶然性を定義し，それを人々が社会の中で直面する問題と結びつけている」　第⑤段第1文（Generally speaking, …）で「一般的に言って，偶然性とは，ある状況で自分が欲しいものや必要とするものを手に入れるために対処しなければならない事態のことである」と「偶然性」の定義をしており，筆者や筆者がインタビューした学生の例を挙げた後，同段最終文（These identity contingencies …）で「こうしたアイデンティティの偶然性は，もっと大きな社会や社会の最も根強い問題のいくつかにおいて，私たちの生活に影響を及ぼす」としている。この選択肢は第⑤段の内容と一致する。

E.「みんなのコメントがとても人種的な色合いを帯びていたので，政治学の授業で話すことができなくなってしまった白人の大学生のことを述べている」　第③段に，クラスで少数派だった白人学生のことが述べられているが，クラスの他の学生たちがどのような発言をしていたかについては述べられていない。この選択肢はどの段にも当てはまらない。

F.「差別政策に対する認識がまずどのように社会不安を引き起こし始めたか詳しく述べている」「社会不安が起きた」という記述は本文中には見られない。この選択肢はどの段にも当てはまらない。

G.「大学の授業で人種的に少数派であることが，どのように学生に自分の人種的アイデンティティを気づかせ，その人のふるまい方に影響を及ぼしたか論じている」　第③段には，大学の政治学のクラスでたった2人しかいなかった白人のうちの1人の話が述べられている。同段最終文（His condition, like …）に「私のプールの条件と同じように，彼の条件は，あの時あの場所で白人であるという自分の人

種的アイデンティティを彼に感じさせた」とある。同段第3文（He, too, described …）には，アフリカ系アメリカ人の経験について無知であることを示すようなことを言えば，人種的な問題に鈍感だと見なされる可能性が十分あり，何も言わなければクラスメートの疑念を免れることができたと述べられている。クラスの少数派であることが，この学生の行動に影響を及ぼしたことがわかる。この選択肢は第③段の内容と一致する。

H．「子ども時代に彼が経験した制約が，彼自身には何の落ち度もないのに彼に押しつけられていたことを説明している」 第②段第2文（I was recognizing …）後半に「それは私の人種，あの時あの場所で私が黒人であったことと結びついた生活条件だ」とあり，同段最終文（There was nothing …）に「それ（＝私が黒人だということ）に関して私にできることは何もなかった」とある。この選択肢は第②段の内容と一致する。

I．「偶然性を，人々がもう対処しなくてもよくなるように取り除く必要のある制約や圧力だとしている」 第⑤段第1文（Generally speaking, …）で「一般的に言って，偶然性とは，ある状況で自分が欲しいものや必要とするものを手に入れるために対処しなければならない事態のことである」と定義してはいるが，それを取り除かなくてはならないという記述は本文中には見られない。この選択肢はどの段にも当てはまらない。

J．「どのようによりよい社会を築くかだけでなく，どのようにして個人的な目標に到達するかを考える際の重要な要素として，社会的アイデンティティを考慮に入れる必要性を主張している」 第⑥段第4文（But by imposing …）に「私たちに特定の生活条件を課すことによって，私たちの社会的アイデンティティは…大切なものに強い影響を及ぼし得る」，続く最終文（Ignoring the social reality …）に「社会の現実を無視することは高くつく」とある。この選択肢は第⑥段の内容と一致する。

K．「彼に自分の人種的アイデンティティを気づかせた子ども時代の経験を回想している」 第①段第1文（I have a memory …）に「私は自分が黒人だと初めて認識したときの記憶がある」とあり，以下に，小学生のとき，水曜日の午後しか地区のプールで泳げなかったこと，ローラースケート場は木曜日の夜しか使えなかったこと，13歳のときにはゴルフ場でキャディとして雇ってもらおうと1日中待った挙句，黒人は雇わないと言われたことが述べられている。この選択肢は第①段の内容と一致する。

L．「その人のアイデンティティを理由に個人に課される制約は，社会がどのように組織立てられているかを反映すると示唆している」 第④段第5文（They come from the …）に「それ（＝生活条件）は，人種といったアイデンティティをめぐる，ある特定の時代の社会の組織のされ方から生じる」とあり，以下に筆者が子ど

も時代を過ごしたシカゴランドを例に具体的に述べている。この選択肢は第④段の内容と一致する。

(2) 問「文章の内容と一致しないものを4つ選びなさい。4つより多く選んではいけません」

A.「プレッシャーや制限を経験することによって自分の人種的アイデンティティに気づくようになることは，もっぱら特定の人種集団にだけ起こることではない」第③段最終文（His condition, like my …）の内容と一致する。本文では黒人である筆者と，筆者のインタビュー相手の白人学生の両方の例が述べられている。

B.「黒人であることは，20世紀半ばのシカゴランドで，人がどこに住み，どこで学び，どんな仕事に就くかに影響を及ぼした」第④段最終文（The way Chicagoland …）の内容と一致する。

C.「人が社会においてどのように機能するか決めるのは，その人の個人的な特徴だけでなく生活条件もそうである」第⑥段第4文（But by imposing …）の内容と一致する。

D.「筆者は，ゴルフコースで仕事を得ようとしたことで，過去に高額な罰金を払わなければならなかった」第①段最後から2番目の文（And mistakes were costly, …）には，筆者がキャディとして雇ってもらおうと1日中待った挙句に，黒人は雇わないと言われたことが述べられているが，それで罰金を取られたとは書かれていない。冒頭の mistakes were costly「間違いは高くついた」は，「損失や犠牲が大きかった」の意。これが正解の一つ。

E.「筆者は，アフリカ系アメリカ人の政治学の授業をとっていた大学生が，どれほど人種的に鈍感だったか気づいた」第③段第3文（He, too, described …）に racially insensitive「人種的に鈍感」という語句はあるが，これはインタビューを受けた大学生が，授業での様子を説明するのに使った表現であり，筆者がその大学生を評したものではない。これが正解の一つ。

F.「筆者は，自分の人種的アイデンティティに気づき始めたとき，まだ10代になっていなかった」第①段第1・2文（I have a memory …）の内容と一致する。

G.「筆者が子どものときに利用していたプールがあったのは白人地区ではなかったので，彼は水曜日に自由に利用できた」第①段第3文（And then on those …）に「自分たちの地区から白人地区にあるプールへと列をなして向かった」とあることと一致しない。これが正解の一つ。

H.「生活で障害が生じている間，個人主義がそれを克服し，社会が生み出す困難な状況を生き延びるカギである」本文にこのような記述は見られない。これが正解の一つ。

(3) 問「下の文のうち，筆者の主旨を最もよく表しているものはどれですか」
　　第①〜④段では，自分の人種がある状況で制約になるという社会の現実を，筆者

自身と白人の大学生の経験を例に挙げて述べている。それを踏まえて，第⑤段第1文（Generally speaking, …）で contingencies「偶然性」という言葉を使い，筆者や白人の大学生が経験したことが「ある状況で自分が欲しいものや必要とするものを手に入れるために対処しなければならない事態」と定義し，第⑥段最終文（Ignoring the social reality …）で「社会の現実を無視することは…私たち自身の成功や発展…にとって損失が大きい」としている。E の「個人が自分の能力の最大限にまで到達することを目指せる世界を可能にするためには，制限やプレッシャーが特定の社会的アイデンティティに課されていることを認識することが重要である」が適切。

A.「人種差別は，1950年代，1960年代のシカゴランドの黒人の子どもたちにとっては生活条件であり，筆者の内部に黒人であるとはどういうことを意味するかという感覚を目覚めさせた」　第①段には，1950～60年代のシカゴランドでの筆者の子ども時代の経験が述べられているが，同段最終文（I did not know …）に「私は黒人であることが何を意味するか知らなかった」とある。また，子ども時代の経験は文章全体の主旨とは言えない。

B.「差別や人種的固定観念化は，アイデンティティの偶然性の形態であり，個人主義に基づいた社会を築くのには有害である」　個人主義に基づいた社会の構築については，本文では述べられていない。

C.「人種差別を終わらせる解決策は，個人主義の原理を支持することによって，固定観念と戦い，私たちのアイデンティティに課されている制限に異議を唱えることにある」　本文にこのような記述はない。

D.「自分が多数派に属していると思っている人たちが，たやすく少数派に属し，差別を受ける状況になることがある」　本文にこのような記述はない。

(4)　🈯「下線部の語が本文中でどのように使われているかに関する以下の各文を完成するのに，最もよいものを選びなさい」

1.「ここでは got は…という意味である」

　　当該文は「私を got したのは，私が黒人だという理由でそれが課されたことだった」となっている。「それ」とはプールに行けるのは水曜日の午後のみという制約のこと。直前の文で「私がゴミ出しをしなかったという理由で両親が私にその条件を課したのであれば，私はそんなにむしゃくしゃ（upset）しなかっただろう」とあり，ここでの got は「むしゃくしゃさせる」の意だと考えられる。C の irritated「～をいらいらさせた」が正解。

　　A.　confused「～を混乱させた」　　　B.　convinced「～を確信させた」
　　D.　trapped「～をだました」　　　　　E.　understood「～を理解した」

2.「ここでは given は…という意味である」

　　当該箇所は a given time となっており，名詞を飾る形で使われている。このよ

うな given には「ある特定の」の意がある。C の specific「特定の」が正解。第①
段第5文（It marked …）の of the time and place, 第③段最終文（His
condition, …）および第④段最終文（The way Chicagoland …）の in that time
and place「その時その場所での」が繰り返されていることもヒントになる。

A．offered「提供された」 　　　B．restricted「制限された」
D．tentative「不確かな」 　　　E．understood「理解された」

3．「ここでは tenacious は…という意味である」

　当該文は「アイデンティティの偶然性は…社会の最も tenacious な問題のいくつ
かにおいて，私たちの生活に影響を及ぼす」となっている。筆者や筆者がインタビ
ューした学生が感じたのは人種的な条件や制約だったことから，この「問題」とは，
人種差別を含む社会問題だと考えられる。tenacious は「頑強な，しつこい」の意
であり，B の persistent「持続する，繰り返される」が正解。A．complex「複雑
な」や E．widespread「広範囲に及ぶ」も人種差別などの問題の特徴と言えるの
で，文脈から tenacious の意味を推測するのは難しいだろう。

C．recent「最近の」 　　　　　D．unusual「まれな」

4．「ここでは creed は…という意味である」

　当該文は「個人主義という creed が社会の現実を陰に追いやるままにして，それ
を無視する」となっている。第⑥段第1文（We live in …）に「私たちは個人主
義的な社会で暮らしている」とあり，筆者はシカゴで幼少期を送っていることから，
アメリカの社会をイメージしたい。社会での成功は個人の力で切り開くものという
考え方のことを言っていると考えられるので，A の belief「信念，考え」が正解。
creed は「信条，信念」の意。

B．dependence「依存」 　　　C．doubt「疑念」
D．fear「不安」 　　　　　　　E．protection「保護」

(1) 1-K 2-H 3-G 4-L 5-D 6-J
(2)—D・E・G・H
(3)—E
(4) 1-C 2-C 3-B 4-A

解 答

7

> **ポイント**
>
> 　文章の長さは一気に 1000 語超である。国際教養学部をはじめとして，法学部，政治経済学部がこのレベルの分量を出題している。これほどの分量の出題がない学部の受験生も，たとえば 1 段落ずつ丁寧に読み，関連する問題に取り組むという方法で活用できる。いずれにしても，長文読解問題の取り組みは，段落ごとに行うのが時間のロスが少ない。設問の順序は，話の流れに沿っていることが多いからである。限られた時間をうまく使いこなすことも意識しよう。

Answer the questions below after reading the following passage.

　Human intelligence is a puzzle.　Although using IQ scores as a measurement of intelligence is controversial, some scientists believe we can use them to argue that intelligence is higher, on average, in some places than in others.　And it seems to have been rising in recent decades.　Why these two things should be true is also controversial.　Recently, however, a group of researchers at the University of New Mexico have suggested the same explanation for both: the effect of <u>infectious disease</u>.　If they are right, it suggests that the control of such diseases is crucial to a country's development in a way that had not been understood before.　Countries that have a lot of <u>parasites</u> and <u>pathogens</u> not only suffer the weakening effects of disease on their workforces, but also on the personal development of individuals.

　Christopher Eppig and his colleagues make their suggestion in the *Proceedings of the Royal Society*.　They note that the brains of newly-born children require 87% of those children's <u>metabolic</u> energy.　In five-year-olds the figure is still 44 % and even in adults the brain—a mere 2 % of the body's weight—uses about a quarter of the body's energy.　Any competition for this energy is likely to damage the brain's development, and parasites and pathogens compete for it in various ways.　Some feed on the host's body directly to reproduce.　Some, particularly those that live in the stomach, can prevent a person absorbing food.　And all parasites and pathogens provoke the host's <u>immune system</u> into activity, which prevents valuable energy from being used for more productive purposes.

　There is a clear relationship between a country's disease burden and the average IQ scores of its people.　The higher the country's disease burden, the lower the average IQ scores of its people. This is an example of an inverse correlation. To calculate the disease burden, the researchers used data from the World Health Organization (WHO). The WHO has developed the concept of a "disability-adjusted life year" (DALY), which is a measure of overall disease burden. The DALY measures not only potential years of life lost due to early death, but also years of healthy life lost by a person as a result of their being in a condition of poor health or disability.

The WHO is able to calculate the DALYs which are lost as a result of the impact of 28 infectious diseases. These data exist for 192 countries. The IQ scores came from work carried out earlier this decade by Richard Lynn, a British psychologist, and Tatu Vanhanen, a Finnish political scientist, who analyzed IQ studies from 113 countries, and from subsequent work by Jelte Wicherts, a Dutch psychologist.

At the bottom of the list of average IQ scores is Equatorial Guinea, followed by St Lucia. Cameroon, Mozambique and Gabon tie at third from bottom. These countries are also among those that have the highest infectious disease burden. At the top of the list of countries with the highest average IQ score is Singapore, followed by South Korea. China and Japan tie in third place. These countries all have relatively low levels of disease. America, Britain and a number of European countries follow behind the leaders.

The correlation between disease burden and lower IQ scores is about 67%, and the possibility that this strong statistical relationship occurred by chance is less than one in 10,000. Researchers are always trying to identify strong statistical correlations. They then hope to be able to explain the cause of these correlations. There may be many different possible causes, and researchers have to examine as many possible causes as they can, to give themselves a better chance of identifying the real cause correctly. As scientists say, "correlation is not causation"—identifying a statistical relationship does not explain why that relationship exists—so Mr. Eppig and his colleagues tried to eliminate other possible explanations.

Previous research teams have tried to suggest that income, education, low levels of agricultural labor (which is replaced by more mentally stimulating jobs), and climate (the challenge of surviving extreme weather might provoke the evolution of intelligence) could all be explanations for national differences in IQ scores. However, most of these possible causes are also likely to be linked to disease. By careful statistical analysis, Mr. Eppig and his colleagues show that all of these alternative possible causes of the correlation either disappear or are reduced to a small effect, when the consequences of disease are taken into account.

Importantly, there is also clear evidence that infections and parasites, such as 6 malaria and 7 intestinal worms, have a negative effect on the development of the brain. A study of children in Kenya who survived the version of malaria that occurs in the brain suggests that one-eighth of them suffer long-term damage. In the view of Mr. Eppig and his colleagues, 8 diarrhea is the biggest threat. Diarrhea strikes children hard. It accounts for one-sixth of infant deaths, and even in those it does not kill, it prevents the absorption of food at a time when the brain is growing and developing rapidly.

The researchers predict that one type of health problem will increase with rising intelligence. 9 Asthma and other allergies are thought by many experts to be rising in frequency because the immune systems of young children, unchallenged by infection, are turning *against* the cells of the body that they are supposed to protect. Some studies already suggest a correlation between a country's allergy levels and its average IQ. Mr. Eppig and his colleagues predict that future work will confirm this relationship.

The other prediction, of course, is that as countries conquer disease, the intelligence of their citizens will rise. A rise in IQ scores over the decades has already been noticed in rich countries. It is called the "Flynn effect" after James Flynn, who discovered it. Its cause, however, has been mysterious—until now. If Mr. Eppig is right, the almost complete absence of serious infections in rich countries, as a result of 10 vaccination, clean water and the proper treatment of human waste, may explain much if not all of the Flynn effect.

When Dr. Lynn and Dr. Vanhanen originally published their IQ data, they used them to suggest that national differences in intelligence were the main reason for different levels of economic development. This new study reaches the opposite conclusion. It is actually lack of development, and the many health problems this brings, which explains the difference in IQ scores. No doubt, in a vicious circle, those differences help to keep poor countries poor. But the new theory offers a way to break the circle. If further work by researchers supports the ideas of Mr. Eppig and his colleagues, they will have done enormous good by providing policymakers with yet another reason why the elimination of disease should be one of the main aims of development.

[Adapted from an article in *The Economist*, July 1st 2010]
From Mens sana in corpore sano, *The Economist* (*2010/07/01*) ©The Economist Group Limited, London
注 [1]infectious disease：伝染病；[2]parasites：寄生虫；[3]pathogens：病原菌；
    [4]metabolic:（新陳）代謝の；[5]immune system: 免疫システム；
    [6]malaria：マラリア；[7]intestinal worms：回虫；[8]diarrhea：下痢；
    [9]asthma：ぜん息；[10]vaccination：予防接種

(1) Choose the best way to answer each of the questions in accordance with the content of the passage.

1. Why are researchers especially concerned about the effects of parasites and pathogens on young children?

A Their developing brains require more energy than those of adults.

B Their immune systems are not yet as developed as those of adults.

C They have a higher rate of infection than adults do.

D They have a lower rate of recovery than adults do.

E None of the above

2. What was the concept of the DALY (disability-adjusted life year) developed to measure?

A The adjusted average life expectancy

B The daily rate of parasite infections in developing countries

C The inverse correlation between disability and health

D The potential years of active life lost as a result of death or illness

E None of the above

3. How does Japan's DALY score compare to other countries' scores?

A As high as Singapore

B As low as Cameroon

C Equivalent to that of South Korea

D Higher than that of China

E None of the above

4. Which of the following was NOT used by previous researchers to explain national differences in IQ?

A Climate

B Education

C Ethnicity

D Income

E None of the above

5．What is true of diarrhea according to the passage ?

A　It causes brain damage in one-eighth of children in Kenya.

B　It increases with intelligence.

C　It kills 25% of all babies.

D　It prevents the absorption of food among children.

E　None of the above

6．According to the study by Mr. Eppig and his colleagues, what is the correct sequence of cause and effect ?

A　Lack of development together with health problems leads to low national IQ scores.

B　Low levels of income and education lead to low national IQ scores.

C　Low national intelligence leads to lack of development and health problems.

D　The challenge of an extreme climate leads to high national IQ scores.

E　None of the above

(2)　Which of the following statements agree with what is written in the text ? Mark your answers true (T) or false (F).

1．An inverse correlation means that as X increases, Y decreases, or vice versa.

2．A number of studies suggest that there is a positive correlation between the frequency of asthma in a country and that country's average IQ scores.

3．The "disease burden" of a country refers to the cost of providing medical care to people who are ill.

4．The research of Eppig and his colleagues helps to explain why IQ has been rising in rich countries.

5．The research of Eppig and his colleagues largely supports the conclusions of earlier research by Lynn and Vanhanen.

6．The research of Eppig and his colleagues shows that lack of education is an important factor in explaining the national differences in IQ.

全訳

≪知能と病気の関係≫

　人間の知能というものは，なぞである。知能指数を知能の測定に使うのには議論の余地があるが，ある地域では他の地域よりも平均的に知能が高いということを論ずるために，知能指数を使用できると考えている科学者もいる。そして，知能は最近の数十年で上がってきているらしい。この2つの事柄が本当である理由にもまた議論の余地がある。しかし，最近，ニューメキシコ大学のある研究者のグループが，この両方に対して同じ理由説明を提示している。つまり，伝染病の影響だというのである。もし彼らが正しければ，国の発展にとって，そうした病気を抑えることが，これまでには理解されていなかった意味において，きわめて重要だということになる。寄生虫や病原菌が蔓延している国は，労働力を弱めるだけでなく個々の人たちの個人的な発達をも弱めてしまうという，病気の悪影響に悩まされている。

　クリストファー＝エッピグとその同僚たちは，『英国王立協会紀要』の中で彼らの提案をしている。彼らは，新生児の脳は，その子の代謝エネルギーの87パーセントを必要とするということに言及している。5歳児でもその数値は44パーセントであり，大人でさえ脳は――体重のほんの2パーセントの重さしかないのに――身体のエネルギーのおよそ4分の1を使っている。このエネルギーを競い合うことは脳の発達を損なうことになる可能性が高いのだが，寄生虫や病原菌はさまざまな方法でこのエネルギーを得ようと競合するのである。宿主の体を直接栄養源として繁殖するものもいる。とりわけ腹部に生息するもののように，人が食物を吸収するのを妨げるものもいる。そして，すべての寄生虫や病原菌は，宿主の免疫システムを刺激して活性化し，そのことが妨げとなって，貴重なエネルギーがより生産的な目的のために用いられなくなってしまうのである。

　国の疾病負荷とその国民の知能指数の平均値には，はっきりとした関連がある。その国の疾病負荷が高ければ高いほど，国民の平均知能指数は低い。これは逆相関の実例である。疾病負荷を計算するために，研究者たちは世界保健機関（WHO）が出しているデータを使った。WHOは「障害調整生命年」（DALY）という概念を展開してきたが，これは全体的な疾病負荷を測るものである。DALYは，早期死亡によって失われる潜在的な寿命だけでなく，人が不健康な状態や障害を負っている状態にある結果として失われる，健康な暮らしの年数も測定する。

　WHOでは，28種の伝染病が及ぼす影響の結果として失われるDALYを計算できる。現在，192カ国に関するデータがある。知能指数は，113カ国の知能指数調査を分析した，イギリスの心理学者リチャード＝リン，フィンランドの政治学者タト＝ヴァンハネンによってこの10年間の前半に行われた調査と，オランダの心理学者イェルテ＝ウィヒェルツによるその後の研究によるものである。

　平均知能指数のリストの最下位にあるのは赤道ギニアで，その次がセントルシアである。カメルーン，モザンビーク，ガボンが下から3位で並んでいる。これらの国々は，伝染病の疾病負荷が最も高い国に含まれてもいる。平均知能指数が最も高い国のリストの最上位はシンガポールで，韓国がそれに次ぐ。中国と日本が3位で並んでいる。これらの国々はすべて，疾病のレベルが比較的低い。アメ

リカ，イギリス，多くのヨーロッパ諸国がこれらトップの国々のあとに続いている。

　疾病負荷と知能指数の低さの相関度はおよそ 67 パーセントで，こうした統計上の強い関連が偶然に生じたという可能性は 1 万分の 1 未満である。研究者たちは常に，強固な統計的相関関係を突き止めようと努力している。そして，こうした相関関係の原因を説明できれば，と願っている。多くのさまざまな原因がありうるので，研究者たちは，その本当の原因を正しく特定する可能性を高めるために，考えられる原因をできる限り多く調べなくてはならない。科学者たちが言うように「相関関係は因果関係ではない」，つまり，統計上の関係を特定しても，なぜその関係が存在するのかを説明することにはならないのだ。それで，エッピグ氏と彼の同僚たちは，他の考えられる理由を除外しようと試みた。

　以前の研究チームは，収入，教育，農業労働者の少なさ（これは頭脳にとってより刺激的な仕事に取って代わられるものである），気候（極端な天候の下で生き抜くという難題は知能の発達を促すかもしれない）といったものすべてが，国による知能指数の違いを説明しうると示そうとしてきた。しかし，これらの考えられる原因のほとんどは，病気と関連することが多いものでもある。統計を注意深く分析することによって，エッピグ氏と彼の同僚たちは，件の相関関係を説明するかもしれないこうした諸原因は，病気がもたらす結果を考慮に入れると，除外してしまってよいか，もしくは，わずかな影響に縮約されるということを示している。

　また，重要なことに，マラリアや回虫のような伝染病や寄生虫は脳の発達に悪影響を及ぼす，というはっきりとした証拠もある。脳内に生じる種類のマラリアにかかりながらも生き残ったケニアの子供たちに関する研究では，彼らの 8 分の 1 が長期にわたる損傷に悩まされているということが示されている。エッピグ氏と彼の同僚たちの見解では，下痢は最大の脅威だ。下痢は子供たちに手ひどく襲いかかる。乳児死亡の 6 件に 1 件は下痢によるものであり，命を落とさなかった子においても，下痢は，脳が急速に成長・発達している時期に，食物の吸収を妨げるのである。

　この研究者たちは，ある種の健康問題は知能の上昇とともに増加するだろうと予測している。ぜん息やその他のアレルギーは，幼い子供たちの免疫システムが，感染には見舞われていないのに，守るべき体の細胞に対して攻撃をしかけているために，頻発するようになっていると多くの専門家が考えている。いくつかの研究ではすでに，国のアレルギーの度合いとその国の平均知能指数の間に相関関係があることが示唆されている。エッピグ氏と彼の同僚たちは，今後の研究でこの関係性が裏付けられるだろうと予測している。

　もちろん，もう一方では，各国が病気を克服するにつれて，その国民の知能も上がるだろうという予想がある。裕福な国々ではすでに，この数十年間で知能指数が上昇していることが指摘されている。それは，このことを発見したジェームズ゠フリンにちなんで「フリン効果」と呼ばれている。しかし，今のところ，その原因はわかっていない。もしエッピグ氏が正しければ，予防接種の結果として裕福な国々

では深刻な伝染病がほぼ完全になくなっていることと，きれいな水が供給されていること，そして下水が適切に処理されていることで，フリン効果のすべてとは言わないが，その多くについて説明がつくかもしれない。

　リン博士とヴァンハネン博士が，彼らの調べた知能指数のデータを最初に公表したとき，彼らは，各国の知能の違いが経済的発展の水準の違いの主要な理由であるということを示すために，そのデータを使った。この新しい研究では，それとは逆の結論に至っている。実際には，発展の欠如とそれがもたらす多くの健康上の問題が，まさに，知能指数の違いを説明するものなのである。明らかに，こうした格差が，悪循環の中で，貧しい国を貧しいままにしているのだ。しかし，この新説は，その悪循環を断ち切る手段を与えてくれる。研究者たちがさらなる研究によってエッピグ氏と彼の同僚たちの考えを裏付ければ，病気の根絶が発展の主な目標のひとつであるべきだということのさらにまたひとつの理由を，政策立案者たちに提供するという点で，彼らは非常に素晴らしいことを行ったということになるだろう。

解 説

圏「次の文章を読んで，下の問いに答えなさい」

(1)　圏「それぞれの問いに対して，本文の内容と一致する最適な答えを選びなさい」

1．「なぜ研究者たちは，幼い子供たちに対する寄生虫と病原菌の影響をとりわけ気にするのか」

　　第2段第2〜4文に「新生児の脳は，代謝エネルギーの87パーセントを必要とする。5歳児でも44パーセント，大人でさえ身体のエネルギーのおよそ4分の1を使っている。このエネルギーを競い合うことは脳の発達を損なう可能性が高く，寄生虫や病原菌はさまざまな方法でこのエネルギーを得るために張り合う」とある。A「子供たちの発達中の脳は，大人よりも多くのエネルギーを必要とする」が適切。

　　B「子供たちの免疫システムはまだ大人ほど発達していない」

　　C「子供たちは大人よりも感染率が高い」

　　D「子供たちは大人よりも回復率が低い」

　　E「上記のいずれでもない」

2．「DALY（障害調整生命年）という考え方は何を測るために考え出されたか」

　　第3段最終文に「DALYは，早期死亡によって失われる可能性のある寿命だけでなく，人が不健康な状態や障害を負った状態にあるために失われる，健康な暮らしの年数も測る」とある。D「死亡や病気の結果として失われる可能性のある活動的な生活の年数」が適切。

　　A「調整された平均余命」

　　B「発展途上国における日常的な寄生虫への感染率」

　　C「障害と健康の逆相関」
　　E「上記のいずれでもない」
3．「日本のDALYの数値は他の国々の数値と比べてどうか」

　　DALYそのものの数値比較は述べられていないが，第3段第2文に「その国の疾病負荷が高ければ高いほど，国民の平均知能指数は低い」とあることと，第5段第2・4・5文の「カメルーンは（平均知能指数が）下から3位」「平均知能指数が最も高い国はシンガポール，2位が韓国，中国と日本が3位」との記述から，日本のDALYの数値はおおよそ中国と同レベルになると考えられる。また，第6段第1文で「疾病負荷と知能指数の低さの相関度は約67パーセント」と述べられており，知能指数だけを根拠にして，日本のDALYの数値が他国と比べて実際にどうであるかを見極めるのは難しいということから，解答を導くこともできるだろう。
　　A「シンガポールと同じくらい高い」　　B「カメルーンと同じくらい低い」
　　C「韓国と等しい」　　　　　　　　　D「中国より高い」
　　E「上記のいずれでもない」　Eが正解。
4．「以前の研究者たちが，国による知能指数の違いを説明するのに使わなかったのは以下のうちのどれか」

　　第7段第1文に「以前の研究チームは，収入，教育，農業労働者の少なさ，気候が，国による知能指数の違いを説明しうると主張してきた」とある。C「民族性」が正解。
　　A「気候」　　　B「教育」　　　D「収入」　　E「上記のいずれでもない」
5．「この文章によると下痢に当てはまるものは何か」

　　第8段最終文に「乳児死亡の6件に1件は下痢によるものであり，命を落とさなかった子供でも…下痢のせいで食物の吸収ができない」とある。D「下痢は，子供においては，食物の吸収を妨げる」が正解。
　　A「ケニアの子供たちの脳損傷の8分の1を引き起こしている」
　　B「知能とともに増す」
　　C「すべての赤ん坊の25パーセントの命を奪っている」
　　E「上記のいずれでもない」
6．「エッピグ氏と彼の同僚たちの研究によると，正しい因果関係は何か」

　　最終段第3文に「実際には，知能指数の違いを説明するのは，発展の欠如とそれがもたらす多くの健康上の問題である」とある。A「健康上の問題を伴った発展の欠如が，国の知能指数の低さにつながる」が正解。
　　B「収入と教育のレベルの低さが，国の知能指数の低さにつながる」
　　C「国の知能の低さが発展の欠如と健康問題につながる」
　　D「極端な気候という難題が，国の知能指数の高さにつながる」
　　E「上記のいずれでもない」

⑵ 圏「次の文のうち，本文に書かれていることと一致するのはどれか。答えを真（T）か偽（F）にマークしなさい」

1．「逆相関とは，X が増すにつれて Y が減少する，あるいはその逆だということである」

　　第3段第2・3文に「疾病負荷が高ければ高いほど，国民の平均知能指数は低い。逆相関の実例である」とあることと一致する。Tである。

2．「いくつかの研究が，ある国のぜん息の頻発度とその国の平均知能指数の間には，正の相関関係があることを示唆している」

　　第9段第1文に「研究者たちは，ある種の健康問題は知能が上がるとともに増すだろうと予測している」とあり，その例としてぜん息が挙げられている。同段第3文には「ある国のアレルギーの度合いと平均知能指数の間に相関関係があることを示唆している研究が，すでにいくつかある」とあるので，この選択肢はT。

3．「ある国の『疾病負荷』とは，病人に対する医療を施すための費用のことである」

　　第3段第5文に「障害調整生命年（DALY）は全体的な疾病負荷を測るものである」とある。DALY は，第3段最終文で述べられているように，また⑴の2で見たように，死亡や病気，障害によって失われる健康な生活の年数を測定するので，この選択肢はF。

4．「エッピグと彼の同僚の研究は，裕福な国でなぜ知能指数が上がっているのか説明するのに役立つ」

　　第10段第4文に「その（＝裕福な国で知能指数が上がるというフリン効果の）原因は，今のところわかっていない」とあるが，同段第1文に「予想では，各国が病気を克服するにつれて，その国民の知能も上がるだろうということになる」，最終文に「もしエッピグが正しければ…フリン効果のすべてとは言わないが，その多くについて説明がつくかもしれない」とあるので，この選択肢はT。

5．「エッピグと彼の同僚の研究は，リンとヴァンハネンによる以前の研究結果を大いに裏付けている」

　　最終段第1〜3文の内容に反する。エッピグたちの研究は，リンとヴァンハネンの研究とは因果関係が逆になる。この選択肢はF。

6．「エッピグと彼の同僚の研究は，教育の欠如が，国による知能指数の違いを説明するのに重要な要素であることを示している」

　　第7段第1文にあるように，教育を知能指数の違いの説明に使っていたのは，エッピグら以前の研究チーム。この選択肢はF。

⑴ 　1—A　2—D　3—E　4—C　5—D　6—A
⑵ 　1—T　2—T　3—F　4—T　5—F　6—F

8

ポイント

　科学論だが，がちがちに硬いものではない。内容は私たち自身が日常的に経験しうることであり，実験内容も「笑える」ものだからである。実際，この実験は発表当時インターネットでも非常に話題になった。楽しんで読んでもらいたい。文章を楽しむことができれば，内容理解は確実に深まる。設問は，段落要旨，内容不一致文の選択，要約文選択，発音・アクセント，同意語句選択である。読み進めながらその都度こなしていこう。

Read the passage and answer the questions below.

① The two of us met over a decade ago when Chris was a graduate student in the Harvard University psychology department and Dan had just arrived as a new assistant professor. Chris's office was down the hall from Dan's lab, and we soon discovered our mutual interest in how we perceive, remember, and think about our visual world. In a class that Dan taught in research methods with Chris as his teaching assistant, the students assisted us in conducting some experiments as part of their class-work, one of which has become famous. It was based on an ingenious series of studies of visual attention and awareness conducted by the pioneering cognitive psychologist Ulric Neisser in the 1970s. Neisser had moved to Cornell University when Dan was in his final year of graduate school there, and their many conversations inspired Dan to build on Neisser's earlier groundbreaking research.

② With our students as actors and a temporarily vacant floor of the psychology building as a set, we made a short film of two teams of people moving around and passing basketballs. One team wore white shirts and the other wore black. Dan manned the camera and directed, while Chris coordinated the action and kept track of which scenes we needed to shoot. We then digitally edited the film, and our students fanned out across the Harvard campus to run the experiment. They asked volunteers to silently count the number of passes made by the players wearing white, while ignoring any passes by the players wearing black. The video lasted less than a minute. Immediately after the video ended, our students asked the subjects to report how many passes they'd counted. The correct answer was thirty-four—or maybe thirty-five. To be honest, it doesn't matter. The pass-counting task was intended to keep people engaged in doing something that demanded their attention to the action on the screen, but we weren't really interested in pass-counting ability. We were actually testing something else: halfway through the video, a female student wearing a black full-body gorilla suit walked into the scene, stopped in the middle of the players, faced the camera, thumped her chest, and then walked off, spending about nine seconds on screen.

③　After asking subjects about the passes, amazingly, we found that roughly half of the subjects in our study did *not* notice the gorilla! Since then, the experiment has been repeated many times, under different conditions, with diverse audiences, and in multiple countries, but the results are always the same: about half the people fail to see the gorilla. How could people not see a gorilla walk directly in front of them, turn to face them, beat its chest, and walk away? What made the gorilla invisible? This error of perception results from a lack of attention to an unexpected object, so it goes by the scientific name of "inattentional blindness." The name distinguishes it from forms of blindness resulting from a damaged visual system; here, people don't see the gorilla, but not because of a problem with their eyes. When people devote their attention to a particular area or aspect of their visual world, they tend not to notice unexpected objects, even when those objects are salient, potentially important, and appear right where they are looking. In other words, the subjects were concentrating so hard on counting the passes that they were "blind" to the gorilla right in front of their eyes.

④　What interested us most, however, was not inattentional blindness in general or the gorilla study in particular. The fact that people miss things is important, but what impressed us even more was the *surprise* that people showed when they realized what they had missed. When they watched the video again, this time without counting passes, they all saw the gorilla easily, and they were shocked. Some <u>spontaneously</u> said, "I missed that ?!" or "No way!" One man said, "I know that the gorilla didn't come through there the first time." Other subjects accused us of switching the tape while they weren't looking.

⑤　The gorilla study illustrates, perhaps more dramatically than any other, the powerful and pervasive influence of the "<u>illusion of attention</u>": we experience far less of our visual world than we think we do. If we were fully aware of the limits to attention, the illusion would vanish. It is true that we vividly experience some aspects of our world, particularly those that are the focus of our attention. But this rich experience inevitably leads to the erroneous belief that we process *all* of the detailed information around us. In essence, we know how vividly we see some aspects of our world, but we are completely unaware of those aspects of our world that fall outside of that current focus of attention. Our vivid visual experience masks a striking mental blindness—we assume that visually distinctive or unusual objects will draw our attention, but in reality they often go completely unnoticed.

⑥ Who notices the unexpected, then? The effect is so striking—and the balance between the number who notice and the number who don't—that people often assume that some important aspect of our personality determines whether or not we notice the gorilla. Despite the intuitive appeal of the gorilla video as a key to determine personality types, there is almost no evidence that individual differences in attention or other abilities affect inattentional blindness. For example, many people who have experienced the gorilla experiment see it as a sort of intelligence or ability test; however, the original study conducted on Harvard undergraduates gave the same results at less prestigious institutions and with subjects who weren't students. Similarly, according to an online survey by Nokia, 60 percent of women *and* men think that women are better at multitasking, suggesting that women would be more likely to notice the gorilla than men. Unfortunately, there is little experimental evidence to support the popular belief about multitasking, and we haven't found any evidence that men are more prone than women to miss the gorilla.

⑦ If this illusion of attention is so pervasive, how has our species survived to write about it? Why weren't our would-be ancestors all eaten by unnoticed predators? In part, inattentional blindness and the accompanying illusion of attention are a consequence of modern society. Although our ancestors must have had similar limitations on awareness, in a less complex world, there was less to be aware of, where fewer objects or events needed immediate attention. In contrast, the advance of technology has given us devices that require greater amounts of attention, more and more often, with shorter and shorter lead times. Our neurological circuits for vision and attention are built for pedestrian speeds, not for driving speeds. When you are walking, a delay of a few seconds in noticing an unexpected event is likely inconsequential. When you are driving, though, delay of even one-tenth of a second in noticing an unexpected event can kill you (or someone else). Technology can help us to overcome the limits on our abilities, but only if we recognize that any technological aid will have limits too. If we misunderstand the limits of technology, these aids can actually make us *less* likely to notice what is around us. In this sense, we tend to generalize our illusion of attention to the aids that we use to overcome the limits on our attention. We must remember, however, that only becoming aware of the illusion of attention can help us to take steps to avoid missing what we need to see.

[Adapted from Christopher Chabris & Daniel Simons, *The Invisible Gorilla* (2010).]
From *The Invisible Gorilla: How Our Intuitions Deceive Us* by Christopher Chabris, and Daniel Simons, Crown Publishers, Inc.

(1) Choose the best way to complete the following sentences about Paragraphs ① to ⑦.

1　In Paragraph ① the writers mainly
2　In Paragraph ② the writers mainly
3　In Paragraph ③ the writers mainly
4　In Paragraph ④ the writers mainly
5　In Paragraph ⑤ the writers mainly
6　In Paragraph ⑥ the writers mainly
7　In Paragraph ⑦ the writers mainly

　A　argue that even if we focus our attention on certain aspects of our world, we are able to notice many visually distinctive or unusual objects.

　B　demonstrate that while there are no differences between men and women in noticing the gorilla, there is a clear relationship between subjects' intelligence and their ability to notice it.

　C　describe the importance of Neisser's research in leading Chris to undertake research in cognitive psychology in the research methods class he taught.

　D　discuss how we believe we can see far more in the world than we really can because of how clearly we experience some aspects, and how we apply this experience to other aspects as well.

　E　explain that the video that was filmed by the writers showed a student dressed as a gorilla stopping the players from passing basketballs.

　F　express the interest of the writers regarding the number of people who could not believe that they did not see the gorilla in the video.

　G　give a description of the content of the video in the experiment and how it was created and used.

H　outline the reasons why the writers decided to conduct research on visual attention and awareness at Harvard University.

I　point out that only around half of the subjects noticed the gorilla because their attention was focused too much on counting the number of passes.

J　provide evidence from research to show that, despite the assumption that the gorilla video can be used to determine personality types, it is difficult to come to any conclusions about individual differences.

K　suggest that the reason why so many of the subjects did not see the gorilla in the video was an eye condition that makes unexpected objects invisible.

L　tell us that while inattentional blindness in humans must have existed for a long time, the advances of modern technology make the consequences of failing to notice objects far more serious.

(2)　Choose the FOUR statements that are NOT true according to the passage. You may NOT choose more than FOUR statements.

A　According to the authors, traffic accidents may be caused by the fact that we are unable to respond if we fail to notice immediately something unexpected.

B　Around half the people in the study did not notice the gorilla walk across the screen, even when they were expecting it.

C　Dan completed his graduate studies at Cornell University before becoming an assistant professor at Harvard University.

D　Even though the study has been repeated several times in slightly different ways, the results have always turned out to be very much the same.

E　Most people have a strong but incorrect belief that they can focus their attention on all of the detailed information around them.

F　Some of the subjects were very surprised when they found that the gorilla did not appear in all of the videos.

G　The black color of the gorilla suit made it difficult to see the players dressed in black and white passing basketballs.

H　The students passing the basketballs were intended as a distraction to keep them focusing on the screen rather than on the man in the gorilla suit.

I　The term "inattentional blindness" refers to situations in which people do not notice objects because their attention is focused on something else.

(3) Which ONE of the following sentences BEST describes the authors'
argument in the passage?

  A Because we naturally shift our attention to distinctive or unusual objects,
our ability to focus on less obvious objects becomes reduced.

  B Even though we believe that we see most of the world around us, the
gorilla video is evidence that we are likely to miss things even if they are
important or obvious.

  C Experiments such as the gorilla video are essential in determining the
reasons why people are surprised at their inability to notice objects in the
world around them.

  D Technology provides us with a much-needed means of overcoming the
dangers of inattentional blindness.

  E The gorilla video experiment is a clear indication that the complexity of
the world today prevents us from focusing our attention on more than one
thing at a time.

(4) Find the vowel with the strongest stress in each of these words, as used in
the passage. Choose the ONE which is pronounced DIFFERENTLY in each
group of five.

  1 A conditions   B gorilla   C notice
       D original   E video

  2 A attention   B experience   C perception
       D potential   E unexpected

  3 A awareness   B engaged   C pervasive
       D salient   E spontaneously

(5) Choose the best way to complete each of these sentences, which relate to
the underlined words in the passage.

  1 Here "spontaneously" means

    A angrily.   B embarrassedly.   C naturally.
    D quickly.   E slowly.

  2 Here "illusion of attention" means

    A the act of making things look different than they are.

    B the act of seeing things that are not there.

    C the belief that things look better than they are.

    D the belief that we see more than we actually do.

    E the belief that we should not look at some things.

≪視覚認識の不完全さ≫

全訳

①私たち2人が出会ったのは10年以上前のことであり，そのときクリスはハーバード大学心理学部の大学院生，ダンは新任の准教授として着任したばかりだった。クリスのオフィスはダンの研究室から廊下をちょっと行ったところにあり，私たちはお互いどちらも，視覚世界について人間がどのように認識し，記憶し，考えるかということに関心を抱いていることをすぐに知った。ダンが補助教員であるクリスとともに研究方法を教える授業で，学生たちは授業の一環として行ういくつかの実験を手伝ってくれたが，そのうちのひとつが有名になった。それは，先駆的な認知心理学者のウルリック＝ナイサーが，1970年代に行った，視覚的注意力と認識に関する一連の独創的研究に基づいたものだった。ダンがコーネル大学の大学院の最終学年だったとき，ナイサーは同大学に転任してきており，彼らが交わした多くの会話で，ダンはナイサーの以前の革新的な研究をさらに推し進めてみようと思うようになった。

②私たちは，学生を役者に，一時的に空きになっていた心理学研究棟のひとつの階を舞台セットにして，2チームの人たちが動き回ってバスケットボールをパスしている短い映画を作った。一方のチームは白いシャツ，もう一方のチームは黒いシャツを着ていた。ダンがカメラを回して監督をし，一方クリスは動きを調整し，どの場面を撮ればよいかを整理した。それから私たちはそのフィルムをデジタル編集し，学生たちは実験を行うためにハーバード大学のキャンパス中に繰り出した。彼らは実験協力者の人たちに，黒い服を着ている選手がするパスは無視して，白い服を着ている選手たちが行うパスの回数を声に出さずに数えるように依頼した。ビデオは1分足らずだった。ビデオが終わった直後に，学生たちは被験者に数えたパスは何回だったか尋ねた。正しい答えは34，あるいはたぶん35回だった。正直に言って，それはどうでもよいのだ。パスの回数を数えるという作業は，実は彼らを画面上の行動に注意を向けさせるような事に取り組ませておくことを狙ったものだった。私たちはパスを数える能力にはあまり関心はなかった。実際には私たちは別のことを試していたのである。ビデオの途中で，黒いゴリラの着ぐるみを着た女子学生が画面に歩いて入ってくると，選手たちの真っ只中で立ち止まり，カメラの方に向いて胸を叩き，それから歩いて画面から出て行ったのである。彼女はおよそ9秒間，画面に映っていた。

③被験者にパスのことを尋ねてみると，驚くべきことに，この調査の被験者のおよそ半数が，ゴリラに気づかなかったことがわかった。それ以降，この実験は，異なる状況，さまざまな聴衆，複数の国で，何度も繰り返されたが，結果はいつも同じである。つまり，約半数の人がゴリラを見損ねたのだ。ゴリラがまっすぐに目の前にやってきて，彼らの方を向き，胸を叩き，そして歩き去るのが見えないなどということがどうして起こりうるのだろうか。何がゴリラを見えなくしているのだろう。この認識上のしくじりは，予想外の対象に向けられる注意の欠如から生じる。そのため，科学的には「不注意による盲目」と呼ばれている。この名前は，視覚系の損傷によって起こるさまざまな盲目状態と区別するためのものである。つまり，この実験で人々にゴリラが見えなかったのは，目に問題があるからではなかったのだ。

人は視界の特定の領域や側面に注意を集中していると，予期しないものに気づかない傾向がある。たとえそれが目立つもので，重要なものである可能性があり，彼らがちょうど視線を向けているところに現れても気づかないのだ。言い換えると，被験者はパスの回数を数えるのにあまりにも集中していたので，すぐ目の前にいるゴリラに対して「盲目に」なっていたのである。

④しかし，最も私たちの注意を引いたのは，不注意による盲目一般でもなければ，ゴリラを使ったその実験自体でもなかった。人々がものを見過ごすという事実は重要だが，いっそう印象的だったのは，自分が見過ごしてしまったものに気づいたときに人々が示した「驚き」だった。今度はパスを数えないでもう一度ビデオを見たとき，全員簡単にゴリラの姿が見え，ショックを受けたのである。中には思わず「これを見逃したの？」とか「ありえない！」と言った人もいる。ある男性は「最初に見たときにはゴリラなんか通らなかったのはわかっているんだ」と言った。自分たちが見ていないときにテープを替えたと言って私たちを非難した被験者も複数いた。

⑤ゴリラの実験が，おそらく他の何よりも印象的に示しているのは，「注意の錯覚」が強力かつ広範囲に影響を及ぼしている，ということである。つまり，私たちは視覚世界に関して，自分が思っているよりはるかにわずかなことしか経験していないということである。もし私たちが注意力の限界を完全に認識しているなら，その錯覚は消えるはずだ。私たちが自分を取り囲む世界のある側面については非常に鮮明な経験をしているのは確かである。とりわけ，注意が向けられている側面についてはそうである。しかし，この豊かな経験こそが，私たちは身の回りの詳細な情報の「すべて」を処理しているのだ，という間違った考えの元になっている。本質的には，自分のいる世界の一部の側面についてはどれほど鮮明に見えているかが認識できても，その世界の中で，今注意を向けているものから外れる側面についてはまったく認識できていないのである。鮮烈な視覚的経験が，びっくりするような精神的盲目状態を覆い隠してしまうのだ。私たちは，視覚的にはっきりとしていたり見慣れないものは必ず私たちの注意を引くと勝手に思っているが，実は，そうしたものはまったく気づかれないままであることも多いのである。

⑥では，いったいだれが予期せぬものに気づくのだろう。実験の結果が——そして気づく人の数と気づかない人の数が同じくらいだということが，非常に驚くべきものなので，人々は，私たちの性格のなんらかの重要な側面が，ゴリラに気づくか気づかないかを決定しているのだろうと考えることが多い。ゴリラのビデオが性格のタイプを決定するカギになると考えるのは直感的にはとても面白いのだが，注意力やその他の能力の個人差が不注意による盲目に影響するという証拠はほぼゼロだ。たとえば，ゴリラの実験に参加した多くの人々は，それを一種の知能テスト，あるいは能力テストと考える。しかし，最初にハーバード大学の学部生を対象に行われた研究は，それほどエリートぞろいではない教育機関や学生ではない被験者に対して行った場合と結果は同じだった。同様に，ノキアがオンラインで行った調査によると，男女ともに60パーセントの人が，女性の方が複数の

ことを同時にこなすのがうまいと考えており，男性より女性の方がゴリラに気づきやすいということが示唆される。残念ながら，複数のことを同時にこなす能力に関して広く信じられているこの考えを実験的に裏づける証拠はほとんどなく，私たちも男性の方が女性よりゴリラを見過ごしやすいという証拠は何も見つけられなかった。

⑦もしこの注意の錯覚がこれほど広がっているものなら，どうして私たち人間という種は，このことについて書けるくらいにまで生き延びてこられたのだろうか。なぜ私たちの祖先となるはずの生き物は，気づくことのなかった捕食者にみんな食われてしまわなかったのだろう。部分的には，不注意による盲目とそれに伴う注意の錯覚は，現代社会の生んだ結果だということになる。私たちの祖先も認識に関する同様の限界があったに違いないのだが，今ほど複雑ではない世界では，認識すべきものが少なかった。すぐに注意を向ける必要のあるものや出来事が今より少なかったのだ。対照的に，技術の進歩によって，私たちは諸機器を手にしたが，それは以前よりずっと頻繁に，さらに短い準備期間でもっと多くの注意力を要求するものなのだ。私たちの視覚や注意力をつかさどる神経回路は，歩く速度向けにできているのであって，車で疾走する速度向けにはできていない。歩いているときには，予期せぬ出来事に気づくのが数秒遅れたところで，たいした問題ではない可能性が高い。しかし，車を運転している場合なら，予期せぬ出来事に気づくのが10分の1秒でも遅れたら，それによって命を失う（あるいは人の命を奪う）ことになりかねない。科学技術は私たちの能力の限界を超える手助けになりうるが，それは，どんな技術的な補助にも限界があるということを認識している場合にのみ当てはまる。技術のもつ限界を誤解すると，こうした手助けは，実際には私たちが自分の周囲にあるものに気づき「にくく」してしまう可能性がある。こういった意味で，私たちは注意の錯覚を，注意力の限界を克服するために使っている補助に対しても広げてしまう傾向にある。しかし，この注意の錯覚に気づかなければ，見る必要のあるものを見過ごすのを避ける対策を取る一歩を踏み出すことはできないということを忘れてはならない。

解 説

問 「文章を読んで，下の問いに答えなさい」

(1)　問 「第①〜⑦段落に関する次の文を完成させるのに最もよいものを選びなさい」

完成する文はすべて「…段落で，筆者は主に〜」である。各選択肢を順に見ながら，どの段落に相当するものか検討する。

A「私たちを取り囲む世界のある側面に注意を向けていても，視覚的に目立つ，あるいは見慣れない多くのものに気づくことができると主張している」 第5段第5文（In essence, we …）に「自分のいる世界の…今注意を向けているものから外れる側面についてはまったく認識できていない」とあることに反する。この選択肢は解答から除外できる。

B「ゴリラに気づくかどうかという点で男女差はないが，被験者の知能とゴリラに気づく能力にははっきりとした関係があることを示している」 第6段第3・4文（Despite the intuitive …）の「注意力やその他の能力の個人差が，不注意による盲目に影響するという証拠はほぼゼロ」という内容に反する。この選択肢は除外できる。

C「クリスが，自分の担当する研究方法の授業で認知心理学の調査を行おうと思うようになったことに関して，ナイサーの研究が重要だったことを説明している」 第1段最終文（Neisser had moved …）の内容に反する。ナイサーとの会話を通して調査を思い立ったのはクリスではなくダンである。この選択肢は除外できる。

D「私たちが，自分を取り巻く世界の中にあるものを実際に見えるよりもずっと多く見えていると考えるのは，ある側面の経験の明確さと，この経験を他の側面にも当てはめることによると論じている」 第5段第3・4文（It is true that …）の内容と一致する。

E「筆者たちが撮影したビデオは，ゴリラに扮装した学生が，選手たちにバスケットボールをパスするのをやめさせる場面があったと説明している」 第2段最終文（We were actually …）の内容に反する。ゴリラの着ぐるみを着た学生は，「選手たちの真っ只中で立ち止まった」とあるだけで，選手のプレーを止めたとは述べられていない。この選択肢は除外できる。

F「ビデオに出てきたゴリラが見えなかったことが信じられなかった人の数に対する筆者たちの関心を述べている」 第4段第1・2文（What interested us …）の内容と一致する。

G「実験で使ったビデオの内容とそれがどのように作製・使用されたかを説明している」 第2段の内容と一致する。

H「筆者たちが，視覚的注意力と認識に関する研究をハーバード大学で行うことにした理由の概要を述べている」 第1段の内容と一致する。

Ⅰ「パスの回数を数えることに注意を集中するあまり，被験者の約半数しかゴリラに気づかなかったことを指摘している」　**第3段**の内容と一致する。

Ｊ「ゴリラのビデオが性格のタイプを測定するのに使えるという推測に反して，個人差に関するいかなる結論にも達するのは困難であることを示す証拠を，研究から提示している」　**第6段**の内容と一致する。

Ｋ「ビデオに登場したゴリラが見えなかった被験者がこれほど多かった理由は，予期せぬものを見えなくする目の状態だったと主張している」　第3段第5・6文（This error of …）の内容に反する。見えないのは，身体的問題のせいではなく，予期しないものに注意が向いていないためであると述べている。この選択肢は除外できる。

Ｌ「人間に見られる不注意による盲目はずっと以前から存在してきたはずだが，現代技術の進歩のせいで，ものに気づかないことの結果がはるかに重大なものになっていると述べている」　**第7段**の内容と一致する。

⑵　問「文章の内容と一致しない文を4つ選びなさい。4つより多く選んではいけません」

Ａ「筆者によると，私たちが予期せぬものにすぐに気づかなかった場合，反応することができないという事実によって，交通事故が起こる可能性がある」　第7段第8文（When you are …）の内容と一致する。

Ｂ「調査に参加した人のおよそ半数が，予期していてもゴリラが画面を横切って歩くのに気づかなかった」　第3段第4・5文（What made the …），第7文（When people devote …）の内容に反する。「ゴリラを見えなくしていたのは，予期しないものに対する不注意の結果である」と述べられている。

Ｃ「ダンが，ハーバード大学の助教授になる前に，コーネル大学での大学院課程を終えた」　第1段第1文，最終文（Neisser had moved …）の内容と一致する。

Ｄ「少し違ったやり方で調査が数回繰り返されたが，結果はいつもまったく同じものになった」　第3段第2文（Since then, the …）の内容と一致する。

Ｅ「ほとんどの人々が，自分の周囲の詳細な情報すべてに注意を集中することができるという，強固だが誤った確信を抱いている」　第5段第4文（But this rich …）の内容と一致する。

Ｆ「被験者の中には，ビデオのすべてにゴリラが登場したわけではないと知って非常に驚いた人もいた」　本文にこのような記述はない。被験者が驚いたのは，第4段第2文（The fact that …）にあるように，ビデオにゴリラが映っていたにもかかわらず，自分がそれを見過ごしてしまったことに対してである。

Ｇ「ゴリラの着ぐるみの色が黒いことで，黒と白の服を着た選手がバスケットボールをパスしているのが見えづらくなった」　本文にこのような記述はない。

Ｈ「バスケットボールをパスする学生たちは，彼らの注意をゴリラの着ぐるみに入

っていた男性よりもむしろ画面に向けさせておくように気を逸らせるという狙いだった」 この選択肢中には「被験者」という語がないため，them はバスケットボールをパスしている学生を指すことになる。この学生たちは被験者ではないので，本文で述べられている実験内容と一致しない。また，第 2 段最終文（We were actually …）にあるとおり，着ぐるみに入っていたのは「女子学生」である。

Ⅰ「『不注意による盲目』という言葉は，注意が何か他のものに向いているために，あるものに気づかないという状況を指す」 第 3 段第 5 文（This error of …）および第 7 文（When people devote …）の内容と一致する。

(3) 問 「下の文のうち，この文章における筆者の主張を最もよく要約した文はどれですか」

この文章の構成は以下のようになっている。

［第 1 段］ 2 人の筆者の出会いや彼らがこの文章で取り上げられている研究を行うことになった経緯

［第 2 段］ 2 人が行った実験内容，実験結果，本当のねらい（＝バスケットボールのパスの回数を数えるという課題は名目で，目立つはずのゴリラに対する被験者の反応を観察すること）の説明

［第 3 段］ ゴリラの登場に気づかないという結果は実験を繰り返しても同じであり，その理由を「不注意による盲目」と説明

［第 4 段］ 実験結果もそうだが，ゴリラが見えなかった人たちが自分の見過ごしに驚いたことが印象的

［第 5 段］ 第 4 段の内容を受けて「注意の錯覚」という言葉を使い，人は自分の周りの世界のことをほぼすべて視覚的に認識していると思っているが，実際にはそうではないと説明

［第 6 段］ 第 5 段で述べた認識の欠如は知能やその他の能力，性別には関係がない

［第 7 段］ 予想外のものに気づきにくい理由に，現代社会の複雑さ，技術進歩がある

全体として，私たちの認識の限界とその原因にひとつの説明を与えることが本文の目的であると考えられる。Bの「私たちは自分を取り巻く世界の大半が見えていると思っているが，ゴリラのビデオは，私たちは重要だったりはっきりとしたものであってもそれらを見過ごしてしまう可能性があるという証拠である」が適切。

A「私たちは目立ったり見慣れないものに自然に注意を向けるので，それほど明白ではないものに注意を払う能力は減少する」 第 3 段第 7 文（When people devote …）の内容に反する。ゴリラに注意が向かないのは，ゴリラが目立たないからではなく，注意力はそれほど満遍なく働くものではないからであるというのが本文の内容。

C「ゴリラのビデオのような実験は，人々が自分を取り巻く世界にあるものに気づくことができないことに驚く理由を決定するのに欠かせない」 実験で，人々がゴ

リラに気づかないことに驚くという事実は第4段で述べられているが，その理由を決定するのに重要であるという記述はない。

D「科学技術は，不注意による盲目のもたらすさまざまな危険を克服するために大いに必要とされる手段を提供してくれる」　第7段の内容に反する。科学技術の進歩は逆に不注意による盲目がもたらす危険を生んでいる原因である。

E「ゴリラのビデオの実験は，今日の世界の複雑さのせいで，私たちが1度に2つ以上のことに注意を向けることができなくなっていることのはっきりとした証拠である」　ゴリラの実験は，今日の世界の複雑さを盛り込んだものではない。したがって，この実験をそのはっきりした証拠だとは言いがたい。

(4)　圏「以下の各語が本文中で使われているような場合に，最も強いアクセントを持つ母音を見つけなさい。5語からなる各グループの中で他と異なる発音をされるものをひとつ選びなさい」

1　A　conditions [kəndíʃnz]「条件」　　B　gorilla [gərílə]「ゴリラ」
　　C　notice [nóutis]「気づく」　　D　original [ərídʒənl]「元の」
　　E　video [vídiòu]「ビデオ」
　　Cは [オウ]，それ以外は [イ]。

2　A　attention [əténʃn]「注意」　　B　experience [ikspíriəns/-píə-]「経験」
　　C　perception [pərsépʃn]「認知」　　D　potential [pəténʃl]「潜在的な」
　　E　unexpected [ʌnikspéktid]「予期しない」
　　Bは [イ／イア]，それ以外は [エ]。

3　A　awareness [əwéərnes]「認識」　　B　engaged [ingéidʒd]「携わっている」
　　C　pervasive [pərvéisiv]「広く行き渡った」
　　D　salient [séiliənt]「顕著な」
　　E　spontaneously [spɑntéiniəsli]「自発的に」
　　Aは [エア]，それ以外は [エイ]。

(5)　圏「本文中の下線部の語に関連する以下の各文を完成するのに，最もよいものを選びなさい」

1「ここでは spontaneously は…という意味である」

下線部直後は「中には spontaneously 『これを見逃したの？』とか『ありえない！』と言った人もいる」となっており，ゴリラの姿を自分が見逃したことを知った人たちの反応を述べている。彼らは意外な事実に「思わず」声を発したと考えられる。spontaneously は辞書では「自発的に，無意識に」という意味が基本なので，最も近いのはCの naturally「自然に（起こる）」である。

A「腹立たしげに」　　B「困ったように」
D「すぐに」　　E「ゆっくりと」

2「ここでは illusion of attention は…という意味である」

　　下線部直後にこの語句の意味が説明されており，「私たちは視覚世界に関して，自分が思っているよりはるかにわずかなことしか経験していない」とある。Dの「私たちが実際に見ているよりも多くのものを見ているという信念」が同じ内容である。

A「物事を実際とは違ったふうに見えるようにする行為」

B「そこにはないものを見る行為」

C「物事は実際よりも良いように見えるという信念」

E「見るべきではないものがあるという信念」

(1)　1―H　2―G　3―I　4―F　5―D　6―J　7―L

(2)―B・F・G・H

(3)―B

(4)　1―C　2―B　3―A

(5)　1―C　2―D

解　答

第 4 章

会話文

この章の進め方

　会話文が通常の読解問題と異なる点は2つある。1つは文章そのものの形式，もう1つは設問の立て方だ。

　会話文は言うまでもなく，ト書きを除いてセリフだけからなる。何かを論じるのではなく，その場の状況が当人たちの言葉だけで表されている。主観に満ちたセリフだけで何が起きているのかを想像することになる。書かれたものとしての会話は特殊かもしれないが，日常的には文章を読むよりも人の話を聞いていることの方が多いのも事実だ。現場に居合わせているつもりで，生き生きとした想像をしよう。

　会話文を使った問題で立てられる設問は，適切な語句の補充，セリフの補充が中心となる。語句補充は文法・語彙に属するものも多く，知識の充実は欠かせない。セリフの補充では，話の流れにあったものを選ぶ問題が多い。相手の発言に対してどう答えるか，いわゆる問答がうまく運ぶようにしたい。

　ただし，会話のおもしろさは，一人の人間が首尾一貫した論を展開するのではなく，登場人物の間で相手が何を言い出すかわからないところにある。早稲田大学の場合，登場人物同士がもめたり結末がハッピーエンドでなかったりと，思わぬ展開をするものが散見される。頭を柔らかくし，ドラマのひとコマでも見ているようなつもりで取り組んでもらいたい。

　なお，全体的には会話特有の表現が問われることが多いわけではないが，**文**・**文化構**は，近年，口語的な言い回しが中心となっている。ある程度の決まり文句は基礎知識として蓄えておこう。直接問われなくても，会話の内容を把握する際にキーとなる場合もある。知識は多いのに越したことはない。

1

ポイント

セリフ中の語句を補う問題。ほぼ単語レベルであり，選択肢はさまざまな品詞が入り混じっているので，文法的に当てはまるものに絞りこんでから，文意に合うものを選ぶという手順で進めていくとよい。

Choose the most appropriate word or phrase from the list（ a ～ m ）for each item（ 1 ～ 7 ）. Mark your choices on the separate answer sheet.

Newscaster: G'morning, y'all. It's going to be dangerously hot today, so be careful out there. Now let's hear from our chief（　1　）expert, Windy Brees.

Weatherperson: Good morning, Gayle. I'm afraid I have some bad news: it's going to be hotter today than it was yesterday. In fact, it will be the hottest day （　2　）within this region.

Newscaster: Windy, what's causing all this hot weather these days? It seems like it （　3　）getting hotter and hotter every year. I might have to move to Antarctica!

Weatherperson: [Laughing…] Well, Gayle, there's a high-pressure system that's moved into the area and just won't seem to go away, causing our current heatwave.

Newscaster: Is it related to climate change? Are humans causing this trend? Some folks deny humans affect long-term weather patterns, despite what most（　4　）scientists seem to claim.

Weatherperson: The data do seem to point to excessive use of fossil fuels, deforestation, （　5　）livestock, and other things humans do as part of the problem. But then climate change（　6　）say, "Last winter was so cold! How can there be global warming?"

Newscaster: And of course that one politician is saying it's all a big hoax created by rival governments, or that people used to talk about global freezing in the 1920s.

Weatherperson: It（　7　）you wonder. Those are the type who will say anything to get elected.

Newscaster: Okay, thanks Windy. I hope we get some of that global freezing soon!

（ a ）cosmological
（ b ）creates
（ c ）deniers

（ d ） for time
（ e ） keeps
（ f ） makes
（ g ） manufacturing
（ h ） meteorological
（ i ） on record
（ j ） raising
（ k ） reputable
（ l ） supporters
（ m ） theoretical

≪猛暑と気候変動に関する会話≫

全訳

ニュースキャスター（以下N）：みなさん，おはようございます。本日は危険な暑さになりますので，屋外ではお気をつけください。ここで，気象部門の主任であるウィンディ＝ブリーズからお話を聞きましょう。

気象予報士（以下W）：ゲイル，おはようございます。残念なお知らせですが，今日は昨日よりも暑くなる予想です。それどころか，この地域で過去最高の気温を記録するでしょう。

N：ウィンディ，最近はなぜこんなに暑いのでしょうか？　毎年どんどん暑くなり続けているように感じます。南極に移住しないといけないかもしれませんね！

W：（笑いながら…）えぇ，ゲイル，この地域に入ってきて停滞している高気圧がありまして，そのせいで現在の熱波が引き起こされているのです。

N：気候変動と関係があるのでしょうか？　人間がこの傾向を引き起こしているのでしょうか？　信頼できる科学者のほとんどが主張しているように思えるにもかかわらず，人間は長期的な気象パターンには影響を与えないと言う人もいます。

W：データからは確かに，化石燃料の過剰使用，森林伐採，家畜の飼育，その他の人間の行動が，問題の一部を担っているということが言えるようです。しかし，気候変動の否定論者は，「去年の冬はとても寒かった！　地球温暖化なんてあり得ないだろう？」と言います。

N：そしてもちろん，例の政治家は，温暖化は敵対する政府がでっち上げた大きなデマであるとか，1920年代には地球氷結が起こると騒がれていたとか言ったりしていますね。

W：不思議ですよね。当選するためなら何でも言うタイプなのでしょう。

N：わかりました，ありがとう，ウィンディ。早くその地球氷結がいくらかでも起こることを期待しましょう！

解 説

圕 「各項目（1～7）に最も適切な語句をリスト(a)～(m)から選びなさい。あなたの選んだ選択肢を別の解答用紙にマークしなさい」

1　当該文は「ここで，（　　　）の主任であるウィンディ＝ブリーズからお話を聞きましょう」となっている。続いて話をする人物が本文で Weatherperson「気象予報士」となっており，話の内容が気象に関するものであることから，(h) meteorological「気象の」が適切。

2　当該文は「それどころか，この地域で（　　　）最も暑い日になるだろう」となっており，空所に何も入れなくても文としては完成しているので，副詞（句）が入ると考えられる。the hottest day と最上級が含まれた語句があり，(i) on record「記録上」を補うと文意に合う。

3 当該文は「毎年どんどん暑くなる（　　　）ように感じる」となっている。It seems like it（　　　）getting … の like は接続詞として使われているので，空所には述語動詞（時制を表す動詞）が入る。(e)keeps を補うと keep *doing*「〜し続ける」のパターンに当てはまり，意味の上でも適切である。

4 当該文はニュースキャスターの発言で，「（　　　）科学者のほとんどが主張しているように思えるにもかかわらず，人間は長期的な気象パターンには影響を与えないと言う人もいる」となっている。most（　　　）scientists という空所の位置から，形容詞が入ると考えられる。気象予報士が3番目の発言（The data do …）で，人間の行動が実際気候変動に影響を及ぼしていると考えられるが，それを否定する人たちもいると話したのに対し，ニュースキャスターは4番目の発言（And of course …）でそれに同調するように，「例の政治家は，温暖化は…デマである…とか言ったりしている」と，温暖化を否定する政治家を揶揄しているようにもとれる表現を使っている。つまり，ニュースキャスターは地球温暖化を信じる立場であり，「人間は長期的な気象パターンに影響を与えない」という主張には否定的な考えを持っているはずである。したがって，(k)reputable「著名な，信頼できる」を補うと，当該文の文意に合う。

5 当該箇所は「化石燃料の過剰使用，森林伐採，家畜（　　　）」と「人間の活動」が列挙されている。本文では（　　　）livestock という順であり，(j)raising「〜を育てること」を補えば「家畜の飼育」となり，文意に合う。

6 当該文は「しかし，気候変動（　　　）は，『去年の冬はとても寒かった！ 地球温暖化なんてあり得ないだろう？』と言う」となっている。空所には同文の主語に当たる地球温暖化を疑っている「人」を補うのが内容上適切。(c)deniers「否定する人，否定論者」が正解。

7 当該文は It（　　　）you wonder. となっており，空所には述語動詞が入る。空所のあとが目的語＋動詞の原形なので，使役動詞か知覚動詞しか使えない。(f)makes を補えば，「それはあなたを不思議に思わせる」と，使役のパターンにできる。

1—(h) 2—(i) 3—(e) 4—(k) 5—(j) 6—(c) 7—(f)

2

目標解答時間　4分

> **ポイント**
> 　第4章演習編1と同様，セリフ中の語句を補う問題。これもほぼ単語レベルであり，選択肢はさまざまな品詞が入り混じっている。会話中には見慣れない固有名詞が見られるが，何の名前（人，都市など）のことかはすぐわかるので理解の妨げとはならない。この問題も，文法的に当てはまるものに絞りこんでから，文意に合うものを選ぶという手順で素早く解答していこう。

Choose the most appropriate word or phrase from the list（a～m）for each item（1～7）. Mark your choices on the separate answer sheet.

Sanjeev:　Hi, how's it going? I am Sanjeev. I am your new dormmate. I am from India. I heard that you are from India too. Which part of India do you（　1　）?

Manisha:　Nice to meet you, Sanjeev. I am Manisha. I am from West Bengal.

Sanjeev:　West Bengal. I（　2　）going there and celebrating Durga Puja, one of the biggest religious Hindu festivals.

Manisha:　Last year, I went back to see my relatives and celebrated the festival.

Sanjeev:　（　3　）. Did you visit Kalighat Kali Temple?

Manisha:　Without visiting the temple, Durga Puja will be incomplete.

Sanjeev:　The Puja is performed with（　4　）by the Pandits, the temple priests. I will be happy to visit such a holy place.

Manisha:　By the way, do you know Durga Puja has been（　5　）heritage status by UNESCO?

Sanjeev:　Oh really! I didn't know that.

Manisha:　Durga Puja is much more than a festival; it is an emotion that unites everyone.

Sanjeev:　I wish I could see the temple and be a part of the（　6　）Puja.

Manisha:　I am sure you will enjoy Durga Puja.

Sanjeev:　That's right. Oh! I am（　7　）late for class. I'll leave now.

Manisha:　Bye. See you later.

（a）accorded
（b）belong to
（c）decent
（d）desire
（e）devotion
（f）divine

（g）dream of

（h）getting

（i）go from

（j）going

（k）rewarded

（l）That's great

（m）That's true

全 訳

≪インド出身の留学生同士の会話≫

サンジェーヴ（以下Ｓ）：やあ，調子はどう？　僕はサンジェーヴ。新しく来た同寮生だよ。インド出身なんだ。君もインド出身だそうだね。インドのどのあたりにいたの？

マニーシャー（以下Ｍ）：はじめまして，サンジェーヴ。私はマニーシャーだよ。西ベンガルの出身なんだ。

Ｓ：西ベンガルか。僕はそこに行って，ヒンズー教最大の祝祭のひとつであるドゥルガー・プージャを祝うことを夢見ているんだけど。

Ｍ：昨年，私は帰郷して親類に会い，その祝祭を祝ったよ。

Ｓ：それはすばらしい。君はカーリーガート・カーリー寺院に行ったかい？

Ｍ：その寺院に行かなかったら，ドゥルガー・プージャは完全にはならないよ。

Ｓ：プージャは寺院の僧侶であるパンディットによる礼拝と一緒に行われるんだ。そのような聖地を訪ねられたらうれしいだろうな。

Ｍ：ところで，ドゥルガー・プージャがユネスコによって遺産登録を受けたのを知っているかな？

Ｓ：へえ，本当かい！　それは知らなかった。

Ｍ：ドゥルガー・プージャはお祭り以上のものだよ。みんなをひとつにする感情なんだ。

Ｓ：寺院を見て神聖なプージャの一部になれたらいいな。

Ｍ：きっとあなたはドゥルガー・プージャを楽しめるよ。

Ｓ：その通りだね。おや！　授業に遅れそうだ。もう行かなくちゃ。

Ｍ：じゃあね。また後で。

解 説

問　「各項目（1～7）に最も適切な語句をリスト(a)～(m)から選びなさい。あなたの選んだ選択肢を別の解答用紙にマークしなさい」

1　直前の文で「君もインド出身だそうだね」とあるので，「インドのどのあたり（　　　）？」は出身地を尋ねていると考えられる。do you（　　　）となっており，一般動詞の原形で内容に合うものは(b) belong to「～に属する，～と関係する」である。地名や場所を続けると，「～に住んでいる，～の住民である」の意になる。

2　当該文は「僕はそこ（西ベンガル）に行って，…ドゥルガー・プージャ（祝祭名）を祝うこと（　　　）」となっている。I（　　　）going there and celebrating … という空所の位置から述語動詞であり，*doing*（動名詞）を目的語にとるとわかる。(g) dream of を補えば dream of *doing*「～することを夢見ている」となり，適切。

3　当該箇所の直前に「昨年，私は帰郷して…その祝祭を祝った」とある。「その祝

祭」は **2** で見たサンジェーヴが行くことを夢見ている祭りである。また，空所で 1 文が完結している。(l)**That's great**「それはすばらしい」が適切。

4　当該文は「プージャ（祝祭名）は寺院の僧侶であるパンディットによる（　　）と一緒に行われる」となっている。空所は前置詞 with の直後なので名詞が入るとわかる。「パンディットによる」で修飾されており，(e)**devotion**「礼拝，祈禱」が適切。

5　当該箇所は「ドゥルガー・プージャがユネスコによって遺産の地位（　　）された」となっている。has been（　　）heritage status という並びから，受動態でさらに名詞＝目的語がある，つまり第4文型をとる動詞の過去分詞が入ると考えられる。(a)**accorded** を補えば accord *A B*「*A* に *B* を与える」の受動態で「ユネスコに遺産の地位を与えられた」となり，内容上適切。

6　当該文は「寺院を見て（　　）プージャの一部になれたらいいな」となっている。the（　　）Puja という空所の位置から形容詞が入るとわかる。「プージャ」はサンジェーヴの2番目の発言第2文（I（　**2**　）going there …）で「ヒンズー教最大の祝祭のひとつ」，サンジェーヴの4番目の発言第2文（I will be happy …）に「そのような聖地を訪ねられたらうれしいだろう」と述べられており，(f)**divine**「神聖な」が文意に合う。

7　当該文は I am（　　）late for class. となっており，空所直前に be 動詞，直後に形容詞 late があり，第2文型をとる動詞が進行形になっていると考えられる。(h)**getting** を補えば，「授業に遅れそうだ」となり，直後の文の「もう行かなくちゃ」とも合う。この進行形は「～しかけている」の意。

1—(b)　2—(g)　3—(l)　4—(e)　5—(a)　6—(f)　7—(h)

3

目標解答時間 4分

> **ポイント**
> セリフ中の語句を補う問題。必ずしも意味のまとまりで区切られたものにはなっていない。選択肢の冒頭の語の品詞や形に注意し，前後とのつながりを考えて，使える選択肢を絞り込むこと。

Choose the most appropriate answers from the list ((a)–(k)) for the gaps (1 - 7) in the following conversation. Mark your answers on the separate answer sheet.

Hiromi, an exchange student, is talking to a counselor about what classes to choose.

Counselor : Hello, Hiromi. (1) take a seat and tell me about what you would like to study ?

Hiromi : Well, I'm not really sure what to take this semester, but I need to take care of some of the basic requirements.

Counselor : Your records show that you have taken care of your language requirement. (2) the sciences ?

Hiromi : (3) I have been trying to avoid them.

Counselor : (4) perhaps try Prof. Redenbacher's Natural Science 101. It's very popular.

Hiromi : That sounds good. I've heard good things about it.

Counselor : (5) you take something in the social sciences, too.

Hiromi : (6) I took sociology then ?

Counselor : (7) work.

Hiromi : Great. Otherwise there is no problem with my major. Thanks for the advice !

(a) Have you
(b) How about
(c) How will
(d) How would it be if
(e) I recommend that
(f) I'm afraid that
(g) I'm sorry to
(h) That would
(i) They might
(j) Why don't you
(k) You could

全訳

　　交換留学生のヒロミはどのクラスを選択するかについてカウンセラーと話をしている。

カウンセラー（以下C）：こんにちは，ヒロミさん。まあ座って，何を勉強したいか私に話してください。

ヒロミ（以下H）：そうですね。私は今学期何を取ったらよいか実はよくわからないのです。でも，私は基本的な必修科目のいくつかを取る必要があります。

C：あなたの成績によると，語学の必修科目はもう取っていますね。理系科目はどうですか？

H：言いにくいのですが，私は理系科目を避けてきました。

C：レデンバッカー教授の自然科学基礎を取ってみたらどうですか。とても人気がありますよ。

H：それはよさそうですね。いい噂を聞いていますし。

C：社会科学も何か取ることをお勧めします。

H：それでは社会学を取るのはどうでしょうか？

C：それはいいことですね。

H：よかった。それ以外では私の専攻について困っていることはありません。アドバイスをありがとうございました。

解 説

問「次の会話の空所（1～7）に最も適切な答えを，選択肢（(a)～(k)）から選びなさい。自分の答えを別の解答用紙にマークしなさい」

1　最後にクエスチョンマークがある。空所の直後に take a seat「座りなさい」とヒロミに促していると考えられる。(j)Why don't you ～?「～してはどうですか，～しなさい」が適切。

2　最後にクエスチョンマークがある。直前で「語学の必修科目はすでに履修している」とあるので，the sciences「理系科目」はどうなのか尋ねていると考えられる。(b)How about ～?「～（について）はどうですか」が適切。

3　直後で「理系科目は避けてきた」とある。ヒロミの最初のセリフで「必修科目のいくつかを取る必要がある」と述べているのに，理系科目は取らずにいるのは望ましくないことである。(f)I'm afraid that を補えば「言いにくいのですが」といった気持ちを表せる。

4　空所に続いて try という動詞がある。「自然科学基礎を試してみる」のはヒロミなので，主語が you でなければならない。(k)You could を補うと perhaps も合わせて「できれば～してみてもよいのではないか」と丁寧な提案になる。ちなみに101 は［ワン・オウ・ワン］と読み，名詞のあとに続けて「基本的な，基礎の」の意。

5　空所のあとは「あなたは何か社会科学のものも取る」となっている。カウンセラーは，理系科目に続いて社会科学の分野のことも提案していると考えられる。(e)I recommend that ～「～（する）ことを勧める」が適切。なお，that 節内は S should *do* か S *do* となる。この原形は仮定法現在。

6　最後にクエスチョンマークがある。まだ履修していないのに動詞が took と過去形になっていることに注目。仮定法過去と考えられる。(d)How would it be if を補えば「社会学を取ったらどうか」となり，内容上も適切。

7　ヒロミの最後のセリフで，問題は解決したことがわかる。「社会学を取るのはどうか」というヒロミの質問に，それで work「うまくいく」と答えたと考えられる。「それ」は「社会学（を取ること）」，つまり 3 人称単数なので，(h)That would が適切。would は仮定法過去である。

1—(j)　2—(b)　3—(f)　4—(k)　5—(e)　6—(d)　7—(h)　解 答

4

目標解答時間　5分

ポイント

　空所に補うのに適切な語句を選ぶ問題。選択肢が一括して与えられているが，主語・動詞を含むもの，接続詞があるもの，副詞句になるものなど，使える場所が異なるものが混在している。空所の部分にどのような「部品」が必要なのかを見極めて選択肢を絞り，意味の通るものを選ぶという手順で進めることになる。

Choose the most appropriate answers from the list ((a)～(m)) for the gaps（1～7）in the following conversation. Mark your answers on the separate answer sheet.

Two friends, Ollie and Chuck, are talking about cultural differences.

Chuck: Hi, Ollie. How are things with you today?

Ollie : I（　1　）, thank you. And yourself?

Chuck: Yeah, me too, things are pretty good. But, you know Ollie, I'm finding the way you all speak（　2　）.

Ollie : Oh, really? In what ways are we peculiar?

Chuck: It's all wrong; it's（　3　）language but all messed up and with crazy meanings.

Ollie : Well,（　4　）a famous Irishman who described us as two nations separated by a common language.

Chuck: Yeah, that's right. I mean, it's like you change the meanings of words like "trunk" and "rubber" and "torch"; and（　5　）you're on the first floor, you're really on the second; and it just doesn't seem like you can say anything direct.

Ollie : Well, look here,（　6　）that as we are the elder nation, we have some priority over semantics and usage.

Chuck: You could think that, but I'd say that more people speak like me than like you.

Ollie : You may well be right there, Chuck; anyway, let's（　7　）.

Chuck: OK, granted. But about the food ….

(a)　agree to disagree

(b)　basically absurd

(c)　can't complain

(d)　don't think so

(e)　I think it was

(f)　kind of strange

(g)　like the same

(h)　once upon a time

(i)　one might assume

(j)　say that again

(k)　there you go

(l)　to the contrary

(m)　when you say

全訳

　　　2人の友人，オリーとチャックは，文化的な相違点について話している。

チャック（以下C）：やあ，オリー。調子はどう？

オリー（以下O）：まあまあだよ。君はどう？

C：うん，僕も同じで，なかなかいいよ。でも，あのねオリー，君たちの話し方はちょっと変だね。

O：え，本当に？　どんな点で変わってる？

C：すべてが間違ってるよ。言語は同じようだけれど，すべてはめちゃくちゃで，意味はまともじゃないよ。

O：そう，私たちのことを共通した言語を持ちながら，それによって分離した2つの国だと描写したのは，ある有名なアイルランド人だったと思うよ。

C：ああ，その通りだよ。つまり，君たちが「トランク」，「ラバー」，「トーチ」のような言葉の意味を変えることと似ているよ。そして，君たちはファースト・フロアにいると言うとき，実は2階にいるのだし，君たちは直接的なものの言い方はしないようだね。

O：えー，あのねえ，私たちの国の方が歴史が長いのだから，私たちの方が意味論と語法のうえで優先されると思えるんだけど。

C：そう考えることもできるだろうけれど，君よりも僕のような話し方をする人の方が多いと思うけど。

O：その点では多分君が正しいね，チャック。とにかく，見解の相違を認めよう。

C：結構だ，認めるよ。でも，食べ物については…。

解　説

問 「次の会話の空所（1〜7）に最も適切な答えを，選択肢（(a)〜(m)）から選びなさい。自分の答えを別の解答用紙にマークしなさい」

　チャックはアメリカ人で，オリーはイギリス人であることに気づかないと対話の内容がわかりにくいだろう。2人は，アメリカ英語とイギリス英語の相違点について語っているのである。

1　「調子はどう？」に対する慣用的な返答を知っていれば簡単だが，知らなくても文脈から推測できる。まず主語 I に続く動詞を含む選択肢に絞ると，(a)・(c)・(d)・(j)が残る。このあとチャックが「僕も同じで，なかなかいいよ」と言っているので，「問題はない」といった内容になりそうなものを選ぶとすれば，(c)can't complain であろう。文字通りは「不平は言えない」だが，こうしたあいさつでは「まあまあです」くらいの意味で使われる。

2　find が第5文型を作って，find A B で「A が B であると気づく（思う）」の意だが，目的格補語の B には名詞か形容詞がくる。(f)kind of strange は「いくぶん変な」の意の形容詞語句。kind of 〜 は「いくぶん〜，やや〜」の意で，くだけた会話でよく使われる。

3 チャックからすると，オリーの英語は「同じ言語のようでありながら」，「すべてはめちゃくちゃで，意味はまともじゃない」と述べている。(g) like the same が適切。

4 it was a famous Irishman who described … といういわゆる強調構文になっている点に気づけば正解できる。(e) I think it was が適切。

5 文法的に解ける。2つの節（you're on the first floor と you're really on the second）をつなぐための従属接続詞が必要である。従属接続詞が含まれている選択肢は(m) when you say しかない。

6 これも文法的に解ける。that 節が後続しているので，この that 節を目的語とし，なおかつ〈主語＋述語〉を含んでいなければならない。この2つの条件を満たす (i) one might assume が正解である。

7 let's に後続するには動詞の原形が必要である。この条件に合うのは(a)・(g)・(j)だが，(g)はすでに like を形容詞あるいは前置詞と捉えて使用済みであり，(j)では「そのことをもう一度言いましょう」となり文脈に合わない。「合意しないことに同意しよう」，つまり「見解の相違を認めましょう」の意になる(a) agree to disagree が文脈に合う。

1—(c)　2—(f)　3—(g)　4—(e)　5—(m)　6—(i)　7—(a)　解答

5

政治経済学部　2014年度　〔4〕

目標解答時間　4分

> **ポイント**
> 　会話が行われている状況が少々面白い。設問は単純なセリフ補充だけでなく，語句整序でのセリフ完成も含まれる。会話の流れからどのようなセリフになるかを推測するのはもちろんだが，どんな意味の文になるかが先にわからなくても，文法や語法の知識を活用して，しかるべき語順を考えれば正解が見えてくるはずである。

Read this dialogue and answer the questions below.

Ralph : Look, Alice.　They just delivered the DIY bookcase I ordered.　I think I'll start putting it together right away.

Alice : Are you sure?　It's almost time for dinner, and tomorrow's Saturday.　If you wait until morning, you'll have all day to do that.

Ralph : Oh, it's just a bookcase.　I can get it done in less than an hour.

Alice : (　A　) Remember the dining set?　It took you the whole weekend to finish that.

Ralph : But that was a table and four chairs.　This is just a couple of shelves. Here, I'll open the box and show you.

Alice : That certainly looks like more than just a couple of shelves to me.

Ralph : You mean these bags of screws and things?　(　B　)— the instructions will tell me everything I need to know.　Let me see now.

Alice : I think that sheet of instructions folds out some more.　And I (　C　), too.

Ralph : Hmm.　Say, do you know what a "dowel" is?　And the instructions talk about a "dado."　Ever hear of that?

Alice : Obviously they should have included a dictionary along with the instructions.　You go ahead, but don't (　D　).

1　Choose the most suitable answer from those below to fill in blank space (　A　).

(a)　You can say that again.

(b)　You have my word on it.

(c)　You must be kidding.

(d) You're my last hope.

(e) You've saved the best for last.

2 Choose the most suitable answer from those below to fill in blank space (B).

(a) Do help yourself

(b) Not to worry

(c) Now or never

(d) Take your time

(e) Way to go

3 Use the six words below to fill in blank space (C) in the best way. Indicate your choices for the second, fourth, and sixth positions.

(a) back   (b) look   (c) on

(d) suggest   (e) the   (f) you

4 Use the seven words below to fill in blank space (D) in the best way. Indicate your choices for the second, fourth, and sixth positions.

(a) expect   (b) for   (c) me

(d) to   (e) up   (f) wait

(g) you

全 訳

ラルフ（以下R）：ごらんよ，アリス。注文しておいた組み立て式書棚がやっと届いたよ。すぐに組み立て始めようと思うんだ。

アリス（以下A）：本当に？　もう少しで夕食の時間だし，明日は土曜日よ。朝まで待てば，それをするのにまるまる1日あるじゃない。

R：だってほら，ただの書棚だよ。1時間足らずで仕上げられるさ。

A：冗談でしょ。ダイニングセットを覚えてる？　あなたがあれを仕上げるのに週末いっぱいかかったわよ。

R：でも，あれはテーブルとイスが4脚あったからね。これは棚が2，3枚あるだけだよ。ほら，箱を開けて見せてあげるよ。

A：それ，私にはどう見ても2，3枚の棚だけじゃなくてもっといろいろあるように見えるけど。

R：こういうネジとかいろんなものが入っている袋のことかい？　心配ご無用──説明書があるから知る必要のあることはすべてわかるさ。どれ，見てみよう。

A：その説明書の用紙はもう少し広がると思うわ。それに，裏も見た方がいいわよ。

R：ふーむ。ねえ，君は「合わせ釘」って何のことか知ってる？　それに説明書には「腰羽目」のことも書いてあるんだけど。そんなの聞いたことあるかい？

A：明らかに説明書と一緒に辞書を入れておくべきだわ。まあ，やってみたら。でも，私が寝ないであなたを待ってるなんて思わないでね。

解 説

問「次の対話を読み，下の問いに答えなさい」

1 問「空所Aを埋めるのに最も適切な答えを下から選びなさい」

　書棚くらいは1時間足らずで組み立てられると言っているラルフに対して，アリスはこのあと，ダイニングセットの組み立てには週末いっぱいかかったと述べていることから，とてもその時間では組み立てられそうにないと思っていることがわかるので，(c)が正解。**You must be kidding.** は「冗談でしょ」の意の慣用表現。

(a)「まったくその通りね」も(b)「それは私が保証するわ」も英会話でよく使われる慣用表現。

(d)「あなたが最後の頼みの綱よ」　last hope は「最後の頼みの綱」の意。

(e)「あなたって一番いいところを最後の楽しみにとっておいてあるのね」　save the best for last は「一番いいもの（あるいは好きなもの）を最後の楽しみにとっておく」の意。

2 問「空所Bを埋めるのに最も適切な答えを下から選びなさい」

　箱の中に棚以外にもいろいろ入っていることから，すぐには完成しそうにないと

心配するアリスに対する返事なので，(b)が正解。**Not to worry** は「心配無用」の意の慣用表現。他の選択肢も，英会話でよく使われる慣用表現である。

(a)「ご自由にどうぞ」

(c)「やるなら今だ」

(d)「どうぞごゆっくり」

(e)「よくやった」

3 圏「下の6語を使って，空所Cを最もうまく埋めなさい。2番目，4番目，6番目にくる語を示しなさい」

　説明書は1枚でも幾重にも折りたたまれており，裏面にも何か書いてあるという状況と考えられるので，look on the back「裏を見る」というまとまりができる。空所の前にIがあり，アリスがラルフに提案していると考えるのが妥当。look の主語に you を置けば，(I) suggest you look on the back と，文脈に合う文ができる（suggest のあとに接続詞 that が省略されている）。

（suggest の下：(d)　you (f)　look (b)　on (c)　the (e)　back (a)）

4 圏「下の7語を使って，空所Dを最もうまく埋めなさい。2番目，4番目，6番目にくる語を示しなさい」

　expect *A* to *do*「*A* が〜すると思う，予想する」というつながりと，wait up for 〜「寝ないで〜を待つ」というイディオムを見抜けるかどうかがポイント。expect の目的語は me のはずであり，この後に to 不定詞が続く形で wait up for you がくる。全体で，expect me to wait up for you となる。

（expect (a)　me (c)　to (d)　wait (f)　up (e)　for (b)　you (g)）

---

1 —(c)

2 —(b)

3 　2番目—(f)　4番目—(c)　6番目—(a)

4 　2番目—(c)　4番目—(f)　6番目—(b)

解答

目標解答時間　6分

ポイント

　やや長めの会話だが，内容は理解しやすい。設問は空所補充と内容説明。主に語句の意味が問われている。会話の展開をしっかりたどり，正しく推測・判断しよう。

次の会話文を読み，設問 1 ～ 10 に答えよ。答えは a ～ d から一つずつ選べ。

Peter：What do you think about this house?

Kate：Let me have a look at the flyer. It looks as though it has four sizeable bedrooms and a modern kitchen-diner on the second floor. I guess it's worth a look.

Peter：I've been checking so many houses on the Internet and I think this is the best house I've seen so far. It's not only spacious but has a pretty garden to boot! I quite fancy the location as well. There are a few boutiques nearby and a huge park just around the corner. It's perfect for us!
(1)

Kate：I wouldn't go so far as to call it perfect, but it is certainly a tempting property. One big problem is the price tag. Prices in that area are skyrocketing these days and I'm not sure if we can afford to purchase
(2)
such an expensive house at the moment. What do you think about buying an apartment instead?

Peter：I'm not too fond of apartments. I used to live in an apartment as a student and suffered from some troublesome neighbors. They would often come back late at night and put on loud music when I was trying to study. It was so annoying! The experience really put me off apartments for good.
(3)

Kate：I know what you mean. Noisy neighbors can be a nuisance. But keep in mind you can wind up with [1] neighbors even if you live in a house. On the other hand, there are so many advantages to living in an apartment. For one thing, we can live in the center of town for a reasonable price. We can shorten the commute to work and have access to all the amenities that a city affords. Remember our realtor's golden words when buying a property: "location, location, location!"

Peter：But just imagine living in the suburbs and being surrounded by greenery. It's so stressful living right in the middle of the hustle and bustle of a crowded city. At the end of a busy day, all I want to do is go back to a peaceful neighborhood rather than battling my way through hordes of people.

Kate　：(4)Oh don't be so dramatic, Peter! Another point we should consider is the re-sale value of the property. I think apartments not only sell quicker but we can also get most of our money back when we do sell. [　2　], buying property is first and foremost an investment.

Peter：It's just that I've always dreamt of living in a big house with our kids and a dog. But I guess buying a property is all about compromises so I'll give way and let you have your apartment.

Kate　：Oh, I didn't know you felt so strongly about it. Had I known, I would have let you have your way earlier. (5)You can't put a price on your dreams. Let's go buy our dream house. I'll get [　3　] with Adam, our realtor.

1．From the dialogue, we can infer that_____.
   a．two people are looking to purchase a property
   b．two business partners are deciding where to rent
   c．two friends are discussing the pros and cons of an investment
   d．two people are haggling with a realtor over the price of a house
2．Choose the item that is closest in meaning to underline (1).
   a．in fact　　　　　　　　　b．on the other hand
   c．instead　　　　　　　　　d．as well
3．Choose the item that is closest in meaning to underline (2).
   a．diminishing　　　　　　　b．increasing
   c．flattening　　　　　　　　d．contracting
4．Choose the item that is closest in meaning to underline (3).
   a．immediately　　　　　　　b．positively
   c．indefinitely　　　　　　　d．particularly
5．Which word would best fit in blank [　1　]?
   a．problematic　　　　　　　b．kind
   c．incompetent　　　　　　　d．objective
6．In underline (4), Kate suggests that Peter is_____.
   a．understating　　　　　　　b．complaining

c．uncaring   d．exaggerating

7．Which word or phrase would best fit in blank 〔　2　〕?

   a．After all   b．Likewise

   c．Eventually   d．Whatsoever

8．What does underline (5) mean ?

   a．The value of your dreams is inexpensive.

   b．The value of your dreams is incalculable.

   c．The value of your dreams is indispensable.

   d．The value of your dreams is inexplicable.

9．Why does Peter want to live in a house ?

   a．Because he is fed up with living in apartments.

   b．Because he has been convinced by their realtor.

   c．Because he can shorten the commute to work.

   d．Because he wants to spend less money.

10．Which phrase would best fit in blank 〔　3　〕?

   a．in case   b．in between

   c．in touch   d．in time

全訳

≪ピーターとケイト，一軒家を買う≫

ピーター（以下P）：この家をどう思う？

ケイト（以下K）：チラシを見せて。かなり大きい寝室が4つ，2階に新式のダイ
ニングキッチンがあるようね。見てみる価値がありそうよ。

P：ネットでとってもたくさん家を調べてみたけど，これが今までで一番いいと思
う。広々としているだけじゃなくて，おまけにすてきな庭までついてるんだよ。
ロケーションも結構気に入っている。近くにいくつかブティックもあるし，す
ぐ近くにでっかい公園もあるよ。僕らにお誂え向きだ。

K：お誂え向きとまではねぇ。でも，確かに魅力的な物件ね。大問題は価格ね。そ
の辺りの地価は，近頃急上昇してるし，今そんな高価な家を私たちが買えるか
どうかわからないわ。代わりに，アパートを買うのはどうかしら。

P：アパートはあまり乗り気じゃないな。学生の頃，アパートに住んでたけど，や
っかいなやつらが周りにいてさ，よく夜遅く帰って来て，勉強しようとしてい
るときに音楽をおっきな音で鳴らすんだよ。すっごいうるさかった。経験から
してアパートとは永遠におさらばしたいね。

K：言いたいことはわかる。近所の人がうるさいと迷惑よね。でも忘れないでね，
一軒家に住んでたって，困った人が周りにいることだってあるわ。反対に，
アパートに住む利点も山ほどあるし。一つは，手頃な値段で都心に住める。職
場までの通勤が短くなるし，都会で得られる楽しみがみんな手に入る。思い出
して，不動産屋の言ってた，物件を買うとき大事な言葉。「ロケーション，ロ
ケーション，ロケーション！」

P：でも郊外に住んで，緑に囲まれているのをちょっと考えてみてよ。混雑した都
会の喧騒のど真ん中で暮らすってストレスが多いよ。忙しい一日の終わりに，
平穏な場所に戻るのだけが望みだね。大勢の人間の中を押し合いへし合いして
進むのはごめんだよ。

K：ちょっと，もう，ピーター，だめよ，そんなに大げさに！　もう一つ考えなく
ちゃいけないのは，物件の転売価格ね。アパートはすぐに売れるだけじゃなく，
実際に売ったときお金の大半を取り戻すことができるでしょ。そもそも，不動
産を買うのは，何よりもまず投資なんだからね。

P：僕はずっと大きな家に子どもと犬と一緒に住むのを夢見てきただけのことさ。
でも物件を買うっていうのは，歩み寄りが肝心だし，僕が折れるよ。アパート
にしていいよ。

K：まあ，そんなに強いこだわりがあったなんて知らなかった。知っていたら，も
っと早く思い通りにしてあげたのに。夢に値段はつけられないわ。夢のお家を
買うことにしましょうよ。不動産屋のアダムに連絡するね。

解　説

1 問「会話から…と推測できる」

　　ピーターの最初の発言で「この家をどう思う?」とあるのに始まり,ケイトの2番目の発言第2・3文(One big problem …)の「大問題は価格ね。…今そんな高価な家を私たちが買えるかどうかわからないわ」など,2人で家を購入する話をしていることがわかる。aの「2人が不動産を購入しようとしている」が正解。
　　b.「2人の共同事業者がどこで賃借すべきか決めようとしている」
　　c.「2人の友人が投資の長所と短所を議論している」
　　d.「2人が家の値段のことで不動産屋とかけ合っている」

2 問「下線部(1)に意味が最も近いものを選びなさい」

　　当該箇所は「広々としているだけではなく…すてきな庭がついている」となっている。「~だけではなく」に対して「…も」と呼応すると考えられる。dの as well「~も」が正解。to boot は「その上,おまけに」の意。
　　a.in fact「実は」　　　　　　　　b.on the other hand「これに対して」
　　c.instead「代わりに」

3 問「下線部(2)に意味が最も近いものを選びなさい」

　　当該箇所は「その辺りの地価は近頃 skyrocketing」となっている。直前には「大問題は価格だ」,当該箇所に続いて「今そんなに高価な家を買えるかどうかわからない」とある。地価が高くなっていっているという意味であると推測できる。bの increasing「増加している,上がっている」が正解。skyrocket は「急上昇する」の意。
　　a.diminishing「減少している,下がっている」
　　c.flattening「横ばいになっている」
　　d.contracting「収縮している」

4 問「下線部(3)に意味が最も近いものを選びなさい」

　　当該箇所は「その経験は実際私をアパートから for good 引き離した」が直訳。put *A* off *B* は「*A* に *B* を嫌にさせる」の意で,「その経験のせいで実際私はアパートに嫌気がさした」ということ。「その経験」とは,ピーターの同発言第2文(I used to live …)に「学生の頃アパートに住んでいて,やっかいな隣人たちに迷惑した」ことを指している。もう二度とアパートには住みたくないという気持ちがうかがえる。cの indefinitely「無期限に,いつまでも」が適切。for good は「永遠に」の意。
　　a.immediately「直ちに」　 b.positively「積極的に」　 d.particularly「特に」

5　問「空所1に入れるのに最も適切な語はどれか」

　　当該文は「しかし,一軒家に住んでいても(　　　)近隣住民がいることはある」

となっている。直前のピーターの発言で，彼が学生時代にアパートのやっかいな隣人たち（troublesome neighbors）のせいで迷惑したことから，彼はアパートには住みたくないと言っていることに対するケイトの発言である。a の problematic「問題のある」を補えば，「一軒家に住んでいても迷惑な近隣住民がいることはある」となり，適切。

　b．kind「親切な」　　c．incompetent「無能な」　　d．objective「客観的な」

6　問「下線部(4)で，ケイトはピーターが…と示唆している」

　当該箇所は「ちょっと，そんなに劇的にならないで，ピーター！」が直訳。dramatic は「劇の，劇的な」が文字どおりの意味だが，「芝居じみた」つまり「大げさな」の意でも使う。下線部直前のピーターの発言に「忙しい一日の終わりに…大勢の人間を押し分けながら進む（battling my way through hordes of people）」とある。使っている言葉が hordes「大群」，battle「戦う」と，確かに大仰である。d の exaggerating「誇張している，大げさな」が正解。

　a．understating「控えめに述べている」　　b．complaining「不平を述べている」
　c．uncaring「気にかけていない」

7　問「空所2に入れるのに最も適切な語句はどれか」

　ケイトの同発言第2文（Another point …）に「もう一つ考えなくてはならないのは物件の転売価格だ」とあり，当該文は「（　　）不動産を買うのは，何よりもまず投資だ」となっている。ケイトとピーターは一軒家にするかアパートにするかを話し合っており，それぞれの利点・欠点を検討してきている。「何よりもまず」ともあり，ここでケイトは不動産を買うことの根本的な意味を確認している。a の After all「そもそも，だって…だから」が適切。d の Whatsoever「なんでも」は，no や not … any などのついた名詞のあとに置き，「まったく…ない」の意で使う。

　b．Likewise「同様に」　　　　　　　　c．Eventually「結局」

8　問「下線部(5)は何を意味しているか」

　下線部は「夢に値段をつけることはできない」の意。ケイトは2番目の発言第3文（Prices in that area …）で「一軒家は高くて買えるかどうかわからない」，4番目の発言最終文（After all, buying …）では「不動産を購入することは，何よりもまず投資だ」と，経済的な観点から家の購入を考えている。それがピーターの5番目の発言第1文（It's just that …）「僕はずっと大きな家に子どもと犬と一緒に住むのを夢見てきた」という言葉を聞いて下線部の発言となり，一軒家を買うことに同意している。夢の価値はお金に換算できないということ。b の「夢の価値は計り知れない」が正解。incalculable は「計算できない」が文字どおりだが，そこから「計り知れない」の意で使われる。

　a．「夢の価値は安い」　　　　　　　　c．「夢の価値は不可欠だ」
　d．「夢の価値は説明できない」

9 問「なぜピーターは一軒家に住みたいと思っているのか」

ピーターの3番目の発言（I'm not too fond …）で，学生時代にアパートで暮らして嫌な思いをしたことが述べられている。aの「アパートに住むことにうんざりしているから」が適切。

b．「不動産屋に説得されたから」

c．「職場への通勤（距離）を短くできるから」

d．「使うお金を少なくしたいから」

10 問「空所3に入れるのに最も適切な語句はどれか」

当該文は「不動産屋のアダムに…」となっている。直前で「夢の家を買うことにしましょう」と，ケイトは一軒家を買うことに決めたのがわかる。cの in touch を補えば get in touch with ～「～に連絡する」となり，文脈に合う。aの in case，bの in between，dの in time は，それぞれ単独では a「～する場合に備えて」，b「中間に，間に挟まれて」，d「間に合って」の意をもつが，get … with ～と合わせても意味をなさない。

解答

7

目標解答時間　6 分

ポイント

　第 4 章演習編 6 と同程度の分量で，設問もおおよそ似ている。ただし，会話の内容は 6 が日常的な場面であるのに対し，7 は歴史・社会的な議論になっており，2 人の主張の把握が重要である。設問の最後には，会話文では問われることが比較的少ない内容真偽もある。議論の輪に加わっているつもりで，2 人の考えについていこう。

次の会話を読み，設問 1 〜 10 に答えよ。

June : What are you reading Clara? It must be really very interesting since you don't even seem to have noticed that your ex-boyfriend just passed by two minutes ago. Or maybe you just wanted 〔　1　〕 that his presence has no effect on you anymore.

Clara : Very funny, June. Actually it's a really fascinating account of the life of the Indian politician and pacifist Gandhi. I find it amazing how he was able to change the course of world history by organizing a movement 〔　2　〕 of passive resistance. It is really surprising how he and his followers could achieve such dramatic political change in the short time it took to achieve independence.

June : Well, personally, I must say that if passive resistance is simply a case of doing nothing I don't really understand how you can get any concrete result 〔　3　〕 to do something?

Clara : Hm, in the first place I am not sure that passive resistance can be correctly described as doing nothing—it is more a refusal to cooperate in injustice and oppression. Gandhi's idea seems to have been that an unjust or tyrannical system of government 〔　4　〕 if the people don't go along with it. If people decide to stop co-operating and 〔　5　〕 of such a system it becomes impossible to make it work. The whole system just collapses 〔　6　〕, so to speak.

June : That sounds similar to a boycott or sanctions—you know where the international community decides to punish someone for their incorrect behaviour by refusing to deal or trade with them.

Clara : I think we have different interpretations because in my view sanctions and boycotts are not really [　7　] but are an active attempt to pressure other governments to stop doing something which you don't happen to like. They are political pressure in the form of economic blackmail and usually end with a return to trade as normal or the financial collapse of a country. We should agree to disagree about the utility of these measures.

June : I'm not sure what you mean but I doubt if passive resistance could work or succeed in most real situations. It sounds a [　8　] idealistic to me, or let's just say slightly naive to have any lasting effect. I can't help thinking of that character in the short story we read written by the author of *Moby Dick*.

Clara : Oh, you mean the story where the hero keeps repeating all the time "I would prefer not to" when he refuses to co-operate with the company boss. I don't know if that expresses Gandhi's idea but it does certainly show the eroding force of [　9　].

1．空所 [　1　] に入れるのに最もふさわしいものを a ～ d から一つ選べ。
　　a ．to take it for granted　　　　b ．to show as evident
　　c ．to be indifferent so　　　　　d ．to make it clear

2．空所 [　2　] に入れるのに最もふさわしいものを a ～ d から一つ選べ。
　　a ．which was built on the aim
　　b ．that was followed by the principle
　　c ．that was founded for the ideal
　　d ．which was based on the idea

3．空所 [　3　] に入れるのに最もふさわしいものを a ～ d から一つ選べ。
　　a ．simply by refusing　　　　　b ．which refused
　　c ．that by refusal　　　　　　　d ．when it refuses

4．空所 [　4　] に入れるのに最もふさわしいものを a ～ d から一つ選べ。
　　a ．can crash up　　　　　　　　b ．could turn over
　　c ．will break down　　　　　　　d ．must fall through

5．空所 [　5　] に次の単語すべてをふさわしい順に並べ替えて入れる場合，4番目に来る単語はどれか。a ～ f から一つ選べ。
　　a ．active　　　　　b ．decide　　　　　c ．support
　　d ．their　　　　　e ．to　　　　　　　f ．withdraw

6．空所 [　6　] に入れるのに最もふさわしいものを a ～ d から一つ選べ。
　　a ．over the stress　　　　　　　b ．under its own weight
　　c ．from our efforts　　　　　　d ．out of control

7. 空所 [7] に入れるのに最もふさわしいものをa〜dから一つ選べ。

   a. kind of passiveness   b. ways for passive doing

   c. a form of passivity   d. a manner for pacifying

8. 空所 [8] に入れるのに最もふさわしいものをa〜dから一つ選べ。

   a. much too   b. little too

   c. bit less   d. lot less

9. 空所 [9] に入れるのに最もふさわしいものをa〜dから一つ選べ。

   a. disobedience   b. unobedience

   c. under-obedience   d. anti-obedience

10. 本文の内容と合致するものをa〜dから一つ選べ。

   a. The two girls agree that passive resistance is effective and important.

   b. Clara is more positively supportive of passive resistance.

   c. June is more positively supportive of passive resistance.

   d. Clara is extremely skeptical about the possibility of political change.

全訳

ジューン（以下J）：クララ，何を読んでいるの？ 2分前に元カレが通りかかったのに気づく様子もなかったことからすると，とてもおもしろいものなんでしょうね。それとも彼の存在があなたにはもう全く関係ないってことをはっきりさせたかっただけかしら？

クララ（以下C）：何を言っているのよ，ジューン。実はこれ，インドの政治家であり平和主義者でもあるガンディーの人生に関するとても興味深い話なのよ。消極的抵抗という考えに基づいた運動を組織することによって，世界の歴史の流れを変えることができた彼のやり方は素晴らしいわ。彼と支持者たちが独立を達成するのに要した短い期間に，いかにしてあれほど劇的な政治的変革を成し遂げたかには，本当に驚かされるわ。

J：そうね，私としては，もし消極的抵抗がただ何もしないということなら，ただ何かをすることを拒むことによってどのようにして具体的な成果を得ることができるのかが，本当にわからないと言わざるを得ないわ。

C：うーん，まず，何もしないということでは消極的抵抗の正確な説明はできないような気がするわ——むしろ不正や抑圧に協力することを拒むということなのではないかしら。もし民衆が賛成しなければ不当あるいは専制的な統治制度は破綻するということが，ガンディーの考えだったように思えるの。人々が協力するのをやめる決心をし，そのような制度への積極的な支持から手を引くことを決心すれば，それを機能させることはできなくなるわ。言わば制度全体がそれ自体の重みに耐えかねて崩壊するということではないかしら。

J：それだとボイコットや制裁に似ているわね——ほら，国際社会が取引や貿易を拒否することで，誤った行動に対して誰かを罰することを決定する。

C：私たちの解釈は違っているようね。というのは，制裁やボイコットは消極性の一形態というわけではなくて，何か気に入らないことを他国の政府がするのをやめるように圧力をかける積極的な行為だと私は考えているから。それらは経済的な脅しの形態をとった政治的圧力で，たいていは通常の貿易に戻るか，ある国が財政破綻するかということで幕を閉じるわ。私たちはこうした手段の有用性については，私たちの意見が違うのは認めなくてはいけないわね。

J：あなたが言っていることはよくわからないけど，たいていの現実の場面では，消極的抵抗が作用したり成功したりするようには思えないわ。私にはちょっと理想主義的すぎるというか，効果の持続のためにはちょっと考えが甘いとだけ言えばいいかしら。『白鯨』の作者によって書かれた，私たちが読んだ例の短編の中の，あの登場人物を思い出してしまうのよね。

C：あぁ，主人公が会社の社長への協力を断る時，「私はできればそれはやりたくないのですが」って，いつも繰り返すあの話のことね。それがガンディーの思想を表すかどうかはわからないけど，確かにじわじわと効果をもたらす不服従という力のことを示してはいるわ。

解 説

1 「2分前に元カレが通りかかったのに気づく様子もなかったことからすると，とてもおもしろいものなんでしょうね。それとも彼の存在があなたにはもう全く関係ないってことを…したかっただけかしら？」という前後関係，また空所に続くthat節がどのような役割を果たすかを考える。

a を補うと形式目的語の構文は成立するが，wanted to take it for granted that …「…であることを当たり前のことと考えたかった」という意味になり，前後関係に合わない。

b を補うと wanted to show as evident that … となり，他動詞 show と目的語のthat節の間にある as evident が意味をなさず，文法的に成り立たない。

c を補うと wanted to be indifferent so that … となるが，「目的」を表す so that S will〔can / may〕V「S が V する〔できる〕ように」の構文は前後関係にふさわしくない。indifferent「無関心な」

d を補うと，wanted to make it clear that … と，it が形式目的語，that節が真の目的語となり，「…であることをはっきりさせたかった」の意で，文法的にも内容的にも適切。

2 空所2を含む he was able to change the course of world history by organizing a movement〔 2 〕of passive resistance は，ガンディーの功績に関する発言である。〔 2 〕of passive resistance が a movement を修飾している。passive resistance「消極的抵抗」

a を補うと，by organizing a movement which was built on the aim of passive resistance「消極的抵抗という目的に基づいて築かれた運動を組織することによって」となるが，消極的抵抗は目的ではなく手段であるため，内容上不適切。

b を補うと，by organizing a movement that was followed by the principle of passive resistance「消極的抵抗という原則〔主義〕があとに続く運動を組織することによって」となり意味不明。principle「原則，主義」 *A* is followed by *B*「*A* のあとに *B* が続く」

c を補うと，by organizing a movement that was founded for the ideal of passive resistance「消極的抵抗という理想のために築かれた運動を組織することによって」となり，消極的抵抗が手段であることを考えると，a と同様に不適切。found「〜を設立する，〜の基礎を築く」 ideal「理想」

d を補うと，by organizing a movement which was based on the idea of passive resistance「消極的抵抗という考えに基づいた運動を組織することによって」となり，ガンディーの功績を表現するのに最もふさわしい。be based on 〜「〜に基づいた」 idea of 〜「〜という考え」

3 how you can get any concrete result [3] to do something が I don't really understand の目的語。concrete「具体的な」 result「結果，成果」

ａを補うと，how you can get any concrete result simply by refusing to do something「ただ何かをすることを拒むことによって，どのようにして具体的な成果を得ることができるか」という意味になり，消極的抵抗に疑問を持っているジューンの発言として適切。refuse to *do*「〜することを拒む」

ｂを補うと，how you can get any concrete result which refused to do something となり，関係代名詞節が先行詞 any concrete result を修飾することになり，「何かをすることを拒んだ具体的な成果をどのようにして得ることができるか」という意味不明な文になる。

ｃを補うと，how you can get any concrete result that by refusal to do something となり，that 以下が文法的に成り立たない。

ｄを補うと，how you can get any concrete result when it refuses to do something「それが何かをすることを拒む時に，具体的な成果をどのようにして得ることができるか」となるが，it が何を指すかが不明。

4 クララが「消極的抵抗」に関するガンディーの考えを説明している発言で，同文 that 以下の an unjust or tyrannical system of government [4] if the people don't go along with it がその内容。「もし民衆が協力しなければ」という if 節から考えて，「不当あるいは専制的な統治制度は…」に続くのは「崩れる」というような意味であることが推測される。

ａ．crash up という表現は，一般的には見られない。ちなみに crash は「衝突する」の意。

ｂ．turn over には「（乗り物などが）転覆する」という意味があるが，比喩的には使われないので，「統治制度」に対する動詞としては不適切。

ｃ．will break down を補うと「不当あるいは専制的な統治制度は破綻するだろう」となり，適切。break down「（取り決めなどが）破綻する」

ｄ．fall through は「（計画などが）失敗に終わる」という意味で，「統治制度」に対する動詞としては不適切。

5 空所を含む文は「人々が協力するのをやめて…すれば，それを機能させることはできなくなる」というような意味。所有格や形容詞は名詞に付くが，選択肢中に名詞となる単語は support しかないので their active support というつながりができる。また，decide に to 不定詞を続けると decide to withdraw のつながりができる。名詞句 their active support が他動詞 withdraw の目的語になり，If people decide to stop co-operating and (decide to withdraw their active support) of such a system「人々が協力するのをやめ，そのような制度への積極的な支持から手を引くことを決心すれば」という条件節が完成する。よって b ― e ― f ― d ― a

―cという順になり，4番目に来る単語はdの their である。withdraw「（支持など）を取りやめる」

6 空所を含む文は The whole system just collapses [6], so to speak.「言わば制度全体が…崩壊する」となる。

 a．under the stress「ストレス下で」という表現はあるが，over the stress という表現はないので不適。

 c．from our efforts を補うと，collapse from our efforts「私たちの努力によって倒れる」というような意味になるが，「消極的抵抗」は不当な支配への協力をしないということで，何かの努力をするわけではないので不適当。

 d．out of control「制御不能で」も，人々が協力しなくなることにより「制度全体が制御不能になる」というのは不自然なので不適。

 b．under its own weight を補い，collapses under its own weight「それ自体の重みに耐えかねて崩壊する」とするのが正解。「（積極的な抵抗活動をしなくとも）人々が協力さえしなければ，不当な支配は自然と崩壊する」というのが消極的抵抗の考え方である。

7 直前にジューンが「ガンディーの消極的抵抗という考えが，ボイコットや制裁とあまり違わない」というようなことを言い，空所を含むのはそれに対してクララが，それらは消極的抵抗とは異なるものであると述べている部分である。in my view「私の考えでは」に続く部分は not ～ but …「～ではなく…である」の構文。sanction「制裁」この部分は「制裁やボイコットは…というわけではなくて，何か気に入らないことを他国の政府がするのをやめるように圧力をかける積極的な行為だ」という意味になる。

 a．kind of passiveness「どちらかといえば消極」 passiveness「消極（性）」は形容詞 passive が名詞化したものだが，passive には「言いなりになる」という意味もあり，また kind of ～ は，形容詞，程度を表す名詞につけると「ある程度，言わば，どちらかというと」の意味である。ガンディーの消極的抵抗を表現する語として適切でない。

 b．ways for passive doing「消極的な行為のための方法」「制裁やボイコットが『消極的な行為』ではなく『積極的な行為』だ」というのがクララの主張なので，passive doing「消極的な行為」であれば意味的に成り立つが，ways for ～「～のための方法」という不要な表現が付いているので不適切。さらに，but 以下に an active attempt to … という単数形の表現が続くので，それと対比される空所に入る表現が複数形であるのも不自然。

 c．a form of passivity「消極性〔無抵抗〕の一形態」 意味的にも，単数形の表現で an active attempt to … と対照されるのに適しているという点でも，最もふさわしい。a form of ～「～の一形態」 passivity「消極性，無抵抗」

　d．a manner for pacifying「なだめる態度」は，「積極的な行為」と対照される消極的抵抗を表現するのには適切でない。manner「態度，物腰」　pacify「(人)をなだめる，(興奮，怒りなど)を静める」

8　消極的抵抗の有効性に懐疑的なジューンの発言である。a［　8　］がなければ It sounds idealistic to me「私にはそれ（消極的抵抗）は理想主義的に思える」となるので，b を選び It sounds a little too idealistic to me「私にはちょっと理想主義的すぎるように思える」とするのが正解。a little too ～「少し～すぎる」idealistic「理想主義的な」

空所の前の不定冠詞 a とのつながりから判断して，a の much too は不適。また c を選ぶと，a bit less idealistic「比較すると少し理想主義的な色彩が弱い」，d を選ぶと a lot less idealistic「比較するとかなり理想主義的な色彩が弱い」となり，消極的抵抗が理想にすぎないとするジューンの主張とは逆の意味になってしまうので不適。

9　ある短編の登場人物を引き合いに出して消極的抵抗の有効性を疑っているジューンの前言に対して，空所を含む文でクララは「それがガンディーの考えを表すかどうかはわからないけど，確かにじわじわと効果をもたらす…の力を示している」と言い，ジューンの言うことにある程度理解を示している。eroding「じわじわと効果をもたらす」（＜ erode「浸食させる，減じる」）　空所にふさわしいのは，消極的抵抗とほぼ同じ意味を持つ a の **disobedience**「不服従」。b．unobedience，c．under-obedience，d．anti-obedience という単語はいずれも存在しない。

10　a．「消極的抵抗は効果的で重要であるという点で2人の少女の意見は一致している」　agree that …「…という点で同意する」　ジューンは，終始，消極的抵抗に対して懐疑的な意見を述べているので合致しない。

　b．「クララは，より積極的に消極的抵抗を支持している」　positively「積極的に」be supportive of ～「～を支持する」　消極的抵抗に基づくガンディーの独立運動に感銘を受けているという旨のクララの第1発言に合致する。

　c．「ジューンは，より積極的に消極的抵抗を支持している」　ジューンは，終始，消極的抵抗に対して懐疑的な意見を述べているので合致しない。

　d．「クララは政治的変革の可能性に関して極度に懐疑的である」　extremely「極度に」　be skeptical about ～「～に懐疑的な」　political change「政治的変革」という表現が使われているのはクララの第1発言の最終文。これは「ガンディーたちが短い期間に，劇的な政治的変革を成し遂げたということに感銘を受けている」という旨の発言であり，これに合致しない。この文は形式主語構文で how 以下が真主語。follower「支持者」　achieve「～を成し遂げる」　it took to achieve independence は目的格の関係代名詞節で，先行詞 the short time を修飾。it took the short time to achieve independence という文が基になっている。

1—d　2—d　3—a　4—c　5—d
6—b　7—c　8—b　9—a　10—b

8

> **ポイント**
>
> 　空所に当てはまるセリフを選ぶ設問は，選択肢は一括して挙げてある形式。それに加えて会話中の表現と同意のものを選ぶ設問もある。会話ならではの表現も含まれているが，話の流れを考えれば正しく推測できる。状況を十分に思い描いて取り組もう。

次の会話文を読み，下記の設問に答えよ。

A customer approaches a clerk at a bus terminal to buy tickets.

Customer　:I'd like to buy five round-trip tickets to Niagara Falls leaving tomorrow at 9 : 15 a.m.

Ticket clerk : Will you be returning the same day ?

Customer　: Yes, we'll be coming back late tomorrow afternoon.

Ticket clerk : OK, round-trip tickets to Niagara with same-day return are 34 dollars per person … so that will come to 170 dollars.

Customer　:I forgot to mention one thing. One of those tickets will be for a senior. So what does that make it ?

Ticket clerk :（　1　） With the discount for same-day return, no further discounts can be applied.

Customer　:I see.（　2　） Well, that's the way it goes. Can I pay by credit card ?

Ticket clerk : Certainly. Just swipe your card here, please.

Customer　:（　3　） How early should we arrive at the bus terminal to get the 9: 15 bus ?

Ticket clerk : It's first come, first served. So in the summer it's a good idea to line up about an hour prior to departure.

Customer　:（　4　） What happens if all the seats are taken by the time we board ?

Ticket clerk :（　5　） In some cases a second bus is used, but not always. Then you'd need to wait for the next departing bus, which leaves at 12 : 20.

Customer　: Well, I guess we'd better make sure to line up early. We've got our hearts set on going.

Ticket clerk : Here are your tickets.　I hope you enjoy your trip, ma'am.

(Original text)

設問 1．会話文の空所 1 〜 5 を埋めるのにもっとも適当なものを(a)〜(j)からそれぞれ
一つ選び，マーク解答用紙の所定欄にマークせよ。

(a)　At long last.

(b)　I hadn't realized that.

(c)　I'm afraid there's no difference.

(d)　It depends.

(e)　It's a bargain at any price.

(f)　Just one more question.

(g)　Leave it to me.

(h)　Never fear.

(i)　That won't be easy.

(j)　That's a matter of course.

設問 2．下線部(イ)〜(ニ)の意味にもっとも近いものを(a)〜(d)からそれぞれ一つ選び，マ
ーク解答用紙の所定欄にマークせよ。

(イ)　(a)　what is the total price now ?

　　　(b)　what is your advice for seniors ?

　　　(c)　what services do you offer ?

　　　(d)　what should we do ?

(ロ)　(a)　that can't be helped.

　　　(b)　that doesn't go very far.

　　　(c)　that is a long-held policy.

　　　(d)　that is the bus route.

(ハ)　(a)　Passengers board according to staff instructions.

　　　(b)　Passengers board in order of arrival.

　　　(c)　Passengers returning to Niagara board ahead of time.

　　　(d)　Passengers with advance tickets receive priority boarding.

(ニ)　(a)　We believe it will all work out.

　　　(b)　We deeply appreciate your advice.

　　　(c)　We really want to go there.

　　　(d)　We spent our honeymoon there.

全訳

　　バスターミナルで，客が乗車券を買うために販売員に近づいてくる。

客（以下 C）：明日の午前 9 時 15 分発のナイアガラの滝行きの往復乗車券を 5 枚ください。

乗車券販売員（以下 T）：明日中にお戻りですか？

C：はい，明日の午後遅くに帰ってきます。

T：わかりました。ナイアガラまでの同日中の往復乗車券は，お一人様 34 ドルですので……合計で 170 ドルです。

C：ひとつ言うことを忘れていました。そのうち 1 枚はシニア用です。それでおいくらになりますか？

T：申し訳ありませんが，お値段は変わりません。同日往復割引が既にされておりますので，それ以上の割引は適用されないのです。

C：わかりました。それは知りませんでした。それでは仕方ないですね。クレジットカードでの支払いはできますか？

T：もちろんです。カードをこちらにお通しください。

C：あとひとつお尋ねしたいのですが，9 時 15 分のバスに乗るには何時ごろにターミナルに着けばいいですかね？

T：早くいらっしゃったお客様からご案内しています。夏は出発の 1 時間前にお並びになるとよろしいかと思います。

C：それは大変ですね。私たちが乗るまでに座席が全部埋まったらどうなるんですか？

T：状況次第になります。もう 1 台バスをご用意することもありますが，毎回というわけではございません。その場合には，12 時 20 分発の次のバスをお待ちいただくことになってしまいます。

C：じゃあ，きちんと早く並んでおくのがよさそうですね。もう行くことに決めているんですもの。

T：ではこちらが乗車券です。旅をお楽しみください。

解 説

設問 1　1．直前の客のセリフは，同行者の 1 人がシニア割引の対象となることを思い出し，料金の再計算をしてもらいたいという内容。空所のあとに「同日往復割引が既に適用されているので，それ以上の割引はできない」とある。したがって，(c) の I'm afraid there's no difference.「申し訳ありませんが，（お値段は）変わりません」が適切。

2．1 の乗車券販売員の言葉を受けて，客は「わかりました」と納得している。(b) の I hadn't realized that.「そのことは認識していませんでした」は，that で「同日中の往復乗車券にシニア割引が適用されないこと」を受けると考えられるので，会話の流れに合う。

3．すでに支払いをして，本来ならこれで売り場から離れる状況だが，空所のあとで
さらに質問をしていることから，(f)の Just one more question.「あとひとつだけ
質問があります」が適切。客は空所 4 のあとにも質問を発しているが，空所 3 のあ
との質問と内容的には一連のものなので，(f)は 3 に補うのがふさわしい。

4．直前で乗車券販売員が「出発 1 時間前に来て並ぶのがよい」と言ったのに対する
反応。空所のあとで「私たちが乗るまでに座席が全部埋まったらどうなるのか」と
尋ねていることから，1 時間前に来るということで簡単に了解したのではなさそう
だと考えられる。(i)の That won't be easy.「それは楽ではない」＝「それは大変です
ね」が適切。

5．座席が全部埋まったらどうなるのかという客の質問に，販売員が答えている個所。
空所のあとでは「もう 1 台バスを用意することもあれば，次のバスを待ってもらう
こともある」といった内容の返答をしている。つまり，対応はそのつど異なってい
るということなので，(d)の It depends.「状況次第です」が適切。

使わなかった選択肢の意味は以下のとおり。

(a) At long last.「やっとだ（長く待った，という気持ち）」

(e) It's a bargain at any price.「値段がいくらでもお買い得です」

(g) Leave it to me.「私にお任せください」

(h) Never fear.「怖がってはいけません」

(j) That's a matter of course.「当然のことです」

設問2　(イ) 1 人がシニア割引の対象であったことを告げて料金の再計算を頼んでいる
個所なので，(a)の what is the total price now？「今度は総額はいくらですか？」
が適切。下線部は「それ（that）はそれ（it）を何にするのか？」が直訳。that は
「シニア割引を適用すること」，it は「総額」であり，what で「再計算後の総額」
を問うている。

(b)「高齢者へのあなたの助言は何ですか？」

(c)「どのようなサービスを提供していますか？」

(d)「私たちはどうすればいいですか？」

(ロ) 同日往復割引が適用されているため，それに加えてシニア割引は適用されないと説
明された客の反応に当たる個所。下線部のあとには支払いをしようとしているので，
割引の件については納得したことがわかる。(a)の that can't be helped.「それは仕
方がないですね」が適切。この help は cannot help *doing* でも使われている「避
ける」の意。「それは避けられない」ということから，「仕方がない」の意の定番表
現。下線部は「それが事の進み方ですね」が直訳。it は漠然と状況を表し，goes
は「通用している，それで通っている」の意。「事はそのようになっているのです
ね」「そういうことなのですね」という意の表現になる。

(b)「それではあまり遠くに行きませんね」が文字通りの訳だが，go far には「おお

いに役に立つ，十分である」の意があるので，「それではたいして役に立ちません
ね」とも解釈できる。

(c)「それはずっと以前からの方針ですね」

(d)「それがバスの経路ですね」

㊁「どのくらい早く来ておくべきか」という客の質問に販売員が答えている個所。下
　線部の直後に「出発の1時間くらい前に来て並ぶのがよい」とある。来た順に乗る
　仕組みになっていることがわかる。(b)の Passengers board in order of arrival.
　「乗客は到着順に乗車する」が正解。下線部の first come, first served は「最初に
　来た者が最初に対応される」が直訳で，「早い者勝ち」に当たる慣用表現。

(a)「乗客は係員の指示に従って乗車する」

(c)「ナイアガラに戻る乗客は，定刻より前に乗車する」

(d)「前売り券を持っている乗客は，優先的に乗車させてもらえる」

㊁下線部の直前で客は「きちんと早く並んでおくのがよさそう」と言っている。出発
　1時間前には来ておくという大変な状況だが，そうしようと思っている，つまり，
　予定通りに出かけたいという気持ちがうかがえる。(c)の We really want to go
　there.「本当にそこに行きたいんです」が適切。下線部は「私たちはもう心を出か
　けることにセットしている」が直訳。get A done「A を～させる」の意の第5文
　型において，set *one's* heart on *doing*「自分の心を～することに据える」→「ど
　うしても～したいと思う」という表現が受身の形で使われている。

(a)「それですべてうまく行くと信じています」

(b)「助言を心から感謝します」

(d)「新婚旅行はそこで過ごしたんです」

設問1　1—(c)　2—(b)　3—(f)　4—(i)　5—(d)
設問2　(イ)—(a)　(ロ)—(a)　(ハ)—(b)　(ニ)—(c)

1

> **ポイント**
> 　　適切なセリフや表現を選ぶ問題。選択肢がその都度会話の途中に示されている。基本
> 的な語句を使った会話特有の表現も多く使われている。論説系の長文とは異なる語彙力
> が必要だ。どれほど日常会話表現になじんでいるかが試される問題である。

　次の会話文の空所 1 〜 10 に入るべき最も適切なものを a 〜 e の中から 1 つ選び，
マーク解答用紙にマークせよ。

◆SHORT CONVERSATION ONE

A : It's expensive to go to college, isn't it ?

B : It sure is.

A : How do you make ends meet financially ?

B : ___1___ , I rely on my parents.　How about you ?

  a . Over time

  b . By and by

  c . For many parts

  d . By and large

  e . At the end

A : I have only myself to rely on, so I have several part-time jobs.

B : That must be exhausting.　___2___

  a . How do you succeed ?

  b . How do you do it ?

  c . How do you continue ?

  d . How do you control it ?

  e . How do you find it ?

A : To be honest, sometimes I don't even know myself.

◆SHORT CONVERSATION TWO

A : I have to go on a business trip next week.

B : Oh, is that right ?

A : Do you think you could ___3___ at work ?

a. talk for me

b. act as me

c. excuse me

d. remain for me

e. cover for me

B : ___4___

a. I can't imagine why.

b. I don't know why.

c. I don't see why not.

d. I really don't think so.

e. I can't say why now.

A : Thanks! You're a lifesaver.

B : Don't mention it.

◆SHORT CONVERSATION THREE

A : ___5___

a. What does your father do for a living?

b. How can your father do his work?

c. What does your father make his living?

d. How can your father make his living?

e. What does your father work for a living?

B : He owns his own IT company.

A : Wow! ___6___

a. How you lucked out!

b. How lucky you are!

c. How did that come about!

d. How fortunate it happened!

e. How lucky have you been!

B : I guess you could say that.

◆SHORT CONVERSATION FOUR

A : Remember! You promised to help me with the math homework.

B : Don't worry. ___7___

a. I never betray my words.

b. I never go against my word.

c. I never change my words.

  d．I never go back on my word.

  e．I never turn around my words.

A：Well, is Saturday afternoon good for you?

B： 8   Saturday evening is better.

  a．Not certain.

  b．Not sure.

  c．Not really.

  d．Not likely.

  e．Not apparently.

A：Okay. Let's meet Saturday at 6 pm in the library.

B：Fine. See you then.

◆SHORT CONVERSATION FIVE

A：What do you think about our new English teacher?

B：He appears to be a nice person. What do you think?

A： 9   But he doesn't really fit in.

  a．Well, I admire his various ways.

  b．Well, I like him in a way.

  c．Well, I find his way hard.

  d．Well, I see him in different ways.

  e．Well, I respect his way.

B：What do you mean by that?

A： 10

  a．Truly, he seems to be from another place.

  b．Strangely, he seems in the right place.

  c．Obviously, he seems distant from the school.

  d．Surely, he seems away from the norm.

  e．Frankly, he seems out of place in a high school.

B：Yeah, what you say is more or less right.

全 訳

◆短い会話1
A：大学に通うのは費用がかさむよね？
B：確かにね。
A：君はどうやって経済的に帳尻を合わせているの？
B：全面的に，親頼みさ。君はどうだい？
A：頼れるのは自分だけだから，アルバイトをいくつか掛け持ちしているよ。
B：それはきついなあ。どんな具合なの？
A：正直なところ，ときには自分でもわからなくなることもあるよ。

◆短い会話2
A：来週，商用で出張しなければならないんだ。
B：えっ，本当？
A：仕事で私の代わりをしてもらえるかな？
B：できないわけがないさ。
A：ありがとう！　君は命の恩人だよ。
B：どういたしまして。

◆短い会話3
A：君のお父さん，生活のために何をしているの？
B：父は自身のIT企業を所有しているんだ。
A：わあ！　なんて幸運なんだ！
B：まあ，そうだな。

◆短い会話4
A：忘れないで！　数学の宿題を手伝ってくれると約束したわね。
B：心配しないで。私は決して自分の約束を破らないわ。
A：じゃ，土曜日の午後は都合がいい？
B：あまりよくないわ。土曜日の夕方のほうがいいな。
A：わかったわ。土曜日の午後6時に図書館で会いましょう。
B：大丈夫よ。じゃ，またね。

◆短い会話5
A：新任の英語の先生どう思う？
B：いい人のようね。あなたはどう思うの？
A：そうね，私はある意味では，彼を気に入っているのよ。だけど，彼，あまりう
　　まくとけ込んでいないわ。
B：それ，どういうこと？
A：率直なところ，高校に合っていないように思えるわ。
B：ああ，あなたの言うことはいくぶん正しいわね。

解　説

1　直後に「親頼み」とあるので，「全面的に」親に頼っているというdの **By and large** を選ぶ。

a「そのうちに」，b「やがて」では文意が通らない。

c「多くの部分のために」は，rely on *A* for *B*「*A* に *B* を頼る」のパターンにはならないので，不適切。

e「終わりに」　これを「結局は（親頼みだ）」の意にするなら，in the end となるべきである。make ends meet「収支を合わせる，収入の範囲内でやっていく」

2　直前のAの発言に，複数のアルバイトを掛け持ちしているとあり，また直後のAの発言ではその感想を述べていることから，その様子を尋ねているbの **How do you do it?**「どんな具合なの?」を選ぶ。do it の it は，「複数のアルバイトを掛け持ちすること」を指しており，several part-time jobs を指すものではない。

a「どうやって成功するの?」は，直後のAの発言には成功談が出ていないので不適切。

d「どうやってそれを調節しているの?」の control や，e「どうやってそれを見つけるの?」の find の場合は，control したり，find したりするのが複数のアルバイト（jobs）なので，それぞれ it ではなく，them としなければならない。

c「どうやって続けているの?」の continue も目的語 them が必要となる。

3　cover for ～ は「～の代わりをする」の意なので，eの **cover for me** を選ぶと「仕事で私の代わりをしてくれないか」となり文意に合う。

b「私として振る舞う」　act as のあとは役職などがくるので，me では不適切。act for me であれば正しい。

a「私の代わりに話す」，c「私を許す」，d「私の代わりに残る」では文意が通じない。

4　直後にAが「ありがとう」と言っていることから，代わりができるという発言になることがわかる。よって，cの **I don't see why not.**「できないわけがない」を選ぶ。c は I don't see why I cannot cover for you. の省略表現。

a「なぜかを想像できない」，b「わけがわからない」，d「本当にそう思わない」，e「わけは今言えない」では，「ありがとう」という応答に合わない。

5　直後のBの発言から，相手の父親の仕事を尋ねていることがわかる。よって，aの **What does your father do for a living?**「君のお父さん，生活のために何をしているの?」を選ぶ。for a living「生活のために」b・d は職業を尋ねる文としては，can が不適切。make *one's* living「生計を立てている」

c は What を目的語とする語が文中にないので不適切。e の work は自動詞なので，目的語になる What は不適切。

6　感嘆符から，感嘆文を考えてみる。How で始まる感嘆文は，How＋形容詞・副詞＋S V！のパターンになるので，a・c は不適切。luck out「幸運に恵まれる」come about「起こる」b の How lucky you are!「なんて幸運なんだ！」を選ぶ。d の happened は自動詞なので，形容詞 fortunate は不適切。

e は感嘆文ならば，have you been という倒置が不適切。

7　「約束」の表現は，keep *one's* word「約束を守る」や break *one's* word「約束を破る」からわかるように単数形の word を使う。よって，d の I never go back on my word.「決して自分の約束を破らない」が適切。go back on ～「～（約束）を破る」　複数形の a・c・e は不適切。turn around ～「～に背を向ける」b の go against ～ は「～（人，方針，習慣など）に逆らう」の意なので，「約束を破る」の意では使えない。

8　直後に，土曜日の昼過ぎより夕方のほうがよいとある。前者を全面的に否定する d の Not likely.「いや，とんでもない」は不適切。やんわりと否定の意を伝えることのできる定型表現である c の Not really.「あまりよくない」を選ぶ。

a「確かではない」　　b「確かではない」　　e「どうもそうらしくない」

9　直後は逆接で，マイナスの内容が続いているので，空所はプラスの内容になることがわかる。よって，b の Well, I like him in a way.「そうね，私はある意味では，彼を気に入っているのよ」が適切。in a way「ある意味では，ある点では」c「そうね，私は彼のやり方が難しいとわかるわ」，d「そうね，私はさまざまな見方で彼を見ているわ」はプラスの内容とは言えないので，不適切。

また，a「そうね，私は彼のさまざまなやり方を賞賛しているわ」，e「そうね，私は彼のやり方に敬意を払っているわ」は his way(s) がどういうやり方を意味するかがはっきりしないので，これらも不適切と判断する。

10　fit in（空所9の直後）は「（人が）なじむ，うまくとけ込む」の意であるということがわかれば，e の Frankly, he seems out of place in a high school.「率直なところ，高校に合っていないように思える」が正解とわかる。be out of place in ～「～に合わない」 out of place「場違いな，不適切な」

a「本当のところ，別の場所から来たように思える」

b「奇妙なことに，適材適所に見える」

c「明らかに，学校から遠く離れているように思える」

d「確かに，基準からずれているように思える」

1―d　2―b　3―e　4―c　5―a

6―b　7―d　8―c　9―b　10―e

2

目標解答時間　3分

> **ポイント**
> 　第4章演習編 1・2 と同様，短めの会話で，語句レベルの空所補充。ただし，空所に当てはまらないものを選ぶ形式なので，難度はやや高い。基本的な語句の幅広い知識が問われる。

Fill each of the numbered gaps in the following dialogues with phrases from the corresponding list below. Select the one that DOES NOT fit in each case.

Dialogue (1): At the university library counter

A : Excuse me, I need to find this title on my reading list, but I don't know where to look.

B : Have you [　1　] the online catalog?

A : No, I'm not sure how to do that. I'm a freshman.

B : Well, just watch while I do it. … Go to the webpage, … type in the [　2　] here, … and there you are!

A : So, the book *is* here in the library.

B : [　3　], it's not here in the main building. It's at the library on the other campus.

A : Does that mean I have to go there to read it?

B : No, it's much easier. You can order the book now, and collect it here tomorrow. It doesn't cost a penny!

[1]　A checked　　　B consulted　　　C read
　　　D searched　　　E tried

[2]　A address　　　B author　　　C details
　　　D key words　　　E title

[3]　A Actually　　　B In fact　　　C Moreover
　　　D Unfortunately　　　E Well, no

Dialogue (2): At the university co-op

A : [　1　]. How can I help?

B : The shopping catalog here has this laptop at under 100,000 yen. Is it still available?

A : Just let me check. ... Yes, there are still plenty left.

B : Is it possible to get it with an English-language operating system pre-installed?

A : Yes, that's fine, though it may delay delivery by [　2　] days.

B : And is it possible to increase the memory?

A : I'm afraid not. Both the available slots are full to capacity.

B : I see. Well, I'll order it anyway, as it's [　3　] cheap.

[1]　A　Good morning　　　　　　B　Hello

　　　C　Hi　　　　　　　　　　 D　Pleased to meet you

　　　E　Sorry to keep you waiting

[2]　A　a couple of　　　　　　 B　a few

　　　C　more than one　　　　　 D　several

　　　E　two or three

[3]　A　extremely　　　　　　　 B　more

　　　C　really　　　　　　　　　D　so

　　　E　very

Dialogue (3) : At the university gym

A : Sorry, I'm new. Could you [　1　] where the weight-training room is?

B : It's right over there.

A : Oh, [　2　]!

B : Are you a member of one of the university sports clubs?

A : No, I just want to lose some weight and get in shape.

B : OK. Can I see your student card?

A : Actually, I forgot to bring it today.

B : Well, I'm afraid we can't let you in without your ID. And you will need to
　　[　3　] a health check before you can use any of the gym facilities.

[1]　A　explain　　　　　　　　 B　inform

　　　C　let me know　　　　　　 D　show me

　　　E　tell me

[2]　A　how stupid of me　　　　 B　I get it

　　　C　I see　　　　　　　　　 D　no

　　　E　that's where it is

[3]　A　have　　　　　　　　　　B　pass

　　　C　produce　　　　　　　　D　take

　　　E　undergo

全訳

対話⑴：大学図書館のカウンターで

A：すみません，読書リストにあるこの表題の本を見つける必要があるんですが，どこを見ればよいのかわからなくて。

B：オンラインの図書目録は見てみましたか？

A：いいえ，どうすればよいのかよくわかりません。1年生なんです。

B：えーっと，私がやりますから見ていてください。…ウェブページへ行って…ここに著者名を入れて…はい，出てきました！

A：じゃあ，その本はこの図書館にあるんですね。

B：実は，この本館にはありません。もう一つのキャンパスの図書館です。

A：読むためにはそこへ行かなくてはいけないということですか？

B：いいえ，もっと簡単ですよ。今その本を注文して，明日ここで受け取れます。無料ですよ！

対話⑵：大学生協で

A：いらっしゃいませ。ご用件は？

B：ここの買い物カタログに，このラップトップが10万円を切る値段で載っているんですけれど，まだありますか？

A：ちょっと見てみますね。…はい，まだたくさん残っています。

B：英語で操作できるシステムをあらかじめソフトに組み込んでもらうことはできますか？

A：はい，問題ありませんが，お渡しが数日遅くなります。

B：それと，メモリーを増やすことはできますか？

A：申し訳ありませんが，できません。使える2つのスロットが両方とも容量いっぱいなんです。

B：なるほど。とりあえず注文します。とても安いですからね。

対話⑶：大学のジムで

A：すみません，初めて来たんですが，ウエイトトレーニングルームはどこにあるか教えていただけますか？

B：すぐあそこですよ。

A：ああ，本当だ！

B：大学の運動部のどれかに所属していますか？

A：いいえ，ちょっと体重を落として体調を整えたいんです。

B：わかりました。学生証を見せていただけますか？

A：実は，今日は持ってくるのを忘れてしまいました。

B：そうですか，申し訳ありませんが，身分証がないと入っていただけません。それと，ジムの設備を何か使う前には，健康診断を受ける必要があります。

解 説

圏 「次の対話中にある番号のふられた各空所を，下の対応するリストの語句で埋め
よ。それぞれに当てはまらないものを選べ」

⑴ ［1］オンラインの図書目録を見てみたか尋ねている箇所。目録は文章ではなく，
書名などの項目のリストなので，C の read「（文章，本など）を読む」は使えない。
これが正解。A・B・D はいずれも「調べた」，E は「試した」の意になる。

［2］図書目録のホームページを開いて，入力をしている箇所。本を探すヒントにな
るものは空所に当てはまる。A の address「（ホームページ，メールなどの）アド
レス」では本を探すことはできない。これが正解。

　B.「著者（名）」　　C.「必要事項」　　D.「キーワード」　　E.「書名」

［3］「今いる図書館にその本があるんですね」という発言に応じている箇所。空所の
直後にある「この本館にはない」というセリフとつながらないものは，C の
Moreover「その上」である。これが正解。A の Actually と B の In fact は「実
は」，D の Unfortunately は「残念ながら」，E の Well, no は「えーっと，いいえ」
の意。

⑵ ［1］カウンターにやってきた客に店員が声をかけている箇所。D の Pleased to
meet you「お目にかかれてうれしいです」は，個人的に初対面の人と会ったとき
の表現であり，状況に合わない。これが正解。A の Good morning「おはようござ
います」や B の Hello と C の Hi「こんにちは」は，英語圏ではごく普通に使われ
る。日本であれば「いらっしゃいませ」にあたると考えればよい。E の Sorry to
keep you waiting は「お待たせしてすみません」の意。

［2］パソコンをそのまま購入するのとカスタマイズするのとで，かかる日数の差を
伝えている箇所。空所のあとに複数形の days があるので，C の more than one
が不適切。意味は「1 より多い」＝「2 以上」ではあるが，one に続く名詞を複数
形にすることはできない。これが正解。A の a couple of，B の a few，E の two
or three は「2，3（日）」，D の several は「数（日）」の意になり，いずれも複
数名詞を伴う。

［3］空所のあとに cheap があるので，B の more が不適切。これが正解。cheap の
比較級は cheaper である。A の extremely「きわめて」，C の really「本当に」，D
の so「そんなにも」，E の very「とても」は，いずれも原級の形容詞を強調するの
に使える。

⑶ ［1］大学のジムを初めて訪れた学生がウエイトトレーニングルームの場所を尋
ねている箇所。B の inform は「誰に」にあたる目的語を入れて inform *A* wh- 節
「*A* に～を教える」とする必要がある。これが正解。

　A.　explain「～を説明する」は第4文型と勘違いしやすいが，「誰に」は to＋人で

表す。

C．let me know「私に〜を知らせる」＝「私に〜を教える」

D．show me「私に〜を教える」は，図を描いたり，指さして示したりするイメージ。

E．tell me「私に〜を教える」は，言葉で伝えるイメージ。

［2］ウエイトトレーニングルームがすぐにわかるところにあるのに気づかなかったことに対する反応としてふさわしくないものを選ぶ。D の no では「まさか！」「だめだ！」「まずい！」など，良くないことを知らされたときの反応になる。これが正解。A の how stupid of me は it is stupid of me（to 〜）「（〜するとは）私は愚かだ」の感嘆文にあたる。通常 it is は省略される。

B．I get it「わかりました」

C．I see「なるほど，わかりました」

E．that's where it is「あそこにあるんですね」

［3］ジムの使用条件として健康診断を受ける必要があると伝えている箇所。C の produce は「（証拠など）を示す，提出する」の意。目的語が「健康診断」であって，a health certificate「健康診断書」ではないので不適切。これが正解。A の have，D の take，E の undergo はいずれも「（健康診断）を受ける」の意，B の pass は「（健康診断）に合格する」の意。

(1) ［1］—C　［2］—A　［3］—C
(2) ［1］—D　［2］—C　［3］—B
(3) ［1］—B　［2］—D　［3］—C

解答

3

ポイント

　セリフ中の語句を補う問題。第4章演習編1・2と同様，ほぼ単語レベルだが，見た目ほど易しくはない。選択肢はさまざまな品詞が入り混じっているので，それを手がかりに考えていこう。

Choose the most appropriate word or phrase from the list ((a)〜(m)) for each item (1〜7). Mark your choices on the separate answer sheet.

Adelaide : Everything's moved out!　All we have to do is clean the apartment and return the keys.

Edgar　 : When do we have to clear out by?　5 pm?

Adelaide : By midnight, (　1　), but we can put the keys in the dropbox after hours.　Nobody'll check.

Edgar　 : Oh, that's (　2　).

Adelaide : My friend's running some (　3　) now, but she'll help us soon.　Let's catch (　4　) till then.

Edgar　 : Oh wait ... Have we seen the cat recently?

Adelaide : She must be hiding somewhere.　*Tiramisu kitty?　Where are you?*

Edgar　 : *Tiramisu?　Tiramisu?*

―30 minutes later

Adelaide : She disappeared!　We looked everywhere.　Did she escape while the movers were here?

Edgar　 : No way!　We locked her inside the bedroom!

Adelaide : Maybe one of the movers opened the door ...

Edgar　 : They wouldn't (　5　)!

Adelaide : It just occurred to me ... Have you looked inside the kitchen silverware drawer?

Edgar　 : How could she get in?　It's closed so tightly.　But I guess it wouldn't (　6　) to look ... Oh, she's here!　I never would have imagined in (　7　) she could get in there.　How did she ... ?

Adelaide : The back of the drawer's not completely sealed.　She must have jumped up from the back.

Edgar　　: *Tiramisu, you little troublemaker!　You should have answered when we called you!*

Adelaide : You do know you're talking to a kitty? ...

(a)	a million years	(b)	a relief
(c)	dare	(d)	errands
(e)	exercise	(f)	here
(g)	hurt	(h)	our breath
(i)	retrospect	(j)	stress
(k)	technically	(l)	the cat
(m)	work		

全訳

アデレード（以下 A）：やっと全部運び出したわね！　あとは部屋を掃除して鍵を戻すだけだわ。

エドガー（以下 E）：いつまでに退去しないといけないの？　午後 5 時？

A：厳密には夜中 12 時までだけど，営業時間後にポストに鍵を入れておけばいいわ。誰もチェックしないわよ。

E：あぁ，ほっとした。

A：友達が今少し用事でいないけれど，まもなく手伝いに来てくれるわ。それまで一息つきましょう。

E：あれ，ちょっと待って…。しばらく猫を見かけてないよね？

A：どこかに隠れているんでしょ。ティラミスちゃん？　どこにいるの？

E：おーい，ティラミス，どこだぁ？

―（30 分後）

A：いなくなっちゃったわ！　全部探したのに。引越業者がいる間に逃げ出したのかしら？

E：まさか！　だって，寝室に閉じ込めたはずだよ！

A：業者の誰かがドアを開けたのかも…。

E：そんなことするはずないよ！

A：ちょっとそう思っただけ…。台所の銀食器が入った引き出しの中は見てみた？

E：どうやって中に入るっていうんだよ？　しっかり閉まっているのに。でも見るだけ見てみようか…。あ，いたよ！　まさかこんな所に入り込むなんて思いもしなかったよ。いったいどうやって…？

A：引き出しの奥の方は密閉状態ではないのよ。きっとそこから飛び上がって中に入ったのね。

E：ティラミス，このいたずらっ子め！　探していたときに返事してくれなきゃだめだろ！

A：あなた自分が子猫に話しかけてるって本当にわかっているの？…

解　説

問　「各項目（1～7）に最も適切な語句をリスト（(a)～(m)）から選びなさい。自分の答えを別の解答用紙にマークしなさい」

1　「いつまでに退去しなくてはならないのか」という問いに答えている箇所。「午後 5 時？」と言う相手に「夜中の 12 時までに」と答えている。これだけで応答は成立しており，副詞が入ると考えられる。(k) technically は「厳密には，正式には」の意があり，正確な退去期限を伝えている状況と合う。

2　that's に続く is の補語としては名詞か形容詞が使える。退去するまでに予想よりも時間があることがわかって「ああ，それは（　　）」と気持ちを述べているので，(b) a relief「安堵，ほっとさせるもの」が適切。That's a relief. で「ほっとした」

の意。

3　空所のある文は「友達が今（　　　），しかし，まもなく手伝いに来てくれる」となっており，「今は」手伝えないことがわかる。直前に some があることから空所には名詞が入ると考えられる。さらにその前にある（is）run(ning) と合わせて意味を成すのは，(d)errands「（使いの）用向き，任務」である。run errands〔an errand〕で「使いに行く，使い走りをする」の意。

4　空所のある文は「それまで（　　　）しよう」となっている。「それまで」とは，「用事に出ている友人が手伝いに来てくれるまで」ということ。会話の冒頭に「やっと全部運び出した！」とあり，残る片付けを完了するまで時間の余裕もあることが共通理解された状況である。直前の catch の目的語が入ると考えられるので，選択肢中の名詞に注目する。(h)our breath を補うと，catch *one's* breath「一息つく，息を整える」の意になり，文脈に合う。

5　いなくなった猫を探している場面。猫は寝室に閉じ込めたはずだが，「引越業者の誰かがドアを開けたのかもしれない」と推測する相手に，「彼ら（＝引越業者）は～ないだろう」と応じている箇所。空所は wouldn't に続くので，選択肢中の原形の動詞に注目する。(c)dare を補うと「引越業者が敢えて〔大胆にも〕そんなことはしないだろう」の意になる。省略を補えば They wouldn't dare (to) open the door. となる（dare のあとの to はしばしば省略される）。

6　空所のある文は「見ることは（　　　）ないだろうと思う」の意。猫を探すのに，台所の銀食器の入った引き出しの中を見たかと言う相手に対して，初めはそんなところにいるはずがないと言っていたが，結局開けてみると猫がいたという状況。「（引き出しの中を）見ても悪くはないだろう」といった内容になると考えられる。(g)hurt は，it won't〔wouldn't〕hurt to *do* で「～してもかまわない，問題はない」の意で使われ，これが当てはまる。「見ても損はない，見るだけ見てみようか」といったニュアンスになる。

7　空所の前に前置詞 in があるので，名詞を補う。文構造としては，I never would have imagined<in（　　　）>(that) she could get in there. となっており，in（　　　）がなくても成り立つため，副詞句ができる。in と合わせて意味を成すのは，(a)a million years「100 万年」である。not〔never〕～ in a million years は直訳は「100 万年でも～ない」だが，「絶対～ない」の意を表す成句。

1—(k)　2—(b)　3—(d)　4—(h)　5—(c)　6—(g)　7—(a)

4

目標解答時間　5 分

ポイント

　第 4 章演習編 8 と同様の問題。ただし，セリフの補充，同意表現に加えて語句整序がある。いずれの設問も会話特有の表現に関する知識を要する。

次の会話文を読み，下記の設問に答えよ。

A guest is checking out of a hotel at the front desk.

Guest : Good morning. I'd like to check out.

Manager : Good morning, Madam. I hope you had a good night's sleep. There is no additional fee, so here is your receipt. （ 1 ） Is there anything I can help you with before you continue your journey?

Guest : Actually, could you arrange transport to the airport for me? I have a flight that leaves in about two and a half hours.

Manager : Certainly. You can take our free airport shuttle service. The next shuttle is leaving in fifteen minutes, and the ride to the airport should only take about half an hour. How does that sound?

Guest : （ 2 ） I'll just wait in the lounge area then.

Manager : In that case, while you wait, could you possibly answer a few simple questions for us? We're carrying out a customer satisfaction survey.

Guest : I'll do my best to answer them. （ 3 ）

Manager : Great! Let's dive right in. Were you, on the whole, satisfied with your stay?
(イ)

Guest : Oh yes, for sure. I was very impressed.

Manager : Could you tell us what you especially liked about our hotel?

Guest : Your staff has been so helpful. It was my first time in France, and as I can't speak French, I was completely lost. I had a train map on my smartphone, but I couldn't make head or tail of it. Your staff gave
(ロ)
me step-by-step instructions on how to get to all of my appointments.

Manager : I'm glad to hear that we could be of help. Is there anything that we could improve on?

Guest : Well ... I understand this is central Paris and the hotel is four stars, but …

Manager : Madam, we welcome any comments and suggestions. <u>Don't beat around the bush</u>.

Guest　 : In that case … I will be quite frank. I think 250 euros a night might be a bit pricey for a room with no breakfast.

Manager : (　4　) Thank you for the suggestion.

Guest　 : No problem.

Manager : Oh, I think everyone's boarding the bus now. Well, Madam, thank you again for staying with us. If there's anything we can help you with in planning your future travels, please 【　A　】 anytime.

(Original text)

設問1．空所1〜4を埋めるのにもっとも適当なものを(a)〜(h)からそれぞれ一つ選び，マーク解答用紙の所定欄にマークせよ。ただし，各選択肢は一度しか使えない。

(a)　Beats me.

(b)　Fire away.

(c)　I'm not available.

(d)　I see your point.

(e)　Let's get together soon.

(f)　That works for me.

(g)　We are really into it.

(h)　You are all set.

設問2．下線部(イ)〜(ハ)の意味にもっとも近いものを(a)〜(d)からそれぞれ一つ選び，マーク解答用紙の所定欄にマークせよ。

(イ)　(a)　Let's cut it short　　　(b)　Let's go to a suitable place
　　　(c)　Let's make things better　(d)　Let's start immediately

(ロ)　(a)　I couldn't find it　　　(b)　I couldn't have it translated
　　　(c)　I couldn't take it　　　(d)　I couldn't understand it

(ハ)　(a)　Be direct　　　　　　(b)　Include all the details
　　　(c)　Make things sound bigger　(d)　Speak politely

設問3．空所【　A　】を埋めるために，〔　〕の中の語を適切に並べ替えて，記述解答用紙の所定欄に書け。ただし，〔　〕の中には不要な語が二つ含まれている。

〔attempt / contact / do / feel / hesitate / not / to / us〕

全訳

　客がホテルのフロントでチェックアウトしようとしている。

客（以下 G）：おはようございます。チェックアウトしたいのですが。

支配人（以下 M）：おはようございます，お客様。よくお休みいただけましたでしょうか？　追加料金はございません，こちらが領収書でございます。以上で結構です。ご旅行をお続けになる前にお手伝いできることは何かございますでしょうか？

G：それでは，私に空港までの交通手段を手配していただけますか？　およそ2時間半後に出発する便に乗るのですが。

M：かしこまりました。私どもの空港行きの無料シャトルバスをご利用いただけます。次の便は15分後に出発いたしますが，空港までの乗車時間はたった30分程度でございます。いかがでしょうか？

G：それがよさそうですね。それではラウンジで待つことにします。

M：さようでしたら，お待ちになる間，よろしければいくつかの簡単な質問にお答えいただけないでしょうか？　お客様の満足度調査をさせていただいているのです。

G：できるかぎりお答えします。どうぞ始めてください。

M：ありがとうございます！　では早速始めさせていただきます。この度のご宿泊には概ねご満足いただけたでしょうか？

G：ええ，ほんとうに。とても感銘を受けました。

M：当ホテルのどのような点が特にお気に召したかお教えいただけますでしょうか？

G：スタッフの皆さんがよく助けてくださいました。私はフランスが初めてだったのですが，フランス語が話せないので，非常に困っていました。スマートフォンには列車の路線図があったのですが，まるで理解できませんでした。私が行くことになっていたところすべてへの行き方を，こちらのスタッフが懇切丁寧に教えてくださいました。

M：お力になれたのでしたら幸いです。私どもが改善できる点は何かございますでしょうか？

G：そうですね…。ここがパリの中心部で，こちらのホテルが4つ星だということはわかってはいるのですが…。

M：お客様，私どもはどのようなご意見やご提案でもありがたく承ります。どうぞ率直におっしゃってください。

G：それでしたら…率直に言います。朝食なしの一部屋の値段としては，一泊250ユーロというのは少々高いと感じます。

M：お話はよくわかりました。ご意見をありがとうございます。

G：どういたしまして。

M：おや，皆様バスに乗車していらっしゃるようです。ではお客様，この度は当ホテルをご利用いただき，あらためて感謝申し上げます。今後ご旅行を計画される際に私どもがお手伝いできることがございましたら，ご遠慮なくいつでもご連絡くださいませ。

解　説

設問1　1．チェックアウトする客に対して，直前の文で「追加料金はございません，こちらが領収書でございます」，直後には「ご旅行をお続けになる前にお手伝いできることは何かございますでしょうか」と述べている。チェックアウトに関してはすべて完了していることがわかる。(h)You are all set. は「あなたはすべてが整えられている」が直訳で，「こちらからの用は済んでいるので行ってよい」ということを表す。店側が客に最後に言う決まり文句。これが当てはまる。

2．空港へ行く交通手段の手配を頼んだ客に対して，シャトルバスが使えることを示し，空所の直前で利用するか尋ねている。客の返答として，空所のあとには「ラウンジでバスを待つ」とあるので，シャトルバスを利用する旨を伝える表現が入る。(f)That works for me. は「それは私にとって機能する」が直訳で，「それでよい」ということを表す。これが当てはまる。

3．支配人に満足度調査への協力を依頼され，客が返答している箇所。空所の前に「できるかぎりお答えします」とあり，直後で支配人が「ありがとうございます！」と述べている。空所に何も入れなくても話はつながるので，ある意味「邪魔にならない」セリフを選ぶ。(b)Fire away. はもともと「（弾丸を）撃ち始める，撃ち続ける」の意だが，そこから「どんどん質問をする，話を始める」の意で使われ，命令文では相手に話や質問を始めることを促す決まり文句。これが当てはまる。fire ahead とも言う。

4．宿泊料金がやや高いと客が述べたのに対して，支配人が応じている箇所。満足度調査の回答であり，空所のあとにも「ご意見をありがとうございます」とあることから，了解した旨を表す表現が適切。(d)I see your point.「あなたの言いたいことは理解しました」が適切。

設問2　(イ)満足度調査に協力すると言う客に対して感謝を述べたあとのセリフ。質問を始めましょうという意味であると推測できる。(d)Let's start immediately「すぐに〔早速〕始めましょう」が適切。dive in は「中へどぼんと飛び込む」の意から，「何かを（ためらわず，さっさと）始める」ことを表す。right「まさしく，まったく」はそれを強調している。

(a)「手短にしましょう」

(b)「適切な場所に行きましょう」

(c)「物事をより良くしましょう」

(ロ)直前の文で「フランス語が話せないので非常に困っていた」，下線部直後には「ホテルのスタッフが懇切丁寧に教えてくれた」とあるので，下線部は「（スマートフォンに列車の路線図はあったが）それが理解できなかった」と言っていると考えられる。(d)の I couldn't understand it が適切。cannot make head or tail of ～で

「～をまったく理解できない，ちんぷんかんぷんだ」の意。

(a)「私はそれを見つけることができなかった」

(b)「私はそれを翻訳してもらうことができなかった」

(c)「私はそれを取れなかった」

(ハ)下線部に続く客の発言が「それでしたら…率直に言います」となっており，支配人ははっきり言うことを促したと考えられる。下線部の前で「どんな意見や提案も歓迎する」とも述べており，(a)の Be direct「率直になってください，単刀直入にどうぞ」が適切。beat around the bush は「やぶの周りを叩く」が直訳で，「遠まわしに言う」の意の成句。

(b)「詳細をすべて含めてください」

(c)「物事を大げさにしてください」

(d)「礼儀正しく話してください」

設問3　当該文は「今後ご旅行を計画される際に私どもがお手伝いできることがございましたら，いつでも（　　）してください」となっている。空所の前に please があり，命令文であることがわかる。また do と not があるので，「～してはいけません，～しないでください」と否定の命令文になる。与えられた語句の中にはattempt, contact, feel, hesitate の4つの動詞があるが，「不要な語が二つ」なので，do not に続く動詞以外のもう一つの動詞は，to と合わせて不定詞になると考えられる。do not hesitate to *do* で「～するのをためらってはいけない」，please と合わせて「遠慮なく～してください」の意にできる。contact us を続ければ全体で「いつでも遠慮なくご連絡ください」となり，話の流れに合う。使用しなかった語は attempt と feel。

設問1　1—(h)　2—(f)　3—(b)　4—(d)

設問2　(イ)—(d)　(ロ)—(d)　(ハ)—(a)

設問3　do not hesitate to contact us

解　答

5

目標解答時間　6分

ポイント

　第4章演習編8・第4章実戦編4と同様の問題だが，セリフの補充，同意表現に加えて，内容真偽とセリフの一部を英訳する設問もある。英訳は日本語を見るとなんでもない文だが，自然な英語で表現するには，それなりに英語になじんでいる必要がある。

次の会話文を読み，下記の設問に答えよ。

William is at the Toronto airport discussing his flight arrangements with Glen, a customer service representative.

Glen 　　　: Good evening, sir.　What can I do for you?

William : Hi.　I am booked on a 9:15 p.m. flight to Tokyo, but I found out that it had been cancelled.　（　A　）

Glen 　　　: We'll have to rebook you on the next flight, which will be leaving tomorrow night at the same time … Let me see … (*checking on the computer*).　I'm sorry but tomorrow's flight is fully booked.　明後日の便₍₁₎にはまだいくつか座席が残っています。

William : Oh, this is ridiculous!　I have important business meetings to attend in Japan, and now you are telling me that I will arrive with at least a two-day delay?!

Glen 　　　: (　B　)　We had to cancel most of the flights because of a major snow storm, and in all likelihood_(イ) the weather will not improve before tomorrow morning.　Under the circumstances_(ロ), we're doing the best we can.

William : (　C　)

Glen 　　　: That's quite all right.　I understand how you feel.

William : Is there any way you can get me to Tokyo a bit sooner?

Glen 　　　: Yes, one option would be for you to fly via Vancouver.　This will involve a three-hour stopover … Let me see … Good news!　I can book you on the flight to Vancouver tomorrow.　This way you will arrive in Japan only a day late.　Mind you, if the weather doesn't get any better, you may be looking at_(ハ) a longer delay, but this is really out of our control.

William : I suppose I don't have much choice at this point.　Very well, book me on a flight via Vancouver, please.

Glen   : <u>I'm doing it as we speak.</u> Your new reservation is confirmed. Will there
         be anything else?

William : Ah, just one more thing … (D)

Glen   : We normally do that only if our company is responsible for the delay,
         so in this case, unfortunately, we cannot offer you a free accommodation.

William : OK, I understand. Thanks anyway.

Glen   : Not a problem at all. Next in line, please …

(Original text)

設問 1. 空所A〜Dを埋めるのにもっとも適当なものを(a)〜(h)からそれぞれ一つ選び,
マーク解答用紙の所定欄にマークせよ。

(a) Is there anything you can do?

(b) Please calm down.

(c) Sorry, I lost my temper.

(d) What are you supposed to do?

(e) What a pity!

(f) Why don't you cover my meal expenses?

(g) Will the airline pay for my hotel?

(h) Your apology is accepted.

設問 2. 下線部(イ)〜(ニ)の意味にもっとも近いものを(a)〜(d)からそれぞれ一つ選び,マ
ーク解答用紙の所定欄にマークせよ。

(イ) (a) all in all   (b) despite our hopes

     (c) most probably   (d) there is no possibility

(ロ) (a) Considering our limited budget

     (b) Considering our standard procedure

     (c) Considering the labor shortage

     (d) Considering the difficult conditions

(ハ) (a) you may avoid   (b) you may face

     (c) you may predict   (d) you may think about

(ニ) (a) I'll do it once we finish the conversation

     (b) I'll have it done shortly

     (c) I'm in the process of doing it

     (d) It's already done

設問 3. 次の(a)〜(d)について,本文の内容に合うものを一つ選び,マーク解答用紙の
所定欄にマークせよ。

(a) William cannot fly from Toronto the next day because no seats are available.

(b)　William is guaranteed to arrive in Tokyo with a one-day delay.

(c)　William's request for a free hotel room was unsuccessful.

(d)　William will spend a night in Vancouver on the way to Tokyo.

設問 4 . 下線部(1)を英語に直し，記述解答用紙の所定欄に書け。

全訳

　　ウィリアムはトロントの空港で，フライトの手配についてお客様サービス係のグレンと話をしている。

グレン（以下G）：こんばんは。どうなさいましたか？

ウィリアム（以下W）：どうも。午後 9 時 15 分の東京行きのフライトを予約している者ですが，その便が運休になったと知りました。どうにかなりませんか？

G：次のフライトで予約を取り直させていただかないといけませんね。明日の夜の同じ時刻に出るのですが…少々お待ちください…（コンピュータで検索中）。申し訳ありません，明日のフライトは満席ですね。明後日の便にはまだいくつか座席が残っています。

W：そんなばかな！　日本で参加しなきゃいけない大事な商談があるのに，今の君の話じゃ到着が少なくとも 2 日は遅れるってことじゃないか?!

G：落ち着いてくださいませ。猛吹雪のために，ほとんどの便を運休にせざるをえなかったのです。ほぼ確実に，天候は明日の朝までは回復しない見込みです。そのような状況で，最大限の努力はさせていただいております。

W：すみません，取り乱してしまいました。

G：大丈夫ですよ。お気持ちはお察しいたします。

W：少しでも早く東京に行ける方法は何かありませんか？

G：そうですね，一つの方法として，バンクーバー経由で行くのはいかがでしょうか。3 時間の乗り換え時間がありますが…少々お待ちください…よかったですね！　明日のバンクーバー行きのフライトが取れますよ。これなら 1 日遅れるだけで日本に着けます。ただご承知おきいただきたいのは，天候が全く改善しない場合，もっと遅れる可能性がありますが，こればかりは私どもとしてもどうにもなりません。

W：今のところあまり選択肢はないようですね。結構です，バンクーバー経由のフライトを予約してください。

G：ただいま予約手続き中です。新しい予約が確定しました。他には何かございますでしょうか？

W：ああ，あと 1 つだけ…私の宿泊費はそちらで払ってもらえるんでしょうか？

G：通常は当社の責任で遅延が発生した場合のみお支払いしております。ですから今回の場合，申し訳ありませんが，無償での宿泊施設ご提供はできかねます。

W：わかりました。ともかく，ありがとうございました。

G：とんでもございません。次のお客様，お待たせいたしました…。

解　説

設問1　A．相談に来た男性が，事情を告げて措置を求める場面なので，(a)「あなたにできることは何かありますか」が入る。

B．直前で相手が取り乱しており，直後ではやむを得ない状況下で最善の努力はしていることを説明している。よって(b)「落ち着いてください」が適切。

C．取り乱していたウィリアムが，直前のグレンの発言の後は落ち着きを取り戻している。また直後でグレンが「問題ない，構わない」と発言していることから，(c)「すみません，取り乱しました」が最適。

D．フライトの再予約以外に相談したい内容を述べる場面。直後でグレンが「当社に責任がない事態で遅延が生じた場合の宿泊費は払えない」と述べているので，宿泊費を払ってもらえるかどうかを尋ねているとわかる。(g)「航空会社は私のホテル代を支払ってくれるのですか」が正解。

設問2　(イ)in all likelihood は「おそらく，十中八九」。この熟語を知らなくても，翌日に想定される悪天候を述べる場面で（グレンの5番目の発言でも想定される悪天候に言及がある），likelihood が「可能性」という意味であることと考え合わせれば，(c)「おそらく，きっと」が選べる。

(ロ)under ～ circumstances で「～な状況下で」。この文脈での the circumstances「その状況」とは悪天候という航空会社にとって困難な状況を指す。よって(d)「その困難な状況を考慮すると」が正解。considering は「～を考慮すると」という意味の慣用的な独立分詞構文。

(ハ)下線部直訳は「～を見ているかもしれない」。「天候が良くならなければより長期間の遅延を look at する可能性がある」という文脈なので，この look at ～ は「～の目にあう」といった意味であると推論できる。(b)「～に直面するかもしれない」が正解。

(ニ)下線部直訳は「私たちが会話をしているのと並行して私はそれをやっています」。この as は「～しながら」という接続詞だが，as we speak の部分がよくわからなくても，現在進行形に注目すれば，選択肢からは未来形の(a)・(b)や完了の意味を持つ(d)ではなく，(c)「私は今それをする過程にいます」に限定できる。

設問3　(c)「ウィリアムはホテルに無料で泊まれるよう要求したがうまくいかなかった」が，空所Dに続く会話でグレンが「当社に責任のない遅延に伴う無償の宿泊は提供できない」と説明してウィリアムが納得している点に合致する。

(a)「座席がないので，翌日にウィリアムはトロントからの飛行機に乗ることができない」　ウィリアムはトロント発バンクーバー経由で東京へ行く翌日の便を予約できたので合致しない。

(b)「ウィリアムは東京に1日遅れで到着することを保証されている」　グレンの5

番目の発言より，さらに遅れる可能性があるため合致しない。

(d)「ウィリアムは東京に行く途中で，バンクーバーに1泊するだろう」　グレンの
　5番目の発言より，乗り換え待ちが3時間であるとわかるため合致しない。

設問4　「～が残っている」は，「～がある」の意の There＋be 動詞＋名詞に過去分
詞 left を加えて There＋be 動詞＋名詞＋left とする形もよくみられる。形容詞
available「利用可能な」を使う場合は，この語は補語になるか名詞を後ろから修飾
する場合がほとんど（名詞を前から修飾することはまれ）であることに注意。「～
の便には」は前置詞 on を使って表せばよいということは，グレンの2番目あるい
は5番目の発言からわかる。「明後日の便」は〔解答〕のように「明後日出発する予
定の便」と書く他に，所有格を使って the day after tomorrow's flight としてもよ
い。また，下線部の直前で tomorrow に言及があることから，「明後日」は tomorrow
からみて「翌日」なので the following day を用いてもよいだろう。

設問1　A—(a)　B—(b)　C—(c)　D—(g)
設問2　(イ)—(c)　(ロ)—(d)　(ハ)—(b)　(ニ)—(c)
設問3—(c)
設問4　There are still several seats available on the flight leaving the day after tomorrow.

目標解答時間 4分

> **ポイント**
>
> 　会話自体は短めだが，整序でのセリフ補充も含まれるため，解答にある程度時間を要する。空所の前とのつながりも考えて，文構造上適切なものになるように手早く仕上げたい。

Read this dialogue and answer the questions below.

Watson : I've been getting a lot of telephone-sales calls recently.

Holmes : I hate those. You think it might be a friend calling, and it turns out to be （　A　）.

Watson : Exactly. I got one yesterday that seemed to go on forever.

Holmes : Oh ? What was it for ?

Watson : The caller wanted me to change my cellphone provider. He told me I could get six months of service free if I signed up for a two-year contract.

Holmes : （　B　）— make it sound like you're getting something cheap, and you end up paying a fortune.

Watson : He kept talking about the reliable service, the reasonable monthly rates, and then claimed it was a special offer that was ending this week. I hardly had a chance to get a word in.

Holmes : Some people （　C　）. It must have felt good when you finally told him you weren't interested.

Watson : Er … actually, I signed up for two years. （　D　）

1　Use the seven words below to fill in blank space （　A　） in the best way. Indicate your choices for the second, fourth, and sixth positions.

(a)　buy 　　　　　(b)　someone 　　　　　(c)　something

(d)　to 　　　　　(e)　wants 　　　　　(f)　who

(g)　you

2　Choose the most suitable answer from those below to fill in blank space （　B　）.

(a)　Harder than it seems

(b) I know how that works

(c) It's up to you

(d) The sooner the better

(e) You can never tell

3   Use five of the seven words below to fill in blank space (C) in the best way.   Indicate your choices for the second, fourth, and fifth positions.

(a) have   (b) know   (c) never

(d) stop   (e) to   (f) when

(g) which

4   Choose the most suitable answer from those below to fill in blank space (D).

(a) E-mail is more efficient anyway.

(b) He should have known I wasn't interested.

(c) I was never going to agree.

(d) It was too good a deal to resist.

(e) Rome wasn't built in a day.

全訳

ワトソン（以下W）：最近，電話セールスの電話がよくかかってくるようになってる。

ホームズ（以下H）：そういうのは大嫌いだね。友達からの電話かなと思うと，結局，そいつは君に何かを買わせたい奴だとわかるってやつ。

W：まったく。昨日も永遠に続くんじゃないかと思えてしまう電話を受けたよ。

H：そう？　それはまたどういう目的の電話だったの？

W：電話をかけてきた人は，僕に，携帯電話のプロバイダーを変更してほしがってた。もし僕が2年間の契約にサインしたら，6カ月間は無料でサービスが受けられるって言ったよ。

H：僕にはそのからくりがわかるよ。いかにも何か安いものが手に入るように聞こえるけど，結局は大金を払うことになるのさ。

W：信頼できるサービスや月々の料金も安いってことを延々と説明してくれて，それは今週で終了する予定の特別奉仕だって言ってた。僕が口をはさむ隙はほとんどなかったよ。

H：いつやめたらいいか，わからない連中もいるからね。君が最後に興味はないって言ってやったときには，さぞかし気分よかったに違いないね。

W：それがその…実は，2年間の契約にサインをしちゃったんだ。あまりにいい条件だったから，たまらず，つい。

解説

問「次の対話を読み，下の問いに答えなさい」

1　問「下の7語を使って，空所Aを最もうまく埋めなさい。2番目，4番目，6番目にくる語を示しなさい」

同文の空所の直前までは「友達からの電話かなと思うと，結局（　　）だとわかる」となっている。「だれ」からの電話なのかという内容になるので，直前の be の補語にあたる並べ替えの先頭は (b)someone がふさわしい。(f)who の先行詞になれるのは someone だけ。who に続く動詞は3単現の s がついた(e)wants が適切。いやな電話が話題になっているのだから，(e)wants (g)you (d)to (a)buy (c)something「あなたに何かを買わせたいと思っている（人）」とするのが妥当。wants to buy you something では「あなたに何か買ってあげたいと思っている（人）」になり，内容上不適切。(b)―(f)―(e)―(g)―(d)―(a)―(c)と並ぶ。

2　問「空所Bを埋めるのに最も適切な答えを下から選びなさい」

ワトソンにかかってきた携帯電話のプロバイダーを変えるように勧める電話は，「2年契約で6カ月はサービスが無料」というもの。空所のあとに続くホームズのセリフは「何か安いものを手に入れているように思わせて，結局は大金を払うことになる」と，セールスの実態を述べたもの。(b)I know how that works「私はそれ

がどのように機能するか知っている」=「僕はそのからくりを知っているよ」がふさわしい。

(a)「見た目より難しいよ」

(c)「それは君次第だね」

(d)「早ければ早いほどいいよ」

(e)「どうなることやら（先のことはわからないよ）」

3 問「下の7語のうち5語を使って，空所Cを最もうまく埋めなさい。2番目，4番目，5番目にくる語を示しなさい」

　直前のワトソンの話の内容は「セールスマンがしゃべり続けて，ひとことも口をはさむことができなかった」というもの。それを聞いてホームズが「～する人もいる」と応じている。「話をやめ（られ）ない人」といった内容にする必要がある。ポイントは(f)when と(g)which。いずれも，接続詞や関係詞として使うには，節内の主語や先行詞となる語がない。したがって不定詞と合わせて疑問詞 to ～の句を作ることになる。補うべき内容と合わせて考えると，(c)never (b)know (f)when (e)to (d)stop「いつ（話すのを）やめればよいかまったくわからない（人もいる）」とするのが最適。

4 問「空所Dを埋めるのに最も適切な答えを下から選びなさい」

　ホームズは，セールスマンの勧めをワトソンが当然断ったものと思って「興味がないって言ってやったときには，さぞかし気分がよかっただろう」と言っているが，実はワトソンは契約をしてしまっている。そのことを打ち明けたあとなので，弁解がましいセリフを補いたい。(d)It was too good a deal to resist.「それは抵抗するにはあまりにもよい取引だった」=「あまりによい条件だったので断れなかった」が適切。(第1章実戦編 7. (5)NOTE参照 → p.61)

(a)「ともかく電子メールの方が効率がよい」

(b)「彼は私が興味を持っていないということを知っておくべきだったのに」

(c)「私は絶対に同意するつもりはなかった」

(e)「ローマは一日にしてならず」

1　2番目—(f)　4番目—(g)　6番目—(a)

2—(b)

3　2番目—(b)　4番目—(e)　5番目—(d)

4—(d)

解　答

7

教育学部　2012 年度　〔5〕

目標解答時間　7分

ポイント

　語句レベルの空所補充と，第4章実戦編6と同様の整序でのセリフ補充，さらに内容真偽の出題もある。内容真偽が出題されているということは，状況が少々複雑だと予想される。会話文では常にそうだが，状況をドラマの一場面のように思い浮かべられる想像力が重要。自分も役者のひとりになって，台本を手にしているつもりで読みたい。

次の英文を読み，設問AおよびBに答えよ。

Tom : Hello John, can I come in or are you busy (　1　)?

John : (　2　). Is there anything I can do? You look really exhausted. Didn't you go to bed yesterday or something?

Tom : Well, I don't want to sound ironic, but it's the strange sounds I heard coming from ［　あ　］, shrieks and crying and purring sounds.

John : Alright Tom. I was going to tell you once I had reached a decision, but since you heard the sounds I'll have to (　3　) at once. Look inside the box there in the corner of the room, ［　い　］.

Tom : My God, John, it's a kitten — you should know as well as I do that the landlord hates animals and has strictly (　4　) us to bring them into the apartments here. (　5　) ever did you buy a kitten? Can you give me one plausible reason?

John : That's the dilemma. I didn't buy it. I found it tied up in a plastic bag abandoned on a railway platform. The bag was twisting and moving and I guessed there was something trapped inside. Once I saw the poor creature, I didn't (　6　) to just leave it to its fate. So I carried it back here last night to feed it. It must have been straying before it ended up in the bag because its coat was in a terrible state. When I tried to groom it, it went crazy. Look at the scratches on my arms.

Tom : Well, I hope you did something to disinfect those wounds. My uncle is a vet and he told me that cats come (　7　) for transmitting strange diseases. You should be careful they can carry all kinds of germs.

John : You know, after listening to you, I begin to regret that I ever decided to be generous and good-hearted by helping out a poor abandoned animal.

Tom：Well, in my opinion you should have gone to the RSPCA or some similar charity.　They would have been able to care for the animal properly. You don't seem to me to be really aware of all the hassle and trouble a pet can be.　In any case, you are not going to be able to keep it, so why don't you hand it on to someone who knows about these matters ?

John：Thanks for your kind advice.　I now wonder why some people say we are a nation of animal lovers.　But I guess I should perhaps give the poor creature a last chance and do as you suggest.

A．空所（　1　）～（　7　）に入れるのに最もふさわしいものをa～eから一つ選べ。

1　a．right now　　　　b．even now　　　　c．already now
　　d．right then　　　e．just then

2　a．Go ahead　　　　b．Go on　　　　　c．Go away
　　d．Come off　　　　e．Come on

3　a．get honest　　　b．say open　　　c．come clean
　　d．say straight　　e．get frank

4　a．admitted　　　　b．permitted　　　c．censured
　　d．forbidden　　　　e．penalized

5　a．When　　　　　b．How　　　　　c．Why
　　d．What　　　　　e．Where

6　a．take the courage　　　　b．have the heart
　　c．find the mind　　　　　d．make the soul
　　e．gain the strength

7　a．over the average　　　　b．up higher
　　c．in the majority　　　　d．at the head
　　e．top of the list

B．設問1～3に答えよ。

1．空所［　あ　］に，次の単語すべてをふさわしい順序に並べ替えて入れる場合，2番目に来る単語はどれか，a～eから選べ。
　　a．night　　　　　b．here　　　　　c．all
　　d．in　　　　　　e．long

2．空所［　い　］に，次の単語すべてをふさわしい順序に並べ替えて入れる場合，3番目に来る単語はどれか，a～fから選べ。
　　a．the　　　　　b．bed　　　　　c．my

　　　　d．next　　　　　　　　e．one　　　　　　　　　f．to

3．二人の会話の内容と一致するものを a 〜 f から一つ選べ。

　　a．John is finally persuaded by Tom to go to some charity and leave the
　　　 kitten with them.

　　b．Tom will talk with the landlord and ask for special permission to keep
　　　 the cat in his apartment.

　　c．John will give the cat to Tom, who will take it to some charity for
　　　 suitable care.

　　d．Tom and John will together find the pet's owner as a solution to the
　　　 dilemma.

　　e．Tom couldn't persuade his friend of the dangers of keeping a cat and
　　　 will ask his uncle to talk to John.

　　f．John will write a letter explaining the situation to the landlord and try
　　　 to arrange a compromise.

全訳

トム（以下Ｔ）：やあジョン，入ってもいいかい？　それとも今忙しい？

ジョン（以下Ｊ）：どうぞ。何か僕にできることある？　かなり疲れているようだけど。昨日寝なかったとか？

Ｔ：えーと，皮肉っぽくは思われたくないんだけど，一晩中ここから聞こえてきたかん高い声や泣き声や，のどをゴロゴロ鳴らすような変な音のせいなんだ。

Ｊ：わかった，トム。気持ちが決まった時点で君に言おうと思っていたんだけど，君がその音を聞いたのなら今すぐ白状しないといけないね。部屋の隅にあるその箱の中を覗いてみて。僕のベッドの隣のやつだよ。

Ｔ：なんてことだ，ジョン。子ネコじゃないか。君，大家さんが動物嫌いでこのアパートに動物を持ち込むことをきつく禁じてるってこと，もちろん僕と同じようにわかっているよね。いったいなぜ子ネコなんて買ったんだい。納得のいく理由を言ってもらえるかい？

Ｊ：それで困っているんだよ。買ったわけじゃないんだ。駅のプラットホームに捨てられたビニール袋の中で身動きがとれなくなっているのを見つけたんだ。その袋はくねくね動いてて，僕は中に何かが閉じ込められているんじゃないかと思ったんだ。そのかわいそうな生き物を見てしまったら，それを見捨てる気にはなれなかった。だから昨夜，餌をやるためにここに連れて来たんだ。最後に袋から出られなくなるまでは，そこらをさまよっていたに違いない。毛がひどい状態になっていたからね。きれいにしてやろうとしたら，大騒ぎだ。この腕の引っかき傷を見てよ。

Ｔ：そうか，傷の消毒のために何かしたんだろうね。僕のおじさんが獣医なんだけど，変な病気を伝染させるのはネコが一番多いって言ってた。ネコはあらゆる種類の病原菌を運ぶ可能性があるから気をつけないと。

Ｊ：君の話を聞いたら，捨てられたかわいそうな動物を救おうなんて寛大で親切な気持ちになったことを後悔し始めたよ。

Ｔ：まあ僕が思うに，君は英国王立動物虐待防止協会かその類の慈善施設に行くべきだっただろうと思う。そういうところならきちんと面倒をみてくれただろう。君はペットがどんなにわずらわしく厄介なものになりうるか，あまりよくわかっていないようだね。ともかく，君がそのネコを飼うことはできないわけだから，こういった問題をわかってくれる人に託したらどうだい。

Ｊ：親切なアドバイスをありがとう。なぜこの国が動物愛護の国だなんて言われるのかわからなくなってきたな。でもこのかわいそうな動物に最後のチャンスをあげて，君が提案してくれたようにすべきなんだろうね。

解 説

A 1. 当該文は「(部屋に) 入ってもいいかい？ それとも (　　) 忙しい？」と
なっている。状況からして「『今』忙しい？」となるだろう。a の right now「(ま
さに) 今」が適切。right は「ちょうど，まさしく」の意の強意語。

b の even now「今でさえ」，c の already now「今すでに」は，even や already
を必要とする状況が会話からは読み取れないので不適切。

d の right then「ちょうどそのとき」，e の just then「ちょうどそのとき，その途
端に」は過去の時点を指しており，ここでの会話の状況には合わない。

2. 「入ってもいいかい？」という問いかけに対する返答にあたる個所。この後2人
が話を展開しているので，ジョンはトムを部屋に入れた，つまり「いいよ，入って
おいでよ」と言ったとわかる。a の Go ahead「どうぞ」は，相手がしようとして
いる行動を促すのに使うので，これが適切。

e の Come on はさまざまな意味を持つが，「さあ，来なさい，やりなさい」と相
手の意図と関係なく，一方的に行動を促すのに使うので，許可の意味にはならない。
Come on in. や Come in. ならいずれも「入って来なさい」の意になる。

b の Go on「(進み) 続けろ」，c の Go away「立ち去れ」，d の Come off「転落し
ろ，はがれ落ちろ」はいずれも状況に合わない。

3. 当該文は「気持ちが決まった時点で言うつもりだったが，君がその音を聞いたの
なら今すぐ (　　) しなければならない」となっている。言うのを迷っていたこと
を打ち明けるという内容なので，c の come clean「白状する」が適切。

a と e は get を be にして，それぞれ be honest (with you)，be frank (with
you) なら「(君に) 正直に言う」となる。d も say straight out なら「率直に言
う」の意。

b の say open という表現はない。

4. 当該文は「大家さんは動物が大嫌いで，僕たちが動物を部屋に連れ込むのを厳し
く (　　) してきた」となっている。動物嫌いなのだから，「禁止してきた」とな
るはず。d の forbidden が適切。forbid A to do「A が～するのを禁じる」の意。

a の admitted「認める」は，admit A to do は基本的に不定詞が to be ～ となり，
「A が～であることを事実として認める」の意で使う。意味も語法も不適切。

b の permitted は permit A to do で「A が～するのを許可する」の意であり，語
法は正しいが意味が不適切。

c の censure(d)「非難する」，e の penalize(d)「罰する」は，意味は文脈から外れ
てはいないが，いずれも censure〔penalize〕A for B「B の理由で A を非難する
〔A に罰を課す〕」として使うので，語法が不適切。

5. 直後に「納得のいく理由を言ってもらえるかい？」とあるので，「なぜ？」と聞

いたと判断できる。c の **Why**「なぜ」が適切。空所のあとの ever は疑問詞を「いったい」の意で強調する。

a「いつ」，b「どのようにして」，d「何を」，e「どこで」のうち，d の What（＝疑問代名詞）は，当該文中での役割がない（名詞は主語・目的語・補語のいずれかでなくてはならない）という点も考慮できるようになっておきたい。

6．直前の Once I saw the poor creature「いったんそのかわいそうな生き物を見てしまったら」という部分と，実際にネコを連れ帰っているという事実を考えると，「見捨てる気になれなかった」という内容にするのが妥当。b の **have the heart** を補うと，have the heart to *do*「～する気になる」の慣用表現になる。この表現は通例，疑問文・否定文で使うという点でもふさわしい。leave *A* to *one's* fate は「*A* を運に任せる」が文字通りの訳で，しばしば「*A* を見捨てる，見殺しにする」の意味で使う。

a の take the courage（to *do*）は「思い切って～してみる」の意で，語法としては成立するが意味が状況に合わない。

c の find the mind（to *do*），d の make the soul（to *do*）はいずれもこのような表現はない。

e の gain the strength（to *do*）は「～する力を得る」という意味だと考えられるが，文脈に合わない。

7．当該個所は「彼（＝獣医であるおじ）は，ネコは変な病気を伝染させるのに（　　）と言っていた」となっている。直後に「それら（＝ネコ）はあらゆる種類の病原菌を運ぶ可能性があるから気をつけないといけない」とあることから，「ネコは病気を伝染させることが多い」といった内容になるはず。e を補うと（come）**top of the list**（for …）で，「病気を伝染させる（動物・原因の）リストの一番上に来る」，つまり「変な病気を伝染させるのはネコが一番である」の意味になり，会話の流れに合う。

a の over the average「平均を超えて」は「あらゆる種類の病原菌を運ぶ」という内容との整合性が弱い。

b の up higher「さらに高く」は何との比較なのか不明。

c の in the majority「多数を占めて」は意味をなさない。

d の at the head「先頭に立って」は通常「～の（先頭）」には for ではなく of を取る。

B　1．与えられている語句から all night long「一晩中」という表現が作れる。残る here と in だが，空所あの直前に from があり，「この（部屋の）中から」from in here とできる。全体で d in b here c all a night e long となり，2番目はbである。なお，in here は奇妙に思えるかもしれないが，here や there の位置のイメージを他の副詞でさらに詳しく示すのはよく見受けられる表現である。

例　She is out there.「彼女は外のあそこにいるよ」

　　Food has to be brought up here by helicopter.

　　「食料はヘリコプターでここ（の上のほう）まで運ばなくてはならない」

また，前置詞 from のあとに副詞をつなぐのは原則には反するが，here だけでは「ここで，ここへ，ここに」しかまかなえない。「～から」の意味は持たないので，副詞であっても from を置くことは可能。

例　from abroad「海外から（の）」

　　from behind the curtain「カーテンの後ろから」

2．箱の場所を説明している個所。直前に there「あそこに」in the corner of the room「部屋の隅に」とあり，さらに場所を詳しく述べて他の箱との区別をしていると考えられる。与えられた語から next to ～「～の隣の」が作れる。my と the はそれぞれ後ろに名詞が必要。my bed と the one（＝the box）として，the one next to my bed「僕のベッドの隣のもの」とすれば意味をなす。ₐthe ₑone ₄next ₑto ꜀my ₆bed となり，3番目は d である。

3．a「ジョンはついに慈善施設に行き，子ネコをそこに託すようにトムに説得された」

b「トムは大家さんと話をし，アパートでネコを飼う特別な許可を求めるだろう」

c「ジョンはトムにそのネコを渡し，トムは適切な世話をしてくれる慈善施設にそれを連れて行くだろう」

d「その難問の解決策として，トムとジョンは一緒に飼い主を見つけるだろう」

e「ネコを飼うことの危険性を彼の友人に信じさせることができなかったので，トムはおじさんにジョンと話をするように頼むだろう」

f「ジョンは状況を説明する手紙を大家さんに書き，妥協点を見つける試みをするだろう」

トムの最後のセリフ第1・2文に「英国王立動物虐待防止協会かその類の慈善施設に行くべきだっただろうと思う。そういうところならきちんと面倒をみてくれただろう」，最終文に「こういった問題をわかってくれる人に託したらどうか」とあり，続くジョンの最後のセリフ最終文には「君が提案してくれたようにすべきなんだと思う」とあることから考えると，a が適切。

A　1—a　2—a　3—c　4—d　5—c　6—b　7—e
B　1—b　2—d　3—a

8

目標解答時間　6 分

> **ポイント**
>
> 　これまでよりも長めの会話である。やや専門的な内容の会話だが，一般向けのインタビューなので実際にインタビューを聞いているつもりで展開をたどろう。設問は空所補充と内容説明。語句の知識と文脈の両方を使って正しく選びたい。

次の会話文を読み，設問 1 〜 10 に答えよ。答えは a 〜 d から一つずつ選べ。

The dialog below is a conversation between a radio interviewer and a well-known scientist.

Terry : Welcome back to Campus Talk, streaming live on WSES 97.5, and on our regular Internet feed. We're here today with Dr. Nelson Dubois. Doc Dubois, I really want to thank you for agreeing to this interview. We at the station know that you're a busy man, and don't always have time for smaller venues like ours.

Dr. Dubois : Terry, I'm happy to do it. I've said this before, but science is about sharing knowledge with anyone who's willing to listen. Besides, I always think it's important to support local college radio stations.

Terry : It's an honor to have you, even if your office is just on the other side of campus. Would it be all right to have you talk a bit about your upcoming TV mini-series?

Dr. Dubois : Sure thing—That's what I'm here for! The show is called *Space : What if?*, and we've designed it around questions that ordinary people have about traveling in space.

Terry : So what kinds of questions do people have about space travel?

Dr. Dubois : You know, I get some really amazing questions from people all the time, and I thought I'd try to answer them. I go to lunch and someone will ask me, "So Doc, what would happen if I went out in the vacuum of space without a spacesuit on? Would I really explode like in the movies?"

Terry : People ask that question at lunch?

Dr. Dubois : Amazingly, it doesn't put them off their food.
(1)

Terry　　　: So what's the answer? What do you tell them?

Dr. Dubois: I won't give anything away, Terry. You'll have to [　A　] to the program to get the answer—and all the science behind it.

Terry　　　: So what other topics will you be covering on the show?

Dr. Dubois: Well, I have to say, we have a really interesting line-up. We'll be talking about what might happen if the Moon exploded, or what life might be like here on Earth if the Sun were a giant red star. Our last episode is an analysis of what kind of life we might expect to find on some of the other planets in our solar system.

Terry　　　: Do you really think there might be life on places like Mars and Venus?

Dr. Dubois: Oh, it's definitely possible. You know, we find life down in volcanic craters at the bottom of the ocean. The temperature there can alternate between close to boiling and close to freezing. (2)It's amazing what life can do.

Terry　　　: That does sound like an inspiring talk. It always makes me wonder if there isn't a higher power out there directing things.

Dr. Dubois: I always reserve judgement on that one, Terry. As a scientist, I have to remain [　B　]. (3)We can theorize what might be or what may be all we want; that's what the show is about, after all. (4)At the end of the day, we really have to be careful about the claims we make.

Terry　　　: So science doesn't make claims about the existence of any kind of higher power?

Dr. Dubois: Let me put it this way, Terry. (5)Science deals with evidence, always. As a scientist, we shouldn't be personally [　C　] any theory, because any theory can be proven wrong. Science can't make claims as to the truth of anything, its main job is to indicate what is probably true by showing what is clearly not true. The root of science really is cutting away what we know doesn't work.

1．From the dialog, where should we infer the conversation is most likely taking place?

　a．On a university campus.

　b．At a major media center.

　c．At an Internet café.

　　d．On the International Space Station.

2．Choose an item which is closest in meaning to underline (1).

　　a．make them wait for a meal

　　b．give them a large appetite

　　c．make them lose their appetite

　　d．give them a reason to be hungry

3．Why is Dr. Dubois appearing on this radio program?

　　a．To answer common questions about space travel.

　　b．To meet Terry and give him an interview test.

　　c．To promote his new television program.

　　d．To teach an online lecture course.

4．Which phrase would best fit in blank〔　A　〕?

　　a．show up　　　　　　　　　　b．take in

　　c．tune in　　　　　　　　　　d．turn on

5．What idea is Dr. Dubois referring to in underline (2)?

　　a．The fact that people can live in space without spacesuits.

　　b．The fact that plants and animals can exist in various conditions.

　　c．The fact that living things are extremely interested in food.

　　d．The fact that human beings can go to outer space.

6．Which word would best fit in blank〔　B　〕?

　　a．skeptical　　　　　　　　　b．hopeful

　　c．alert　　　　　　　　　　　d．convinced

7．Underline (3) is referring to:

　　a．Dr. Dubois and Terry

　　b．Dr. Dubois and his students

　　c．Dr. Dubois and all scientists

　　d．Dr. Dubois and his TV program

8．Underline (4) is closest in meaning to:

　　a．when we have absolutely no other choice

　　b．after thinking about it, my conclusion is

　　c．if you work or study for a long time

　　d．at the very last minute

9．What does underline (5) mean?

　　a．Scientists all have evidence of a higher power.

　　b．Traveling to outer space gives us lots of new evidence.

　　c．Theory is more important than evidence.

d．Good scientists use evidence to support their ideas.

10．Which phrase would best fit in blank ［　C　］？

a．invested in

b．indicated by

c．equipped with

d．informed of

≪デュボワ博士，科学を語る≫

全訳

テリー（以下T）：またキャンパス・トークに，ようこそ。生放送，WSES 97.5です。インターネットは，いつものフィードです。今日はここに，ネルソン＝デュボワ先生がいらっしゃいます。デュボワ先生，このトーク番組にご出演を承諾いただきまして心から感謝しております。私たち放送局は先生がお忙しい方で，私たちのような小さな局に必ずしも時間をおとりいただけないことは承知しておりますので。

デュボワ博士（以下D）：テリー君，私は喜んで参りました。以前お話したことですが，科学は耳を傾けようとする人なら誰とでも，知識を分かち合うことがその核心なのです。そのうえ，私は常に，地元大学のラジオ局を支援するのは大切なことだと思っています。

T：先生をお迎えできて，光栄です。もっとも，先生はキャンパスの向こう側でお仕事されているんですけれど。先生の近々始まるミニシリーズのテレビ番組のお話をちょっと伺ってもよろしいですか。

D：もちろんですとも。そのためにここにいるんですからね。番組の名前は『宇宙──ホワット・イフ？』です。普通の人々が宇宙旅行について抱く疑問を中心にしようと計画しました。

T：では，皆さん，宇宙旅行にどんな疑問をもっているのでしょうか。

D：いやあ，ほんとに驚くべき疑問が皆さんからいつも出てきまして。それに答えようと思ったわけです。お昼を食べに行くと，誰かが私に聞くことでしょう。「で，先生，真空の宇宙に宇宙服を着ないで出て行ったらどうなるんですか。映画みたいにほんとに爆発するんですか」ってね。

T：そんなことをお昼ご飯のときに聞くんですか。

D：驚いたことに，それでも平気で，お昼ご飯を食べていますよ。

T：で，答えはどうなるのでしょうか。何とおっしゃるんですか。

D：それはやめておきましょうか，テリー君。番組を見てくれれば，答えがわかりますよ。その科学的背景もみんな，ね。

T：では，他にもその番組で扱う話題がありますよね，何でしょうか。

D：いやあ，本当に面白いことがずらりとあると，言わずにはいられません。お話しする予定になっているのは，月が爆発したらどうなるかとか，太陽が赤色巨星になったら，ここ，この地球の生物はどんなふうになってしまうかとか。最終回は，太陽系の他の惑星でどのような生物が発見されると予想してよいか，分析します。

T：火星や金星のようなところに生物がいると本当に思っていらっしゃるんですか。

D：ええ，可能性ははっきりしています。そうね，海底の火山クレーターにも生物が見つかっています。そのあたりの温度は沸点近くから氷点近くまで変動するんですよ。生物ができることは驚きです。

T：ワクワクするようなお話ですね。それで私はいつも，物事を支配する高次の力が，そこにはあるんじゃないかと思ってしまいます。

D：それについては，いつも判断を控えることにしているんですよ，テリー君。科

学者として，私は懐疑的でいなくてはなりません。私たちに理論化できるのは，ことによると，というか多分，私たちの望んでいるものだけなのです。そもそも，それが番組の中心なのです。結局のところ，私たちは自分の主張することにはきわめて慎重でなくてはいけないのです。

T：では，科学は，どのようなものであれ，高次の力の存在を主張することはない，と。

D：こんなふうに言えばいいでしょうか，テリー君。科学が相手をするのは，証拠なのです。常にそうです。科学者として，私たちはどんな理論をも個人的に信奉してはならないのです。どんな理論であれ，誤っているのが明らかになるかもしれないですからね。科学はどんなものであれ，それが真であると主張することはできません。科学の本分は，何が明らかに真でないかを示すことによって，何がおそらくは真であるのかを示すことなのです。科学の根本は，筋が通らないとわかっていることを切り取ってしまうことなのです。

解　説

1　問「対話から，どこでこの会話が行われている可能性が最も高いと推測できるか」

　テリーの最初の発言第1文（Welcome back to …）に「またキャンパス・トークにようこそ」，デュボワ博士の最初の発言最終文（Besides, I always think …）に「地元大学のラジオ局」とあることから，aの On a university campus.「大学構内で」が正解。

　b.「大きなメディアセンターで」　　c.「インターネットカフェで」

　d.「国際宇宙ステーションで」

2　問「下線部(1)に意味が最も近いものを選びなさい」

　下線部は「彼らを食事から引き離す」が直訳だが，ここでは put A off B「A に B を嫌にさせる」の意と解するのが妥当。c の make them lose their appetite「彼らの食欲をなくさせる」が正解。

　a.「彼らに食事を待たせる」

　b.「彼らに旺盛な食欲を与える」

　d.「彼らに空腹の理由を与える」

3　問「なぜデュボワ博士はこのラジオ番組に出演しているのか」

　デュボワ博士の2番目の発言第2文（That's what I'm …）に「そのためにここにいる」とある。「そのために」とは，直前のテリーの発言第2文（Would it be …）にある「近々始まるミニシリーズのテレビ番組の話を少し聞いてよいか」を受けたもの。cの「自分の新しいテレビ番組を宣伝するため」が正解。

　a.「宇宙旅行のよくある質問に答えるため」

b．「テリーに会って面接試験をするため」

d．「ネット上の講義を教えるため」

4 問「空所Aに入れるのに最も適切な語句はどれか」

　当該文は「答えを得るには，番組を（　　）必要があるだろう」となっている。「番組」とは，テリーの2番目の発言にある，もうすぐ始まるデュボワ博士が出演するテレビ番組を指すと考えられる。cの tune in「（チャンネル）を合わせる」が文意に合う。

a．show up「出現する」　　　　　　b．take in「取り入れる」

d．turn on「（照明など）をつける」

5 問「下線部(2)でデュボワ博士はどのような考えに言及しているか」

　当該文は「生物にできることは驚きだ」となっている。これはデュボワ博士の同発言第2・3文（You know, we find …）に，「温度が沸点近くから氷点近くまで変動する海底火山のクレーターにも生物が見つかっている」とあることに続く言葉である。bの「動植物はさまざまな条件下で生存しうるという事実」が正解。

a．「人々は宇宙服なしで宇宙で暮らせるという事実」

c．「生物は食物にきわめて強い関心があるという事実」

d．「人間は宇宙空間に行けるという事実」

6 問「空所Bに入れるのに最も適切な語はどれか」

　当該文は「科学者として，私は（　　）のままでいなければならない」となっている。直前の文でデュボワ博士は「私はそれについて常に判断を控えている」と述べているが，「それ」とはすぐ前のテリーの発言第2文（It always makes me …）にある「物事を支配する高次の力があるのではないか」を指している。「高次の力」とは，おそらく神のような存在のことであろう。科学者としては，証明できないこととは距離をおかなくてはならない。aの skeptical「懐疑的な」が適切。

b．hopeful「希望に満ちた」　　　　c．alert「油断しない」

d．convinced「確信している」

7 問「下線部(3)は…に言及している」

　下線部は「私たち」であり，デュボワ博士を含む集団ということになる。直前の文の冒頭に「科学者として，私は」とあるように，ここで博士は科学者の立場やあるべき態度を述べている。cの「デュボワ博士とすべての科学者」が正解。

a．「デュボワ博士とテリー」　　　　b．「デュボワ博士と彼の学生」

d．「デュボワ博士と彼のテレビ番組」

8 問「下線部(4)は…に意味が最も近い」

　下線部は「1日の終わりに」が直訳だが，文字どおりの意味ではないことは明らか。同発言でデュボワ博士は，神のような高次の存在について科学者は懐疑的でなければならないとしており，その締めくくりとして「（　　）私たち科学者は，

自分のする主張に本当に慎重でなければならない」と，「高次の存在」以外のことでもうかつな判断をしてはいけないとしている。bの「よく考えた末，私の結論は…である」が適切。at the end of the day は「（いろいろ議論したが）結局のところ，どう考えても」の意。

a．「私たちに他に選択肢がまったくない場合」

c．「長く研究や学習するなら」

d．「土壇場になって」

9 問「下線部⑸は何を意味しているか」

　下線部は「科学は証拠を取り扱う」の意。デュボワ博士の同発言第4文（Science can't make …）後半に「科学の主な仕事は，何が明らかに真でないかを示すことによって，何がおそらくは真であるのかを示すことだ」とある。科学は何が究極の真理であるかを証明することはできない。それは同文前半で「どんな理論であれ，誤っていることが明らかになるかもしれない」と述べられているとおりである。科学では反証が出ていないことをもって，いわば暫定的な真理としているのである。つまり，証拠がすべてである。dの「優れた科学者はその考えを支えるのに証拠を用いる」が正解。

a．「科学者はすべて，高次の力の証拠を持っている」

b．「宇宙への旅は多くの新しい証拠を与えてくれる」

c．「理論は証拠より重要である」

10 問「空所Cに入れるのに最も適切な語句はどれか」

　当該文は「科学者として，私たちはどんな理論も個人的に（　　）べきではない。どんな理論であれ，誤っていることが明らかになるかもしれないからだ」となっている。**9**で述べたように，科学でいう真は暫定的な真理であり，科学者はどれほど正しく思える理論に対しても懐疑的でなければならない。aの invested in「～につぎこむ，自分を託す」が適切。

b．indicated by「～によって指示される」

c．equipped with「～を装備している」

d．informed of「～を知らされている」

1—a　2—c　3—c　4—c　5—b

6—a　7—c　8—b　9—d　10—a

解答

英作文・要約

この章の進め方

　早稲田大学では，英作文は自由英作文が中心である。自由英作文のある学部の受験生は，まず書く内容を自分で考える必要がある。どんなテーマが出題されても一定量の意見を述べられるように，新聞の社説やコラムに目を通し，語れる材料を豊富に蓄えておこう。それを基にして，本書の問題を解くほか，日常的に思ったことなどを3〜4文程度で書いてみるとよい。いずれの場合でも書き終わったら，第1章で扱った「誤り指摘」に取り組むときのような気持ちで自分の作った英文を見直すようにしよう。添削してもらえる人がいる場合でも，見てもらう前に必ず自分で点検し，文法や語法のミスはできるだけ直せるように訓練しておくことが大切。試験場では自分しか頼りにできない。

　要約が出題される学部では，1段落分ほどの文章を1文にまとめること，あるいは語数制限つきで指定された書き出しに続けてまとめることが要求される。制限つきで簡潔にまとめるのは思いのほか難しい。そこで日本語で書いてみる練習から始めることになると思うが，それには第3章演習編に付した「要点メモ」が参考になるだろう。自由英作文も要約も，書く内容をまとめあげる訓練をして慣れておくとともに，通常の和文英訳の問題集を活用し，英文を書く練習を絶えず行うように心がけたい。

　絵やグラフの説明をしたり，推測できることを述べるという新傾向の問題も今後出題が増加する可能性がある。自分の考えだけでなく，客観的な情報の伝達能力が試されるということである。

　どのような出題でも対応できるように，さまざまなタイプのものを練習しておこう。

1

ポイント

　会話文の英訳。指定語は2～3語あるが，全体で何語になるかは決められていない。しかし，短い文なのでそれほど自由度は高くないだろう。基本的な表現や構文で書ける問題だけに，必ず正解したい。

Translate the Japanese prompts in this dialogue into natural English. You MUST use ALL the English words provided after each Japanese prompt, in the form and order they appear.

A：Yesterday, I went to visit my uncle in the country.

B：(そこへはどのくらいかかりましたか：take / there)？
　　1

A：It only took an hour.

B：(電車で行ったのですか：go / train)？
　　2

A：No, there isn't one.

B：(では，どうやって行ったのですか：case / how / get)？
　　3

A：I took a bus.

全 訳	A：昨日，田舎のおじを訪ねてきました。 B：そこへはどのくらいかかりましたか？ A：たったの1時間です。 B：電車で行ったのですか？ A：いいえ，そこには電車はありません。 B：では，どうやって行ったのですか？ A：バスに乗ったんです。

解 説

問「この対話中の日本語を自然な英語に訳しなさい。それぞれの日本語のあとに与えられている英単語をすべて，書かれている形と順序で使わなくてはなりません」

1　直後の A の発言が It only took an hour. で，It takes *A B* to *do* あるいは It takes *B* for *A* to *do*「*A*（人）が〜するのに *B*（時間）がかかる」のパターンが使える。「どのくらい」はかかる時間の長さなので How long で始め，過去時制で書くこと。「そこへは」は「そこへ行くのには」ということ。ただし，「そこへ到着するのにかかる時間」を尋ねているので，go there よりも get there がふさわしい。全体で，How long did it take (for) you to get there? となる。なお，「あなたが行く」のは文脈上明らかなので，(for) you は省略してもかまわない。

2　「電車で」は by train。主語は当然「あなた」で，過去時制を使う。ここの「行く」は移動そのものなので go でよい。全体で Did you go there by train? となる。there は省略してもかまわない。

　NOTE　移動手段は by ＋乗り物。乗り物は無冠詞単数になる。ただし，乗り物に何らかの形容詞や所有格がつくと，by は使えない。車の場合は in，他の乗り物は on である。なお，「徒歩で」は on foot という。
　◇ in my car「私の車で」
　◇ on the eight o'clock bus「8時のバスで」

3　「では」は then などが思い浮かぶだろうが，case が与えられているので，「その場合には」in that case とする。「どうやって」は与えられている how を使う。「行った」は get が与えられているので，1と同様 get there となり，過去時制を使う。全体で In that case, how did you get there? となる。2の go と違って get は「どこに」があって初めて「到着する」の意味になるので，there は省略できない。

1　How long did it take (for) you to get there?
2　Did you go (there) by train?
3　In that case, how did you get there?

解答例

2

目標解答時間 15 分

ポイント

　与えられたコメントに対して賛否とその理由を答える自由英作文。解答欄が 15 cm × 10 行で，80 語程度書けるだろう。取り上げられているテーマは身近なものであり，賛否いずれでも自分の経験をもとにして考えることができるはずである。時間をかけずに手早くまとめたい。

Write a paragraph in ENGLISH addressing the question below. Give appropriate reasons to support your position.

Dodgeball is a team game in which players on two teams throw balls and try to hit opponents, while avoiding being hit themselves. It is quite popular with many Japanese schoolchildren, but has been banned in some schools. Do you think dodgeball should be banned in all schools in Japan? Why or why not?

解 説

問 「下の問いに答える1段落（の文章）を英語で書きなさい。自分の立場を支持する理由（複数）を述べること。

　　ドッジボールは，2チームのプレイヤーが自身は当てられるのを避けながらボールを投げ，相手方に当てようとするゲームである。多くの日本の小学生にはかなり人気があるが，一部の学校では禁止されている。日本のすべての学校でドッジボールは禁止すべきだと思うか。なぜそう思うか，あるいはなぜそう思わないか」

〔ポイント〕でも述べたとおり，ドッジボールは多くの人が経験したことのあるゲームだろう。ドッジボールが行われている具体的な状況を知っているはずなので，何が楽しかったか，何が良い点か，あるいは何が嫌だったか，どこが良くないと思ったか，複数の理由を挙げてみよう。述べる順序で訴える力が変わることもあるので，何から述べるのが効果的かについても検討すること。

「禁止すべきではない」の場合：
▶考えられる理由
- たいした技術が要らない（だれでも遊べる）
- ボール1つと一定の場所があれば遊べる
- 状況に応じてルールを変えるのが簡単（参加人数・競技時間が自由）

▶関連する表現
- 「小学生」elementary school student / schoolchild
- 「技術を必要とする」require skill(s)
- 「スポーツが得意〔苦手〕である」be good〔bad / poor〕at sports
- 「進んで～する，～するのを厭わない」be willing to *do*
- 「～に参加する」participate〔take part〕in ～
- 「一定の場所」some space
- 「柔軟な，融通が利く」flexible　・「柔軟に」flexibly
- 「厳格な規則」strict rules
- 「～に応じて」according to ～ / depending on ～

「禁止すべきだ」の場合：
▶考えられる理由
- 人にボールを当てるのは危険である
- 恐怖を感じて楽しめない子どももいる
- 攻撃性を助長する
- 特定の子どもが狙われる（いじめにつながる）可能性がある
- 参加しやすさが逆に参加強要につながることもある

▶関連する表現
- 「〜に向かって〔〜を標的に〕ボールを投げる」throw a ball at 〜
- 「〜を標的にする」target 〜
- 「攻撃的行為〔態度〕」aggressive behavior〔attitude〕
- 「〜を助長する」encourage〔promote〕〜
- 「〜し損ねる，〜することができない」fail to *do*
- 「人の顔に命中する」hit + 人 + in the face
- 「S が V するという可能性」a possibility that S V
- 「意図的に」intentionally / deliberately / on purpose
- 「〜をいじめる」bully 〜　　・「いじめ」bullying
- 「楽しい，楽しめる」enjoyable
- 「*A* に〜することを強いる」force〔compel / press〕*A* to *do*

▶解答例の和訳
〈禁止すべきではない〉「私は，ドッジボールは禁止されるべきではないと思う。このゲームはそれほど技能を必要としないので，スポーツが苦手だと思っている子どもでも進んで参加するかもしれない。さらに，ドッジボールはかなり柔軟に遊べる。というのも，プレイヤーの人数や行う時間に関して厳格な規則がないからである。このように，このゲームは小学生が昼休みの間でさえも一緒に楽しむのに適している」

〈禁止すべきだ〉「私は，ドッジボールは禁止されるべきだと思う。確かにこのゲームは簡単に遊べるかもしれないが，人に向かってボールを投げるのは危険なこともある。もし子どもがボールを避け損ねたり取り損ねたりしたら，顔に当たるかもしれない。それは特に眼鏡をかけている子どもたちには怖いに違いない。それに加えて，ある子どもたちが意図的に標的にされる，つまりいじめられる可能性がある。したがって，ドッジボールはすべての人にとって楽しいものではないかもしれない」

〈禁止すべきではない〉 I do not think that dodgeball should be banned. This game does not require much skill, so even those children who think they are poor at sports may be willing to participate in it. Moreover, dodgeball can be played rather flexibly because it has no strict rules about the number of players or the time of play. Thus, the game is suitable for schoolchildren to play together even during lunch break.

〈禁止すべきだ〉 I think that dodgeball should be banned. It is true that this game may be played easily, but throwing a ball at others can be dangerous. If a child fails to avoid or catch the ball, it may hit him or her in the face. This must be frightening especially to children wearing glasses. In addition, there is a possibility that some children may be intentionally targeted, that is, bullied. Thus, dodgeball may not be enjoyable for everyone.

3

目標解答時間　15 分

> **ポイント**
>
> 　第 5 章演習編 2 と似た形式で，与えられた短いコメントに対して，解答欄（15cm×
> 15 行）に収まるように賛否を述べる問題。まず賛否の表明，そのあとに理由を続ける
> という基本的展開で手早くまとめ上げたい。

Read the statement below and write a paragraph giving at least two reasons why you agree or disagree with it. Write your answer in English in the space provided on your written answer sheet.

(*It is suggested that you spend no more than 15 minutes on this section.*)

　"The Olympic Games should be abolished."

解 説

問 「下の発言を読み，それに賛成あるいは反対の理由を少なくとも２つ挙げて，１段
落の文章を書きなさい。解答用紙の与えられたスペースに英語で答えを書くこと。
（このセクションには 15 分以上かけない方がよい）
『オリンピックは廃止すべきだ』」

　誰でも知っている国際的なスポーツイベントがテーマ。何らかの形で，その良さや
問題点を読んだり聞いたりしたことがあるのではないだろうか。理由は少なくとも２
つ挙げる必要がある。どういう順序でその理由を挙げるかで，読み応えが変わること
もある。思いつく限りの理由を考えて，効果的な話運びを検討したい。また，両方の
立場で書いて練習量を増やしておこう。

「賛成」の場合：

▶考えられる理由
- オリンピックは各国の過剰な愛国主義的傾向を強めかねない
- 主催国が使うお金は，福祉など，その国の問題に対処するために使うべきだ
- 国内外の問題から人々の注意をそらすために利用されている場合がある

▶関連する表現
- 「愛国主義，愛国心」patriotism / nationalism / patriotic sentiments
- 「主催国」a host〔sponsor(ing)〕nation
- 「国内問題」a domestic problem〔issue〕/ internal affairs
- 「外交問題」foreign affairs
- 「福祉」welfare
- 「〜の関心をそらす」distract〔divert〕*one's* attention

「反対」の場合：

▶考えられる理由
- オリンピックは，すばらしい国際親善の行事である
- 一流の選手の競技はすばらしい
- 見ているだけで高揚感を味わえる
- 海外からの観客による経済効果がある
- 国内需要が増大する

▶関連する表現
- 「国際親善」international good will〔friendship〕
- 「行事」event
- 「一流の選手」top athlete

- 「競技（実際の出来映え）」performance
- 「高揚感」an upsurge of emotion / an emotional high
- 「〜を目指して競争する」compete for 〜
- 「経済効果」a（positive）economic effect / economic effectiveness
- 「国内需要」domestic demand

▶解答例の和訳

〈賛成〉「私はこの発言に賛成である。理由のひとつは，今日のオリンピックは国際親善よりも愛国主義を掻き立てていることだ。ただ国力を誇示するためだけにオリンピックを主催したがる国もある。こうした国のメディアは，自分の国の選手を目立たせる。政府は国民の愛国感情を掻き立て，人々の関心を国内問題からそらそうとする。もうひとつの理由は，オリンピックを主催することは非常にお金がかかるということだ。主催国は費用のかかる設備に資金をつぎ込んだり，派手な開会式を催したりする。そのお金は，公共の福祉の改善や国内外の問題への対処といったもっとよい目的に使うべきだと思う」

〈反対〉「私はこの発言に反対だ。オリンピックを主催するのに多額の資金を使うのはただの無駄遣いだと考える人もいるかもしれない。しかし，オリンピックは国際的な友好関係を育て，それゆえに費用をかけるだけの価値があるすばらしいイベントであると思う。世界中の最高の選手たちがこのイベントに参加し，私たちは国籍に関係なく，彼らの優れたパフォーマンスに拍手を送る。もうひとつの理由は，オリンピックが主催国の経済によい影響をもたらすことだ。この行事の準備をするのに必要な膨大な資金は，国内需要を高めるのに役立つ。さらに，オリンピックは海外からの多数の観客を呼び込み，彼らは主催国での買物や観光に夢中になってくれるのである」

〈賛成〉 I agree with this statement.　One of the reasons is that the Olympic Games today encourage nationalism rather than international friendship.　Some countries want to host the Olympics only to display their national strength.　The media of these countries highlight their national athletes.　The government tries to stir up the people's patriotic sentiments and thus divert public attention away from national problems. Another reason is that hosting the Olympics is very expensive.　The host nation pours funds into building costly sports facilities or holding the spectacular opening ceremony.　I think that money should be spent for better purposes, such as improving public welfare or dealing with domestic and foreign affairs.

〈反対〉 I disagree with this statement.　Some people may think that spending large funds on hosting the Olympic Games is just a waste of money.　But I think that the Olympics are a wonderful event that fosters international friendship and is therefore worth the cost.　The top athletes from all over the world participate in the event, and we applaud their outstanding performance, regardless of their nationalities.　Another reason is that the Olympic Games bring about positive effect on the economy of the host nation.　The huge funds needed to prepare for the event can help increase domestic demand.　Furthermore, the Olympics attract a large number of spectators from abroad, who indulge in shopping and sightseeing in the host country.

4

目標解答時間 23 分

ポイント

　見た目は第 5 章演習編 2・3 と似ているが，賛否を問う問題ではないため，書く内容を素早く用意できることが求められる。賛否問題よりいっそう，教養的な知識が必要である。解答欄は 14.5 cm×11 行で，内容が充実していなくては満たせない。日頃から読書や新聞，雑誌，テレビの報道を通じて，さまざまな知識を身につけておきたい。

What do you think is the single biggest problem that Japan will face in the year 2050? Explain your answer in ENGLISH within the box provided on the ANSWER SHEET.

解 説

問 「2050年に，日本が直面することになる最大の問題を1つ挙げるとすれば何だと思いますか。解答用紙に与えられた解答欄に収まるように，英語で答えを書きなさい」

　何を取り上げるかについてはそれぞれ異なるだろうが，いずれにしても現在の日本の現状を踏まえて考えることになる。経済面，社会面，生活面など今の社会で問題になっていることをどれだけ知っているかが解答の出来ばえを左右するだろう。ここでは，人口問題とエネルギー問題を取り上げた。

人口問題：
▶現状
　• 人口減少が問題視されている
▶直面する問題
　• 人口減少は労働力不足につながる
　• 国力低下に直結
　　　生産力の低下＋税収の減少
　• 社会保障の低下にもつながる
　• 子供を持つ・持たないは個人の選択なので，国策で解決するのは困難
▶関連する表現
　•「人口減少」a decline in the population
　•「労働力不足」(a) labor shortage / (a) shortage of labor
　•「国力」national strength 〔power〕/ the strength of a country
　•「労働力」workforce / labor force
　•「社会保障」social security
　•「国策」(a) national 〔state〕policy

エネルギー問題：
▶現状
　• 原子力発電所の安全性に不安を覚える人が多い一方，有効な代替エネルギー源もまだ十分開発されていない
▶直面する問題
　• 節電にも限界がある
　• 化石燃料は地球温暖化の悪化をもたらす
　• 日本は天然資源がほとんどないので，再生可能エネルギーの開発が急がれる

▶関連する表現
- 「原子力発電」nuclear generation of electricity ／ atomic power generation
- 「代替エネルギー源」alternative energy
- 「節電する」save〔cut down on〕electricity consumption
- 「化石燃料」fossil fuel
- 「地球温暖化」global warming

▶解答例の和訳
〈人口問題〉「私の考えでは，日本が2050年に直面する最大の問題は人口減少であり，これは労働力不足につながる。知ってのとおり，労働力不足は，国力に直接影響する。なぜならば，労働力が減少すると生産の低下や税収の減少を引き起こすからである。働く世代の負担を減らすために，社会保障の水準を下げる必要が出てくる。それでも，この問題について政府が国策を立てることは非常に難しい。子供を持つことは国民個人の選択だからである」
〈エネルギー問題〉「最大の問題はエネルギーに関することだと思う。原子力発電は安全面において議論の余地のある問題である一方，代替エネルギー源の開発はまだ十分ではない。これまで節電の努力をしてきたが，できることにも限界がある。電力の供給と需要のバランスは，化石燃料を燃やすことでなんとか保たれているが，これは地球温暖化の悪化を意味する。日本は天然資源がほとんどないので，この国にとってできるだけ早く再生可能エネルギーを開発することはきわめて重要なことだ」

〈人口問題〉 In my opinion, the biggest problem that Japan will face in 2050 is a decline in its population, which will lead to labor shortage. As we know, labor shortage directly affects the strength of a country, because reduced workforce causes decline in production and lesser inflow of tax revenue. Necessarily the level of social security will be lowered to reduce the burden on the working generation. Nevertheless, it is very difficult for the government to formulate a national policy on this issue, since having children is a citizen's personal decision.

〈エネルギー問題〉 I think that the biggest problem has to do with energy. While nuclear power generation is controversial in terms of its safety, the development of alternative energy sources is not yet effective enough. It is true that we have been trying hard to cut down on electricity consumption, but there is a limit to what can be done. The balance of electric supply and demand can barely be maintained by burning fossil fuels, which means the worsening of global warming. As Japan has hardly any natural resources, it is essential for this country to develop renewable energies as early as possible.

5

目標解答時間 25 分

> **ポイント**
> 　与えられた絵を見てその意味を考え，自分の意見を 1 段落で述べる問題（解答欄：
> 18.5 cm × 9 行）。何が描かれているかが中心になった文章では設問の要求に応えたこ
> とにならない。自分が何を読み取ったかが正しく伝わるように文章を構成すること。

Think about the meaning of the picture below and explain your thoughts in a paragraph in English.

[Picture available at http://www.cartoonistgroup.com/store/add.php?iid=125697
Gary Varvel's Editorial Cartoons — Child Comics and Cartoons / The Cartoonist Group.
This image is copyright protected. The copyright owner reserves all rights.]
By permission of Gary Varvel and Creators Syndicate, Inc.

解 説

問 「下の絵の意味について考え，自分の考えを1段落に収めて英語で説明しなさい」
まず絵自体を観察しよう。

- 手前に5人の子どもたち。それぞれ携帯電話やタブレットに夢中になっている。
- 右のほうに「注意：子どもたちが遊んでいます」と書かれた看板が立っている。
- 奥にはさまざまな遊具が見えるが，そこで遊んでいる子どももいない。

これらからどのような意味・メッセージが読み取れるだろうか。「遊具があるのに，子どもたちはそれで遊んでいない」というのが客観的な状況だが，解釈の方向はいろいろとある。文章の構成は，まず自分が絵をどう解釈したかを述べ，絵の中のどの部分がその根拠となるかを示して，最後にまとめをする，ということになるだろう。

効率よく書くためには，日本語の文章をあまり作り込んでしまわないことである。日本語で詳細に文章を考えてしまうと，自分の英語力を超える表現や，英語に直しにくい文構造になりやすく，無用に困難な和文英訳を自ら課してしまう可能性がある。述べる項目・順序をおおまかに決めた段階で英文を書き始めて，自分に使える語句・表現と照らし合わせながらまとめるとよい。構成例は以下のとおり。

〈解答例1〉
- 絵の解釈：絵は現代の子どもの現状を表している。
- 根拠：遊具があるのに子どもはまったく使っていない。
- まとめ：子どもは体を使った遊びをするのが望ましいが，幼いころから電子機器に囲まれている現代の子どもには，それは難しい。

〈解答例2〉
- 絵の解釈：絵は大人の浅知恵を皮肉っている。
- 根拠：遊具を備え，警告の看板も立てた公園があるのに，子どもは遊んでいない。
- まとめ：もっと大切なのは公園に来て子どもと一緒に過ごすことだ。

▶解答例の和訳
〈解答例1〉「絵は今日の子どもたちがどのように自分の時間を過ごしているかを表している。遊具を備えた公園があるのに，絵の中の子どもたちの誰一人それで遊んではいない。その代わりに子どもたちはみんな，互いに話もせずにスマートフォンやタブレットを使っている。私はこの状況を嘆かわしいと思うが，同時にこれが現実だと認めないわけにもいかない。おそらく子どもたちはもっと体を使った活動をするのが望ましいだろう。しかし，私も含めて，高校生でもビデオゲームやオンラインゲームとともに育ってきた。今の子どもたちがスマートフォンやタブレットを置いて，外へ出て走り回るのは非常に難しいのだ。

〈解答例 2 〉「絵は大人の浅知恵を皮肉っぽく描いている。大人は公園にブランコ，シーソー，バスケットボールのゴールを設置して完璧にし，ご丁寧に『注意：子どもたちが遊んでいます』という看板も立てた。しかし，絵の中の子どもたちは全員自分のスマートフォンやタブレットを見ており，遊具には無関心のようだ。なぜ彼らの親は公園に来て，子どもたちと一緒に遊んでやらないのだろう。大人たちは子どもにただ物を与えて，おそらく自分たちはすべきことをしたというのだろう。もっと大切なことは，子どもたちと一緒に楽しい時間を過ごすことだ。私には，子どもたちがみんな少し寂しそうに見える」

〈解答例 1 〉 The picture shows how children today spend their time. Even though there is a park with some pieces of playground equipment, none of the children in the picture are playing on them. Instead, they are all using their smart phones or tablets without talking to each other. I deplore the situation, but at the same time, I have to admit that this is reality. Probably, it is desirable for children to do more physical activities. However, even high school students, including me, have grown up with video and online games. It is very difficult for youngsters now to put down smart phones or tablets and go out to run.

〈解答例 2 〉 The picture sarcastically illustrates the shallow thoughts of adults. They have made a playground complete with swings, a seesaw, and a basketball hoop, carefully putting up a sign which says, "CAUTION: CHILDREN PLAYING." However, all the children in the picture are looking at their smart phones or tablets, apparently uninterested in the playground equipment. Why don't their parents come to the park and play together with them? Adults just provide children with things and probably say they have done what they should. What is more important is that they spend an enjoyable time with their children. The kids all look a bit lonely to me.

6

> **ポイント**
>
> 　文章の要約文を完成する問題。書き出しが指定されており，使える語数は限られてい
> る上に，文中の語句の「丸写し」はできない。一定の長さのある文章の要点をしっかり
> つかむ読解力と語句の知識が求められる。英作文のない他学部の志望者も，日本語で書
> いてみるという形で読解力が試せる。ぜひ試してもらいたい。

PLEASE READ THE INSTRUCTIONS CAREFULLY.

Read the following passage and complete the English summary <u>in your own words</u> in the space provided on the separate answer sheet. The beginning of the summary is provided; you must complete it in 4-10 words.

As economic historian David Landes says, the clock is "one of the greatest inventions in the history of mankind in its revolutionary implications for cultural values, technological change, social and political organization and personality." In primitive peasant societies, organized in villages and dependent on agriculture as well as domestic industry, time has an occupational definition. In other words, time sense is task-oriented and related to chores, primarily agricultural. Time follows natural rhythms and is determined by the logic of need. Life follows the natural sequence of warm and cold, light and darkness, life and death. These natural rhythms make logical sense as we all, at our most basic level, live according to nature's clock.

With the development of industrial capitalism in Britain, and the growth of the factory system, the traditional nature-based task orientation of time sense had to change and so did the locus of control over the division of personal economic time. Instead of laborers determining the flow of their workday, a clock-dominated environment became predominant. Time allotted to a specific work task for the factory worker depended on the production rate of the other workers. Self-determination was minimized even more as the distinction between their employer's time and their "own" time became clear. Workers became part of an industrial way of life in which they were summoned by the factory bell, had their life arranged by factory hours, and lost their freedom to allocate time between labor and leisure as they wished.

As the clock hand ticked away, people became more and more attentive to the passage of time, to productivity, and to performance.　Workers, in effect, became "sellers of time" and time became currency, thus necessitating employer assurance that time was not wasted.　Time no longer "passed," but was "spent."

(Adapted from Nancy Bader, "From Nature's Time to Clock Time.")

SUMMARY:

The advent of the clock helped make people's lives more efficient, but it also ...
[*complete the summary on the separate answer sheet*]

全訳

≪時計の到来により変化した時間概念≫

　経済歴史学者であるデービッド゠ランデスが述べているように，時計は，「文化的価値観，技術変化，社会組織や政治組織，そして人間らしさに及ぼした革新的影響という点で，人類史上最も偉大な発明品の1つである」。村単位でまとまり，家内工業や農業に依存していた初期の農村社会において，時間は職業的な意味合いを持っていた。言い換えれば，時間に対する感覚は仕事に向けられたものであり，日々の作業，とりわけ農業の仕事と関わりを持つものであった。時間は自然のリズムに従って流れ，必要に応じて決まっていた。生活は，寒暖，明暗，生死といった自然の流れに即していた。私たちは皆，最も基本的な部分においては自然の時計に従って生きているのだから，このような自然のリズムは理にかなっている。

　イギリスで産業資本主義が発達し，工場制度が成長していくと，従来の自然に根差した仕事中心の時間感覚は変化を迫られ，個人の実利的な時間区分を統制する中心もまた変化していった。労働者が自分の労働時間の流れを決定する代わりに，時計によって管理される環境が優勢になった。工場就労者に対する特定の労働課題に割り当てられる時間は他の就労者たちの生産性によって左右された。彼らの雇い主の時間と彼ら「自身」の時間との区別がはっきりとしたものになると，時間に対する自己決定の余地はさらに縮小された。労働者は産業中心の生活様式の一部になり，そこで彼らは工場のチャイムで呼び集められて，工場の時間軸に自分の生活を合わせ，労働と余暇への時間配分を自分の好きに行う自由を失った。

　時計の針が時を刻むごとに，人々はますます時間の経過や生産性や業績に意識を向けていくようになる。労働者たちは事実上「時間の売り手」となり，時間は通貨となるため，その結果，時間は無駄になっていないという雇い主の保証が必要となった。時間はもはや「過ぎ去る」ものではなく「使われる」ものとなった。

要約：時計の到来により人々の生活はより効率的になったが，同時にそれは…

解　説

問 「次の文章を読み，別の解答用紙の与えられた解答欄に英語の要約を自分の言葉で完成しなさい。要約の書き出しは与えられており，4～10語で完成させなくてはなりません」

　まず各文の要点を検討しよう。

[第1段]

①第1文：「時計は人類史上最も偉大な発明品の1つである」（話題の提示）

②第2文：初期の農村社会では，時間は職業的な意味合い。

③第3文：時間に対する感覚は仕事（とりわけ農業の仕事）に向けられたもの。

④第4文：時間は自然のリズムに従って流れ，必要性に応じて決まった。

⑤第5文：生活は自然の流れに即していた。

⑥第6文：このような自然のリズムは理にかなっている（人間も根本は自然の時計に従って生きているので）。

[第 2 段]

⑦第 1 文：産業資本と工場制度の発達とともに，自然に根差した仕事に向けられた時間感覚・個人の実利的時間区分統制の中心が変化。

⑧第 2 文：労働者自身が労働時間の流れを決定するのではなく，時計によって管理されるようになる。

⑨第 3 文：特定の労働課題に割り当てられる時間は，生産性で決まる。

⑩第 4 文：雇用主の時間と労働者「自身」の時間の区別が明確になる→時間に対する自己決定の余地が縮小。

⑪第 5 文：労働者は工場の時間軸に自分の生活を合わせ，時間配分の自由を喪失。

[第 3 段]

⑫第 1 文：時計によって，人々の意識は時間の経過，生産性，業績に向く。

⑬第 2 文：労働者は「時間の売り手」に，時間は通貨になり，無駄にできないものに。

⑭第 3 文：時間は「過ぎ去る」ものではなく「使われる」ものに。

　第 1 段で，以前の農村社会において，時間が時計とは無関係にとらえられていたことを説明し，第 2 段では産業資本と工場制度が発達して時間が時計によって計られるものになったことを述べ，第 3 段はまとめになっている。指定された書き出しは「時計の到来により人々の生活はより効率的になったが，同時にそれは…」となっており，産業資本と工場制度が発達する以前と比べて，人間にとっての時間がどのように変化したかを述べることになる。端的には⑧の「労働者は時計によって管理されるようになった」だろう。それと同じことを⑪では「労働者は自分の時間を自分で配分する自由がなくなった」としている。⑤の「生活は自然の流れに即していた」という言葉を利用して，「労働者は自然の時間の流れに従うことができなくなった」などとすることも考えられる。使用できる語数が限られているので，できるだけ簡潔に，また「自分の言葉で」完成する必要があるので，本文に使用されている表現そのままにならないように気をつけながらまとめる。

〈解答例 1〉　(…, but it also) kept workers from deciding how to use their time.（4 〜 10 語）

〈解答例 2〉　(…, but it also) diminished workers' freedom to allot their time on their own.（4 〜 10 語）

〈解答例 3〉　(…, but it also) prevented workers from following the natural passage of time.（4 〜 10 語）

〈解答例 4〉　(…, but it also) deprived workers of freedom to judge when to work.（4 〜 10 語）

1

目標解答時間　3分

ポイント

指定語が3語ほどある。与えられた語句の使い方が不明であれば，必要な慣用表現の知識が足りないということである。慣用表現は，単語の基本的な訳語とは異なる意味になるものであり，しっかり暗記しておきたい。

Translate the Japanese prompts in the following email message into natural English. You MUST use ALL the English words provided after each Japanese prompt, in the form and order they appear.

From: Eri Tanaka 〈eri@***mail.jp〉
To: Harriet Williams 〈hw@***mail.jp〉
Subject: Re: Greetings

Dear Harriet,
₁(またあなたからお便りをもらって嬉しく思います：delighted / hear / again).
I successfully completed the one-year exchange program last week. I've finished all my packing, and it's time to leave the U.S. and go back to Japan.
₂(私の飛行機は明日9時に到着する予定です：flight / scheduled / arrive).
It may take some time to get to central Tokyo from the airport, so why don't we meet at Tokyo Station around noon? We can have lunch together in the station. ₃(もしあなたが構わなければ，私は和食が食べたいです：like / Japanese food / mind).
I'm looking forward to seeing you!

Best regards,
Eri

全 訳

発信元：エリ　タナカ　〈eri@***mail.jp〉
宛先：ハリエット＝ウィリアムズ　〈hw@***mail.jp〉
件名：返信：ごあいさつ

ハリエットさま
またあなたからお便りをもらって嬉しく思います。
私は先週，1年間の交換留学の期間をなんとか終えました。荷造りはもうすべて終わり，アメリカを離れて日本に帰るときとなりました。
私の飛行機は明日9時に到着する予定です。
空港から東京都心に行くには少し時間がかかるかもしれませんので，お昼ごろに東京駅でお会いしませんか？　駅でお昼ご飯を一緒に食べられますよね。もしあなたが構わなければ，私は和食が食べたいです。
あなたにお会いするのを楽しみにしています！

敬具　　エリ

解 説

問 「次の電子メールの文書中にある日本語を自然な英語に訳しなさい。それぞれの日本語のあとに与えられている英単語をすべて，書かれている形と順序で使わなければなりません」

1 「嬉しく思います」は delighted を使い，I'm delighted で表せる。「〜して嬉しい」といった感情の原因は，副詞用法の不定詞が使える。「あなたからお便りをもらう」の部分は，hear が与えられているので，hear from 〜「〜から手紙をもらう」を使う。「また」は again があるので，それを文末に添え，I'm delighted to hear from you again. となる。

2 「私の飛行機は」は flight「飛行機の便」が与えられているので，my flight とする。「〜する予定です」には scheduled があるので，be scheduled to *do*「〜する予定である」が使える。これに arrive を続け，「明日9時に」at nine tomorrow を最後に置く。全体で My flight is scheduled to arrive at nine tomorrow. となる。

3 「もしあなたが構わなければ」は if you don't mind だが，mind が与えられているのは語の最後なので，この節は文の後半になる。「私は〜したいです」は like があるので，I'd〔I would〕like to *do* を使う。「和食を食べる」は have〔eat〕Japanese food とし，全体で I'd〔I would〕like to have〔eat〕Japanese food if you don't mind. となる。

1 I'm delighted to hear from you again
2 My flight is scheduled to arrive at nine tomorrow
3 I'd〔I would〕like to have〔eat〕Japanese food if you don't mind

解答例

2

ポイント

　第5章演習編2・3と同様，賛否を問う自由英作文。理由を少なくとも2つ挙げるという条件，解答欄が15cm × 15行である点は演習編3と同じである。読み手を納得させる理由を，効果的な順序で示すように考えよう。

Read the statement below and write a paragraph giving at least two reasons why you agree or disagree with it. Write your answer in English in the box on your written answer sheet.

　　　　"Peaceful protests should not turn violent
　　even if protesters feel that their voices are being ignored."

解　説

圏 「下の発言を読み，それに賛成あるいは反対の理由を少なくとも2つ挙げて，1
段落の文章を書きなさい。解答用紙の与えられたスペースに英語で答えを書くこと。
『平和的な抗議は，抗議者が自分たちの声が無視されていると感じても，暴力に訴
えるべきではない』」

　ある意味，「究極の選択」とも言える問題である。「暴力は良くない」と考える人が
大半ではないかと思うが，「自分たちの声が無視されている」とあることをどう考え
ればよいだろうか。練習のため，賛否両方の立場で考えてみよう。

「賛成」の場合：

▶考えられる理由
- 暴力はいかなる状況でも許されない
- 暴力に訴えると抗議運動は世間の反感を買う
- 平和的に辛抱強く訴え続ければ，賛同する人も増えるはずである
- 賛同する人の数が増えれば，抗議運動は力を持つ

▶関連する表現
- 「(抗議) 運動」a (protest) movement
- 「反感を引き起こす」arouse〔provoke〕antipathy
- 「～に賛同する」approve of ～ / support / sympathize with ～
- 「賛同者，支持者」supporter / follower
- 「暴力に訴える」resort to violence
- 「権威，当局」the authorities

「反対」の場合：

▶考えられる理由
- 抗議運動の第一の目的は支持者を得て当局に圧力をかけることだ
- 無視されているのでは運動を続ける意味がない
- センセーショナルな出来事は注意を引き，メディアが取り上げる
- メディアが取り上げれば，活動を世間に広く知ってもらえる
- 暴力はただ平和に行進するより注目を集める効果的な方法かもしれない

▶関連する表現
- 「メディア」the media（単数・複数どちらの扱いもある）
- 「(メディアが) ～を取り上げる」play up ～（目的語が代名詞のときは play ～
up の語順）
- 「(～の) 注意を引く」draw (*one's*) attention / catch *one's* eye

▶解答例の和訳

〈賛成〉「私はこの意見に賛成だ。第一に，暴力的行為はいかなる状況でも認めるべきでないと思う。暴力に訴えると世間の反感を買うだろう。それは抗議運動の失敗という結果になるかもしれない。第二に，平和的で粘り強い運動は，分別ある人たちの注意を引くだろう。運動が訴えていることが妥当で重要なら，運動を支持してくれる人たちだ。運動の支持者の数は徐々に増えるに違いない。このようにして，非暴力的な運動は力を持つようになり，当局は運動を無視できなくなるだろう」

〈反対〉「私はこの意見に反対だ。確かに一般には暴力は褒められたことではない。しかし，自分の声が無視されているなら，『平和的な』運動を続けることは無意味である。運動の第一の目的は，支持者を獲得して当局に圧力をかけることだ。平和的だけれども無視されている運動は自己満足に過ぎない。対照的に，センセーショナルな出来事は注意を引き，メディアが取り上げる可能性が高い。もしメディアが運動に注意を向けてくれれば，より多くの人が運動のことを知り，中には支持する人も出るだろう。したがって，暴力はただ平和的に行進するよりも世間の注目を引くための効果的な手段かもしれない」

〈賛成〉 I agree with the statement. First, I believe that violent acts cannot be approved of under any circumstances. Resorting to violence may arouse public antipathy, which could result in the failure of the protest movement to gain support. Second, a peaceful and persistent movement will draw attention from sensible people, who will then support the movement if its appeal is valid and important. The number of supporters is sure to increase gradually. Thus, the non-violent movement will become so powerful that the authorities will be unable to ignore it.

〈反対〉 I disagree with the statement. It is true that, in general, violence is not commendable. However, if your voice is ignored, it is meaningless to continue your "peaceful" movement. The first aim of a movement is to gain supporters and put pressure on the authorities. A peaceful but ignored movement only gives you satisfaction. In contrast, sensational events are likely to draw attention, and the media may play them up. If the media direct attention to your movement, more people will become aware of it, and some of them will support it. Thus, violence may be a more effective means to catch the public eye than merely marching peacefully.

3

ポイント

　さらに難度の高い自由英作文に取り組んでみよう。単純な賛否ではなく，社会的現象の解釈を迫られる。世の中で起きていることを知っているかどうか，そして，自分なりの考えを理路整然と述べる力があるかどうかが試されている。解答欄は15cm×12行。

　According to the Ministry of Education, in the five-year period between 2004 and 2009, the number of Japanese college students studying abroad dropped by 28 percent from over eighty thousand to below sixty thousand, and still seems to be in decline. Write a paragraph in ENGLISH giving your own interpretation of BOTH the likely CAUSES and CONSEQUENCES of this situation. Because of the restricted space, please limit your answer to TWO causes and TWO consequences.

解 説

圏「文部科学省によると，2004年から2009年の5年間で，海外留学をする日本の大
学生の数が8万人超から6万人足らずへと28パーセント減少し，なお減少傾向に
あります。このような状況について考えられる原因と結果の両方に関して，自分の
解釈を英語で1段落にまとめて書きなさい。解答欄に制約があるため，解答は原因
2つ，結果2つまでにしてください」

　原因・結果のいずれも「2つまで」なので，それぞれ1つだけ挙げてもかまわない。
まず原因を述べ，続いて結果という順になるだろう。語数制限はないが，解答欄の大
きさからすると，100語程度は書く必要がある。

　内容面では，1段落にまとめるという条件なので，原因と結果がちぐはぐにならな
いように注意したい。ネガティブな原因とポジティブな結果，あるいはその逆という
組み合わせはあり得ないわけではないが，問題文中にも「なお減少傾向にある」と，
現状に変化の兆しが見えないことが示唆されている。また，「現状から考えられる結
果」が「現状に関する感想」にならないように気をつけること。現状がさらに拡大す
るとどうなるかを具体的に示したい。

ネガティブな解釈：

▶考えられる原因
- 不景気で経済的に余裕がない
- 就職活動に乗り遅れるかもしれないと不安である
- 関心が身の回りのことだけになっている
- 語学力が足りないのではないかと心配である

▶考えられる結果
- 若者の視野が狭くなる
- 若者が世界的な時代の潮流に乗り損ねる
- 日本経済の競争力が低下する

▶関連する表現
- 「不景気」recession
- 「経済状態が悪い」be badly off
- 「～する経済的余裕がない」cannot afford to *do*
- 「就職活動」job hunting（activities）
- 「就職口を探す」seek employment
- 「狭い関心」narrow interests
- 「語学力」language skills〔ability〕
- 「物事に対する狭い視野」a narrow view of things

- 「世界的な潮流」global trends
- 「競争力を失う」lose *one's* competitiveness

ポジティブな解釈：

▶考えられる原因
- 旅行などで海外に出ている若者は少なくない。留学という形をとっていないだけ
- 情報技術の発達で，日本にいても情報が得られ，こちらから情報発信も可能
  オンラインで学べる大学もある
  SNS の利用で，世界各地に友人をつくることも可能である
  1 カ所に留学するより，幅広い文化やものの考え方に接することができる
- 日本にも優れた研究者がおり，よい研究機関もある

▶考えられる結果
- 海外の人たちとの出会い方・つきあい方は，これまでとは違うものになる
- 新しい形の地球社会を今の若者が築く可能性がある
- 文化や学問の交流は，現地に行かなければならなかった時代よりも密になる
- 共通言語（おそらく英語）がより多くの人に浸透する

▶関連する表現
- 「情報技術」information technology
- 「情報を発信する」dispatch〔send out〕information
- 「オンライン授業」online lessons / online education
- 「SNS」= social networking service
- 「研究者」researcher / scholar
- 「研究機関」research institution
- 「～と知り合いになる」get〔become〕acquainted with ～
- 「地球社会」global community
- 「文化〔学術〕交流」cultural〔academic〕exchange
- 「物事をより広い視点から見る」see things from a wider perspective
- 「視野を広げる」widen *one's* view

▶解答例の和訳
〈ネガティブな解釈〉「この傾向の主な理由は，日本が長引く不景気に悩まされていることである。家計は非常に厳しく，多くの学生は海外留学をする経済的余裕がない。さらに，学生たちは卒業後の自分自身の就職のことを考えると日本を離れるのが心配なのだ。とりわけ，この調査が行われた時期には，多くの学生が大学2年生という早い時期に就職活動を始めていた。日本を離れているということは，就職活動を遅く始めることを意味した。その結果としては，こうした事態が日本の若者と

日本経済の成長を妨げることになるかもしれない。このことはまた，学生が世界的
な潮流に関して広い視野が持てなくなることも意味する」

〈ポジティブな解釈〉「おそらく，情報技術の発達が，海外留学する日本人学生の減
少の理由のひとつだろう。今ではほとんど何でもインターネットで知ることができ
る。オンラインで集められた情報は，直接見聞きした知識に勝ることもよくある。
直接見聞きしたことは，量や多様性に限界があるからだ。それに加えて，現在では，
電子メールやSNSを利用することで，世界中の人とコミュニケーションがとれる。
したがって，現代の若者は，必ずしも外の世界から引きこもっているわけではなく，
むしろ，地球社会にかかわっていく可能性が高いのである。彼らは，経済，学問，
文化交流におけるこれまでにない構造を築く可能性があるのだ」

〈ネガティブな解釈〉 A major reason for this trend is that Japan has been suffering from a lingering recession. Family budget is very tight and many students cannot afford to study abroad. Moreover, they are afraid to leave Japan because they are worried about their own employment after graduation. Especially, during the period when this survey was conducted, a number of students started seeking employment as early as in their second year of college. Being away from Japan meant a late start in job hunting. Consequently, this state of affairs may dwarf Japanese young people and thus the Japanese economy as well. This also means that the students can fail to gain a broad perspective of global trends.

〈ポジティブな解釈〉 The development of information technology is probably one reason why fewer Japanese students study abroad. Today, you can learn almost anything on the Internet. Information collected online can often be superior to first-hand knowledge, which may be very limited in amount and variety. In addition, you can now communicate with people all over the world by using e-mail and SNS. Therefore, young people today do not necessarily seclude themselves from the outer world, but rather have great possibilities of becoming involved in the global community. They are likely to create novel structures in the economy, academic studies and cultural exchanges.

4

目標解答時間　25 分

ポイント

　第 5 章演習編 6 と同じ形式で，書き出しと使用語数が指定されている。指定された書き出しが読み取らなくてはならない要点のヒントである。先に書き出しを見て，本文を読み進めながら主張を読み取ろう。演習編 6 と同様，「自分の言葉で」完成させるのが条件なので，どうまとめ直すか，どう表現するかを十分考えること。

PLEASE READ THE INSTRUCTIONS CAREFULLY.

　Read the following passage and complete the English summary <u>in your own words</u> in the space provided on the separate answer sheet.　The beginning of the summary is provided; you must complete it in 4-10 words.

　We act in our daily relations, but it is often the public interpretation of our acts that determines the outcome.　In particular, much depends on the way we are represented in others' talk — their descriptions, explanations, criticisms, or congratulations.　Yet, these are not the words we would necessarily choose; they are generated by others such as our friends, family, neighbors, and teachers.　It is our identity which is at stake, but we neither own nor control the way we are represented.　Consider the problem on a societal level: all of us are identified with one or more social groups — woman, man, Christian, Jew, black, white, German, Irish, and so on.　Such groups are often the subject of media interest — films, novels, news reports, advertising, etc.　When our group is represented to millions of people we confront helplessness writ large.　When women are depicted as emotional, Asians as obedient, Germans as menacing, Irish as aggressive, and so on, we are implicated.　It is not only a matter of public reputation, but as these reputations become shared so do they come to be taken-for-granted realities.　And it is these realities that inform public policies, educational practices, and police actions.　Further, these same public portrayals are internalized by those depicted, as they learn how to be a woman, an Asian, a heterosexual, etc.

（Adapted from Kenneth J. Gergen, *An Invitation to Social Construction*, Sage Publications）

SUMMARY:

Our self-knowledge is continually being constructed and renewed through the interplay of …

[*complete the summary on the separate answer sheet*]

全訳

≪自分自身と他者の評価の相互作用によって構築される自己認識≫

　私たちは日々，人間関係の中で行動するが，その結果を決定するのはたいてい，私たちの行動を一般の人々がどう解釈するかである。特に，私たちが他の人々の話でどのように表現されるか──彼らの描写，説明，批判，祝辞に多くのことが左右される。しかし，これらは私たちが必ずしも自分で選ぶ言葉ではない。それらは友人，家族，隣人，先生のような他の人々によって生み出される。問題になっているのは私たちのアイデンティティなのであるが，自分に対する表現のされ方を私たちは自分自身でどうすることもできないし制限することもできない。社会的なレベルで問題を考えてみよう。私たちはみんな一つ以上の社会集団──女性，男性，クリスチャン，ユダヤ人，黒人，白人，ドイツ人，アイルランド人など──と結びつけて考えられている。しばしばそのようなグループはメディア──映画，小説，報道，広告など──の関心の対象になる。自分のグループが何百万人もの人々に対して表現されると，私たちは大きな無力感に向き合うことになる。女性は感情的である，アジア人は従順である，ドイツ人は脅迫的である，アイルランド人は攻撃的であるなどと描かれると，私たちは巻きこまれる。それは一般の人々の評判の問題であるばかりでなく，これらの評判は共有されるにつれて，ごく当たり前の現実になっていく。そして，公の政策，教育的な慣習，治安活動を特徴づけるのはこうした現実なのである。さらに，描かれた人々が女性，アジア人，異性愛者などがどうあるべきかを身につけていくにつれ，まさに一般の人々のこうした描写が，彼らに取り入れられていく。

要約：私たちの自己認識は…の相互作用を通して絶えず構成され更新されている。

解 説

問　「次の文章を読み，別の解答用紙の与えられた解答欄に英語の要約を自分の言葉で完成しなさい。要約の書き出しは与えられており，4 〜 10 語で完成させなくてはなりません」

　まず各文の要点を検討しよう。

第 1 文：私たちの行動を決めるのは，一般の人々のその行動に対する解釈である。

第 2 文：特に人々が私たちのことをどう表現するかに左右される。

第 3 文：その言葉は私たち自身ではなく，他の人々が生み出す。

第 4 文：私たちのアイデンティティに関する表現は，自分では制御できない。

第 5 文：社会的なレベルでは，私たちは何らかの集団と同一視される。

第 6 文：その集団は，しばしばメディアの関心の対象となる。

第 7 文：自分の属する集団が多くの人々に対して表現されると，どうしようもない。

第 8 文：女性は感情的，アジア人は従順，ドイツ人は脅迫的，アイルランド人は攻撃的などと言われると，私たちはそこに巻き込まれる。

第 9 文：そうした評判が共有されると，当たり前の現実になる。

第10文：この現実が公の政策，教育習慣，治安活動を特徴づける。

第11文：特徴づけられた人々が評判どおりにふるまい，特徴がさらに内在化される。

　要約の書き出しは「私たちの自己認識は…の相互作用を通して絶えず構成され更新されている」となっている。まず第1～4文では個人的なレベルの話になっており，私たちがなんらかのふるまいをする→周りの人々がそれを言葉で表現する→自分らしさ（アイデンティティ）が周囲の人々の言葉で決まっていく→その評価にそったふるまいをする，という循環が述べられている。第5～11文は社会的なレベルでも同じことが起こることを述べている。女性，〇〇人の典型的なふるまい方はこのようなものだというパターンがメディアで形成される→そのようなふるまい方を実際にしてしまう→パターンが強化される，という具合である。つまり，「自己認識」は，ある人のふるまい方とそのふるまいに対する他者の評価や表現が影響し合い決められるということである。書き出しの英語はofで終わっており，補う部分はこの前置詞の目的語になるので，名詞（句）でまとめること。「私たちのふるまいと他者のそれに対する評価」，「私たちがどう行動するかと他者がそれをどのように表現するか」などとできる。

〈解答例1〉（… the interplay of）how we behave and how others describe our behavior.（4～10語）

〈解答例2〉（… the interplay of）the way we act and others' depiction of our action.（4～10語）

5

ポイント

　グラフの示す傾向を説明する問題。資料を正確に読み取るのはもちろんだが、「1文に」収めるためには、何からどう述べるか文の構成を十分考えなくてはならない。実戦編 4 と同様に、要点をついてまとめる力量が求められる。

Examine the graphs below and follow the directions.

1　In ONE sentence, describe the trend shown in Graph 1.

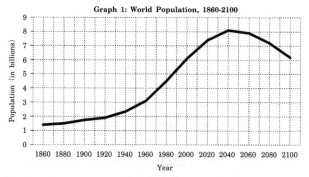

(Source: UN Population Division, *World Population Prospects: The 2010 Revision*)

2　In ONE sentence, describe the trend shown in Graph 2.

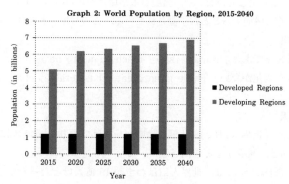

(Source: UN Population Division, *World Population Prospects: The 2010 Revision*)

解 説

問「下のグラフを検討し，指示に従いなさい」

1　問「グラフ1に示されている傾向を1文で説明しなさい」

　　グラフの上にあるタイトルは「世界人口　1860-2100」となっている。実際の世界人口の推移と今後予想される変化が示されている。「1文で」という条件なのであまり複雑に考えず，「1860年から現在まで増加し続けており，2040年で頂点の80億人に達し，その後減少することが予想されている」などと簡潔にまとめる。過去から現在までのことは現在完了（進行形）で，「予測されている」自体は，現在行われていることなので現在形，予測の内容は未来形と，時制に注意を払って書くこと。

▶関連する表現
- 「世界人口」world population / the world's population
- 「増加する」increase / grow / rise
- 「予測・予想する」expect〔predict〕A to do「Aが~すると予測する」
　　　　　　　　　　 anticipate〔predict〕that S V「SがVすると予測する」
- 「頂点に達する」reach a peak
- 「減少する」decrease / decline / drop / fall
- 「下降に転じる」take a downward turn

2　問「グラフ2に示されている傾向を1文で説明しなさい」

　　グラフの上にあるタイトルは「地域による世界人口　2015-2040」となっている。また，グラフの右に「先進地域」「発展途上地域」とあり，2本の棒グラフが先進地域と発展途上地域を示していることがわかる。先進地域は10億人をやや超えたところでほとんど変化していないが，発展途上地域は2015年の約50億人から2040年に70億人近くに増加することが予測されている。この対比をわかりやすくまとめる。

▶関連する表現
- 「ほぼ同じままである」remain〔stay〕much〔almost / nearly〕the same
- 「~に大きな変化がない」There is no great〔considerable〕change in ~

▶解答例の和訳

1　〈解答例1〉「世界人口は1860年以降増加し続けており，2040年に頂点の80億人に達したあと，減少すると予測されている」
　　〈解答例2〉「1860年には，世界人口はわずか15億人ほどだったが，その後増加し続け，2040年に80億人に達したあと下降に転じると予想されている」

2　〈解答例1〉「2015年から2040年まで先進地域の人口は10億人強のままだが，発展途上地域の人口は約50億人から70億人近くに増加すると予想されている」

〈解答例 2〉「先進地域の人口は現在約 10 億人であり，2040 年までほぼ同じまま
だと予測されている一方で，発展途上地域の人口は同じ期間に約 50 億人から 70 億
人近くに増加すると予想されている」

1　〈解答例 1〉 World population has been increasing since 1860, and is expected to reach a peak, eight billion, in 2040, after which it will decrease.

〈解答例 2〉 In 1860, the world's population was only about 1.5 billion, but it has been increasing ever since and is predicted to reach eight billion in 2040, after which it is expected to take a downward turn.

2　〈解答例 1〉 It is anticipated that, from 2015 to 2040, the population of developed regions will remain just over one billion, while that of developing regions will increase from about five billion to almost seven billion.

〈解答例 2〉 The population of developed regions is now around one billion and is expected to stay much the same till 2040, whereas that of developing regions is predicted to rise from about five billion to nearly seven billion in the same period of time.

6

ポイント

　実戦編5で使用されたグラフから推測できる問題を述べるもの。こちらは演習編5と同程度の分量を書くことになる（解答欄：18.4cm×9行）。グラフ自体の説明ではなく，グラフが示している傾向がどのような問題につながりうるかを考えなくてはならない。社会的な問題についてある程度の知識がなければ，説得力のある解答は書けない。自由英作文では，自分自身の経験だけでは対処できない事柄が問われることも多い。日頃から世の中のことに目を向けておきたい。

In a paragraph, describe two or more problems you think humanity faces in the future, given the data provided in the two graphs below (⇨第5章 実戦編5)। Give specific reasons to support your opinion.

（第5章 実戦編5よりグラフを再掲）

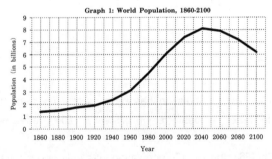

(Source: UN Population Division, *World Population Prospects: The 2010 Revision*)

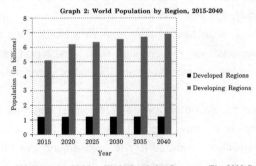

(Source: UN Population Division, *World Population Prospects: The 2010 Revision*)

解　説

問「第 5 章 実戦編 5 の 2 つのグラフに示されたデータから考えて，人類が将来直面
　すると思う問題を 2 つ以上，1 段落で述べなさい。自分の意見を裏づける具体的な
　（複数の）理由を挙げること」

　2 つのグラフから読み取れることは以下のとおり。

グラフ 1：世界人口は 2040 年まで増加し続け，80 億人に達すると予測される。

グラフ 2：人口が増加するのは発展途上地域である。

　「人口が増加することによって引き起こされる問題」として，どのようなことが考
えられるだろうか。

- 人が生きていくのには食糧，土地，資源が必要だが，人口が増加するとどうなるか。
- 人間が（生きていくために）活動することで生じる弊害にどのようなことがあるか。
- 今後増加するのが発展途上地域の人口であることは，どのような意味を持つか。
　以上のようなことを念頭において考えられる問題は，たとえば以下のようになる。
- 食糧や水，資源の不足
- 住居や工場，その他の施設の建設による土地不足
- 人間の活動による環境破壊
- 発展途上地域の人々が先進地域のような生活をするようになることで，上記の問題
　が加速する可能性の高さ

　最初に考えられる問題をまとめて述べてもよいし，順次挙げていってもよい。ただ
し，「1 段落で」述べるという条件なので，使う項目の選択，提示する順序を考えて，
読みやすい流れになるように整えたい。

▶解答例の和訳

〈解答例 1〉「将来，人類は環境悪化と食糧不足に直面するだろう。現在発展途上に
　ある地域は，おそらく最優先事項として経済的発展を追求するだろう。これは当然
　のことだが，戦後の日本や今日の中国に見られるように，環境汚染の原因となりう
　る。さらに，経済が発展するにつれて，第 1 次産業に携わる労働者の数は減少しが
　ちである。日本が輸入食糧に大いに依存していることを考えると，全世界が食糧不
　足に苦しむことになるかもしれない」

〈解答例 2〉「人類は天然資源の枯渇に直面するだろう。現在発展途上にある地域は，
　人々がより良い生活ができるようにするために，経済を改善しようとするのは間違
　いない。こうした地域の人口が増加することが予想されているため，現在の先進地
　域に見られるように，大量の天然資源が必要となるだろう。さらに，人類は天然資

源の奪い合いに直面するかもしれない。東シナ海をめぐる中国，韓国，日本の間の
対立のような，領土紛争が頻繁に起こるかもしれない。したがって，人類は紛糾を
生む可能性のある世界情勢を経験するだろう」

〈解答例1〉 In the future, humanity will face environmental deterioration and food shortage. Developing areas today will probably seek economic development as the top priority. This is natural but it can be a cause of environmental pollution, which can be observed in postwar Japan and today's China. Additionally, as the economy develops, the number of workers in primary industries tends to decrease. Considering Japan's heavy dependence on imported foods, the whole world may suffer from food shortage.

〈解答例2〉 Humanity will face depletion of natural resources. Present-day developing areas will certainly try to improve the economy so that the people will enjoy better lives. Since the population of these areas is predicted to increase, abundant natural resources will be required, as is seen in present-day developed areas. Moreover, humanity may face scrambles for natural resources. Territorial disputes such as conflicts over the East China Sea among China, Korea and Japan can frequently occur. Therefore, humanity will experience a potentially explosive world situation.